Sebastian Franck's

erste namenlose

Sprichwörtersammlung

vom Jahre 1532

in getreuem Abdruck

mit Erläuterungen

und

cultur- und literargeschichtlichen Beilagen

herausgegeben

von

Friedrich Latendorf.

Poesneck, 1876.

Carl Latendorf.

Premier recueil anonyme
des proverbes
de Sébastien Franck
de 1532.

Réimpression fidèle

publiée

avec des éclaircissements et des appendices historiques et littéraires

par

Fréd. Latendorf

Poesneck
Latendorf
1876

Sebastian Franck's

erste namenlose

Sprichwörtersammlung

vom Jahre 1532

in getreuem Abdruck

mit Erläuterungen

und

cultur- und literargeschichtlichen Beilagen

herausgegeben

von

Friedrich Latendorf.

Poesneck, 1876.

Carl Latendorf.

Meinen Lehrern und Freunden,

den Herren

Wilhelm Bergfeld,

Pastor zu Bredenfelde in Mecklenburg-Strelitz, vormals Professor am Gymnasium Carolinum zu Neustrelitz,

und

Hermann Ohl,

Dr. theol.,

Grossherzogl. mecklenb. Superintendenten, Consistorialrath und Hofprediger zu Neustrelitz, vormals Stadtpfarrer ebendaselbst,

zum Gedächtniss

der unter Gottes Gnade am 7. und 14. Mai 1873 zurückgelegten 25jährigen gesegneten pfarramtlichen und bischöflichen Wirksamkeit

in Dankbarkeit und Verehrung gewidmet.

Verehrte, ehrwürdige Herren,
Werthe, theure Freunde!

Es sind über drei Jahre verflossen, seit ich Ihnen, lieber Herr Pastor, zu Ihrem Amtsehrentage den gedruckten Anfang dieses Werkes übersandte; und nicht lange nachher durfte ich mir von Ihrer Güte, lieber Herr Superintendent, in den Pfingstferien desselben Jahres 1873 persönlich in der theuren Vaterstadt in Ihrem Hause die Erlaubniss erbitten und erhielt sie, Ihren mir gleichfalls so werthen Namen mit an die Spitze dieser Lieblingsarbeit zu stellen. Zu der langen Verzögerung des Werkes, von dem im Herbste 1873 bereits der Anfang des 17. Bogens im Druck vollendet war, haben mannigfache Umstände wider Wollen und Erwarten mitgewirkt, und manches mir werthe Vertrauen in der Nähe, wie in der Ferne habe ich, wenn auch nicht geradezu getäuscht, doch widerwillig hingehalten. In erster Linie standen mir allerdings die Pflichten des Berufes, der amtlichen und ausseramtlichen Lehrerthätigkeit, im Wege; ich habe — das darf ich mit freiem Gewissen bekennen — es stets als mein Erstes, wenn auch selten als mein Liebstes angesehn, den freiwillig übernommenen Ver-

Contraste insuffisant

NF Z 43-120-14

pflichtungen wissentlich und vorbedacht nicht untreu zu werden; in höherem Grade haben mich die Ansprüche des Tages und die von demselben gebotenen kleineren und grösseren literarischen Arbeiten mannigfachen Inhalts zurückgehalten; dies Interesse ist bis auf den heutigen Tag so rege, dass ich nicht selten mit mir zu Rathe gegangen bin, ob ein den Eingebungen und Stimmungen des Augenblicks so leicht folgender und den Forderungen der unmittelbaren Gegenwart so hingegebener Charakter noch länger zu eigener und fremder Befriedigung in dem ruhigen stillen Berufe des öffentlichen Lehramts wirken könne.

Bis jetzt habe ich beiden Pflichten gewissenhaft genügen zu können geglaubt; der Entscheidung der Zukunft gedenke ich nicht vorwitzig vorzugreifen; ich werde aber in keinem Falle weder dem Gebot des eigenen Innern noch der Pflicht gegen aussen dauernd untreu werden.

Was ich bisher geäussert, sind im Grunde nur die Ursachen, die ich zu erkennen glaubte und mir selber vorhielt; die wirkliche Verzögerung aber entsprang aus der Absicht, ein Werk zu liefern, das dem reiferen Lebensalter, an das ich gelangt bin, wie dem inneren Charakter der Aufgabe in gleicher Weise entspräche, das nicht bloss dem ersten Bedürfniss der Zeitgenossen, das auch dem eigenen Gewissen durch Fülle und Zuverlässigkeit des Stoffes genügen könnte. — Ich bin von dieser anscheinenden Vermessenheit zurückgekommen; ich habe es für Pflicht gehalten, endlich einmal abzuschliessen und der eigenen Zukunft und der Theilnahme der Mitarbeitenden die weitere Förderung des Werkes anheimzugeben. So habe ich denn mit frischem Muthe um Pfingsten dieses Jahres meine Arbeit aufs neue in Angriff genommen, und später, als ich gedacht, erst in diesen Tagen vollende ich das Schlusskapitel in dem lieblichen Thüringen, in dem gastlichen Hause meines

Bruders, der heuer nicht weniger als zwölf Latendorfs, sich selber eingeschlossen, im frohen Familienkreise vereinigt sieht.

In so glücklicher Stimmung stelle ich jetzt Ihre theuren Namen vor das abgeschlossene Werk; nehmen Sie, wie es nun einmal ist, dasselbe nachsichtig auf, und erhalten Sie mir das Wohlwollen, das Sie von meiner frühen Jugend an gegen mich gehegt und wirksam bethätigt haben. Meine dankbare Erinnerung hat Sie durch Freud und Leid der Jahre mit steter inniger Theilnahme begleitet.

In treuer Verehrung

Ihr

Friedrich Latendorf.

Poesneck, den 7. August 1876.

(Titelblatt ohne Signatur.) Sibent- | halbhůdert Sprī | chwǒrter, Wie vn̄ | wo sie in Teutsch | er Sprāach, von | zier vn̄ bkűrtzung | wegen der rede, ge | braucht werdenn. || FRANC. Chri. Egen. (Rückseite leer.)

A. **Eigenthümlichkeiten und Fehler des Originaldrucks.** (Exemplar der Königl. Bibliothek zu Hannover genau excerpiert im Herbst 1857; Exemplar der Universitäts-Bibliothek zu München, früher zu Landshut, eingehend verglichen im Sommer 1867, genau abgeschrieben im Frühling 1869; zum Behufe einer gewissenhaften Correctur gütig abermals oder zum dritten dargeliehen im Mai 1873). — Der Titel ist eingeschlossen von vier getrennten Zierleisten mit Arabesken. Die letzte hier gesperrt gedruckte Zeile hat im Original lateinische Lettern. Ein ähnlicher Wechsel findet sich durchgehends in dem Text des Buches; die Sprichwörter selbst sind mit lateinischen, ihre Erklärung mit deutschen Lettern gedruckt. Wir wenden statt des ursprünglich lateinischen Satzes später überall Cursivschrift an.

B. **Quellennachweis aus Agricola's Sprichwörtern Hagenau 1529. Parallelen aus den Schriften. Seb. Francks.** — Der Titel der grossen Sammlung Francks vom Jahre 1541 lautet: Sprichwoerter — — — Zusamen tragen in ettlich Tausent, Inn lustig hoeflich Teutsch **bekürtzt**, Beschriben vnnd auszgelegt, Durch **Sebastian Francken**. Getruckt zu Franckenfurt am Meyn, Bey Christian Egenolffen. Die aus Agricola und Franck compilierten sogen. Klugreden 1548 ff., gleichfalls im Verlage von Chr. Egenolff, stimmen im Titel mit der Sammlung von 1541 wesentlich überein, schliessen aber ohne den eigenthümlichen Zusatz bekürtzt denselben bereits mit den Worten ab: In ettliche Tausennt zusamen bracht. S. die genaue Beschreibung in Suringar's grossem Werk über Erasmus (im Erscheinen begriffen) XLIX.—LI. und J. Franck im Serapeum 1866. No. 12., und meinen den gleichen Gegenstand betreffenden Artikel ebendas. 1866. No. 21.

(Bl. 2. Sign. A ij). Vorred. ‖ DAs bei den Alten, die red der menschen, ein spiegel des gemuets genent, wie war das sei, ist jederman vnleugbar, dieweil keyner so eins verborgnen gmuets, so mann jn reden hoeret, würt allweg zum teyl sein natur vnnd eygentschafft ausz der red erlernet. Vnnd aber zu wenig gleich wol als zuuil reden ein mangel, dann wie jhenem die lügen, also ist disem gemeynlich ein verseumnüs dessen so geredt worden sein solt, anhengig. Haben daher die alten Philosophi (als Pythagoras, der seinen jüngern ettlich jar anfenglich den brauch des redens gar abschlug vnd verbot, darmit sie schweigen lernten, vnnd weil jedermann ee reden denn schweigen wil, sie eh hoereten, vnd lerneten, dann redten) vnnütz vnd überflüssige red zumeiden, nit on sondere frucht, geleret, das aber so sie geredt, gar inn kürtze, das mann Sprichwoerter nennet, verfaszt, Seind nun ein mercklich theyl hieuor

---

A. Bl. 2 a. Am Schluss der Vorred finden sich 3 Laubblätter, ebenso am Schlusse des ganzen Werks. Der Initial D im Worte DAs erstreckt sich über 4 Zeilen. Den Wechsel von ů und ü u. s. w. geben wir durch ů und ue wieder, ebenso lösen wir die Abkürzungen für n und vnd (vñ) regelmässig auf; den für den Inhalt irrelevanten Unterschied von ſ und r haben wir nur im Titel berücksichtigt; ein consequentes Princip lässt sich wenigstens für die Anwendung der ersten Form nirgends erkennen; vgl. darüber das vorletzte Alinea meines Agricola von 1862 und meine Ausgabe von Passavant gegen Agricola S. 19. Die Letter ů findet sich in der Form abschlug (Mitte der Vorrede) und gegen den Schluss zweimal im Worte gut.

B. Bl. 2 a. Franck's Sprichw. 1541. I. Bl. 70 a (im Register u. d. W. Red irrthümlich 69 a). Imago animi sermo est. Qualis vir, talis oratio. Die red ist des gemuets bildnusz. Bl. 155 b. Hab acht heymlich was ieder red, Drinn sihst den menschen conterfeth. Die red ist des gemuets bot, ein character, bildnusz, spiegel des hertzens. ff. II. 13 a. Qualis vir, talis oratio. — Die red ist des gmuets spiegel, drumb sprach Socrates zu einem schoenen jüngling

in Teutscher spraach vsz gangen, soliche zum teyl sampt etzlichen andern also in kürtze zuuerfassen, hat guter leut anlangen vermoegt, Du woellests (leser) imm besten also annemen. Gott geb alles gut.

(Bl. 2 b). ⁋ Gemeyner Inhalt dieses buechlins.

A.

Armut. 56. 57. 58. 106. 549.
Arbeyt. 136. 420. 428.
Alter. 357. 360. 373.
Arbeit. 397. 534.
Augen. 245.
Anfang. 275.
Adel. 152. 274. 276.

B.

Billicheyt. 46. 76. 88. 117. 196. 197. 198. 199.
Betrug. 105. 145. 302.

Rede das ich dich sehe. Dasselbe historische Wort in weiterer Ausführung im ersten Theil a. a. O. (Bl. 155 b).

Ueber Pythagoras vergleiche den aus der Geschichtbibel Strassburg 1531 entnommenen Abschnitt in der kleinen, mit diesen Sprichwörtern etwa gleichzeitig (1532) und bei demselben Verleger erschienenen Schrift: Sibben weisen in Grecia beruempt Bl. 10. Cjjb. Seinen schülern war vor fünff jaren von Philosophischen dingen zureden nit gestatt, es were dann einer eins dinngs so wol bericht, Darzu seine junger ettlich jar den brauch des redens gar abschlagen vnd verpoten, damit sie schweigen lerten, vnd weil jedermann ee reden dann schweigen wil, sie ehe hoereten vnd lerten dann redten. Vgl. meine Ausführung in dem Artikel: Ein unbekanntes Werk S. Francks im Anz. f. K. d. d. Vorzeit 1868 Sp. 7 und 8 und den betreffenden Abschnitt in der Gratulationsschrift zu dem Amtsjubiläum meines Lehrers Füldner. S. Franci de Pythagora ejusque symbolis disputatio, commentario illustrata. 1868. S. 11.

A. Bl. 2 b. Die Letter ů findet sich in den Worten Armut und Betrug. Die einzelnen Zahlen haben im Original weder am Schluss einer Zeile, noch zwischen sich irgend eine Interpunktion.

Betriegen. 535.
Bürgen. 218.

C.

Christ. 49.

D.

Dienen. 311. 312 2c. 374. 385.

E.

Eygensinnig. 25. 31. 65. 97. 104. 115. 137. 409.
Erfarung. 484.
Ernst. 539. 653.
Ehstandt. 589.
Eilen. 212.
Eygennutz. 227.
Einigkeyt. 283.

F.

Faulheyt. 22. 48. 156. 157. 387. 461.
Frommkeyt. 26. 27. 64. 91. 130. 540. 597. 620.
Fürsehung Predestinatio. 34. 35. 36. 37.
Freundt. 41. 42. 180. 259. 287. 579. 596. 612. 614. 652.
    (Blatt 3. Sign. A 3).
Fürwitz. 13. 142. 154. 155. 167. 225. 334.
Freud. 365. 556.

    B. Bl. 2 b. Dieselbe Einrichtung des Registers findet sich, wohl nach dem Vorgang in den Adagien des Erasmus s. Suringar. a. a. O. S. L., in S. Franck's Sprichwörtern von 1541 und darnach in den Klugreden 1548 ff. Bei Agricola sind die Sprichwörter selbst in ihrem Wortlaut im Register aufgeführt. Auch dieser äussere Unterschied beider Sammlungen beweist in gewissem Sinne den eben so umfassenderen als tiefer gehenden schriftstellerischen Charakter S. Francks. Das Register seines ersten Theils 1541 beginnt mit den drei Worten Achtung, Adel, Aigenliebe; eb-uso die Klugreden von 1548. Letztere haben daneben, eben weil sie aus Franck und Agricola compiliert sind, zugleich ein allerdings unvollständiges Register in Agricola's Weise. Das letztere ist in den späteren Ausgaben erweitert worden.

Froelicheyt. 216. 576.
Fürsichtigkeyt. 230. 333. 624. 630. 649. 660.
Fried. 297.

G.

Gott. 1. 2. 3. 4. 5. 6. 7. 67. 229. 244. 249. 263. 391.
 462. 435 20. 615. 619. 664.
Guete. 8. 9.
Glück. 10. 11. 12. 13. 116. 120. 121. 203. 204. 231.
 486. 504. 578. 595. 632.
Glauben. 17. 18. 23. 24. 146. 147. 148. 149. 248. 253.
 291. 565.
Geitz. 59. 60. 62. 108. 109. 181. 191. 192. 193. 247.
 544.
Geschwetz. 83. 84. 85. 86. 87. 94. 161. 162. 163. 164.
 165.
Gemeyn. 92. 93. 94. 139. 140. 141.
Gewonheyt. 103. 114. 118. 332.
Gelt. 113. 194. 195. 236. 242. 289. 400.
Geir. 129. 305.
Gedult. 386. 434.
Gewiszheyt. 205. 206. 207.
Gerücht. 294. 430. 480. 500. 524. 555.
Gleichnüssen. 355. 638. 424.

A. Bl. 3 a. Die erste Silbe von Fürwitz ist als Custos am Schluss des vorigen Blattes verwendet; ebenso am Schluss von Bl. 3 b das Wort Schnel (in dieser Form; im Text dagegen Bl. 4 a: Schnell). Hinter den Worten Freud und Gott fehlt im Original der Punkt. Unter Kind findet sich der Druckfehler 676 statt 636; unter Lügen 225 statt 125. Dass die alphabetische Reihenfolge der einzelnen Wörter nicht grade streng beobachtet wird, ist Eigenthümlichkeit fast aller Register dieses Zeitraums. Man war eben weder philologisch noch mathematisch so geschult wie heute; so gestattet sich denn auch Franck selbst in dem Aufzählen der betr. Sprichwörter im Register hin und wieder kleine Abweichungen und

H.

Hoffart. 32. 33. 176.
Heymlicheyt. 38. 39. 40. 82. 122.
Hunger. 74. 75.
Hausz. 135.
Herschafft. 656.

(Bl. 3b).

K.

Kindt. 66. 217. 369. 383. 402. 404. 467. 542. 552. 636.

L.

Lust. 14. 15. 16.
Lügen. 124. 125. 126. 127. 128. 158. 159. 170. 347. 401. 415. 508. 509. 538. 559.
Lob. 173. 174. 175.
Lieb. 459. 599.

M.

Mensch. 144. 234. 286. 616.
Masz. 266. 277. 337.

N.

Narrheyt. 150. 160. 166. 177. 235. 263. 390. 558. 569.
Nachburschafft. 219. 477.

Ungenauigkeiten, theils mit, theils ohne Grund; aber stets zu unserer Freude.

B. Bl. 3. Es ergiebt sich nicht immer gleich, in welcher Rücksicht S. Franck einzelne Sprichwörter den betreffenden Hauptwörtern zugewiesen. Für Fürwitz z. B. nimmt man leicht an No. 13 und namentlich an 225 Anstoss. Bei näherem Nachdenken aber ist ein Grund wohl erkennbar. So verbindet Fr. z. B. auch mit den Begriffen Frömmigkeit, Glück, Treue zugleich die Beziehungen auf ihr Gegentheil, fasst in dem einen Worte Glauben die verschiedenartigste Anwendung dieses Substantivs im bürgerlichen und religiösen Leben zusammen. Ein gemeiner Compilator hätte wahrlich den Spruch von den Köchen, den wirklichen und scheinbaren (No. 24), unter Glauben zu verzeichnen weder Verstand noch Muth genug gehabt.

Natur. 239. 379. 410. 465. 585.
Nutz. 290. 309.

O.

Oberkeyt. 243. 285. 375. 648.

R.

Rew. 326. 335.
Reichthumb. 277. 319. 370.
Recht. 221. 222. 411. 646.
Raach. 292. 342. 469.

S.

Spoetter. 21. 102. 111. 183. 184. 185.
Schein. 28. 29. 30. 54. 61.
Schuldt. 43.
Stanthafft. 69. 70. 71. 72. 73.
Sorg. 89. 90.

(Bl. 4. Sign. A 4).

Schnell. 131. Schenden. 307. 308. 361.
Schweigen. 168. 169. 188. 189. 190.
Schalck. 255. 352.
Schweigen. 279.
Saltz. 282.

A. Bl. 4 a. Unter Undanckbarkeyt steht statt 574 die Zahl 514; ebenso unter Zeit irrthümlich 398 für 399 und bei Vnschuldt 593 f. 563.

B. Bl. 4 a. Ueber den reichen Inhalt, den Seb. Franck in dies Register zu legen gewusst hat, bedarf es selbst für den, der nur hin und wieder nachzuschlagen sich die Mühe nimmt, keiner Ausführung. Beispielshalber ist für Vnschuldt neben dem eigentlichen ethischen auch der figürliche und ironische Gebrauch des Wortes berücksichtigt worden. Von directer Wichtigkeit für S. Franck's Autorschaft sind die unter Trew verzeichneten Sprichwörter. Unter diesem Worte begreift nämlich Franck, wie aus Spr. 250 und 642 ersichtlich ist, nicht bloss die Treue, die man selbst bewährt, sondern auch das Vertrauen, das man gegen andere hegt und äussert. Beide Sprich-

T.

Teuffel. 19. 20.
Trew. 44. 45. 50. 51. 52. 53. 63. 68. 77. 250. 256. 356. 642.
Todt. 132. 431. 452. 470. 512xc. 592.
Trunckenheyt. 299.
Teuffel. 423. 560. 577.

V.

Vnfleisz. 79. 98. 99. 100. 101.
Vnstaet. 80.
Verzagt. 107. 237.
Vatterlandt. 112.
Vnschuldt. 119. 498. 533. 563.
Vnmut. 654.
Vnglück. 123. 133. 134. 153. 405. 507.
Vndanckbarkeyt. 143. 182. 573. 574. 647. 651.
Vnfrid. 178. 179.
Vollerei. 201. 481.   Vertrawen. 280.

W.

Warheyt. 78.
Welt. 151. 281. 463. 588. 650.
Weib. 171. 172. 220. 246. 265. 348. 358. 392. 590. 644.

Z.

Zorn. 81. 95. 96. 323. 499. 584. 646. 658. 663.
Zeit. 209. 363. 399. 406. 446xc. 525.

---

wörter finden sich nun ebenfalls unter dem Worte Trew im Register zu den beiden Theilen der nicht bloss äusserlich grossen, sondern auch gross gedachten und durchgeführten Sammlung von 1541 nachgewiesen; Thl. I. Bl. 101a oben. Sihe für dich, trew ist misslich. — Trauwol ridts pferd hin.; ebenso Thl. II. Bl. 16a mit der an sich unerheblichen, aber gerade auch hier (No. 250) schon sich findenden Variante: Trawwol rit das pferd hinweg.

(Bl. 4 b). *1. Gott bescherdt ueber nacht.*

MIt diesem sprichwort würt die bauchsorg vffghaben, vnd all hülff vnd trost Gott zu gstelt, welcher auch hilfft wo mans am wengsten gedenckt, Vff dise weise sagt Christus Matt. 6. Ihr solt nicht sorgen vnd sagen, was sollen wir essen, trincken, vnd anziehen? Ewer Vatter der imm himmel ist, weysz das jr des alles bedoerffet. Es beweiset auch disz sprichwort, das vnter vnsern vorfarn, vnd alten Teutschen vil frummer, Got fürchtiger leutte etwann gewesen seint, die Gott alle ding mit disen worten haben heymgestelt, vnd jm die sorge jres leibs, lebens vnd narung allenthalben befolen.

A. Bl. 4 b. In sämmtlichen Sprichwörtern von No. 1—77 incl. fehlt hinter der Zahl die Interpunction. Das Comma unseres Textes findet sich im Original nur in den mit lateinischen Lettern gedruckten Sprichwörtern; die in gothischem Druck gegebene Erklärung bietet dafür das Zeichen |. Unsere Letter W ist im Original meistens Vu; nicht selten aber, was wir in diesen Anmerkungen genau verzeichnen werden, auch VV.

B. Bl. 4 b. Spr. 1 und 2 stimmen wörtlich mit den beiden ersten der Sammlung Agricolas überein; Spr. 3 = Agr. 7, Spr. 4 = Agr. 3. Wer Gott zu freunde hat, dem schadet kein creatur. Spr. 5 ist aus der Erklärung Agricola's zu No. 7 entnommen. Man brauchet dises wortts auch also: Wem Gott wol — — vbel. — In dem Commentar Franck's zu diesen Sprüchen ist hier zuerst auf die Eigenthümlichkeit hinzudeuten, dass er überall Verwandtes gern zusammenfasst. Seine Erklärung zu Spr. 5 umfasst die beiden vorhergehenden Nummern mit. Ganz selbstständig ist in diesen 5 ersten Sprichwörtern nur die Verweisung auf die Stelle des Römerbriefes VIII. 31. zu Spr. 5. Das Uebrige ist theils direct aus Agricola entlehnt, theils an seine Worte angeschlossen. Man vgl. für Nr. 1 Agricola gleich im Anfang: WIewol ynn Deutscher sprach nicht viel wortter sind, damit man Gott nennet, denn das einig wort Gott, Gut, daraus denn folget, das die Deutschen fast wenig von Gott

2. Gott hat mehr denn er ihe vergab.

Gottes gnad, gewalt vnd herlichkeyt, ist on ende, Sein handt zu helffen hat keyn zil.

3. Was einem Gott bescherdt, das nimpt ihm S. Peter nit.

4. Wer Gott zum freund hat, dem schadt keyn Creatur.

5. Wem Gott wol wil, dem wil Sanct Peter nit übel.

Ist Gott für uns, wer mag wider vns sein? Roma. 8. Mit disen worten bekennen wir, den gewalt vnsers herrn Gots, welcher die so er lieb hat, für allem gewalt inn hymel vnd erden, schützet vnd schirmet.

---

gewust haben, So erweiset doch disz sprichwortt, sampt andern der gleichen, das auch vnter vnsern forfaren vnd alten Deutschen viel fromer, Gottfurchtiger leutte etwan gewesen sind, die Gotte alle ding mit diesen wortten haben heimgestellt, vnd yhm die sorge yhres leybs, lebens, vnd narung allenthalben befohlen, Denn mit dem wortt, Gott bescheret vber nacht, ist die bauchsorge hyndan gesetzt, vnd wird Gotte lauter vertrawet, er werde vns das bescheren, das wir bedurffen zu vnser vnterhaltung, Nemlich, futter vnd mahl, wie man sagt, Ja was wir nicht haben, das bescher vns vnser Herr gott. Bescheren aber ff. s. meinen Commentar zu Passavant gegen Agricola (1873) Bl. 4 a. Vnd auff die weise sagt auch Christus Matth. VI. Ihr solt nicht sorgen, noch sagen, Was wollen wir essen, trincken vnd anziehen? Ewer vater der ym hymel ist, weys das yhr des alles bedurffet. — Zu Spr. 2 vgl. Agricola gleichfalls unter No. 2. Niemand kan seine guete auszgrunden noch auszschopffen. — Sein handt zuhelffen ist vngeschlossen, vnd ymmer voll. — Die Erklärung zu Spr. 5 ist aus den ersten Worten Agricola's zu No 3 entnommen: Disz sprichwort ist auch ein lauter erfarung vnd bekentnus der gewalt vnd macht vnsers Herr Gotts, welcher die, so er lieb hat, vor allem gewalt ynn hymel vnd erden, schutzet vnd schirmet.

(Bl. 5. Sign. A 5). *6. Gottes freundt, vnnd aller menschen feindt.*

7. Gott hilfft dem sterckisten.

Also reden die Gottlosen, vnd Tyrannen diser welt.

8. Was vom hymmel fellet, das schadet niemandt.

9. Es seindt eitel liebe schlege.

Was vns Gott zuschicket, Creutz leiden 2c. so meynet er es gut mit vns.

Die wunden des liebhabers seindt getrewe, Prouer. 27.

10. Wer das glueck hat, fueret die braut heym.

11. Es ist dir bedacht, aber nit bescheret.

12. Es ist eitel bescheret ding.

13. Ich neme bescheret fuer bedacht.

Aller menschen anschlege, seindt eitel vnnd falsch, vnd gehet nit anders, denn wie Gott wil vnd thut,

---

A. Bl. 5a. In dem Worte sterckisten Spr. 7 steht für k die entsprechende deutsche Letter. Dasselbe Versehen kehrt überall wieder; z. B. in Spr. 4, 26, 29, 32, 34, 36, 37, 53, 54, 66 u. s. w. — In Spr. 6 findet sich am Schlusse hinter feindt ein Comma statt des Punktes. Dasselbe gilt von No. 491. Von ähnlichen Fehlern der Interpunction, die bloss anzudeuten ausreicht, erwähne ich den falschen Gebrauch des Fragezeichens in Spr. 112 hinter dem Wort gehoeret und am Schluss der Erklärung von No. 160; ebenso, wieder in dem Sprichw. 491, aber jetzt in der Erklärung hinter wort. Spr. 619 ist ohne Grund ein Comma hinter keyn eingeschoben. Punkte fehlen z. B. am Schluss von 236, 243, 358, ebenso am Ende des Commentars von 377. Die Nummern der Sprichwörter sind in der Regel seit 248 ohne Interpunction gelassen; und auch vorher hat der Setzer der Egenolff'schen Offizin ihre Verwendung oft für einen blossen Luxus gehalten; nicht bloss in No. 1—77 s. Anm. zu Bl. 4 b. Die weiteren Angaben sind ohne praktischen und theoretischen Werth. Einige Fehler gegen typographische Eleganz s. weiter unten im Zusammenhang.

B. Bl. 5a. Spr. 6 und 7 = Agricola 4 und 5. Für die Erklärung von Spr. 7 vgl. Agricola zu No. 4 Gottis freund etc.: Man geraedt auch anders denn mann denckt, Gott treibt das raedlin alleyn.

14. War zu einer lust hat, des bekumpt er sein leben lang genug.

15. Darnach einer ringt, darnach ihm gelingt.

16. Des menschen willen ist sein hymmelreich.

Ein jeglicher hat zu einem ding mehr lust denn (Bl. 5 b) zum andern, vnd darnach gelinget jm auch.

17. Du solt nit allen geysten glauben.

18. Es ist nit alles goldt das da gleisset.

Glaubt nit eim jeglichen geyst, sonder prüffet die geyster ob sie von Got seindt. 1. Joan. 4. Der Satan selbs verstellet sich zum Engel des liechtes. 2. Cor. 11.

19. Wo vnser herr Gott ein kirchen hyn bawet, da bawet der Teuffel auch ein wirtshausz darneben.

Disz Sprichwort ist erwachsen vsz dem Teuffelischen miszbrauch der kirchweihung.

---

hat leutte funden bey vnsern Deutschen, die sich geschriben haben, Gottis freund vnd aller menschen feinde. Das sind leutfresser vnd Tyrannen. Spr. 8 = Agricola 6. Spr. 9 = Agr. 150. Franck hat seine Bemerkungen zu dem Sprichwort in umgekehrter Ordnung als Agricola; ausserdem ist der Nachweis aus Salomo durch die Hinzufügung des Capitels 27 (V. 6) erweitert worden. Bei Agricola heisst es: Salomon sagt, Die wunden des liebhabers sind getrewe, aber das kussen des hassers betrieglich. — Alles was vns Gott zuschicket, es sey creutz odder leiden, das sind liebe schlege, er meynet es gut.

Spr. 10 ist nicht aus Agricola entlehnt, war aber zu seiner Zeit allgemein verbreitet, wie u. a. auch aus Luther ersichtlich ist. Einen Beleg aus dem Mittelalter hat Zingerle die deutschen Sprichw. im Mittelalter Wien 1864 nicht beizubringen vermocht. In den deutschen Sammlungen bietet Franck 1532, eben unser Text, den Spruch zuerst; danach ebenderselbe 1541. I. 28 a, 76 b, 86 b; s. Wander Sprichwörter-Lxikon u. Glück No. 899. An der ersten Stelle schliesst sich Franck an die Vorlagen des Erasmus (Rubrik fortunae commutatio), an den beiden andern an H. Bebel an; das deutsche Sprich-

20. Der Teuffel ist vnsers herren Gotts affe.

Ein Affe wil dem menschen nachthun was er sicht, also wilsz der Teuffel Gott auch nach thun.

21. Spoetters hawsz brennet auch.

Ein Antwort an den, der lange gespottet hat, so jm ein vnglück zu fellt.

---

wort ist von beiden Gelehrten nicht ins Lateinische übertragen worden; es fehlt also bei ihnen und bleibt demnach Franck der erste directe Gewährsmann. Auch die niederl. Quellen fallen später, s. Harrebomée Spreekwoordenboek der Nederl. Taal u. bruid. 23.

Spr. 11, 12, 13 = Agricola 8, 9, 10. Das erste No. 8 in folgender Fassung: Es ist einem andern gedacht, vnd mir bescheret. Die Erklärung Franck's berührt sich sachlich, wie es selbstverständlich ist, mit der Agricola's; aber die ganze Fassung ist durchaus selbstständig, zumal die bildliche Wendung von Gott als dem alleinigen Lenker und Treiber des Schicksalsrades ist auch nicht in der leisesten Spur bei Agricola angedeutet.

Spr. 14 = Agr. 11. Der Vordersatz weicht ein wenig ab: Wozu ein yeder lust vnd liebe hat.

Spr. 15 vermag ich aus Agricola nicht nachzuweisen; ebensowenig Spr. 16; Franck hat sie des verwandten Inhalts wegen an Spr. 14 angeschlossen. Das beweist auch seine Erklärung, mit der Agricola's Worte in Sprichw. 11 am Anfang und Schluss zusammenstimmen: Ein yglicher mensch hat aus angeporner art, zu einem dinge mehr lust, denn zum andern. — Daher kompt es denn, das ein yglicher des gnug vberkompt, weil er lebt, dazu er am meysten lust hat. Wander u. Mensch No. 272 weist Spr. 16 nur aus späteren Sammlungen nach; ebenso Harrebomée s. v. hemel No. 16.

B. Bl. 5 b. Spr. 17 = Agr. 22. Du solt allen geystern nicht glauben. — Spr. 18 = Agr. 25. Es ist nicht alles golde, das do gleysset. In der Erklärung hat Fr. die Verweisung auf 1. Joh. 4, 1 unabhängig von Agricola gegeben; die Stelle aus dem 2. Corintherbrief 11, 14 hatte bereits Agr. zu No. 22 mit folgenden Worten angezogen: Es sagt S. Paul, der Teuffel kunne sich ynn einen Engel des liechts verwandeln; das genaue Citat aber hat Fr. hinzugefügt.

Spr. 19 wörtlich = Agr. 23. Ebenso hat Fr. den Anfang der Erklärung wörtlich beibehalten, nur dass für aus die Form vss ge-

22. Der rueck thut ihm wee, er kan sich nit buecken.
Er ist faul, er mag nit arbeyten.
23. Mann soll einen nit halten, wie mann ihn ansihet.
24. Es seindt nit alle koech, die lange messer tragen.
Mann soll nach dem sinn vnnd gemuette, (Bl. 6 a) vnnd nicht nach dem eusserlichen ansehen einen menschen richten.

---

setzt ist. Bei Agr. folgt hinter kirchweyung noch weiter: feldtteuffel, walfarten, vnd ablas.

Spr. 20 wörtlich = Agr. 24. Die Erklärung ist aus folgenden Worten Agricola's in kürzerer Fassung zusammengezogen: Was der Teuffel sihet von vnserm herr Gott, das wil er bald nach thun, wie ein affe auch pfleget, vnd kan doch das er sihet nicht der gestalt nach thun, wie ers gesehen hat.

Spr. 21 ist aus den älteren deutschen Sammlungen nicht nachweisbar. Vgl. übrigens No. 185 = Agr. 49 Spotter essen auch brodt. — Die erste Franckische Fassung bietet Burkh. Waldis Esopus IV, 79, 36, s. Sandvoss Sprichwörterlese aus B. W. 1866, S. 97; ähnlich niederl. Sammlungen seit 1550, s. Harrebomée u. d. W. huis. S. 345, Anw. 4.

Spr. 22 wörtlich = Agr. 169. Dazu die Erklärung: Wenn man eines faulen vnd musigen hofflich spotten wil, so sagen wir, Der rucke thut yhm weh, er kan nicht arbeyten. Das Sprichwort fehlt in der niederdeutschen Uebersetzung Agricola's. Magdeburg o. J. vollständig, s. meine Schrift: Agricola's Sprichwörter, ihr hochdeutscher Ursprung etc. Schwerin, 1862. S. 15.

Spr. 23 wörtlich = Agr. 27; Spr. 24 ebenso = Agr. 26. Nur die Form der Negation lautet bei Agr. nicht, und für seindt steht sind. Die Erklärung Fr's. zu No. 24 ist wörtlich aus dem Schluss von Agricola's No. 27 entlehnt. Dort richtet der weise, aber ungestalte Esophus an seinen Käufer, den Philosophen Xanthus die Worte: Herr Philosophe, man sol nach dem synn etc. Die Erklärung Agricola's zu No. 26 von den Köchen theilen wir gleichfalls vollständig

25. *Wem nit zu rathen ist, dem ist nit zuhelffen.*

Das sagt mann vonn denen, die bei sich selbs klug seindt, vnd niemandt folgen woellen, das wider spil ist auch war. Wer jm leszt rathen ꝛc.

26. *Eines frummen mans kan mann vil geniessen.*

Das ist war, Sodoma vnd Gomorra kundten darüber zeugen.

---

mit: Das ist, Sie kunnen nicht alle das, da fur sie sich auszgeben, So mus man auch einen koch nicht nach den langen weydmessern richten, sonder ob er wol vnd schmackhafftige essen wisse zu zurichten, Denn der gleich nicht kochen kan, tregt eben so schier ein lang messer, als ein guter koch. Am Rand: Namque cocus domini debet habere gulam. — Auch hier hat Fr. wieder das Gleichartige zusammengefasst.

A. Bl. 6 a. In Spr. 31 der Druckfehler vnd für vmb. — Mit gleicher Sicherheit verbessere ich schweigend No. 394 gegen den Schluss der Erklärung sie für sei; im Text von No. 443 oder für aber; in der Erklärung von 471 nach für auch; ebenso 501 aehne für zehen; 502 huebscht gewaschen für huebst gewachsen. In No. 180 habe ich im Text das doppelte ein vor brandtfewer getilgt; ebenso folgt in der Erklärung zu 495 hinter geschehen irrthümlich ein zweites soll. — In zweifelhaften Fällen und in solchen, wo der Irrthum mehr einer Flüchtigkeit des Sammlers oder Correctors als dem Setzer der Egenolffschen Offizin zuzuschreiben ist, füge ich dem wirklichen oder vermeinten Fehler die Berichtigung entweder in Parenthese bei oder schlage sie in der Anmerkung vor. Ein Verzeichniss dieser Stellen s. in Cap. I des zweiten Theiles. — Diejenigen Fehler endlich, die ein flüchtiger Leser leicht, ein billiger Leser gern übersieht, Irrthümer, wie sie uns auch heute hin und wieder bei unseren Correcturen begegnen, die Vertauschung eines n, u und m u. dgl. habe ich übersichtlich zu Bl. 9 a zusammengestellt oder berührt.

B. Bl. 6 a. Spr. 25 = Agr. 30. Wem nicht zu radten stehet, dem ist auch nicht zu helffen. Die Erklärung Fr's. ist selbstständig; ebenso das in seiner Erklärung angezogene neue Sprichwort: Wer jm lesst rathen ꝛc.

27. *Es machet offt ein bub, das sein frumme lewt entgelten muessen.*

Das ist auch war, die erfarung gibts.

28. *Grosse wort, vnd nichts darhinder.*
29. *Es ist nichts, alleyn er kan die wort nit lassen.*
30. *Es ist dir in worten, wie manchem im sinne.*

Im sinne vnd worten hats mancher, er woell grosz ding thun, aber es felet darnach weit, wenn es zur that kumpt, vnd zum treffen gehen soll.

31. *Er gibt wort vmb schlege.*

Das redet mann von den narren, welche billich solchen lohn entpfangen, weil sie jrem maul nit weren.

32. *Hoffart thet nie keyn gut.*

Das erkennet mann amm Lucifer, Adam vnd (Bl. 6 b) Eua, Vnnd vff disen tag an den grossen hansen.

Spr. 26 und 27 nahezu wörtlich = Agr. 32 und 33. In No. 32 steht indessen from für frumm; ebenso in No. 33, das vollständig so lautet: Es machet offt ein bube, das sein vil fromer leutte entgelten mussen. Die Erklärung Fr's. zu beiden Sprüchen ist selbstständig.

Spr. 28, 29, 30 fast wörtlich = Agr. 44, 45, 43. In den beiden ersten die kleine formelle Abweichung, dass für darhinder do hynden; für nit, was bei Fr. fast stehend, (Ausnahme z. B. 388) nicht sich findet. Ausserdem folgt bei Agr. 45 hinter allein: das er die wort nicht lassen kan. Die Erklärung Fr's. ist aus dem Schluss von Nr. 43 entnommen und der Deutlichkeit wegen durch den Zusatz vnd worten erweitert. Die Stelle lautet bei Agr.: Im synne hats mancher, er wolle gros ding thun, aber es feylet darnach woyt, wens zur that kompt, vnd zum treffen gehen sol.

Spr. 31 = Agr. 46. Eben daher die Erklärung. Agr. führt zum Schluss aus, dass „diser spruch treffe die narren, welche billich solchen lohn empfahen, weil sie yhrem maul nicht weren noch stewren kunnen."

B. 6 b. Spr. 32 und 33 wörtlich = Agr. 50 und 51. Die Erklärung zu Spr. 33 bildet ebenso den Anfang von Agr. 51. Seine

33. Gut machet mut.

Als gemeyn disz ist, also war ists auch.

34. Was ann galgenn gehoeret, das feret in einem keszkorb ueber rein.

35. Wie einem ieglichen sein todt bescherdt ist, also muss er sterben.

36. Fuer galgen hilfft keyn pantzer.

Bemerkung aber zu Spr. 32 hat Fr. in selbstaständiger Weise (beachte den Ausdruck „grosse hansen") an folgende Worte Agricola's zu No. 50 angeschlossen: Hoffart stiesse die edelsten creatur, den Engel Lucifer aus dem hymel, Adam vnd Eua aus dem Paradeisz, die Juden aus yhren konigreichen vnd herschaften, Die Romer von lande vnd leutten, Inn summa, Alle konigreich vnd herschaffte sind durch vbermut vnd verachtung anderer leutte zurtrennet vnd verdorben. Woher kommen alle kriege vnd emporung, denn dasz eines dem andern nicht wil einreumen vnd weichen.

Von den Spr. 34 bis 38 sind die beiden letzten direct aus Agr. entlehnt. Spr. 37 = Agr. 53 Was den raben gehoret, ertrincket nicht; Spr. 38 = Agr. 54 Es weysz niemand, wie yhm sein tode bescheret ist. Spr. 35 ist dem Commentar zu Agr. 53 entnommen und zwar folgender Stelle: Also ist nu dises sprichworts brauch dem gleich, wie einem yglichen sein tode bescheret ist, also musz er sterben, einer ym fewer, der ander ym wasser, der dritte am galgen ynn der lufft, wie wir denn dasselbige aus teglicher erfarung erlernen, vnd vor augen sehen.

Spr. 34 und 36 sind selbstständige Zugaben S. Franck's. Spr. 34 wird sonst nicht nachgewiesen. Vgl. aber bei Wander das cölnische Sprichwort u. d. W. Galgen. 32: wär am Galge sterven sall, wed am Rhing nit versuffe; ebenso No. 35 mit Belegen aus dem 17. Jahrhundert: Was an Galgen gehört, fehrt in einer Nuszschal vber den Rhein. — Auf Cöln weist auch ein ähnliches niederd. Sprichwort bei Tappius (1539 und 1545) Bl. 186 a Hette ich gluck vnd guyden windt, so foehre ich ouch wol mit einem schottelkorff oeuer Rhyn. In hochd. Fassung theilt ebenderselbe den Spruch gleichfalls als kölnisch mit Bl. 156 b. Danach auch S. Franck 1541 an zwei Stellen II 102 a, 117 b s. Wander u. d. W. Glück 523.

37. Was den raben gehoert, ertrinckt nit.

Wer ann galgen soll, der kan jm nit entlauffen, Es dunckt die natur vnd vernunfft wol, hett er disz vnd jhenes nitt gethan ꝛc, es ist aber nichts, Soll einer vffs rad oder ann galgen kommen, so musz das sein mittel sein, das jn der Teuffel zum mord vnd diepstal reytze.

38. Es weisz niemant, wie ihm sein tod bschert ist.

Todt vnd leben steen in Gottes handt, drumm weysz der mensch nit, wenn vnd wie jm der tod vor die thür komme.

Spr. 36. Die ältesten Belege für das Sprichwort bietet nach Wander u. d. W. Panzer 2. S. Franck I 84 b, II 85 a, 165 a. Wie hoch aber grade bei ihm der Spruch gestanden, zeigt ausserdem I 34 a Es hilfft keyn bantzer für den galgen und besonders I 71 a Es ist besser einer wannen voll floech hueten, dann eins weibs, die nit an jr selbs fromm ist, vnd hifft eifferen vnnd warten eben so vil, als ein bantzer für den galgen, ein höltzin oder für sich gemacht creutz für den teuffel. — Für Deutschland trage ich weiter nach (fehlt auch bei Sandvoss): B. Waldis Esopus IV 25, 30 hilfft doch kein Pantzer vor den Galgen. — In den Niederlanden ist der Spruch bereits aus dem 15. Jahrh. in den Proverb. comm. nachweisbar, s. Harrebomée u. d. J. galg. S. 199, Anw. 12.

Die Erklärung zu No. 37 ist in ihrem ersten Satze aus dem Anfang von No. 53 entlehnt. Der weitere Rest findet sich bei Agricola 200: Für den tode ist kein kraut gewachsen. Daraus die Erklärung: Es dunckt die natur vnd vernunfft wol, hette er disz odder ihenes nicht gethan, nicht geessen, nicht getruncken, er hette vil iare noch leben mugen, aber es ist eine schmach Gott zugerechnet, Denn der tod wil ein vrsach haben, vnd Gott hat einem yeden seinen todt also bescheret, wie es ergehet, daran yhn niemand widder hindern noch fuddern kan, Sol einer auffs rade kommen, so musz das sein mittel seyn, dasz yhn der Teuffel reytze zu mordt, raub vnd Kirchen diebstal, vnd andere bose thatten.

Für die Erklärung von No. 38 vgl. den Anfang Agricola's 54 Hiemit bekennet alle welt, dasz wir Gottis sind, vnd der tod vnd

39. Er ist gewissen.

Das reden wir von eim, dem ein ding heymlich vertrawet ist.

40. Es weysz niemant wo einn der schuch druckt, denn der ihn an hat.

Es weysz niemandt des andern anligen vnd notturfft.

(Bl. 7 a). ### 41. Freunde seint gut, aber wee dem, der ihr bedarff in der not.

42. Selbs ist der man.

Verlasse sich nur niemant vff einen andern, er thu selbs was er kan.

43. Ich wolt dir lieber einn gulden borgen, denn einen pfenning.

So die schuldt wenig vnd gering ist, so ist es schewlich, das mann sie widerumb manen soll.

---

leben stehe ynn Gottis handt, Darumb wie vnd wenn Gott einem menschen seinen tode ordnet, also muss er seines todes gewertig seyn.

Spr. 39 = Agr. 57. In der Erklärung handelt Agr. zuerst von den Genossen und den Gebräuchen der Vehmgerichte. Die ersten habe man „die Gewissenen" genannt. Gegen den Schluss heisst es dann: Wir mugens auch auff andere weise brauchen, Nemlich also, Wenn einer vmb eine sache wol weysz, dasz er spreche, Ich bin gewissen, Item, Der ist gewissen. Nur diese metaphorische Anwendung hat Fr. berücksichtigt.

Spr. 40 = Agr. 61 wörtlich, nur dasz Letzterer die volleren Formen einen und drucket hat. Agricola's Erklärung berücksichtiget zunächst die sinnliche Grundlage des Sprichwortes, den Gegensatz zwischen dem schönen Aeusseren eines Schuhes und dem durch denselben veranlassten Schmerz, s. die genaue Anführung aus der niederd. Uebersetzung in meinem Agr. S. 14. Darauf folgen die von Franck entlehnten Worte: Also weysz niemand u. s. w.

B. Bl. 7 a. Spr. 41 und 42 = Agr. 68 und 69 wörtlich; nur für seint wieder bei Agr. sind. Die Erklärung Fr's. ist aus der Mitte von

44. Ich wil auch einen pfenning mit dir teylen.
45. Wenn ich einen bissen im maul hette, ich wolt dir ihn halb geben.

Ein grosz versprechen eins freuntlichen dienstlichen gemuets.

46. Das byer vnd wein folget dem zapffen.

Es ist billich so mann gessen vnd getruncken hat, das mann bezal, denn wein vnd bier, kost gelt.

47. Der todt wil ein vrsach haben.

Der prediger spricht Cap. 3. Sterben hat sein zeit, wenn das stündlin kumpt, so würdt es niemandt verschlaffen.

48. Faulheyt lohnet mit armut.

Salomon sagt, wer seinenn acker bawet, der soll brodts genug haben, vnd wer müssig geet, der soll darben.

---

69 entlehnt mit folgenden sprachlichen Differenzen: niemands, auff, thue.

Spr. 43 = Agr. 76 wörtlich; Agr. hat an beiden Stellen die volle Form des Accusativs: einen. Die Erklärung bietet bei Agr. folgende unerhebliche Abweichungen: auszlage für schuldt, ists vnehrlich (Fr. ist es schewlich).

Spr. 44 wörtlich = Agr. 77. Spr 45 Fr. selbstständig. Die Erklärung findet sich bei Agr. im Anfang von 77; dort wieder die Form eines.

Spr. 46 = Agr. 78, nur dass der Artikel vor wein bei Fr. fehlt. Die Erklärung Fr's. geht scheinbar auf Bezahlung in Wirthshäusern Bei genauer Vergleichung aber der eingehenden Erörterung Agricola's über die deutsche Gastlichkeit ist es wahrscheinlich, dass auch Franck wie Agr. einen Ersatz der Kosten ins Auge fasst, zu dem man sich seinen Gastfreunden und Wirthen gegenüber verpflichtet fühlt, wenn sie ausser dem „hauszfuter" sich noch „auszerhalb bekostigen", s. die vollständige Mittheilung in meiner Ausgabe Passavants (1873) S. 32 g. E.

Spr. 47 wörtlich = Agr. 67; dort aber die Form tode im Text und in der Erklärung. Fr's. Erklärung und Hinweis auf den Prediger Salomonis Cap. 3, v. 2 ist hier von Agr. unabhängig.

(Bl. 7b). *49. Ein Christ soll arbeyten, als wolt er ewig leben, vnnd doch gesinnet sein, als wolt er dise stund sterben.*

Du solt mit arbeyt nach gutte streben, gleich als woltestu hie ewig leben, vnd doch stehen in steten sorgen, als soltstu sterben heut vnd morgen.

Spr. 48 wörtlich = Agr. 97. Auch der Bibelspruch findet sich bereits bei Agr. mit folgender Abweichung, dass vor bawet noch die Worte mit fleis und statt müssig die Form muszig steht.

A. Bl. 7b. Spr. 55 fehlt ganz. Indessen erleidet hiedurch die Gesammtzahl der Sprichwörter keine Abminderung, da Spr. 263 und 293 doppelt gezählt sind. Wir unterscheiden beide durch den Zusatz von a und b. Die so eintretende Vermehrung ist gleichfalls nur scheinbar; ein gutes halbes Datzend Sprichwörter wiederholt sich an verschiedenen Stellen, s. Theil II, Cap. II. — Unser Spr. 263 a steht im Original zugleich mit dem Druckfehler 293, wie die Zahlen überhaupt sehr incorrect gedruckt sind. Bereits bei dem Register findet sich Einschlagendes bemerkt; hier erwähne ich noch, da Vollständigkeit weder nöthig noch nützlich ist, dass z. B. für 245, 546, 563, 573, 587, 589, 638 die falschen Zahlen 345, 549, 463, 273, 567, 289, 338 stehen. Die Ziffern sind ausserdem oft recht undeutlich, so dass man sie kaum zu unterscheiden weiss; sie stehen statt wagerecht nicht selten in auf- oder absteigender Linie, spitz- oder stumpfwinkelig nebeneinander. Ich übergehe billig solche Verstösse gegen die typographische Eleganz, die sich auch sonst bei gutem Papier nicht selten in dem Satze findet. Nur damit man mich nicht der Unaufmerksamkeit zeihe, mögen hier noch zwei Einzelheiten stehen. Bei Spr. 397 liest man zunächst nur 97; die 3 am Anfang leitet die vorhergehende Druckzeile ein. Bl. 12 b ist der ganze Satz aus dem Loth gerückt; bei der wellen- oder schlangenförmigen Biegung von No. 130 und Commentar hätte vielleicht selbst ein Hogarth halb wohlgefällig gelächelt.

B. Bl. 7b. Spr. 49 = Agr. 98. Die vier Reimzeilen bilden bei Agr. den Schluss der Erklärung. Im Text hat Agr. die Form Christen, und im zweiten Nebensatz, was sachlich richtiger ist und zu der angezogenen Dichterstelle besser passt, solt.

50. Wer einen trewen diener hat, der hat einen schatz im hause.
51. Getrewen dienst belonet Gott.
Das geschicht. Joseph in Egypten bezeuget disz.
52. Gesinde soll nit vil finden oder verlieren.
Wo das gesinde vil findet oder verlieret, da gehets selten recht zu.
53. Finden vnder einer vngekerter banck.
Das heyst hoefflich einen dieberei gezihen.
54. Da ligts, sagte ihene gutte magd, da entpfiel ihr das kindt am tantze.
Das brauchen wir, wenn wir ein ding lenger nit bergen künnen.

Spr. 50 und 51 wörtlich = Agr. 102 und 101. Der Zusatz Fr's. ist der Erklärung Agr's. zu No. 101 entnommen; Es bestettigt disz wort das geschicht des fromen Josephs ynn Egypten.

Spr. 52 und 53 = Agr. 103 und 104. In jenem lautet die Negation natürlich wieder nicht, ausserdem fehlen die Worte **oder verlieren**. Die Erklärung Fr's. stimmt sachlich mit Agr. überein; die betreffende Stelle lautet: was vil findet vnd verleuret das ist gemeyniglich diebisch vnd vntrew. — In dem zweiten Sprichwort und seiner Erklärung finden sich bei Fr. nur lautliche Abweichungen, wie sie seine südliche Heimath erklärlich macht. Bei Agr. heisst es Spr. 104: Finden vnter einer vngekerten banck. — Das heysset hoflich einen dieberey gezigen. Das Nähere im zweiten Theil Cap. III B.

Spr. 54 = Agr. 106. Im Text sind folgende Abweichungen: **ligt es. do empfiel**. Die Erklärung Fr's. giebt den Inhalt von Agr's. Worten im Wesentlichen wieder. Die Schilderung des Letzteren aber ergeht sich in so naiver Behaglichkeit, dass wir ihr gern eine vollständige Wiederholung einräumen. Agr. sagt also: Die that verkleret disz sprichwort auch, Man hette lang gesagt von einer magt, sie gieng schwanger vnd truge ein kinde, aber sie hat es verholen wie sie vermocht hat, bisz dasz es ihr iunckfraw weyse am tantze empfellet, vnd ynn dem sie die that nicht lenger hat mugen bergen, spricht sie, Da ligts, davon man lang gesagt hat. Wir brauchens wenn vns etwas vnuerwarnter sachen widderfaren ist, das wir nicht

56. An das armut wil iderman die schuch wueschen.
57. Wer da ligt, dem hilffet niemant wider vff.
58. Wer da ligt, ueber den leufft alle welt hyn.

So lang einer steet, so lobt mann jn, bisz das er felt, denn so schendet alle welt den selbigen.

59. Wer zuuil wil haben, dem wuert gar nichts.

Von denen die sich nicht lassen benuegen, mitt (Bl. 8a) dem, das jnen Gott gibt.

---

lenger bergen mugen, vnd doch gerne wolten, wie die magt, Da ligt es, sagen wir, Ich kan nicht dawidder, es ist alda, da ligts.

Spr. 56, 57, 58 = Agr. 112, 110, 111 mit folgenden Abweichungen. In Spr. 112 steht yedermann und wischen; in Spr. 111 vber und lauffet. Spr. 110 lautet vollständig: Wer do ligt, der ligt, dem hilffet niemand widder auff. — Die Erklärung zu den 3 Sprichwörtern hat Fr. aus folgenden Worten Agr's. zu No. 110 entnommen: Also lobet alle welt einen menschen, der ynn grosser ehre stehet, bisz so lang er fellet, denn so schendet alle welt den selbigen ia so sehr, als sie yhn zuuor gelobet hat.

Spr. 59 = Agr. 113 wörtlich, nur dass Agr. wirt schreibt. Für die Erklärung Fr's. boten Agr's. Worte eine passende Parallele, resp. Vorlage: Man findet yhr vil, die da bawen ym Hoachims thal vnd Annen berge, vnd wenn yhnen Gott ein gluck bescheret, so lassen sie yhnen nicht genugen, suchen vnd bawen weytter, vnd stecken das widder hynein ynn den berge, das sie zuuor heraus gewunnen hetten, vnd verderben ynn grunde.

A. Bl. 8a. Ueber die Custoden füge ich nach dem bereits bei dem Register Bemerkten für diesen Bogen Folgendes hinzu: Bl. 4b, Bl. 6b, Bl. 7a, Bl. 8a und b dienen die Zahlen 6, 41, 49, 69 und 78 als Custoden. Bl. 5b, Bl. 6a, Bl. 7b stehen in gleicher Eigenschaft die Wörter vnd (im Text vnnd), Eua, dem. Für das ganze Werk berichtige ich die irrige Angabe meines Agricola S. 76, dass in diesem Egenolffischen Drucke sich selten Custoden finden, dahin, dass dieselben sich vielmehr überall regelmässig finden mit Ausnahme der ersten fünf mit Signaturen versehenen Columnen eines jeden Bogen. Sie stehen also sowohl auf den Rückseiten der ersten 5 Blätter, wie auf den Vorder- und Rückseiten der drei letzten eines jeden Bogen. Man übersieht diese Custoden aber gar leicht, weil sobald ein

60. *Der ist reich genug, der ihm genuegen leszt.*
Reich vnd arm sein, stehet nit in wenig odder vil gütern, sonder imm gemuet vnd hertzen.

61. *Du bist ein frommer schalck.*
Ein hültzen faleisen. Viereckct dreispitz.

62. *Es ist ein rechter geitzhalsz.*
Von einem geitzigen.

Sprichwort mit der betr. Erklärung oder ein unerklärt gebliebenes mit seinem Texte vollständig auf einer Columne zu Ende geht, nur die Zahl des nächsten Sprichworts als Custos dient. Im Uebrigen sind die Custoden bald durch ein einsilbiges Wort, bald durch eine oder 2 Silben oder zwei einsilbige Wörter gebildet, was genauer anzugeben unnöthig ist. Bemerkung aber verdient es, dass nur Bl. 16 a ganz ohne Custos geblieben ist. Bl. 24 a steht Keyse für Keyser. Bei dem letzten Custos des Buches Bl. 55 a Huet ist das t höher gestellt; ebenso sind in dem Worte woellen Bl. 15 a durch den Custos len die zwei Lettern öl über die Linie gerückt werden.

Ueber die Signatur bemerke ich hier gleichfalls abschliessend, dass die Bezeichnung der ersten 5 Blätter eines jeden Bogen feststeht. Es sind deren im Ganzen 7, und 55 bedruckte Blätter; die Signatur ist von 𝔇 gleich zu 𝔉 übergegangen, s. darüber schon meinen Agricola S. 76. Diese Kleinigkeit ist von meinen Vorgängern, die eine autoptische Kenntniss der Ausgabe besassen, Koch und Goedeke übersehen worden; Zacher referirt nur nach gedruckten Vorlagen, ist also für den Irrthum nicht verantwortlich, s. Cap. I des 2. Theiles.

B. Bl. 8 a. Spr. 60 = Agr. 114 wörtlich mit der abweichenden Lautform: genugen lesset. Die Erklärung Fr's. findet sich ebenso, abgesehen von der Form der Negation, bereits wörtlich bei Agricola.

Spr. 61 = Agr. 116 wörtlich. Die Erklärung Agr's. bietet aber eine kleine Abweichung: Solche rede heyssen die gelerten Contrarium in adiecto, Wir Deutschen, ein hultzern schureysen.

Spr. 62 = Agr. 117 wörtlich. Die kurtze Erklärung Agr's. lautet vollständig: Den niemand fullen kan, vnd dem alles zu wenig ist, der selbige heyszet ein geytzhalsz.

63. Sihe ihm vff die hende, du darffst ihm auff die fuesse nit sehen.

Das brauchet mann, wenn ich jemant für eines andern tücken warne.

64. Mann huette sich fuer der that, der luegen wuert wol radt.

Warheyt bleibt, lügen gehet vnder.

65. Wer seinen eltern nit folget inn der iugent, der musz dem hencker folgen im alter.

Taeglich erfarung leret das.

66. Wer sein kindt strafft, zeucht ehre darausz, wers nit strafft, wuert schand erleben.

Salomon sagt, wer sein kind lieb hat, der sparet die ruthen nit.

Spr. 63 = Agr. 118 wörtlich, nur mit dialektischen Abweichungen. Agr. hat beide Male die Praeposition **auff**, ausserdem die volleren Formen **darffest** und **nicht**.

Spr. 64 = Agr. 52. Man huete sich vor der that, der lugen wirt wol radt. Die Erklärung ebenfalls wörtlich bei Agr. gegen den Schluss; natürlich auch dieselbe abweichende Form **lugen**.

Spr. 65 und 66 = Agr. 94 und 95. Bei dem ersten hinter eltern die Worte **nicht folget noch gehorchet**; ebenso hinter hencker noch der Zusatz: **folgen vnd gehorchen**. — Spr. 95 weicht ebenfalls etwas ab, es lautet vollständig: Wer sein kinde straffet, der zeucht ehre daraus, wer nicht straffet, der wirt schande erleben. — Die Erklärung Agr's. zu No. 94 theilen wir ihres sittlichen Gehaltes wegen völlig mit: Die erfarung lernt es vns, wie die vnartigen vnd vnschlachtigen kinder dem scharfrichter zu teyle werden, welche yhren eltern nicht haben wöllen folgen, die mussen dem henger nachsprechen, do sie es nicht mit grosser lust thun, Denn da Gott gebeuttet, man sol vater vnd muter ehren, da thut er hinzu, Auff dasz sie lang leben auff erden, Vnd gleich wie Gott segnet die ehre yhrer eltern, also straffet Gott die, so sie vnehren, Jhene sollen lang leben, dise sollen bald sterben, auff reder gelegt, an die galgen gehencket, vnd mit dem schwerdt ermordet werden. — Fr. hat hier etwas energisch zusammengedrängt; ebenso in Spr. 95, wo der An-

67. Gott verleszt die seinen nit.
Das ist ein wort des glaubens.

68. Fremde lewtte thun offt mehr, denn die blut freunde.
Das leret mann an dem frummen Joseph in Egipten, seine brueder verkaufften jn, vnd hielten nichts von jm, in Egipten aber wart er hoch gehalten.

(Bl. 8b). *69. Vierzehen hantwerck, fuenffzehen vnglueck.*

70. Er kan vil handtwerck, aber betteln ist das beste.
Spoettisch redet mann von denen, die des jren nit warten.

71. Ein ieder warte des seinen, vnnd lauffe nicht ferne.
Paulus spricht Ro. 12. Hat jemant ein ampt, so warte er des ampts ꝛc.

72. Hans in allen gassen.

---

fang der Erklärung lautet: Salomon sagt, Die ruthe treibet die torheyt hinweg, so an das hertze des kindes gebunden ist. Item, Wer sein kind lieb hat, der sparet der ruthen nicht.

Spr. 67. Im Text und in der Erklärung aus Agr. 99 entlehnt; von Abweichungen findet sich ausser der herkömmlichen Form der Negation im Sprichwort selbst bei Agricola verlesset; in der Erklärung Disz für Das.

Spr. 68 = Agr. 140 mit der abweichenden Schreibart leutte. Die Erklärung Fr's. ist ganz unabhängig.

B. Bl. 8 b. Spr. 69 und 70 wörtlich = Agr. 142 und 143; nur fehlt bei Agr. in No. 142 in dem zweiten Zahl- und Hauptwort der Umlaut. Die Erklärung ist aus dem Anfang von No. 142 entnommen: Da mit spottet man der, die des yhren nicht wartten, sonder auff alle seytten auslauffen.

Spr. 71 wörtlich = Agr. 141. Die Verweisung auf Römer 12, 7 hat Franck selbst gegeben.

Spr. 72 = Agr. 257. In der Erklärung bezieht sich Agr. u. a. auch auf Spr. 144 = Fr. 73 und fügt hinzu: Denn er ist Hanss ynn allen gassen, Ein steyn, den man hyn vnd widder waltzet, be-

73. *Wer vil handtwerck zu gleich lernet, der lernet selten eins wol.*

Denn ein jeglich werck erfordert einen eygen menschen.

74. *Der hunger ist ein gutter koch.*

Mann darff eim hungerigen nicht vil die speisz würtzen, es schmeckt jm alles wol.

75. *Es schmackte mir wol, ich was durstig.*

Also sagt der so durstig ist.

76. *Es ist nasz.*

Wenn mann einen trunck nit verachten oder loben wil, so sagt mann, es ist nasz.

77. *Wer den andern warnet, der ist sein freundt.*

Offentliche straffe, ist besser denn heymliche liebe, Salomon.

---

wechset selten, also lernet niemand nichts redlichs, er gebe sich denn auff eines allein, vnd lerne das wol, Denn der ynn allen gassen wonet, der wonet vbel.

Spr. 73 wie eben erwähnt wörtlich = Agr. 144. Die Erklärung aber erinnert an einen Satz aus der Mitte von 141: Denn ein yglicher handel wil einen eygenen, gantzen menschen haben.

Spr. 74 wörtlich = Agr. 147. Eben daher die Erklärung, die ich nur der abweichenden Form wegen wiederhole: Man darff einem hungerigen nicht vil die speise wurtzen, es schmeckt alles wol.

Spr. 75 und 76 wörtlich = Agr. 148 und 149. Die Erklärungen treffen sachlich ganz zusammen; differieren aber sprachlich völlig von einander. Prüfe der geneigte Leser selbst. Spr. 148 sagt Agr.: Wie man von essen vnd hunger redet, also redet man auch von trincken vnd durst. Wer durstig ist, der schmeckt nicht wie es ist der durst benimpt yhm allen schmack, allein das es yhn frischet vnd kuelet. — Spr. 149 aber heisst es: Wenn man einem keinen rechten bescheyd gibt, wie ein wein odder bier schmeckt, so sprechen wir, Es ist nasz, das ist, Es netzet die zunge vnd den halsz, mehr kan ich dir nicht da von sagen.

Spr. 77 wörtlich = Agr. 151, nur sagt Agricola freunde. Eben daher der spruch Salomonis, den Agricola nach der Ausdeutung des Sprichwortes mit den Worten einleitet: Darumb sagt Salomon.

A. Bl. 9 a. Bereits Bl. 4 b hatten wir bemerkt, dass für die Letter W dieses unseres Druckes im Original in der Regel Vu, nicht selten aber auch VV stehe. Dieser Fall tritt hier in Spr. 84 zuerst ein; seitdem findet sich VV am Anfang der betreffenden Sprichwörter ununterbrochen bis Spr. 221 incl. mit alleiniger Ausnahme von Spr. 195, wo das häufigere Vu steht. VV findet sich dann nur noch 236, 242. Das Letterpaar Vu, das zuerst bei Spr. 3, zuletzt bei Spr. 663 angewandt ist, hat an folgenden Stellen weiter eine Einschränkung erlitten, die an und für sich und im Verhältniss zu der ungewöhnlich häufigen Erscheinung jener Verbindung kaum bemerkbar ist und verschwindet. Spr. 389 und 617 steht ein blosses V; 582 ein kleiner Anfangsbuchstabe w, und Spr. 604 beginnt gleichfalls mit dem kleinen Initial wu. Spr. 165 med. ist das Wort verantwort am Anfang mit einem w versehn. Wir haben an allen diesen Stellen natürlich schweigend die von der heutigen Consequenz geforderte einheitliche Form hergestellt.

Ueber den Wechsel von deutschen und lateinischen Lettern im Original ist bereits zu Bl. 1 das Nöthige angegeben. Als Abweichung von diesem Princip erwähnten wir zu Bl. 4 b, dass statt k überall die deutsche Letter gesetzt ist. Das hat seine Richtigkeit für den Rumpf der Wörter, nicht für ihr Haupt. Wo Sprichwörter mit einem K anfangen, steht auch im Original die lat. Letter; das gilt von Spr. 144, 325, 395 und 505. Das K der vorletzten Stelle hat eine etwas abweichende Form. — Aehnlich ist für ꝛc am Schluss von 368 rc gesetzt.

Für tz findet sich nicht selten mitten im lateinischen Text das deutsche Letterpaar. So steht hertz und tantz richtig gedruckt z. B. 654 und 381; mit tz aber steht jenes 122, 124, 125; dieses 136, 137, 379. Ein ähnlicher Irrthum oder Nothbehelf waltet ob bei Atzel 240, katze 239, kurtzer 172, spaetzlin 207, Fürwitz 142. Eine Vollständigkeit beanspruchen diese Mittheilungen natürlich ebenso wenig, als sie dieselbe beabsichtigen; genug, dass wir die ungesuchte oder vielleicht sogar bewusste Inconsequenz unserer Vorlage zu wiederholen vermieden haben.

Ein kleiner Anfangsbuchstabe findet sich ausser den bereits erwähnten beiden Stellen (s. oben über Vu u. s. w.) noch in Spr. 264 und 340.

Deutsche Lettern bieten die 5 letzten Zeilen von Spr. 281 und die vier letzten Worte von Spr. 424, mit denen eine neue Columne beginnt.

In dem mit deutschen Lettern gesetzten grösseren Theile des Originals habe ich ein Hinüberfliessen oder Hinübernehmen von lateinischen Buchstaben nicht bemerkt. Nur Bl. 17 a steht der falsche Custos C für C. Folgende Versehen halte ich einer kurzen Erwähnung werth; ich habe ähnliche nicht weiter bemerkt; es genügt aber auch die Erscheinung zu charakterisieren, ohne sie zu erschöpfen.

u für n steht in der dritten, resp. vierten Letter der Wörter sinn und dönne Spr. 141, Bl. 14 b, Z. 1 v. ob., und Spr. 129 Comment. Z. 3, Bl. 12 b. — Das Umgekehrte n für u in dem Worte zu in Spr. 142 Comment. Z. 5 hinter toechter. — Spr. 179 Erkl. bietet das richtige Wort zaun; im Text dafür irrthümlich zaum.

h für b steht in den Worten bringt, leben, boesen Spr. 272, 367 in der Mitte des Textes und Spr 633.

t für r bieten die Worte der (bis), keyser, getrewmet. Spr. 364 in dem dritten Wort der Erklärung und Spr. 431 in der 3. Zeile der Erklärung vor dem Worte gibt; Spr. 507 in der Erklärung bei dem ersten Vorkommen des Wortes und Spr. 509 in dem fünftletzten Worte. Das Umgekehrte, r für t, in dem Worte nit Bl. 15 b, Z. 3 v. o. Spr. 147,

Bl. 54 b med. ist in Sprichwoerter das l ausgefallen; Spr. 398 Erkl. steht finster für fenster; Spr. 320 Schluss der Erklärung verdamnisch für verdamnisz.

Die Inconsequenzen der Orthographie und Interpunction giebt unser Text mit bewusster Absicht treu wieder; wir bieten also nebeneinander über und ueber, für und fuer u. dgl. Soweit grammatische Ergebnisse daraus sich gewinnen lassen, namentlich soweit sie das Verhältniss zu erläutern geeignet sind, in dem der süddeutsche Herausgeber der Sprichwörter S. Franck seiner norddeutschen Vorlage gegenüberstand und dieselbe wiedergab: habe ich die nöthigen Erörterungen in Cap. III B des zweiten Theiles geboten. Darauf verweise ich auch für die in unserem Abdruck nicht wiedergegebene Doppelletter ů. Ihr Vorkommen in der Vorrede und dem Register habe ich bereits früher berührt.

Schluss der Anmerkungen A und der Unterscheidung zwischen A. und B.

(Bl. 9 a. Sign. B). **78.** *Ich habs gesehen vnd gehoeret.*
Das ist, Es ist war.

79. *Es gehet dir zu einem ohr ein, zum anderen wider ausz.*
Das sagt mann von einem vnfleissigen zuhoerer.

80. *Geb arsz, nem arsz.*
Der kinder sprichwort.

81. *Er laest ihm die kuee nemen.*
Er laeszt sich balde erzürnen, Er laeszt jm zu seiner narung greiffen.

Bl. 9 a. Spr. 78 und 79. Beide Sprichwörter gehen auf Agr. 152 zurück, das mit 79 wörtlich übereinstimmt, abgesehen von den Formen andern, widder.

Spr. 78 findet sich ebendaselbst bis zu dem Worte war gegen den Anfang der Erklärung mit der Abweichung hab es und gehort. — Für die Erklärung von Spr. 79 siehe Agr. 152 med. Wem ein ding ernst ist, darauff yemand achtung hat, der selbige horet mit beyden ohren zu, Wem aber das nicht ernst ist, der horet allein mit einem ohr zu, vnd mit dem andern anderszwohyn, Also dasz mit beyden ohren horen so vil sey, als mit grossem fleisz horen, Vnd mit einem ohre horen, so vil, als on fleisz auff mercken.

Spr. 80 = Agr. 153. Für arsz beide mal arsch. Agr's. Erklärung beginnt: Disz wort ist breuchlich vnter den kindern, welche aus vnbestendickeyt vnd wanckelmut, einander etwas geben, vnd bald widder nemen.

Spr. 81 = Agr. 154, der leszt und kwe schreibt. Die Erklärung ist aus folgenden Worten Agr's. entnommen: Disz ist ein Deutsche Metaphora, vnd ist so vil, als, Er leszt sich bald erzurnen. Es kompt aber dise weyse zureden daher, dasz, so sich der feind an den leutten vnd an yhrem leibe nicht rechen kan, so holet er die kwe, vnd nimpt sie zum zeychen der feindtschafft. Vnser alten frommen Deutschen narung ist gewesen der ackerbaw, da von sie haben ein vihe zucht haben (sic) mugen erhalten. Es bezeugen die Romischen geschicht schreiber, dasz auch die Fursten ynn Deutschen landen yhren enthalt mit dem ackerbaw gehabt haben. Darumb ist

82. Gedancken seindt zollfrei.
Für der welt, aber nit fuer Gott.
83. Ein boese zung richtet vil vnglücks an.
Auch vil guts, dauon lisz Sanct Jacobs Epist. Capittel jjj.
84. Wer da redet was ihn gelüstt, der musz offt hoeren, das er nit gern hoeret.
85. Wer da wil wissen wer er sei, der schelte seiner nachbaurn zwen oder drei.
86. Ein gut wort, findet ein gut stadt.
87. Gut grusz gibt gut antwort.
Wer die leüt schendet vnd vneert, der musz widerumb offt hoeren, das mann jm widersage, das er nit gern hoeret.

---

es so vil, Man hat yhm die kwe genommen, als. Man hat yhn zu yhrer narung griffen.

Spr. 82 = Agr. 155 mit der Verbalform sind. Die kurze und schöne Erklärung Fr's. findet sich bei Agr. nicht.

Spr. 83 mit einigen Abweichungen = Agr. 156 Ein boese zunge richtet offt vil vnglucks an. Für die Erklärung Fr's. bot vielleicht die von Agr. angezogene Stelle aus Freidank die Veranlassung „Freidanck singt, Das beste glied das yemand treyt, ist die zung als Sanct Jacob seyt". — Agr. ergeht sich sonst sehr ausführlich in Erörterungen und biblischen und profanen Beispielen von falschen Zungen. Fr. hat wie oft diese Ausführlichkeit der Darlegung für entbehrlich gehalten.

Spr. 84, 85, 86 und 87 = Agr. 159, 158 und 157; Spr. 85 findet sich nämlich als Citat in No. 157, so dasz die übrigen 3 Sprichwörter 84, 86 und 87 den drei ebengenannten Agr's. und zwar in der angeführten Ordnung entsprechen. Die Erklärung Fr's. bildet gleichfalls den Schluss von Agr. 157. — An formellen Abweichungen bemerke ich, dass Agr. leutte, vnehret, horen (ohne Umlaut) schreibt, dass in Spr. 158 das Fem. des Adject. gute lautet. In dem Reimspruch hat er die volle Form nachbawren. In Spr. 159 ist ausser dem schon erwähnten horen und der Negation nicht noch die Abweichung do und gelustet zu bemerken.

(Bl. 9 b). *88. Wer moecht das nit.*

So einem ettwas zu handen stoesset, das nicht zu verachten ist, so spricht er, Wer moechte das nitt, ich nem es auch an, so mirs so gut künt werden.

89. Lasz dir keynen bart drumb wachssen.

90. Lasz dir keyn graw har darumb wachssenn.

Lasz dich vnbekümmert, sorge du nitt dafür, ich weysz weise darzu.

91. Wer einen bart lasset wachssen, der hat ein schalckheyt gethan, oder hat einer willn.

Newe gedancken, bringen einn newen wandel.

Bl. 9 b. Spr. 88 = Agr. 160. Wer mocht das nicht, sagt der Apt von Posen. — Den apologischen Zusatz, und die etwas unsaubere Veranlassung desselben hat Fr. nicht berücksichtigt. Seine Erklärung schliesst sich direct an die Schlussworte Agr's. an, in denen von der unverfänglichen Anwendung des Spruches gehandelt wird. Agr. sagt nämlich a. a. O.: Wir brauchen dises wortts auch auff ehrliche ding, Denn so einem etwas zuhanden stosset, das nicht zuuerachten ist, als ein gluck, ein erbfall, odder sonst etwas an leib odder gut, so spricht er, Wer mocht das nicht ich neme es auch an, wenn mir es so gut konde werden. Das erste, Wer mocht das nicht ist ein alt wort, Das ander aber, sagt der Apt zu Posen ist newe, vnd ist seint der Monche zeyt kurtzlich dazu gethan aus erfarung.

Spr. 89, 90, 91 = Agr. 161, 163, 162. Von orthographischen oder lautlichen Differenzen erwähne ich bei Agr. 161 die Form darumb (ebenso wie 163). Fr. hat ja in der Regel die verkürzten Formen; das unmittelbare Nebeneinander von drumb und darumb ist für die letztere Form wohl durch seine Vorlage bedingt gewesen. Agr. 163 steht hare, 162 lesst, eine sch., willen.

Die Erklärung zu Spr. 90, auf das vorhergehende mit bezüglich, findet sich bereits wörtlich bei Agr. 161. Jedoch hat dieser keinen Umlaut, schreibt nicht und dazu. — Der erklärende Zusatz zu Spr. 91 ist wörtlich aus der Erklärung bei Agr. 162 entnommen; dort die vollere Form einen.

92. *Es ist ihm also gemeyn vnnd leufftig, wie das vatter vnser.*

Es ist jm sehr gemeyn, darausz mann lernet, das das vatter vnser, jedermann gemeyn soll sein.

93. *Es wissens die kinder auff der gassen.*

Es ist nimmer heymlich.

94. *Wer newe zeittung wil wissen, der erfar sie in barbierheüsern, badtstuben wirtshausz ʀc.*

An dise oerter kumpt allerley volck zusamen, ein jeglicher sagt da was er weysz.

95. *Der rücke soll ihm so weych werden, als der bauch.*

(Bl. 10 a. Sign. B 2). Das sagen wir auch mit disenn worten, ich wil jm den rucken einzwey schlagen.

96. *Der bauch ist ihm als weych als mir.*

Ich wil jn so balt treffen, kumpts dazu als er mich.

Spr. 92 = Agr. 164 wörtlich. Die Erklärung berührt sich nur im Anfang mit Agr., vgl. insbesondere folgende Worte Agr's: Es ist yhm also gemeyn, als das Vater vnser, das ist, Es ist yhm sehr gemeyn. Beschlossen ist hie, dasz vns, die wir Christen heyssen, nichts gemeyners seyn sol, denn das darynn vnser seelen heyl vnd selickeyt stehet, als nemlich das Vater vnser.

Spr. 93 in Text und Erklärung wörtlich bei Agr. 165. Die Erklärung nur, wie in der Regel, etwas wortreicher und umständlicher. Agr. sagt nämlich: Das ist, Es ist nymmer heimlich, es ist also lautbar, dasz es iung vnd alt wissen.

Spr. 94 = Agr. 166 bis zu dem Worte **badtstuben** incl. wörtlich, nur dasz das Prädikat des Hauptsatzes **erfare** lautet; dann folgen bei Agr. noch die Worte: bachoffen, sechs wochen better, vnd tabernen. — Die Erklärung Fr's. ist mit bemerkenswerthem Geschick aus Agr. verkürzt herübergenommen. Agr. sagt nämlich: Inn die barbier heuser, badtstuben, bachoffen, sechs wochen vnd tabernen kompt allerley volck zusammen, Ein yglicher sagt da was er weysz, vnd was do geschicht, das wirt alda zu marckte gebracht, von allen leuten finden sich leutte, da selbst mancherley rede die man erferet. Man beachte die abweichenden Formen: **kompt** und **yglicher**.

Spr. 95 wörtlich = Agr. 168, aber ohne Umlaut in dem ersten

97. *Er wil nit folgen.*
Wenn wir verzagen an jemands, also, das vermanung vnnd gutte vnderweisung verloren ist an jhm, so sprechenn wir, lasz jhn bleiben, er wil nit folgen.

98. *Er weysz es wol, aber er thuts nit.*
99. *Was hilffts wenn ers schon lang weysz, vnd thuts nicht?*
Wenn mann ein ding weysz, so soll mans thun, Sanct Paul sagt zum Thi. Sie sagen sie kennen Gott, vnd mit der that verleugnen sie Gott.

Substantiv. Die Erklärung ist dem Schluss entnommen: Mit groben wortten sagen wir, Ich wil yhm den rucken entzwey schlagen.

Bl. 10 a. Spr. 96 = Agr. 167. Die Erklärung ist ebendaher entnommen. Im Text die Abweichung also weych; im Commentar kompt es darzu.

Spr. 97 in Text und Erklärung wörtlich = Agr. 221. Agr's. Erklärung greift aber noch weiter; sie geht von dem Unterschied aus, den die heilige Schrift zwischen Narren und Gottes Kindern festsetzt; dann folgen die von Franck herübergenommenen Worte; darauf Aussprüche der alten Weisen. — Die Form der Negation an beiden Stellen bei Agr. nicht.

Spr. 98 und 99 = Agr. 222 und 223; nur an der ersten Stelle hat Fr. seine gewöhnliche Form der Negation nit eintreten lassen; im zweiten Spr. steht wie bei Agr. nicht; in beiden Sprichwörtern die Zusammenziehung thuts; bei Agr. thut es. — In der Erklärung finden sich die Worte des ersten Satzes bei Agr. nicht; die sachliche Uebereinstimmung ist selbstverständlich. Das Citat aus dem Titusbriefe I, 16 theile ich aus Spr. 223 vollständig mit, und unterlasse es dabei nicht, auch den Ausfall auf den Papismus und das Episcopalsystem zu wiederholen; er ist auch in unserer Zeit, wo ultramontane Umtriebe selbst eine echt protestantische Bevölkerung zu umstricken oder zu begeifern versuchen, während der edelste und gelehrteste Vertreter des Katholicismus Döllinger mit der Reife und Milde eines weisen Alters der Versöhnung das Wort redet; er ist auch heute noch so recht am Platze. S. Paul sagt zu Tito, Sie sagen, sie kennen Gott, vnd mit der that verleugnen sie Gott, darumb sind sie ein grewel vor Gott. Zu vnsern zeytten rhumet sich der

100. Liechter tag, liechte augen.
101. Warumb hat er die augen nit auffgethan?

Hie mit entschüldigen sich die finantzer, welche den leütten mit falscher geferbter ware ein nase machen vnd betriegen sie.

102. Er musz leregelt geben.

Die alten hendler, die solcher bubenstuck geuebt sein, lerenn nitt gern einen newen jre griff vnd was der rechte kauff sei in aller wahr, vnnd ehe denn ers lernet, so ist er halb verdorben, darnach aber bringt ers herein, vnd leügt vnd betreügt (Bl. 10 b) dester mehr, Die alten haendler sprechen, wenn sie einen jungen haendler kriegen, wir haben einen, er musz lehrgelt geben.

Bapst vnd die Bischoffe, sie sind successores Petri vnd der Aposteln, vnd mit der that leugnen sie alles was die Aposteln geschrieben vnd gethan haben, darumb werden sie auch ein grewel seyn vor Gott.

Spr. 100 und 101 = Agr. 227. Fr's. 101 findet sich nämlich in der Erklärung, die Agr. a. a. O. zu Anfang giebt; ebendaher hat Fr. seine Erklärung entnommen, mit geringfügigen Abweichungen, die durch den vollständigen Abdruck am deutlichsten ersehen werden. Agr. sagt also: Hiemit entschuldigen sich die Finantzer, welche den leutten mit falscher, geferbter ware vnd thandt ein nase machen, vnd betriegen sie, Sie haben es gesehen, es sey liechter tage, warumb hat er die augen nicht auffgethan.

Spr. 102 wörtlich = Agr. 228. Die Erklärung ebendaher, meistens wörtlich. In formeller Hinsicht beachte die Abweichungen bei Agr.: bubenstucke, geubt, sind, nicht, leuget, betreuget, sagen (Fr. sprechen). Im Text der Erklärung folgt hinter gern bei Agr. gleich: einen newen hendler, was u. s. w. Alles Uebrige bei beiden gleichlautend. Folgende von Fr. überschlagene Stelle hinter dester mehr theilen wir noch mit; vielleicht hat Fr. hier an dem Ausdruck bescheisset (= betrügen) Anstoss genommen: bescheisset wer yhm für die handt kompt, denn er hat lehrgeldt gegeben, es ist yhn thewer ankommen, er hat es nicht vmb sonst, Die alten hendeler, so des handels bericht sind, wenn sie u. s. w.

103. Wir habens also funden, wir muessens auch also bleiben lassen.

Wo ein sach erfunden würt, darinn keyn masz zu finden ist, sagt mann, wolan, es ist verlorn, wir habens also funden, wir muessens also bleibenn lassen.

104. Oben ausz vnd nirgent an.

Disz belanget die eygensinnigen koepffe, die ihn weder singen noch sagen lassen, denn der selbigen spott mann, das sie sich des vndersteen, das jn schedlich ist, hui oben vsz vnd nirgent an, wer oben vsz feret mitt dem kopff, der stoesset sich gewiszlich.

105. Es soll keyner mit ander leüt schadenn reich werden.

Hie würt wuchern, finantzen, vnd aller betruck verbotten, welchs Gott mit disen worten sagt, Du solt nit stelen.

Bl. 10 b. Spr. 103 = Agr. 232 wörtlich, aber ohne Umlaut (also mussens). Dasselbe gilt von der Erklärung. Der betreffende Satz bei Agricola beginnt: Wo nu der massen ein sache befunden wirt u. s. w.

Spr. 104 im Text und in der Erklärung wörtlich = Agr. 217. In formeller Hinsicht ist der Mangel des Umlauts bei kopffe und stosset; die volleren Formen yhnen (bis), spottet, vnterstehen; in der Erklärung ferner wie im Text aus und auszferet (Fr. in der Erklärung vsz, im Text ausz) bemerkenswerth. Vor singen steht bei Agr. widder; vor wer oben ff. am Schluss noch die Conjunction Denn.

Spr. 105 = Agr. 224, hier aber leutte. Die Erklärung Fr's. ist völlig selbstständig; die Verweisung auf das siebente Gebot stimmt insbesondere zu seinen sonstigen Anführungen aus der heiligen Schrift. Eine Veranlassung zu seinen Worten konnte Fr. indessen aus folgender Stelle Agr's. finden, wo gleichfalls die Substantiva finantzen und betrug als sinnverwandt nebeneinander stehn: sie fallen ynn die stricke des Teuffels, daraus denn folget betrug, finantzen vnd andere bose tucke.

106. Wuchern ist mir verbottenn, denn es fehlet mir an der heupt summa.

Wo jemands seines armuts vnd vnuermoegens selbs spottet, spricht er, Wuchern ist mir verbotten, denn es fehlet mir an der heupt summa.

107. Er hat gut vnd mut verloren.

(Bl. 11a. Sign. B 3). Das sagt mann von einem verzagten, ders gut verloren hat, vnd ist darzu auch kleynmuetig.

108. Es ist bodenlosz.
109. Es ist gruntlosz mit ihm.

Es ist grundlosz mit dem menschen sagen wir, wenn nichts an jm hilfft, es geet alles dahin, er verschlemmet alles.

110. Es ist bald geschehen vmb einn menschen. vnnd er kostet doch vil zu erziehen.

Es weysz niemandt basz was mühe vnnd arbeyt vff ein kindt gange, denn die eltern, vnd kumpt doch

---

Spr. 106 = Agr. 225. Ebendaher die Erklärung mit der Abweichung, dass yemand, vnuermugens und verpotten bei Agr. steht; ausserdem fehlt in der Erklärung die Conjunction denn. An beiden Stellen, im Text wie in der Erklärung, hat auch das Sprichwort selbst einige lautliche Abweichungen. Wuchern ist mir verpotten, denn es feylet mir an der haubtsumma.

Spr. 107 wörtlich = Agr. 229. Die Erklärung Fr's. ist ihm nach Sinn und Worten eigenthümlich. Vergleiche indessen die Schlussworte Agr's.: Wenn gut vnd mut fellt, so verzaget der man an seinem fleisz vnd arbeyt, schaffet nichts mehr, wirt treg vnd faul, vnd verarmet also.

Bl. 11a. Spr. 108, 109 wörtlich = Agr. 231, 230. Die Erklärung ebenfalls aus Agr. 230 wörtlich entnommen; das vorletzte Verbum daselbst in der Form gehet.

Spr. 110 = Agr. 204 mit der sachlichen Differenz oder der gemüthlichen Steigerung des Ausdrucks, dass zwischen doch und vil noch die Worte so recht stehen. Die Form des Artikels bei Agr.

ein augenblick der den menschenn hinnimmet. Plinius sagt, es seindt offt leüt erstickt von einem kleynen koernlin Rosyn, oder haerlin in eim trunck.

111. Wer bei dem weg bawet, der hat vil meyster.

Wer etwas offentlich anfahet vnd handlet, dar zu vil leüt kommen, es sei in regementen, in bawen, in ordnung zumachen, in buecher schreibenn, odder was offentlich mag gethan werdenn, der musz einn joglichen daruon richten vnd meystern lassen, des musz er sich ergeben vnd gring achten.

112. Es ist keyn Prophet angenem inn seinem vatterlande.

Solten die Apostel ettwas schaffenn, so musten sie vnder den Heydenn das Euangelion predigenn, bei den Juden zu Hierusalem, war es nit (Bl. 11b) gehoeret. Christus ist den Juden gesandt, aber sie wolten sein nit, weil sie seinen vatter, mutter vnd brueder kenneten.

---

wieder volltönend einen. — Auch die Erklärung ist durchaus aus Agr. entlehnt; nur hat sie Fr. im Ausdruck nicht unerheblich geändert. Agr. sagt nämlich: Die eltern wissen, mit was muhe vnd arbeyt die kinder erzogen werden, wie wol ein kurtze stunde den menschen hyn nimpt. Es sind offt leutte erstickt von einem kleinen kornlin Rosyn, wie Plinius sagt, Ein ander wirt ym krieg erstochen odder erschossen, vnd gibt bald ende.

Spr. 111 wörtlich = Agr. 207; hier aber die Dativform wege. Die Erklärung ebenfalls wörtlich aus Agricola mit folgenden Abweichungen der Reihe nach: anfehet, handelt, dazu, leutte, regimenten, bucher, einen yglichen dauon und gering.

Spr. 112 wörtlich = Agr. 210; ausnahmsweise hier Agr. die abgekürzte Dativform vaterlandt. — Die Erklärung, die Fr. ebenfalls den Worten Agr's. entnommen hat, bietet folgende Abweichung. Für den Abschnitt über die Apostel sind die Differenzen mehr lautlicher Art, der Reihe nach nämlich diese: Aposteln, die H., nicht gehoret. Daran schliessen sich bei Agr. noch weiter die Worte: Denn ein Prophet ist nyrgent vngenemer, denn ynn seinem

113. Gelt machet den marckt.

Die kraemer lassen niemant vngekaufft von sich hingehenn, denn sie seindt darumb da, vmb des gelts willen, wenn das fürhanden ist, so ist der marckt gemacht.

114. Der marckt wurdt dichs wol leren.

Wer etwas zuuerkauffen hat, oder etwas kauffen wil, der bedarff nit, das er jm fürneme, wolfeyl oder theüwer zugeben, oder zukauffen, sonder er musz es erfaren, von leütten, die vff dem marckt kauffen vnd verkauffen, vnnd des marckts brauchen.

115. Ein ieglicher lobet das seine.

Ein rosztauscher lobett seine pferde, ein kraemer lobet seine würtze, Ein jeder das seine.

vaterlandt, Christus ist den Juden gesendet, aber sie wolten sein nicht, er ist vngenem. Den Anfang und Schluss dieser Stelle hat Fr. fortgelassen, dagegen aus eigenem Ermessen eine Beziehung auf die Haus- oder Familiengenossen Christi hinzugefügt.

Bl. 11b. Spr. 113 wörtlich = Agr. 246. Eben daher Fr's. Erklärung; die Abweichungen sind zumeist formeller Art und werden durch den vollständigen Abdruck unmittelbar erkannt werden. Agr. sagt also: Es ist ein kunst vnter den kramern vnd kauffleutten, dasz sie niemand lassen vngekauffet von sich hyn gehen, denn sie sind darumb do, vmb geldts willen, wenn das verhanden ist, so ist der marckt gemachet, Ist aber kein kauffmann verhanden, so ist kein marckt.

Spr 114 = Agr. 247: Der marckt wirt dichs wol lernen. Eben daher hat Fr. wörtlich seine Erklärung entlehnt. Die lautlichen Abweichungen sind der Reihe nach: nicht, furneme, thewer und auff.

Spr. 115 = Agr. 248; hier die Form yglicher. Die vollständige Erklärung Agr's., aus der Fr. geschöpft hat, lautet: Ein verkauffer lobet seine ware, denn wenn er sie selbs schulte, so wurde sie nicht gekaufft. Ein roszteuscher lobet seine pferde, ein kramer seine wurtze, vnd ein yeder das seine, auff dass ers mochte mit einem solchen schein dester mehr gelosen.

*116. Thete das, der tantz würde ihm nitt halb so
wol ansteen.*

Wenn eim ein glück vffsteet, das jn muettig vnd guter ding macht, spricht mann, weil jm disz gut widerfarn ist, so steet jm der tantz wol an, er richtet sich vff vnnd erhebt die stimme mit freuden, vnd springet vff mitt gleichen fuessen, thete das, (Bl. 12 a. Sign. B 4) der tantz würde jm nit halber so wol ansteen, er würde auch nit so froelich sein vnd so laut singen vnd springen. Gut macht mut.

117. Das werck lobet den meyster.

Wer wil den nit für einen kunstreichen haltenn, der seine kunst mitt dem wercke beweiset vnnd dargibt?

Spr. 116 = Agr. 250 mit den formellen Abweichungen wurde, nicht, anstehen. Auch die Erklärung findet sich durchgehends mit denselben Worten bereits bei Agr. Da inzwischen gerade an dieser Stelle eine ganze Reihe von schon öfter besprochenen lautlichen Differenzen sich vereinigt findet, so halten wir die völlige Wiedergabe der bequemen Vergleichung halber nicht unangemessen. Agr. sagt also: Wenn einem ein gluck auff stehet, dasz yhn mutig vnd guter dinge machet, spricht man, Weil yhm disz vnd das widderfaren ist, so stehet yhm der tantz wol an, er richtet sich auff, vnd erhebt die stimme mit freuden, vnd springt auff mit gleichen fuessen, Thette das, der tantz wurde yhm nicht halb so wol anstehen, er wurde auch nicht so frolich seyn, vnd so laut singen vnd springen.

Für Francks geistige Organisation ist trotz des compilatorischen oder wenn man will, auch plagiatorischen Charakters seiner Sammlung der weitere Zusatz „Gut macht mut" nicht ohne Belang. Es ist im Kleinen bereits, was diese Sammlung auch sonst öfter bekundet, ein Vorspiel des von ihm in der Sammlung von 1541 in grossartigem Massstabe geübten oder gesuchten Zusammendrängens von gleichartigem Sprach- oder Spruchmaterial.

Bl. 12a. Spr. 117 im Text und in der Erklärung wörtlich = Agr. 209. Die formellen Abweichungen sind folgende: nicht, fur, sein und dargibet.

118. Ich hab einen breytten ruecken.
Das ist, ich bins wol gewont, ich kans alles tragen.
119. Wenn ich den rock schütte, so falt es alles abe.
Wenn einem vnschüldigen schand vnd schmach würdt zugemessenn, so spricht er also, Wenn ich den rock schütte ɔc.
120. Glücket es einem, so glücket es hundert nitt.
121. Es geraedt nicht allwege.
Gott will vnuersucht sein, mann braucht sich des, so gegenwertig ist.
122. Wer kan einem ieglichen das hertz sehen.
Gott ist ein hertzen kenner, der mensch nicht.

Spr. 118 = Agr. 170. Er, Ich, hat, hab einen breytten rucken. Die dazu gehörige Erklärung Agricola's, nach der Fr. seine Worte geformt und grossentheils herübergenommen hat, lautet: Ist yemand so redlichs gemuets, vnd weysz dasz man yhm vnrecht thut, wie vil man yhn auch beschuldigt, der sagt menlich, Er konne es alles wol tragen, er hab einen breyten rucken, er sey des geschreys gewonet, er achte es nicht, er konne es wol tragen, Ein breyter rucke ist geschickter zum tragen, denn ein buckel rucke, oder der schmahl ist.

Spr. 119 = Agr. 171. Die einzige Abweichung bei dem Letzteren findet sich in der Form fellet. — Die Erklärung Fr's ist unabhängig von Agr., letzterer erklärt zunächst den Tropus des Sprichworts, den Gegensatz zwischen dem Aeussern (Rock) und dem Innern (Herz und Haut). Der alsdann folgende Abschnitt mag zur Vergleichung mit S. Franck dienen: Die weisen sagen, Hic murus aheneus esto, Nil conscire sibi, et nulla pallescere culpa. Ist yemand der that vnschuldig, vnd man leget yhm etwas auf, so kan das geschrey nicht zu yhm dringen, denn sein vnschuld ist yhm ein stehelen mawer.

Spr. 120 und 121 = Agr. 189 und 188. Die Erklärung Fr's ist unabhängig von Agr.; in folgenden Formen weicht Agr., also das Original ab: glucket, hunderten, nicht, gerett.

Spr. 122 = Agr. 196. Daselbst die Formen: yglichen ynn d. hertze. Aus der Erklärung gehört hierher der Abschnitt: Gott

123. Es würdt dir bekummen, wie dem hunde das grasz.

(Bl. 12 b). Das ist, es würdt nit gelingenn, du wirst keyn glück darzu haben.

124. Was die augenn nit sehenn, bekümmert das hertz nit.

125. Was die augen nit sehen, betreügt das hertz nit.

Was der mensch sihet vnd hoeret, des kan er gewisz sein.

---

yrret nicht ynn wortten noch wercken, denn er ist ein hertzen kenner. Alle menschen mussen yrren, denn sie mussen nach dem eusserlichen richten, Gott betreuget niemand, niemand kan auch Gott betriegen, die menschen aber betriegen, vnd werden betrogen. — Den wesentlichen Inhalt desselben drängt Francks comprehensiver und sprachgewaltiger Geist in einer einzigen Zeile zusammen.

Spr. 123 = Agr. 173 mit folgenden Abweichungen: **wirt, bekommen**. In der Erklärung giebt Agr. zunächst physische Gründe an, warum der Hund Gras zum Behuf des Purgierens fresse. Die folgende Stelle berührt sich alsdann einigermassen im Ausdruck mit Franck, nur dass die Darstellung des Letzteren wieder kurz und schlagend, so zu sagen, männlich gedrungen ist. Agr. sagt a. a. O.: Wer etwas furnimpt, anhebt odder thut, das yhm nicht zymet, odder des er keinen fug hat, vnd do fahr bey ist, zu dem sagt man, Es werde yhm bekommen, wie dem hunde das grasz, vnd nicht wol darob ergehen, es werde kein gluck da bey seyn, es werde yhm nicht gelingen.

Bl. 12 b. Spr. 124 = Agr. 180; ohne Umlaut im zweiten Verbum und beidemal die gewöhnliche Form der Negation; ausserdem **hertze**.

Spr. 125 = Agr. 178; aber ohne Negation im Nebensatz; ausserdem **betreuget** und **hertze**.

Die Erklärung Agr's. zu den beiden Sprüchen lautet vollständig. Spr. 178. Die Romer nennen die augen, fideles oculos, getrewe, denn sie triegen das hertze nicht. Die augen geben einen verstandt eins dings, dasz man sein gewisz ist, was einer allein gehoret hat, des ist er vngewisz, was er aber gesehen hat, das leszt er yhm nicht nemen. — Spr. 180. Disz wort betrifft die liebe, als wenn man

126. Ich hab es nit gesehen, aber gehoert hab ich es wol.
127. Ich hab es von hoeren sagen.
128. Es ist nichts darauff zu hawen.

Also reden wir von einem ding, des wir nit gewisz sein.

129. Ein dünne zunge.

Wer vnderscheydt hat zwischen guter vnd boeser speisz, suessem vnnd saurem getranck, der hat ein dünne zunge, er schmaeckt bald was gut ist.

130. Ich lobe einen weil er frum ist, wenn er aber ein bub würdt, so schelte ich ihn.

Weil einer Eerbarlich lebet, so musz mann in loben, wendet er aber sich zum boesen, so ist es schelten zeit,

---

einem weybe odder manne sagt, wie eines disz, das ander ihens mit einem andern oder anderer habe gecchertzt, so sagt yhr eyns also, Ey was die augen nicht sehen, bekummert das hertze nicht, wenn ichs aber sehe, so verdrosz michs, vnd machte mir leyd, aber ytzt nicht.

Sollte vielleicht Fr. die eigenthümliche Fassung von No. 125 gleichfalls auf die Unzuverlässigkeit des Gerüchts bezogen haben? Dann stimmt seine Erklärung sehen und hören wieder nicht recht dazu. Oder ist das erste nit in Spr. 125 einfach zu streichen? Bei einem so gemüthstiefen Schriftsteller, dessen Gedanken nicht immer gleich klar an das Licht treten, empfiehlt sich eine so radicale Massregel nur schwer. Warum nicht lieber sein Urtheil suspendieren?

Spr. 126, 127, 128 = Agr. 181, 179 und 184. In den beiden ersten das Verbum horen; in dem ersten (181) die Negation nicht; dieselbe statt nichts in 184.

Fr's. einfache Erklärung fasst im Wesentlichen mit verändertem Ausdruck zusammen, was Agr's. behagliche Breite einzeln zu den drei Sprichwörtern bemerkt hat.

Spr. 129 = Agr. 187; ebendaher die Erklärung. Agr. hat keinen Umlaut bei dem Worte dunne, boser; ausserdem lautet die vorletzte Zeile getrancke, d. h. eine dunne zungen.

Spr. 130 = Agr. 197; folgende Formen differieren from, bube, wirt und schilt. Zu der Erklärung vgl. den folgenden Abschnitt

darumb soll mann einn nit zu sehr loben, das mann
jn auch schelten künde.

131. Du gebest einen boesen richter.

(Bl. 13 a. Sign. B 5). Wer schnell ist zu vrteylen,
es sei wo vonn es sei, ehe er boyde parthey verhoeret,
der gibt einen boesen richter.

aus Agr.: Weil einer erbarlich gebaret, so muss man yhn loben,
wendet er sich aber zum bosen, so ist er scheltens werdt, wie wol
die weisen sagen, Es sol niemand einen loben, er konne es denn aus
einem bestendigen grunde thun, vnd kenne den von aussen vnd von
ynnen, den er loben wil, Sonst ist es ein leichtferticheyt, einen loben,
wie denn lose, leichtfertige leutte thun, Darnach yhre geselschafft ist,
darnach reden sie, lohet man yemand, so loben sie mit, schillt man
denselbigen, so schelten sie auch mit.

Die letzten Worte unseres Textes darumb ff. liefern einen
schönen Beweis für S. Francks Autorschaft.

Vgl. in seiner grossen Sammlung den an Seneca oder Syrus
(neminem cito laudaveris) angelehnten Abschnitt I 72 a Schilt vnd
lob nyemandt bald. — Das lob vnd schelten soll ausz eim weisen
vnd erfarnen vrteil gehn. Hurn vnd buben schelten vnd loben einander wann sie woellen. Du lob einn also, dz du jn auch
schelten moegest, schilt dz du noch zu loben platz habest. —
Noch wichtiger und zugleich gemüthlich tiefer und eindringlicher sind
seine Bemerkungen zu dem Sprichwort laudet te os alienum, non
tuum. Wir theilen die herrliche Stelle vollständig mit: Ware tugent
wil verborgen bleiben in gheym als ein heyltumb vor der welt auffgehaben, vnnd ist gesettigt das sie got kennt vnd weysz. Ob sie
gleich nu jr liecht laszt leuchten vor der welt, so weysz doch das
liecht selbs nicht von seim glantz, vnd nimpt sich des scheins, so
gots ist, nit an, Darzu weysz man nit was das end vor dem niemand
zu loben vnd schelten ist, würt zeugen, drumb sol man des lobs
gegen jm selbst muessig gehn, vnd gegen andren auch maessig sein,
vnd einn ieden also loben, das man jn auch schelten moeg.
I 134 a. — Eben dieselbe Bemerkung äussert Fr. selbstständig
weiter unten zu Spr. 254.

Spr. 131 wörtlich = Agr. 198 mit der abweichenden Form
gebst. Die Erklärung Fr's. bietet Agr. mit etwas mehr Worten.
Der betreffende Abschnitt lautet: Wer schnell ist zu vrteylen, es sey

132. Für den todt ist keyn kraut gewachssen.

Für den todt findet mann keyn kraut, der todt ist vnsers Herr Gots ordnung, also, das einem jeden sein stündlin gesetzt ist, wenn er sterben soll, welchs mann weder verkürtzen nach verlengen kan. Wenn ein kraut für den todt gewachssen were, so würde es theür sein, vnd die reichen würden es alleyn bekummen vnd keuffen.

133. Die hohen steiger fallenn gerne, Die gutten schwimmer ertrincken gerne.

134. Wer hoch steigt, der fellt gern.

Wer nach hohen dingen steet, Der musz sich inn grosse fahr geben, wer nit schwimmen kan, der gibt

---

wo von es sey, ehe er beide parth verhoret, vbereylet sich, vnd nimpt yhm nicht der weylen, der ist ein narr, vnd geb einen bosen richter.

Bl. 13 a. Spr. 132 = Agr. 200; abweichende Formen sind fur und tode, s. oben zu Spr. 37. Die Erklärung Agr's geht von einem ärztlichen Gesichtspunct aus; an diese Erörterung schliesst sich die von Franck herübergenommene Stelle an; der betreffende Abschnitt bei Agr. lautet vollständig: Kreutter dienen fur allerley anckheyt, wie die naturkundigen vnd ertzte sagen, Sie haben gezelet drey hundert kranckheyten, vnd da gegen getrachtet wie man sie heyle vnd verreybet, (sic) Wilde Rauthe reyniget das gebluete, Rauthe dienet fur gifft, Peterzilien fur den steyn ꝛc. Aber fur den tode findet man kein kraut, Der tode ist vnsers Herr Gotts ordnung, also dasz einem yeden sein stundlin gesetzt ist, wenn er sterben sol, welches man widder verkurtzen noch verlengen kan, Was Gott einmal schleusset, das musz stett vnd fest gehalten werden. Nun folgt die zu Spr. 37 benutzte Stelle; Es dunckt etc. Auch der Schluss der Erklärung Fr's. kehrt weiter unten bei Agr. wieder; der formellen Abweichungen wegen theilen wir auch diese Stelle vollständig mit: Wenn ein kraut fur den tode gewachsen were, so wurd es thewer seyn, vnd die reychen wurdens allein bekommen vnd kauffen.

Spr. 133 und 134 = Agr. 205. Der Text dieses Sprichworts gleichlautend mit No. 133, nur dass Agr. beidemal die Form **gern** hat. Aus dem Anfang der Erklärung Agr's. hat Franck seine No. 134

sich nicht leichtlich in die fahr des wassers, wer aber schwimmen kan, der würdt alzu küne, vnd bleibet vnderweilen. Der grosz Alexander liesz jm nit genuegen an dem grossen künigreiche Macedonien, das jm sein vatter Philippus verlassen hatte, darumb fiel er in feindtschafft viler leütte, vnnd muste von einem vergifften tranck sterben.

135. Ich lobe ein gut hauszgemach.
Wer hauszgemach hat, der hat ein zimliche notturfft vnd auszkommen, hat gutte rhu, steet auff (Bl. 13 b) wenn er wil, schlaefft auch wie lang, vnnd wenn er wil, isset vnd trincket wenn vnd was er wil.

---

gebildet; die Stelle lautet bei Agr.: Wer hochsteiget, der fellet gern, sagen wir Deutschen, zu bezeugen, dasz wer nach hohen dingen stehet, sich ynn grosse fahr geben musz, vor welcher der sicher ist, der sich an einem geringen genugen leest, vnd hat gut gemach. Weiter unten: Wer nicht schwimmen kan, der begibt sich nicht leichtlich ynn die fahr des wassers, wer es aber kan, der wirt allzu kune, waget etwas darob, vnd bleibt vnterweilen. — Auch die Erzählung von Alexander dem Grossen findet sich bereits wörtlich bei Agr.; ich notire nur noch die Abweichungen der Reihe nach: grosse, nicht genugen, Konigreich, vater, hette, leutte und must.

Beachtenswerth ist dabei vielleicht der wirkliche oder scheinbare Druckfehler, die einzelne Letter s zwischen nit und genuegen bei S. Franck. Ich denke nämlich, dasz entweder dem Verfasser oder dem Drucker neben der Construction ihm gen. auch die andere sich gen. vorschwebte, s. oben zu Spr. 59 und dass in Folge dessen von dem vollständigen Worte sich der Anfangsbuchstabe s. zur Unzeit stehn blieb. Verbürgen lässt sich das natürlich nicht; warum aber sollte man's nicht vermuthen dürfen?

Spr. 135 wörtlich = Agr. 206. Die Erklärung ebendaher mit Ausnahme der letzten Worte von dem behaglichen Essen und Trinken. Der betreffende Abschnitt Agr's. lautet von Anfang an: Ein hauszgemach hat ein zimliche notdurfft vnd auszkommen, dafur der hauszvater niemand bedarff rechenschafft geben, hat gute rwe, stehet auff wenn er wil, schlefft auch wenn vnd wie lang er wil.

136. Es gehoeret mehr zum tantze, denn rote schuhe.

Wenn sich jemandt vndersteet mit geringer kost, auch fleisz vnnd arbeyt etwas hohes anzufahen, darzu ettwas mehr gehoeret, so spricht mann, es gehoeret mehr zum tanntze, denn rote schuhe, er werde es damit nicht auszrichten, er sei der sachen zu wenig, ein alt weib kan wol rote schuhe tragen, sie kan darumb nit wol tantzen, es gehoern auch starcke beyn darzu, jugent, vnd andere geschicklichkeyten.

137. Lasz duncken machet den tantz gut.

Eim jedenn gefelt das sein wol, also, das er sich dunckenn laeszt, alles was er thut, das sei gut, es sei

---

Bl. 13 b. Spr. 136 = Agr. 251; dort die Formen **gehoret** und **schuch**. Agr's. Erklärung geht zunächst von der sinnlichen Ausdeutung des Sprichworts aus, die Fr. wie gewöhnlich als naheliegend und selbstverständlich nicht berücksichtigt. Ueber die Anwendung des Sprichwortes hat er fast wörtlich, jedoch mit einigen Auslassungen, die Erörterung Agr's. beibehalten. Wir theilen Agr's. Erklärung vollständig mit, da aus der Gegenüberstellung Fr's. Art und Verfahren hier besonders deutlich heraustritt.

Den tantz zieret ein hubscher schmuck an kleydung vnd schuhen, aber es gehoren zum tantze nicht allein rote schuch, sonder auch iunge starcke beyne, die des tantzens vnd springens nicht bald muede werden, Alten leutten mangelt es am athem, vnd werden bald muede, Wenn sich nu yemand vnterstehet mit geringer kost, auch fleisz vnd arbeyt etwas hohes anzufahen, dazu etwas mehr gehoret, so brauchet man es also zum sprichwortte, Es gehoret mehr zum tantze, denn rote schuch, er werde es damit nicht auszrichten, er sey der sachen zu wenig, Ein alt weyb kan wol rote schuch tragen, sie kan aber darumb nicht tanzen. Es sagen ettliche, disz sprichwort sey von einem alten weybe herkommen, die zu yhren kindern sagte, die von yhr begerten, sie solte auch tantzen, Lieben kinder, es gehoret mehr zum tantze, denn rote schuch, es gehoren auch starcke beyne dazu, Tantzet yhr lieben kinder, es ist mir auszgetantzet.

Spr. 137 = Agr. 252; dort die verkürzte Form **macht**. Die Erklärung Fr's. ist im Wesentlichen abermals wörtlich schon bei

bawen, tantzen, schreiben, tichten, reden, geen, thun ꝛc. Marcus Cicero schreibt, Es ist nie keyn Poeta noch Orator gewesen, der da gemeynet hette, das ein anderer besser were denn er ꝛc.

138. *Was dich nit brennet soltu nit laeschen.*

Der Fürwitz würdt hie verbottenn, wer die handt stedts im sode wil haben vnd alles verfechten, der ist ein narr.

Es gschicht manchem recht, das jm ein vnglück widerferet, die weil er sich frembder sachen annimpt,

Agricola gegeben, was Fr. auch unbefangen durch sein doppeltes ꝛc. einräumt. Die vollständige Erklärung Agr's. lautet: Wenn man, Lasz duncken, aus der welt neme, so were kein welt mehr; Denn es musz bleiben, dasz einem yeden das seine wol gefalle, also dasz er sich duncken leszt, alles was er thut, das sey gut, es sey bawen, tantzen, schreiben, tichten, reden, gehen, stehen, kleyden, essen, trincken, vnd der gantze wandel vnd handel eines menschen. Marcus Cicero schreibt, Es ist noch nie kein Poeta noch Orator gewesen, der da gemeynet hette, dasz ein ander besser were denn er, Darumb lasz es gehen, dasz ein yeder yhm selbs schreibe, Lasz einem yglichen seine braut, vnd mir die meinen, Lasz einem yglichen das er lieb hat, vnd mir das meine auch. — Ich halte dabei die Bemerkung nicht für überflüssig, dass die zweite schlechtere Recension des Agricola'schen Werkes, die Zwickauer und Leipziger Drucke von 1529 und resp. 1530, statt **braut** vielmehr **briefe** liest, und dass der niederdeutsche Uebersetzer diesen Fehler beibehalten hat. Der Irrthum erklärt sich daher, dass man nicht mehr den Schriftsteller des Alterthums Cicero, sondern Worte des Zeitgenossen selbst Agricola zu vernehmen glaubte, s. meinen Agr. S. 55 und namentlich S. 239.

Spr. 138 = Agr. 254. Abweichend an beiden Stellen die Negation **nicht**; ausserdem **solt du** und **leschen**.

Für den ersten Absatz vgl. man die Schlussworte aus der Erklärung Agr's.: der furwitz wirt hie verbotten, der da wil die hand stetts ym sode haben vnd alles verfechten, es gehe yhn odder einen andern an, alle sachen auszrichten, vnd niemand foddert yhn dazu.

Die zweite grössere Hälfte seiner Erklärung hat Fr. selbstständig gegeben.

darzu er nit beruffen ist, darumb heyst es (Bl. 14 a) was dich nit brennet, soltu nicht leschenn, wo er aber darüber fürwitzig ist, vnd nimpt sich fremder sachen an, dem spott mann mit diesem sprichwort.

139. Du hast vil zuschaffen, vnnd wenig auszzurichten.

140. Du hast vil zu schaffen, vnd wenig ist dir befolen.

Dise zwey sprichwort braucht mann da mitt zuspottenn denen, die vil fürnemen vnnd richten nichts ausz, vnd die in allen spilen sein woellenn, vnd niemandt ist, der darauff gibt oder seinem regiment folget. Einen solchen nennet mann auch Hansen inn allen gassen, der an allen orten sein wil vnd kan nirgent etwas auszrichten.

141. Du hast vil zu regierenn in ander leüt heusern.

Hausz vnnd hoff zuhalten vnd wol zu regierenn ist ein grosse kunst, vnnd da mitt hat ein jeder so vil

---

Bl. 14 a. Spr. 139 und 140 wörtlich = Agr. 256 und 255. In derselben Reihenfolge sind die Bemerkungen Francks theils entlehnt, theils angeknüpft an Agr's. Worte in der Erklärung zu beiden Sprichwörtern. Zu dem Schlusswort von dem „Hans in allen Gassen" ist Fr. durch das folgende Sprichwort Agr's. 257 „Hansz ynn allen gassen" veranlasst worden, vgl. zu Spr. 72. — Die betreffenden Worte Agr's. lauten. Spr. 256: Wer vil furnimpt, vnd richtet keines aus, der arbeyttet vnd schaffet vergebens, darumb ist er billich spottens wirdig, also dasz man yhm saget, Vil hast du zu schaffen, vnd wenig ausz zurichten, ein narr bist du, dasz du vergebens arbeyttest, zu dem so erwelest du dir vil zuschaffen, vnd das auszrichten stehet nicht bey dir. Spr. 255: Man findet manchen menschen, der ynn allen spielen seyn wil, nimpt sich an viler gescheffte, regirt vnd herschet, vnd niemand ist der drauff gibt, odder seinem regiment folget.

Spr. 141 = Agr. 258. Du hast vil zuregirn ynn anderer leutte heuser. Auch die Abweichungen der Erklärung sind wesentlich nur formeller Art; überdies hat Fr. Agr's. Worte abgekürzt. Der erste

zu schaffenn, das er ander heüser wol vnregiert würdt lassen. Hesiodus sagt, es soll ein man haben ein hausz, ein weib, einn ochssen, das ist ein narung, da mitt er sich vnd die seinen vffenthalten künne. Sant Paul helt hauszregierung für ein söliche übung, das er keynen tüchtig achtet, zu einem Bischoffe vnnd regierer der kirchen, er künne denn sein hausz wol regieren, er hat auch des selbigen ein gutte vrsach, denn es (Bl. 14 b) geet ein hauszuatter nit alweg nach seinem sinn, die kinder machen jm vnrhu tag vnd nacht, das gesind ist jm vntrew, er musz offt lassen fürüber geen vnd nit zürnen, da er wol vrsach hette, würt mürb vnd gebrochen, kan mit einem andern gedult tragen, wenn nun solche leüt zum regiment kommen in der gemeyn, die koennen freundtlich vnnd wol regieren, faren nitt allezeit nach jrem duncken. Disz seindt die rechte Bischoffe, wenn aber einer sich des regements in eines anderen hausz annimpt, der ist ein nar.

Abschnitt bei Agr. lautet z. B.: Ein hausz vnd hoff zuerhalten vnd wol regiren, ist nicht ein kleine weiszheyt auff erden. Es gehort aber einem yeden hauszvater zu, dasz er wisse, wie er weyb vnd kinder, megde vnd knechte regiren sol, vnd damit hat ein yeder souil zuschaffen, dasz er andere heuser wol vngeirt (so auch die späteren Ausgaben Agr's., z. B. die vom Jahre 1548) wirt lassen. — In der Mitte der Erklärung sind zwischen den Worten vntrew und Er musz folgende beachtenswerthe Worte Agr's. ausgelassen: es geschicht schaden hynden vnd forne, er sehe zu wie fleissig er wolle, hie schendet yhn sein nachbawer, dort seine freunde, do ein ander, daraus lernt er denn gedult, vnd vil kunnen zugut halten. Die formellen Abweichungen in den aus Agr. herübergenommenen Abschnitten stellen wir nunmehr von dem Namen des Hesiod an der Reihe nach zusammen: auffenthalten konde, fur ein solche vbung, tuchtig, konne, hat des auch gut vrs., gehet einem h. nicht alle wege n. s. gefallen, vnrwe, furuber gehen, nicht zurnen, des e. w. v. h., wirt murb; ged. tr. vnd der

142. Fürwitz machet die Junckfrawen theuer.

Not halben bliebe manche magd wol ein magd, vnd behielt jren magdthumb wol, wo sie nit für witzte, vnd folgete jren fürwitzigen gedancken, Jacob der Ertzuatter hett ein tochter gnant Dina, die ginge ausz fürwitz, des landes toechter zu besehen, vnd wardt von dem herren des landes geschendet. Mann sagt von einem Affen, das er sahe einn zimmerman über einem starcken baum steen, vnnd den selbigen spalten, so offt er aber den baum spaltet mit der axt, so offt steckt er einn keil darein, Es begab sich aber, das der zimmerman zum essen ging von seiner arbeyt, der Affe seümet sich nit lange, vnd wolt des zimmermans werck treiben, setzt sich vff den baum, nimpt die axt zu handen, vnd spaltet den baum, Nun war jm sein geschirr in die spalte des baums kommen, da er aber die axt vszzeücht,

tugent vil mehr, Wenn denn s. leutte, gemeyne, kunnen, nicht, sind, regiments vnd gewalt ann. y. eins a. hause.

Bl. 14 b. Spr. 142 = Agr. 253. Furwitz macht die megde thewer. Die Erklärung ist meist wörtlich aus Agr. entlehnt mit den nachstehenden Lücken. Nach den ersten drei Zeilen folgt vor der Erwähnung des Erzvaters Jacob und seiner unglücklichen Tochter diese Erörterung: Denn der furwitz bringt manchen ynn ein spiel, das yhn darnach gerewet, vnd gibt den leutten vil zu schaffen, Es hette ein yglicher mit yhm selbs gnug zuschaffen, dasz er andern sachen nachzufragen nicht vrsach hette, wenn der furwitz thette, der suchet vnd grubbelt ymmer nach frembden dingen. — Die Erzählung von dem Affen leitet Agr. durch die Bemerkung ein: Es sol sich niemand den furwitz betriegen lassen, zuthun vnd zu fragen nach dem, das andere leutte thun, auff dasz yhnen nicht geschehe wie dem Affen, von dem man sagt.

Die formellen Abweichungen in dem gemeinsamen Stoffe sind der Reihe nach: belib m. m. w. eine m., behielte, nicht furwitzte, folgete, furwitzigen; hette eine t., gieng, furwitz; vber, stehen, einen, zu e. g., sewmte, wolte, setzet sich auff

vergisset er den keil zuuor einzuschlagen, vnnd klemmet sich, schreiet (Bl. 15 a) jaemerlich, bisz der zimmerman kumpt, vnd lonet jm mit gutten streychen.

143. Wer einen anderen vom galgenn loeset, der braechte ihn gern hinan.

Wer der welt dienet, vnd thut jr das beste, dem lonet sie am übelsten, vnser herr Gott sandte seinen geliebten sun auff erdenn, die welt zu leren, vnd selig zu machen, vnd da die welt Gott für soliche volthat dancken solt, keret es sich vmb, vnd erwürget jm den sun, schendet vnd schmaehet jn vffs aller ergist. Christus hielt Judam für seinn oebersten Apostel vnd schaffner, der jnen narung, speisz vnnd tranck verschaffete, Denn Judas ist hauszuatter, vnd er verrhet Jesum, vnnd überantwort jn den Juden.

---

den bawme, sp. d. bawme, Nu, bawmes, do er a. d. a. auszzeuhet, kumpt.

Bl. 15 a. Spr. 143 = Agr. 202 mit den Formen andern und loset. Fr's. Erklärung hat nur die Hälfte der Erörterung Agr's. berücksichtigt; in dem zweiten grösseren Theile bietet derselbe profane Beispiele, u. a. ans Wigłois, vom Jugurtha, von den beiden Truhen des Simonides. Den von Fr. benutzten Abschnitt theilen wir vollständig mit; Lücken und Abweichungen springen dann unmittelbar in die Augen. Agr. beginnt seine Erklärung also a. a. O. in folgender Weise; der Anfang bezieht sich auf das vorige Sprichwort: „Einem weybe sol man nichts heymlichs sagen, denn sie konnen nicht schweigen" und eine bei der Erklärung desselben mitgetheilte Erzählung des Ritters vom Thurn an seine Töchter, die sie zur Schweigsamkeit mahnen soll.

Die lere vom Catho beweyset, das disz war sey, Wer der welt dienet, vnd thut yhr das beste, dem lonet sie am vbelsten. Vnser Herr Gott sendet seinen geliebten son auff erden, die welt zuleren vnd zuseligen, vnd do die welt Gotte für solche wolthat dancken solt, keret sie es vmb, vnd erwurget yhm den son, schendet vnd schmehet yhn auffs aller ergist. Es beweysen der Juden vnd Heyden

144. Keyn grewlicher asz denn von menschen.

Es ist keyn todtes thier, keyn schelm, kein asz so grewlich, als ein todter mensch.

145. An der hunnde hincken, weiber weynen vnnd kauffmans schweren, soll sich niemandts ankeren.

Es ist disz sprichwort vonn der kauffleutte betrigen vnd ligen her erwachssen.

bucher, dasz es allwegen also bezalet wirt, wo einem guts vom andern geschicht, Christus hielt Judam fur seinen obersten Apostel vnd schaffner, der yhnen narung, speise vnd tranck verschaffete, als ein Prior ym kloster, Denn Judas ist hauszvater, vnd er verredt Jesum, vnd vberantworttet yhn den Juden.

Spr. 144 wörtlich = Agr. 208. Eben daher die Erklärung. Agr. schreibt k. **tods thier.**

Spr. 145 ist in dieser Form S. Franck eigenthümlich, vgl. die grössere Sammlung 1541. 1. 47 b.: Hund hincken, frawen weynen, kramer schweren, sol sich keyn weiser ankeren, dann sie haben jr augen gelert, dz sie muessen wasser geben wann sie woellen, Ein begein neme gelt vnd weynet eim einn gantzen tag. Derselbe Spruch völlig gleichlautend I. 75 b, während I. 24 a der Schluss lautet: sol sich keyn **frommer** ankeren.

Wander u. d. W. Hund 33 führt aus dem ersten Theile Francks nur I. 75 b an, fügt aber aus dem zweiten Bl. 83 b hinzu. Diese Stelle mit ihrer etwas bekannteren Fassung: An der hund hincken, vnd an der **hurn** wincken etc. ist für unsern Zweck zunächst ohne Belang; S. Franck folgt dort dem Vorgang von Eberh. Tappius, der Bl. 102 b gleichfalls von den **Huren** redet. — Von Agricola ist Fr. an dieser Stelle ziemlich unabhängig, d. h. formell fast unabhängig; sachlich hat er sich in der That oder höchst wahrscheinlich an Agr. 226 angeschlossen. Dieses Sprichwort selbst „Gehe hyn wird ein kramer, ein schalck, sagt der hencker zu seinem knechte" hat Fr. nicht berücksichtigt, wohl aber steht am Schlusse des ersten Blattes (Bl. 131 b. ed. Hagen.) der umfangreichen Erklärung der Spruch in folgender Fassung ohne alle Rücksicht auf die liebenswürdigen oder verworfenen Glieder des schönen Geschlechtes: An der hunde hincken vnd kauffmanns schweren, sol sich niemand

146. Ich wil glauben wie mein vatter vnnd mutter geglaubt haben.

147. *Ich glauben was der Schultheysz glaubt.*

Also antworten die so sich eins besseren nit woel-(Bl. 15 b) len lassen berichten, es ist aber ein boese entschüldigung, denn so des voreltern dieb vnd moerder weren gewesen, ist er nit entschuldiget darumb das er jren fustapffen folget, vnsere eltern seint gestorben, vnd wir wissen nit was sie glaubt haben, darumb ist es thoerlich geredt, denn es ist vff einen vngewissen grundt gebawet.

---

ankeren. — Von den beiden Sammlungen nun, die sich am directesten an Agricola anlehnen, hat Fr's. vom Jahre 1532 den Spruch durch die Bezugnahme auf die Frauen erweitert, theils weil der Spruch ihm so bekannt war, theils vielleicht auch, weil S. Franck ein besonders scharfes Auge für die Gebrechen der weiblichen Natur haben mochte; hat ihn doch Luther und Freder deshalb sogar mit masslosem Zorne angegriffen. Das Wort Kaufmann für Krämer verdankt Fr. im Jahre 1532 einzig seiner Vorlage. — Weit sclavischer folgt die niederl. Sammlung Campen 1550 den Spuren des Agricola; bei diesem Sammler lautet denn auch der Spruch nach Harrebomée III. 225 a: An der Honde hincken, ende kooplyden sweren, sal sich niemant keren. — Im Uebrigen vgl. zu Spr. 150.

Spr. 146 wörtlich = Agr. 233.

Bl. 15 b. Spr. 147. Die Worte des Textes sind S. Franck eigenthümlich. Die Erklärung aber lehnt sich an Agr's. Worte zu 233 (= Fr. 146) an. Der ganze Abschnitt lautet bei Agr.: Die alten weisen sagen, dasz einer angeredt ist worden, von wegen seines vnordentlichen lebens mit trincken vnd mit essen, darauff hat er zu antwort geben, Sein vater vnd mutter vnd seine voreltern haben auch also gelebt, Es ist aber ein bose entschuldigung, denn so des voreltern weren zeuberer gewesen, ist er nicht entschuldigt darumb, dasz er yhren fuszstapffen folget, Vnsere voreltern sind gestorben, vnd wir wissen nicht was sie geglaubt haben, darumb ists torlich geredt, Ich wil glauben was mein vater vnd mutter geglaubt haben, Denn es ist auff einen vngewiszen grunt gebawet.

148. Ich wil glauben wie der koeler glaubt.
149. Schlecht vnd gerecht.

Des koelers glaub ist, das Jesus Christus für vns hat genug gethan, vnd wir habens nie verdienet, wir seind ausz gnad selig worden, on zuthun vnser werck.

150. Wenn die narren zum marckt geen, so loesen die kraemer gelt.

Keyn Kauffman beüt seine wahr wie er sie geben wil, sonder darnach er einen kuuffmann hat. Wenn nun die narren zum marck geen, so loesen die kraemer gelt.

Spr. 148 = Agr. 234 ohne Umlaut koler. Ebendaher Spr. 149; der Psalmspruch XXV. 21. Schlecht vnd gerecht behuete mich steht nämlich in der Mitte der Erklärung und unmittelbar nach demselben folgt die längere Erörterung über den einfachen Köhlerglauben Luthers. Aus diesem Abschnitt, den ich in meiner Ausgabe Passavants S. 33 vollständig wiederholt habe, hat Fr. für seinen Commentar die folgenden Worte benutzt: Luther predigt auch des kolers glauben, Nemlich, dasz Jesus Christus hat fur vns gnug gethan, vnd wir habens nie verdienet, wir sind aus gnaden selig worden, on zuthun vnser wercke.

Für Spr. 149 ziehe ich weiter noch S. Franck (1541) I. 29 a zur Vergleichung heran, wo gleichfalls die einfachen Adjectiva ohne Verbum nebeneinander stehn. Der ganze schöne Abschnitt lautet: Schlecht vnd gerecht. — Schlecht ist bald geschliffen. — Die lüg darff gelerter, Die warheyt einfeltiger leut. — Die warheyt ist schlecht vnd gerecht, vnd ja an jr selbs schon gnug, das man jr keynn schein, noch ansehen machen darff, die koennen die schlechten gerechten ydioten im heyligen geyst basz, dann die geschraufften welt weyszen verkerte gelerten.

Spr. 150 mit Text und Erklärung aus dem Commentar Agr's. zu Spr. 226 entlehnt, vgl. oben zu Spr. 145. Der betreffende Abschnitt lautet vollständig: Bey den Deutschen hat etwan trewe vnd glaube vil golten, nun aber ists mit der kramerey vnd kauffhendeln dahyn kommen, dasz wer nicht verderben wil, der musz die leutte betriegen, denn er wirt auch betrogen, dasz also fast alle hendel mit liegen vnd triegen beschwert sind, vnd vber alle masso. Es ist vnter den kramern auffgehaben das wort, Ewer rede sol seyn, Ja ia, Neyn neyn, vnd ist an yhre stadt kommen, liegen vnd schworen, also dasz

151. Der welt lust ist wollust.

Es ist keyn lust vnnd freud so grosz in der welt, sie ist vermischet mit bitterkeyt.

152. Burger vnd bawer, scheydet nicht denn die mawer.

Es ist burger wie bawr, alleyn die mawer scheydet sie.

(Bl. 16 a). ***153. Es wuerdt dir zu hausz vnd hoff kommen.***

Das kan mann brauchen zu guttem vnd boesem, das ist, es würdt dir nahe kommen.

---

es zu einem sprichwortt geradten ist, An der hunde hincken, vnd kauffmans schweren, sol sich niemand ankeren, Denn kein kauffman beutt seine ware wie er sie geben wil, sonder beutt sie darnach er ein kauffman hat, wie man auch sagt, Wenn die narren zu marckt kommen, so kauffen die kramer geldt, Dazu schweret er zu Gott vnd zu allen heiligen, es gestehe yhn die war so vil vnd so vil, vnd gibt es doch hernach kaum vmb die helffte so thewr, Darumb ist es sorglich. einem Christen, ein kramer oder hendler zuseyn.

Beachtenswerth ist an dieser Stelle noch die Variante **loesen** für **kauffen**. Das erstere Verbum bietet S. Franck auch sonst in dem Spruche, s. 1541. II. 177 b. Wann die gecken zu marckt kommen, so loesen die kraemer gelt. — Das Sprichwort kehrt übrigens in selbstständiger Fassung bei Agr. 698 wieder: Wenn die narren zu marckte gehen, so kauffen die kramer geldt. Fr. mag daher das Verb. **gehen** beibehalten haben; die Erklärung aber ist augenscheinlich aus Spr. 226 entlehnt.

Spr. 151 ist in der Erklärung selbstständig, im Text aus Agr. 239 entlehnt: Der welt lust ist vnlust. Wollust bei Fr. ist, auch nach seiner Erklärung, ein augenscheinlicher Irrthum.

Spr. 152 = Agr. 244; dort für **nicht** richtiger **nichts**. Auch die Erklärung erinnert an die Worte Agr's.: Burger heyssen wir Deutschen, so ynn gemawerten stedten wonen, Bawern aber die ausserhalb der mawren wonen, Nu ist gar ein schlechter vnterschied, die bawern vnd burger scheidet nichts denn allein die maur.

Bl. 16 a. Spr. 153 = Agr. 172 mit den abweichenden Formen **wirt** und **hofe**. Die Erklärung hat Fr. ebenfalls nach den Worten

154. Der finger leret den kindern scheissen.
155. Das ey ist klueyer denn die henne.
Christus klagt, die weiszheyt musz sich richten lassen von jren kindern.
156. Du hoerest uebel, ich musz dich ein mal zum bade fueren.
157. Du hast dicke oren.
Von dem der langsam oder gar nit hoeret.

Agr's. gebildet. Die vollständige Erklärung Agr's. lautet: Dises wortts brauchet man zum guten vnd bose (leg. bosen) wunsche, Gottis gnade vnd barmhertzickeyt wirt durchs Euangelion den leutten zu hausz vnd hofe getragen, wie Christus sagt ym Euangelio Johannis, Wer mich liebet, der wirt meine wortt halten, vnd mein vater wirt yhn lieben, vnd wir werden zu yhm komen, vnd ein wonung bey yhm machen, das ist, Wir wollen yhm zu hausz vnd hofe kommen, Disz ist der gute brauch des wortes. Zum andern braucht man es auch zum bosen, wenn ich sprich, Armut vnd alles vngluck wirt dir zu hausz vnd hofe kommen, Dasz zu hausz vnd hofe kommen sey so vil, als sehr nahend, dasz es einem nicht neher kommen konde, Denn ym hausz vnd hofe geschicht alles was wir thun, als ynn dem vnsern, vnd nichts ist vns neher denn hausz vnd hofe, darynn wir wonen mit weyb vnd kindern, die alle hie mit begriffen sind, Vngluck wirt dir zu hausz vnd hofe kommen, vnd wirt dich, dein weybe vnd kindt, vnd alles was du hast, nahend vnd vberfluszig treffen.

Spr. 154 und 155 = Agr. 174 und 175; in dem ersten Sprichw. das Hauptverbum lernet. Die Erklärung ist aus Spr. 175 entnommen. Die betreffende Stelle Agr's. lautet im Zusammenhang: Christus klaget solches ym Euangelio, dasz es ynn der welte ein verkertes wesen sey, Das liecht ist ynn die welte kommen, aber die leutte liebten das finsternis mehr denn das liecht, Jtem die weiszheyt musz sich richten lassen von yhren kindern.

Spr. 156 und 157 = Agr. 177 und 176; in dem ersteren die Formen horest vnd vbel. Die entsprechende Erklärung Agr's. zu Spr. 176 beginnt mit den Worten: Der langsam horet vnd nicht horen wil, der hat dicke ohren, die vngereumet sind, Dunne ohren die da leichtlich horen vnd verstehen, Das gehore dienet am aller

158. Es seindt fliegende rede.
159. Ich moechte gern einen sehen, der es gesehenn hette.

Mit solichen worten strafft mann einen hoefflich der lügen.

160. Ein oelgoetze, ein rechter goetze.

Vonn einem menschen, der nirgent zu nütze ist, der wedder verstandt noch witze hat.

161. Er fieng ihn in seinen eygnen worten.

Wer reden wil, der musz seiner rede wol acht haben.

---

meysten zur lernung, vnd zum verstandt, Darumb bewsysen dicke ohren einen vnuerstandt, Denn was man nicht horet, das verstehet man auch nicht.

Spr. 158 und 159 = Agr. 183 und 182; in dem ersteren (182) die Form mochte; das letztere lautet vollständig: Es sind flug rede. Die Erklärung schliesst sich an Agr's. Worte zu Spr. 182 an; diese lauten vollständig: Es kompt leichtlich ein geschrey aus, vnd offt one warheyt, on vrsach, So nu etwas geredet wirt, es sey von wem es wolle, so mugen wir dem selbigen vnnutzen wescher nicht besser begegnen vnd straffen, denn so wir sagen, Ich hore vil, ich mocht aber gern einen sehen der es gesehen hette, Denn ynn dem das er etwas saget, vnd hat es nicht gesehen, ist er hoeflich lugen gestraffet, weil er das saget, des er keinen grundt hat.

Spr. 160 wörtlich = Agr. 186. Für seine Erklärung hat Fr. die Schlussworte Agr's. benutzt und wenig abgeändert; auch abgesehen von dieser Entlehnung ist die kurze Erklärung Agr's. der völligen Wiedergabe nicht unwerth. Ein stock vnd ein holtz das geferbet ist, vnd oel getrencket, auff das die farbe bleibe vnd vom regen nicht abgewaschen werde, ist ein oelgoetze, Goetze kompt von Gott, vnd ist etwas das ein bildnis hat on leben, on seele, darumb ist ein oelgoetze, ein mensch der nyrgent zu nutze ist, do widder verstandt noch witze bey ist.

Spr. 161 = Agr. 190; dort die längere Form eygenen. Die Erklärung ist nach den Anfangsworten Agr's. gebildet: Der wirt ynn seiner eygenen rede gefangen, der nicht acht hat auff seine rede, wo sie hinaus sollen, vnd das letzte reymet sich nicht dem ersten.

162. Ich hab ein maul dem geb ich zu essenn, das musz reden was ich wil.
163. Schweigen ist kunst.
(Bl. 16 b). Der prediger sagt, reden hat seine zeit, schweigen hat auch sein zeit, selig ist der sie treffen kan.
164. Es gehoert nit vff alle wort antwort.
165. Mit stillschweigen verantwort mann vil.
166. Ein narr kan mehr fragens, denn zehen weisen berichten künnen.
Mann sagt offt vil, vnd wer auff alle wort antwort geben wil, der richt nur vnglück an.

Spr. 162 und 163 wörtlich = Agr. 191 und 192; das zweite Verbum des ersten Spruches lautet bei Agr. gib. Auch die Erklärung berührt sich mit der Agr's.; dieser sagt am Anfang von Spr. 192: Salomon sagt ym Prediger, Reden hat seine zeyt, schweygen hat auch seine zeyt, Es gibt sich beydes, vnd Gott schaffet es. — Beide Sammler, Agricola wie Franck, der Vorläufer und der begabtere Nachfolger, haben den Spruch Salomo's (3, 7), der mit dem Worte Zeit endigt, in ihrer Art erweitert. Für den Zusatz Francks vgl. man noch den Spruch seiner grösseren Sammlung 1541. II. 167a. Schweigen ist ein kunst, wers kan; ebenso II. 181a. Wie hoch aber S. Franck von der Bedeutung des Schweigens gedacht, zeigt u. a. die Vorliebe, mit der er die bezügliche Vorschrift des Pythagoras zu erwähnen pflegt, s. die Vorrede und die dazu nachgewiesene Parallele aus der Geschichtbibel. Nach seinen Sprichwörtern 1541. II. 88a beabsichtigte er über die Kunst der Schweigsamkeit ein eigenes Werk, an dessen Vollendung ihn sein früher Tod wird gehindert haben. Wir theilen den Abschnitt gern im Zusammenhang mit:
Silendo nemo peccat, loquendo persaepe. — Mit schweigen verantwort man vil. — Man hat sich eh verredt dann verschwigen — Schweigen ist ein kunst, klaffen bringt vngunst. — Schweigen vnd dencken, kan niemand krencken. — Man spricht: Gedancken seind zolfrey, Vmb gedencken, thut man niemand hencken. Item, wer schweiget das man jm vertrawt, thut basz dann er einn acker bawt. Dauon einmal in lib. de arte tacendi.

Bl. 16 b. Spr. 164, 165 und 166 = Agr. 212, 193 und 219. Die Erklärung ist wörtlich aus Agr's. Erläuterungen zu Spr. 193

167. Wer alle ding verfechten wil, der musz nimmer keyn schwerdt einstecken.

Es würd alle welt den für einen narren halten, der an allen orten ein gezuckt blosz schwerdt truege, also ist auch ein narr der alle ding wil verfechten.

168. Was du wilt allein wissen, das sag niemand.
169. Was drei wissen, das erfaren hundert.

Eins erkleret das ander.

170. Er ist starck im rucken.

Wenn mann einen hoefflich verrheterei zeihen wil, so sagt mann er hat einen starcken rucken, er kan einn man fünfftzehen, zwentzig vff ein mal die stigen hinauff tragen, das ist verrhaten.

171. Einem weibe soll mann nichts heymlichs sagen, denn sie können nicht schweigen.

(Bl. 17a. Sign. E). Das hat Samson mitt grossem schaden muessen erfaren.

---

entnommen; dort die Formen vngluck und richtet. Im Text finden sich folgende Abweichungen. Spr. 212 lautet: Es gehoret auff alle wortt kein antwort. Spr. 193 verantworttet; Spr. 219 kunnen.

Spr. 167 = wörtlich Agr. 213. Fr's. Erklärung bildet den Schluss der Erläuterung Agr's. Daselbst die Formen: wurde, fur, truge.

Spr. 168 und 169 = wörtlich Agr. 194 und 195. Fr's. Bemerkung ist von Agr. unabhängig.

Spr. 170 = wörtlich Agr. 199. Auch die Erklärung ebendaselbst wörtlich mit folgenden lautlichen Differenzen: funffzehen, auff ein m.

Spr. 171 = Agr. 201; daselbst die Form konnen. In seiner umfangreichen Erklärung (mehr als fünf Seiten) berichtet Agr. eingehend über sagenhafte Begebenheiten aus dem Alterthum. Die Geschichte Simsons, auf die sich Franck mit veränderten Worten bezieht, findet sich bei Agr. am Schluss und lautet vollständig: Sampson vertrawete seiner gesponsen, wo er seine sterck hette, vnd ward von seinen feinden seiner augen beraubt vnd seiner stercke.

172. *Lange kleyder, kurtzer sinn.*

Das sagt mann von weibern, die seindt wanckelmuetig.

173. *Eygen lob stincket.*

S. Paulus spricht. 2. Cor. 11. Darumb ist einer nit tüchtig, das er sich selbs lobet, sonder das ju der herr lobet.

174. *Mann lobet offt etwas, das lobens nie werdt wardt.*

Freidanck sagt, mancher lobett ein fremdes schwerdt, hette ers es were jm gantz vnwerdt, Mann lobt nach dem tode manchen man, der lob vff erden nie gewan.

175. *Ich wils wedder loben noch schelten.*

Das ist ich wils lassenn bleiben, ist es gutt, so bleibet es gut, ist es boese, so bleibet es auch, ich wils nit vrteylen.

Bl. 17 a. Spr. 172 = wörtlich Agr. 203. Der kurzen Erklärung Fr's. liegt folgende weitere Ausführung Agr's. zu Grunde: Es ist ein weyb ein armes gebrechliches gefesz, geneygt zu zorn, klein vnd weychmutig, fellet bald von einem auff das ander, kurtz vnd schnell redtig, wie die kinder, Darumb Sanct Peter den mennern ein solche lere gibt, dasz sie bey yren weybern wonen sollen mit vernunfft, sie sollen solche schwachheyt wissen vnd dulden, Vnd weil disz der weyber art ist, folget hieraus wanckelmut, mit langen kleydern bedecket, welcher schmuck den weybern am aller ehrlichsten ist.

Spr. 173 = Agr. 214; diesmal Agr. die verkürzte Form stinckt. Der Hinweis auf die Bibelstelle 2. Cor. 11 (10, 18) ist Fr. eigenthümlich.

Spr 174 = wörtlich Agr. 215. Ebendaselbst am Schluss der Erklärung die Stelle aus Freidank mit folgenden Varianten: hett; lobet nach tode; lobe auff erden.

Spr. 175 = Agr. 216. Ich wil es widder loben noch schelten. Die Erklärung Fr's. schliesst sich an Agr's. wortreichere Ausführung. Wenn man sich einer sachen gantz vnd gar eussert, also dasz niemand wil vermerckt seyn, er sey parteisch, falle einem teyl zu, vnd

176. Gott ist ein Herre, der Apt ist ein muench.
Das ist geredt von dem pracht der geystlichen, die sich über Gott setzen.

---

lege dem andern ab, Der leszts bleiben, er hellts nicht fur vnrecht, er hellt es auch nicht gantz fur recht, darumb lobet ers nicht, er schillt es auch nicht, Ist es gut, so bleibt es gut, ist es bosz, so bleibt es auch, seinthalben bleibt es vngeschlossan.

Spr. 176 = Agr. 218; dort die Form munche. Für die Erklärung Fr's. vgl. man den Anfang und Schluss bei Agr. Disz wort belanget eygentlich den pracht vnd gewalt der geistlichen. — Gott ist ein herre, Wie kompt der munch zu dem namen, herre? Gott vnd herr reymet sich wol zusammen, aber munch vnd herre reymet sich nicht, sonder wenn der Apt ein herre seyn wil, so stilet er Got seinen namen, vnd handelt widder Gott. — Für die Zeit aber, in der meine Ausgabe S. Franck's erscheint, d. h. den Auf- oder richtiger wohl Ausgang Pio nono's nach den vaticanischen Decreten, halte ich die Bemerkung am Orte, dass Agr. in dem grösseren Theile seiner Ausführung sich mit der Anmassung des päpstlichen Stuhles zu Rom und den wissenschaftlichen Widerlegungen und historischen Befehdungen seiner Ansprüche beschäftigt. Der Leser wird es mir Dank wissen, wenn ich als ein opus supererogationis diesen ganzen Abschnitt aus Agr. hinzufüge: Die frommen Bischoffe zu Rom haben sich keiner gewalt angemaszet, sonder vnrecht gelitten, vnd sind vmb der lere willen gestorben, yhe das mehrer teyl, bisz so lang die Romische Kirche, welche nicht mehr gewalt hette, denn ein andere pfarrkirche auch ynn einer geringen stadt, sich vnterstanden hat aller anderer kirchen mutter zuseyn, vnd scheydet von sich die Griechische samlung, Denn do ist der Antichrist an Christus stadt eingesessen, Nach dem haben die Romischen Bischoff getrachtet, wie sie solches yhr vnchristlichs furnemen mit gewalt mochten erhalten, haben sie land vnd leutte zu sich gebracht, das Romische Reich yhres landes beraubet, vnd Italien behalten mit einer ertichten lugen, als solt Keyser Constantinus yhnen das selbige geschencket haben, Nach dem sind die Deutschen Fursten dareyn gefallen, vnd weil die Bepste gesehen haben, dasz bey den Deutschen gut, einfeltig, vnd doch warhafftig kriegsz volck were, haben sie durch finantzen vnd seltzame practicken den Griechen das Keyserthumb, das nu fortan allein den namen hat, entzogen, vnd den Deutschen zugeeygnet, Dar-

177. Der ist ein narr, der da redett was ihm einfellet.

Salomon Prouer. 29. Ein narr schüttet seinen geyst auff ein mal gar ausz, aber ein weiser man helt an sich. Wer reden auch vnd schweigen kan, zu recht der ist ein weiser man.

(Bl. 17 b). ***178. Es kan keyner lenger frid habenn, denn sein nachbawr wil.***

Es kumpt offt das einer gerne ruhe vnd gut hauszgemach hette, es kan jm aber nit gelingen.

---

aus ist herkomen, dasz alle Bischoffe Fursten worden sind, vnd mehr denn der andern Fursten, auff dasz sie die meysten stimmen hetten, vnd kunde nicht denn dasz sie wolten beschlossen werden. Es ist nicht nachblieben, dasz auch der leusz same des Bapsts vnter die munche kommen ist, dasz sie auch haben wollen Fursten seyn, vnd gefurste Epte, Vnd weil solchs widder Gott, vnd des Widderchrists werck ist, so hat Gott dise lesterliche lugen nie vnangefochten gelassen, Denn Laurentius Valla ein Romer, hat die donation Constantini angefochten, vnd dieselbige fur ein getichte lugen gehalten vnd auszgeschrieben, Johannes Husz hat den Bapst einen widderchrist vberwunden vnd vberzeuget, Hieronymus Sauonorola vnd Ferrariensis, auch Occam des gleichen, Item Weselus, dasz also der Bapst noch nie ynn gerwiger possession gesessen ist.

Spr. 177 = Agr. 220; dort die Formen narre und do. Die Stelle aus Salomo (29, 11) bildet ebenso den Anfang der Erklärung bei Agr.; das Verb. schuttet ohne Umlaut. Die zwei Reimzeilen finden sich völlig gleichlautend an dem Schluss bei Agr. mit der kurzen Nachweisung: Renner.

Bl. 17 b. Spr. 178 = Agr. 241; dort die Formen friede und nachpawer. Agr. erinnert in dem Eingang seiner Erklärung an die Grundsätze des „natürlichen, eingepflanzten Rechtes": honeste vivere, neminem laedere, suum cuique tribuere. Dann folgt der von Fr. zu Grunde gelegte Abschnitt: Nu kompt es offt, dasz einer gern rwe vnd gut hauszgemach hette, es kan yhm aber nicht dahyn kommen, sein nachbawer pflueget yhm zunahend, thut yhm schaden an seinem gut vnd habe, wirt von yhm geschendet, belogen, betrogen, wie sich denn die felle mancherley begeben.

179. Nachbawr ueber den zaun, nachbawr wider herueber.

Das sagt mann, vonn deßen nachbaurn die einander über den zaun gruessen, kummen sunst selten zusammen.

180. Es musz ein nachbawer mitt dem dem andern ein brandtfewer fuer liebe nemen.

Es musz sich ein nachbawr mit dem andern leiden.

181. Ein sparer wil einen verzerer haben.

Es ist eim reichenn wie eim esel, der esel thut grosz arbeyt sein lebenlang, isset übel, vnd musz darzu schlege leiden, vnd wenn er todt ist, so macht mann paucken von seinem felle, also karget vnd sparet ein geitziger, frisset sich nit halb satt, darnach wenn er todt ist, so paucken vnd tantzen die kinder, bisz so

---

Spr. 179 = Agr. 242. Ohne Umlaut lautet der Spruch daselbst: Nachbawer vber den zaun, nachbawer widder heruber. Die vollständige Erklärung Agr's., die Fr. seiner Gewohnheit nach wieder verkürzt hat, lautet: Disz ist von denen nachbawren geredet, welche einander nicht mehr guts thun, denn dasz sie einander vber den zaun grussen, kommen sonst selten zusamen, vnd thun einander wider liebs, guts, ehre noch freundtschafft.

Spr. 180 = Agr. 243 mit der einzigen Abweichung fur statt fuer. Die Erklärung Agr's. erwähnt zunächst der in den kaiserlichen Rechten gegen muthwillige Brandstiftung festgesetzten Strafen; dann fährt er fort: Ein nachbawer aber musz mit dem andern leiden ein brandtfewer, syntemal er das nicht gern gethan hat, vnd ist yhm selbs, was er hat, verbrennet. Er ist auch denen, welche mit yhm verbrandt sind, nicht schuldig widderstattung zuthun, sonder er musz von seinem nachbawern gleicher fahr auch gewerttig seyn.

Spr. 181 = Agr. 249; dort das Simplex zerer. Die Erklärung ist wörtlich aus dem Schluss Agr's. entnommen mit folgenden Abweichungen: einem (bis), grosse, vbel, dazu, machet, fehll (sic), sp. auch e g., nicht halber s., lang, dasz es ia war bleibe.

lange sie des vatters gut hindurch bringen, vnd verzeren, also das es war ist, Ein sparer wil einen zerer haben.

182. Der wueschet das maul vnd geet daruon.

Das ist, er stellet sich als hab ers nit gethan, sei auch nit darbei gewesen, Mann brauchts auch von eim vndanckbarn, der gessen vnd getruncken hat, vnd geet vngedanckt vnd vnbezalet daruon.

183. Ey thuts ihm nit, er hats nit gern.

(Bl. 18 a. Sign. C 2). **184. Mann soll sein nit spotten, denn mit worten.**

Hoehnisch redet mann also von einem, der spottes werdt ist.

185. Spoetter essen auch brodt.

Also redet der, so verspottet würdt.

Spr. 182 = Agr. 42 mit folgenden Varianten: wischet, gehet. Für den Anfang seiner Erklärung hat Fr. die Worte Agr's. benutzt. Das ist, Er thut es, vnd leugnet es, stellet sich als hab ers nicht gethan, sey auch nicht da bey vnd mit gewesen. — Die weitere Anwendung des Sprichwortes ist Fr. sprachlich wie sachlich eigenthümlich.

Spr. 183 mit einigen Abweichungen = Agr. 48. Ey thut es yhm nicht, er hat brieff dasz man sein nicht spotten sol.

Bl. 18 a. Spr. 184 = Agr. 47. Man sol sein nicht sp., allein m. w. Die vollständige Erklärung lautet: Spotten geschicht allein mit worten, Derhalben was das erste teyl dises spruchs verbeutt, das lesst das ander teyl widder zu, vnd ist honisch geredet, Ey man sol sein nicht spotten, allein mit wortten, das ist, Er ist nicht bessers werdt, denn das man yhn wol herdurch lasse lauffen.

Spr. 185 = Agr. 49; dort ohne Umlaut Spotter. In der Erklärung treffen Agr. und Fr. wieder nahe zusammen, nur dass der letztere kürzer und gedrungener redet. Agr's. Worte a. a. O. sind: Diser rede brauchen die so von andern gespottet werden, vnd verstehen das man sie meyne, Denn leutte sind es die es thun, darumb essen sie auch brodt.

186. Das dich die Raben fressen.
187. Ausz ann galgen.
Von einem der zu straffen ist.
188. Lepsch lasz nit schnappen.
189. Landsman, schansman, weystu was so schweig.
190. Halt an dich.
Das ist, schweige still.
191. In eines andern ohr ist zu schneidenn wie in einn filtzhut.
192. Ausz fremdem leder ists gut schuch schneiden.
193. Es schmeckt mir hie basz denn daheym.
Wenn sich einer selbs soll angreiffen, so feret er schon, vnd thut seüberlich, das er jm nit wehe thu, aber was einen andern angeet, das greifft er frisch an.

Spr. 186 und 187 wörtlich = Agr. 55 und 56. Die kurze sachliche Erklärung ist natürlich Fr's. Eigenthum. Agr. hat in den Ausgg. seit 1534 die Erklärung von Spr. 56 gekürzt, s. den vollständigen Abdruck in meiner Ausgabe Passavant's S. 22 und 23.

Spr. 188 und 189 wörtlich = Agr. 58 und 59; nur in dem ersten Spruch die Negation nicht. Das Sprichwort Lepsch etc. ist ohne Kenntniss der historischen Veranlassung dunkel, s. das Nähere in meinem Agr. S. 160. Wander, der u. d. W. Lepsch Agricola in erster Linie nennt, berichtet in seiner Erläuterung doch lieber nach einer späteren Quelle, Zinkgref's Apophthegmen.

Spr. 190 ist aus der Erklärung Agr's. zu Spr. 59 entnommen. Dort die Worte: Lanszman, schandszman, weysst du was, so schweig, halte an dich, vnd vnehre mich nicht, wie du doch wol kondest.

Spr. 191 = Agr. 60, dort die unverkürzte Form einen. Spr. 192 und 193 hat Fr. unabhängig von Agr. hinzugefügt. Die gemeinsame Erklärung zu den drei Sprichwörtern ist aber aus Agr. 60 entnommen. Dort heisst es vollständig: Einen yglichen duncket, sein leiden sey das groste, vnd niemand kan glauben, dasz einem andern auch weh sey, Darumb wenn sich einer selbs sol angreyffen, so feret er schon, vnd thut seuberlich, dasz er yhm ia selbs nicht weh thue, aber was einen andern angehet, das greyffet er frisch an, vnd verachtet es, Denn es thut yhm nicht weh, vnd helt eines andern an-

194. Nimmer gelt, nimmer gesell.

Das ist der welt lauff. Salomon spricht, Gut machet vil freund.

195. Wer einn pfenning nit so lieb hat als ein gülden, der wuerdt selten reich werden.

(Bl. 18 b) Ein sprichwoertlin zum geitz.

196. Gleiche buerde bricht niemandt den rucken.

197. Pfenning ist pfennings bruder.

198. Ausz vil beutteln ist gut gelt zelen.

Es ist ein feiner gebrauch wo es also zugehet, denn gleich buerden brechen niemant den rücken.

---

ligen eben als schnyd er ynn einen filtzhut, der widder leib noch seele hat, denn er befindet widder wehtagen noch schaden.

Spr. 194 = wörtlich Agr. 66. In der Erklärung hat Fr. das Wort Salomo's Spr. 19, 4 selbstständig hinzugefügt; für den Anfang vgl. die Worte, mit denen Agr. seine Erklärung beginnt: Disz sprichwortt deutet der welt laufft, Denn der reychen freunde vnd geselle wil yederman seyn, Der armen freunde vnd geselle wil niemand seyn.

Spr. 195 findet sich etwas vollständiger bei Agr. 70. Wer einen pfenning nicht so lieb hat als einen gulden, der wird selten reich werden, vnd gulden wechseln. Auch der Anfang der Erklärung ist in Fr's. kurzen Worten berücksichtigt worden. Agr. sagt a. a. O.: Disz ist lautter auff den geytz gerichtet, also, dasz man einen kleinen gewyn eben so gros sol achten, als einen grossen, denn aus dem kleinen kompt das grosse, wie man sagt, Kromichen machen auch brodt.

Bl. 18 b. Spr. 196, 197 und 198 = Agr. 75, 71 und 72. Bei dem ersten Spr. die Formen burde, brichet. Für die Erklärung Fr's. bieten Agr's. Worte keine nähere Bezeichnung; ohne Rücksicht aber auf das Verhältniss beider Sammlungen scheinen uns Agr's. Mittheilungen historisch bedeutsam genug, um hier wiederholt zu werden. Die erste grössere Hälfte seiner Erklärung zu Spr 71 lautet also: Hieraus erweyset sichs, wie vnsere alte Deutschen collation, wolleben vnd freude gehalten haben, Nemlich, dasz ein yeder sein essen hat mit bracht, vnd zum getrencke haben sie einen pfennig neben den andern gelegt zu gleicher zechen, vnd ist einer nicht hoher beschweret worden denn der ander, Disen brauch hellt man noch an vil ortten

199. Mann zureisset eben so mehr einen beuttel als vil.

Wenn jemandts behend ist gelt zu zelen, dem spottet mann also.

200. Ein ieder huete sich vor dem ersten auszlegen.

Wo nit, so musz er den spot zum schaden haben.

201. Zwo malzeit schlagen sich nit.

Die fresser vnd sauffer sagen also.

---

vnd stedten Deutsches landes, ynn welchen geordnet ist vnd auszgesetzet, wie vil gelts ein yeder darlegen sol, wo er wil auff die trinckstuben odder ritterstuben gehen, Item zur hochzeyt, oder der gleichen, Disz hellt Straszburg vnd Nuremberg, auch andere stedte mehr, Dise zwo nenne ich aber sonderlich, weil sie vor andern stedten mit Policien, Communen, vnd wolgeziertem Regimente vorgehen vnd begnadet sind. In dem Schluss seiner Erklärung führt Agr. aus, dass das Spr. auch seine Anwendung finde, theils um einen vordrängenden Bezahler bei gemeinsamer Zeche zurückzuweisen, theils um eine freundschaftliche Gesinnung in dem Anerbieten eines gemeinsamen Besitzes bis zum letzten Pfennig darzuthun.

Spr. 199 wörtlich = Agr. 73. Die vollständige Erklärung Agr's., die Fr. auf das Wesentliche reduziert hat, lautet: Disz ist ein spott, wenn yemand behend ist den beuttel auff zu thun, auszzulegen, wil furnemisch seyn vor den andern, als habe er allein geld, so sagt man, Ey lasset yhr andern stecken, Man zurreysset eben so mer einen beuttel als vil, So musz denn der verleger den spott zum schaden haben.

Spr. 200 wörtlich = Agr. 74. Die von Franck gegebene Erklärung findet sich bereits in Agr's. Worten zu Spr. 73.

Spr. 201 = Agr. 79 mit den Varianten **schlahen** und **nicht**. Der kurzen Erklärung Fr's. liegt die längere Ausführung bei Agr. zu Grunde. Disz ist ein recht Deutsch Ebriacks sprichwort, bey welchen fressen vnd sauffen kein schande ist, wie Cornelius Tacitus von yhnen schreibet, Denn wir Deutschen sagen, so yemand geessen hat, vnd kompt zu vns, so wir noch essen, Zwey essen schlagen sich nicht, zwo malzeyt reuffen sich nicht, das ist, Er muge wol noch ein mal mit vns essen, als mit guten freunden.

202. Die fuerdersten lassen die hinderstenn nit ein.

Wider das fürgeend ist nit wol zu handlen, vnd so mann eim vorkommen ist.

203. Es muessenn starcke beyn sein, die gutte tage kuennen ertragen.

204. Wenn dem esel zu wol ist, so geet er vffs eisz tantzen, vnd bricht ein beyn.

Wenn Gott ein glück schickt, so behelt mans nit, vnd ringet nach vnglück.

205. Vff dem eisz ist nit gut geen, denn es hat keyne balcken.

Spr. 202 im Text und der Erklärung Fr. durchaus eigenthümlich. Bemerkenswerth erscheint mir inzwischen der Umstand, dass die niederl. Sammlung Campen 1550, die von Agr's. Sprichwörtern No. 72 ff. eine ganze Reihe auf Bl. 10 hinübergenommen hat, s. meinen Agr. S. 87, auf demselben Blatte auch ein Spr. bietet, das sich mit dem eben aus Fr. mitgetheilten nahe berührt. In der heutigen Orthographie und aus noch verschiedenen anderen Quellen lautet der Spruch bei Harrebomée I 10, Anw. 17. De voorsten maken, dat de achtersten niet in de kerk kunnen. Sache der niederl. Forscher bleibt es, zunächst diese Spur festzuhalten, um wahrzunehmen, ob sie vereinzelt bleibt, oder ob auch sonst die Campen'sche Sammlung von S. Franck sich abhängig zeigt. Der Eifer und die Forschungslust meines Freundes Suringar wird uns darüber nicht lange im Unklaren lassen. Aus Deutschland weiset Wander u. d. W. erste No. 13 das Sprichwort „Die ersten machen, dass die letzten nicht können in die Kirche kommen" nur aus dem Lexikographen des 17. Jahrhunderts Henisch nach. Dieser aber hat erweislich aus S. Franck geschöpft; bei vielen Citaten aus Henisch, zumal in den ersten Lieferungen Wander's, ist als directe Quelle S. Franck nachzutragen, s. Thl. II, cap. IV und V.

Spr. 203 und 204 = Agr. 80 und 81. Zu beachten die abweichenden Formen: mussen, beyne, konnen; auffs, brichet. Für die Erklärung vgl. folgende Stelle bei Agr. 81: Wem zu wol ist, der ringet nach vngluck, vnd woltage sind fehrlicher vnd schwerer zutragen denn bosz tage.

(Bl. 19 a. Sign. C 3). *206. Gewisz geet fuer vngewisz.*
207. Es ist besser ein spaetzlin in der handt, denn ein kranch vff dem dach.
208. Ich weysz wol was ich hab, ich weysz aber nit was ich ueberkommen werde.

Für vngewissen ferlichen dingenn soll mann sich huetten, vnd gewisz mit vngewissem nit verwechsseln.

209. Mit gutter mussen geet mann auch ferne.
210. Morgen kumpt tag vnd raht.
211. Heut vnd morgen auch ein tag.

Wer seer leufft, der würdt bald müde, denn er übereilet sich, vnd nimpt jm selbs seine kreffte, vnd der ander der gemach thut, kumpt ebenn so ferne mit gutter ruhe, als der da seer leufft.

212. Eile brach den hals.
213. Von eilen kam nie keyn gut.
214. Schneller raht nie gut wardt.

Spr. 205 = Agr. 82 mit den fast stehenden Abweichungen auff, eyse, nicht und gehen.

Bl. 19 a. Spr. 206, 207 und 208 = Agr. 83, 84 und 85 mit folgenden Varianten. Spr. 83 gehet fur; Spr. 84 Sperling (Fr. spaetzlin), Kranich auff; Spr. 85 habe, nicht, vberkommen. Für die Erklärung vgl. Agr's. Worte zu Spr. 84: Was ich bereyt gewisz hab, dafur darffe ich nicht sorgen wie ichs vberkome, vnd ist eine grosse torheyt, gewisz mit vngewisz wechseln, wie geringe auch das vngewise sey.

Spr. 209, 210 und 211 = Agr. 86, 91 und 90 mit folgenden abweichenden Formen gehet (Spr. 86) und kompt (Spr. 91). Die gemeinsame Erklärung zu diesen drei Sprichwörtern ist aus Agr's. Worten zu Spr. 86 mit bloss formellen Abweichungen entlehnt. Die hierher gehörige Stelle lautet von Anfang an: Wer sehr laufft, der wirt bald muede, denn er vbereylet sich, vnd nimpt yhm selbs seine kreffte, vnd der ander der gemacht (sic) thut, kompt eben so ferne mit guter rwe, als der do sehr lauffet.

215. Wir woellens heinacht beschlaffen.
Mann musz die sach wol erwegen vnd bedencken. Deliberandum diu, quod statuendum est semel.

216. Ach laszt vns heindt nit klug sein.
Des abents soll man froelich sein, auff den morgen soll mann von klugheyt reden.

217. Ein heymgezogen kindt, ist bei den leuttenn (Bl. 19 b) wie ein rindt.
Ein messer wetzet das ander, vnnd ein man den andern.

218. Burgen soll man wurgen.
Salomon spricht, Prouer. xxvij. Nimm dem sein kleydt, der für einen andern bürge ist wordenn, vnd pfende jn vmb des frembden willn.

Spr. 212, 213, 214 und 215 = Agr. 92, 93, 87 und 89. Die 3 ersten gleichlautend bei Agr. und Franck; das letzte bei Agr. in dieser Form: Wir wollen es heint beschlaffen. Die Erklärung ist Fr's. Eigenthum; insbesondere verdient wohl der Spruch aus Syrus, dessen rhythmische Form bei dem jüngsten Herausgeber Ed. Woelfflin „deliberandum est saepe, statuendum est semel" lautet, aus dem Gesichtspunkt einige Beachtung, weil Fr. in seiner grösseren Sammlung von 1541 ausser dem von Erasmus gesammelten classischen Sprichwörtermaterial u. a. auch den Syrus, die sogen. proverbia Senecae, eingehend berücksichtigt und benutzt hat. Dieser Spruch des Syrus allerdings (No. 215) ist mir, wenigstens in dieser Form, bei Fr. nicht wieder begegnet.

Spr. 216 = Agr 80; dort die Negation nicht. Die Erklärung hat Fr. aus den gleichlautenden Worten Agr's. zu Spr. 88 entnommen: das Adjectiv frolich ohne Umlaut.

Spr. 217 wörtlich = Agr. 134. Ebendaselbst die Erklärung wörtlich als ein Ausspruch des Salomo. (Sprüche 27, 17).

Bl. 19 b. Spr. 218 gleichlautend mit Agr. 136. Auch Agr's. Erklärung beginnt: Salomon sagt ff. Nur hat Fr. das Citat Prov. Cap. 27 (v. 13) hinzugefügt. Bei Agr. in dem Bibelspruch die Formen kleyde, fur und burge.

219. Ein gutter nachbaur ist ein edel kleynot.

Ein gut nachbur ist besser in der naehe, dann ein bruder in der ferne.

220. Mancher verdampt vmb weib vnnd kinder willen leib vnd seel.

Disz sprichwort legt Christus im Euangelio ausz, da er sagt von dem, der ein weib genummen, vnd kunde nit zur hochzeit kommen.

221. Was hundert iar vnrecht ist gewesenn, das wuerdt nie keyn stunde recht.

Lügen bleibt lügen, warheyt bleibt warheyt.

Spr. 219 = Agr. 137, dort die Form nachbawer. Fr's. Erklärung bildet den Schluss von Agr's. Worten, der die Angabe der Quelle hinzufügt. Agr. sagt a. a. O. Salomon sagt (Sprüche 27, 10), Ein nachbawer ist besser ynn nehe, denn ein bruder ynn der ferne.

Spr. 220 = Agr. 62; dort die Formen weybe und seele. Fr's. Erklärung ist gleichfalls aus Agr. entlehnt. Der betreffende Abschnitt bildet bei dem letzteren den Anfang der Erklärung und lautet im Zusammenhang: Disz sprichwort ist freylich erwachsen aus erfarung, dasz man vmb weyb vnd kinder willen das leben, gut vnd ehre ynn die schantz setzet, wie alle hendler vnd kauffleutte thun, die sich yn fahr geben leibs vnd guts, auff dem meere, zu wasser vnd zu lande, allein dasz sie yhre weyb vnd kinder reych machen, welche erfarung Christus anzeyget, aber etwas hoheres ym Euangelio, do er sagt von dem, der ein weyb genommen hette, vnd kunde nicht zur hochzeyt kommen, welcher darumb verdampt wirt, dasz er der hochzeyt darben wil vnd des ewigen lebens, ehe er wolle seines weybs vnd kinder wolfart vnd gluck verlassen, vnd ynn die schantze setzen.

Spr. 221 = Agr. 63 mit der abweichendem Form ward. Die Erklärung Fr's. ist formell unabhängig; vgl. inzwischen den Anfang von Agr's. Worten: Recht bleibt alle zeyt vnd ewig recht, es kan auch nicht vnrecht werden, vnd wenn es vil tausent iar fur vnrecht ist gehalten. Disz ist ein starcke erfarung, wie die warheyt alle zeyt

222. *Das rechte recht.*

Recht is recht, vnnd sihet wedder gunst, gaben, freundtschafft noch eygen nutz an.

223. *Wer recht thut der wuerdts finden.*

224. *Recht findet sich.*

Am end sicht mann wer recht oder vnrecht hab.

225. *Was bald wuerdt, das vergeet bald wider.*

Das spüret mann an allen Creaturen vnnd hendlen vff erden.

---

obsiget, denn recht ist warheyt, warheyt ist recht. Dazu am Rand: Veritas Temporis filia.

Spr. 222 = Agr. 64. Ebendaher die Erklärung mit Ausnahme des ersten kleinen Satzes. Agr. sagt a. a. O.: Das rechte recht sihet widder gunst, gaben freuntschafft, noch eygen nutz an, Das vnrechte recht richtet nach gunst, gaben, vnd eygen nutz, vnd hellt das fur recht, das ynn warheyt vnrecht ist, Darumb ist zweyerley recht, das rechte recht, das vnrechte recht.

Spr. 223 = Agr. 96; dort die vollere Form wirt es.

Spr. 224 wörtlich = Agr. 65. Die Erklärung des Letzteren, an den Fr. seine Worte ohne directe Entlehnung angeschlossen, ist umfassender. Die Anwendung auf das Spiel hat Fr. anscheinend nicht berücksichtigt. Die vollständige Erklärung Agr's. lautet: Also erbar vnd auffgericht sind vnsere forfaren vnd alte Deutschen gewesen, dasz sie das recht auffs ende des glucks gestellet haben, als dasz da mit dem auszgang bestettigt, was recht vnd vnrecht sey gewesen, Man brauchet disz wort zum spiel, so einer sagt, er habe es gewunnen, vnd stehet doch ym zweyffel, dasz keiner weysz welcher recht oder vnrecht hat, so befilcht mans dem rechte vnd dem auszgang des rechten, vnd man spricht, Recht wirt sich finden, Denn man helt da fur, der gewinnet es dennoch, der zuuor recht daran gehabt hat.

Spr. 225 = Agr. 100 mit den abweichenden Formen wirt, vergehet auch bald. Die Erklärung schliesst sich an den Anfang von Agr's. Worten: Disz haben wir aus naturlicher erfarung welche erwachsen ist aus der wunderlichen art vnd ordnung, so Gott vbet ynn seinen geschopffen vnd creaturn.

(Bl. 20 a. Sign. C 4). *226. Mir grawet.*
Disz sprichwort ist kommen, so jemand etwas sihet, das er zuuor nie gesehen hat, vnd mercket zeychenn, daran er seinen schaden spüren mag, der jm geschehen ist, oder noch geschehen soll.
227. Weil der loeffel new ist, so brauchet ihn der koch, darnach wenn er alt ist so wirfft er ihn in das fewer.
228. Wenn das pferdt zu alt ist, so spannet mans in karren, odder schlechts fuer die hunde vnd ins grasz.
Was nutz bringt, das liebt mann.
229. Wenn Gott ein landt segnet, so gibt er ihm einen klugen Fuersten, der frid helt. Widerumb

---

Bl. 20 a. Spr. 226 = Agr. 105. Wir grawet, sagt Reuppel. — Den apologischen Zusatz Agr's. hat hier Fr. ebenso wie oben bei Spr. 88 die Erwähnung des Abtes von Posen fortgelassen. Damit fällt natürlich auch der entsprechende Theil der Erklärung Agr's. fort, den wir der Vollständigkeit und der Vergleichung wegen hinzusetzen: Disz sprichwort ist aus der that erwachsen, Man sagt, wie einer Reuppel genant, sein lebenlang, nie kein nydderwat getragen habe, vnd habe doch auff ein zeyt an seinem eygen bette ein nidderwat hangen gefunden, vnd alsbald gesagt, Mir grawet, Es gehet nicht recht zu, hie musz ein ander gast gewesen seyn, dem solchs kleyde empfallen ist. Die weiteren Worte Agr's. „Daher denn disz sprichwort ist kommen etc." hat Fr. treu wiederholt. Abweichend bei Agr. zuuorn nicht ges. und spuren.

Spr. 227 und 228 = Agr. 109 und 108. In Spr. 109 die Form leffel; Spr. 108 wie gewöhnlich fur und schlecht es. — Die Erklärung ist nach Agr. 108 gegeben. Es liebet ein yglicher mensche das am hochsten, das yhm am meysten nutz seyn mag.

Spr. 229 = Agr. 115 mit den abweichenden Formen lande (bis), Fursten und friede.

Die Erklärung Fr's. stimmt mit dem Anfang Agr's. fast wörtlich zusammen. Salomon sagt, Wenn etc. Dabei die Abweichung: an beiden Stellen die volle Form regiren, ausserdem betrubet, vnd *wenn Gott ein landt straffen vnd plagen wil, so gibt er ihm einen Tyrannen vnd wuettrich, der es alles on raht mit der faust wil auszrichten.*

Salomon spricht. Wenn die gerechten regiern so gehts den vnderthonen wol, wenn aber die gotlosen regieren, so ist alles volck betruebt ꝛc.

230. Spil, warte des munds.

Wer sich eins handels vnderstehn wil, der sehe eben zu das er sein warte.

231. Wer keglen wil musz vffsetzen.

232. Wagen gewinnt, wagen verleurt.

Was einr anfahen wil, musz er wagen wie es geradten woelle.

---

wehklaget. Fr. scheint nicht bloss dies eine Verbum, sondern die ganze folgende Erörterung mit seinem Zeichen ꝛc. anzudeuten. Diese bezieht sich wesentlich auf die würtembergischen Zustände unter Herzog Ulrich und den Vorgängern desselben, und ist in späteren Ausgaben verkürzt worden; s. darüber meine Ausgabe Passavants S. 23 und 24. Mit der Stelle aus Salomo wird Proverb. Cap. 29, 2 gemeint sein. Die lutherische Uebersetzung „Wenn der Gerechten viel ist", entspricht genauer dem Wortlaut des hebräischen Originals, das ich hier mit lateinischen Lettern wiederzugeben mir gestatte: Birbot zaddikim.

Spr. 230 = Agr. 119. Es heysset, spiel wartte des munds. — Auch die Erklärung Agr's, an den sich Fr. anschliesst, ist umfassender; sie lautet vollständig: Disz ist spotlich geredet, Denn so yemand ym spiel vberforteylt, betrogen, odder vbereylet wirt, also dass er verleuret, so sagt man, Es heysset, Spiel wartte des munds, Spiel wil auff sehen haben, Wir brauchens auch zu allen hendeln, dass, der sich eines handels vnterstehn wil, eben zusehe wie er yhn treyb, dasz er nicht schaden da von neme, Denn die iungen hendeler mussen gemeyniglich leergeldt gehen, vnd mit yhrem schaden klug werden, vnd den spott zum schaden haben.

Spr. 231 = Agr. 120 mit den Abweichungen kegeln und auff setzen. — Aus der Erklärung ist auch Spr. 232 entlehnt mit dem gemeinsamen Zusatz Fr's. zu beiden Sprichwörtern. Agr's. Worte

(Bl. 20 b). *233. Vbersehen ist das best vff dem spil.* Die erfarung lernet das.

a. a. O. lauten vollständig: Auff setzen heysset, Er musz es wogen, Wer aber spielen, kegeln vnd handeln wil auff erden, der musz es wogen wie es geradten wolle. Wer vor den kegeln stehet, der hat ym synne, er wolle alle kegel vmbschiessen, vnd triffet doch kaum einen odder gar nichts, Also meynet offt ein hendeler, er wolle vil gewinnen, vnd verleuret wol alles, aber es gehet also zu, wer kegeln wil, musz auff setzen, Wogen gewinnet, wogen verleurett.

Bl. 20 b. Spr. 233 = Agr. 121. Versehen ist das beste auffm spiel. Gleichbedeutend mit diesem Spruch ist das heutige: Versehn ist auch verspielt. Dieselbe Auffassung bestätigt Agr's. Erklärung, die wir im geschichtlichen Interesse vollständig wiederholen. Dem der do gewinnet kompt das versehen eines andern zu gut. Es sind etliche spiel also gethan, das es auff einem versehen stehet, als wenn zween das schachtspiel wol konnen, so ists vmb ein versehen zuthun, dasz einer dem andern zuuil einreumet vnd verleuret, Also auch ym bredt, vnd auff der karten, dasz er zum stich ein blat behalten solt, vnd wurffet es weg, da durch er sonst das spiel gewunnen hette, wo er das blat behalten hette.

An Agr. schliesst sich genau die niederl. Sammlung Campen 1550 Bl. 17. Versien isset beste oppet spoel. Harrebomée III 337b ist demnach im Irrthum, wenn er versien hier durch Vorsicht (voorzorg gebruiken of vooruitzien) erklärt. — Die Egenolffische Compilation aus Agricola und Franck, die seit 1548 wiederholt aufgelegten Klugreden haben das Sprichwort überschlagen.

Die Abweichung in dem Texte Fr's. vom Jahre 1532, das obenstehende vbersehen statt versehen, ist für Fr's. Sprachgebrauch von entscheidender Wichtigkeit. Durch die folgende Zusammenstellung hoffe ich zugleich den Besitzern des an innerem Werthe unschätzbaren Sanders'schen Wörterbuchs und dem verehrten Herausgeber selber einen kleinen Dienst zu erweisen; in erster Linie steht mir natürlich die Frage nach dem Verfasser der von mir neu edirten Sammlung. vbersehen von leichten Vergehungen oder Verstössen, also im Wesentlichen = versehen gebrauchte S. Franck schon in dem Anfang seiner schriftstellerischen Wirksamkeit, in der 1528 er-

234. Es gilt ihm ein mensch so vil als ein hundt.
Das ist war bei den wuetrichen, Tyrannen, vnd blutgeirigen.

---

schienenen Schrift von dem greulichen Laster der Trunkenheit. Die betreffende Stelle findet sich in der Ausg. des ebengenannten Jahres (Exemplar des german. Museums cf. Thl. II c. VI.) auf Bl. K i a; in meinem Handexemplar vom Jahre 1531 auf Bl. 30 a (H i i a). Franck führt hier aus, man dürfe den Heiligen Gottes nicht überall folgen, also auch nicht dem gerechten Noah und dem frommen Loth in ihrem Zechen. Zu dem sei zu vermuthen „das sie, wie wir, freilich ausz keiner boesen mainung vnd fürsatz sich gefült haben, Sonder villeicht v b e r s e h e n, als sie traurig vnd mued seind gewesen, sich erquicken woellen, vnnd jm zu vil thon, Darumb got durch die finger hat gesehen." — Ueberaus häufig aber findet sich diese Anwendung des Wortes in der Sammlung von 1541; ich notiere sämmtliche von mir bemerkte Stellen. I 100 a. Es heisst, warts spüs, Es gilt vffsehens, V b e r s e h e n ist auch verspilt. Das glück vnd recht ist der wachenden. Endlich hend machen reich, spricht Salomo. Die gesperrten Worte finden sich völlig gleichlautend II 21 b.

I 101 b. Gescheide hündlin v b ersehens auch etwa, das ein wolff erwischt vnd ghen holtz tregt, so werden wir mit vnsern listen auch offt gefangen, vnnd ist keyn spil es ist ein v b e r s e h e n s drauff, so widerfert auch etwan der weiszheyt durch vnsorg vnnd sicherheyt ein thorheyt. Die vernunfft leugt nit alweg, so ist das gemuet nit alzeit gleich gesinnt vnd geschickt, Es sind vil weisen, vnd mit hohen künsten begabt, durch vnfleisz verdorben, v n d das spil v b e r s e h e n, vnd hat der thoren fleisz jr weiszheyt fürtroffen. Ebenso I 34 a. Es ist keyn spil, es ist ein v b e r s e h e n s drauff. I 89 b. Ye gaeher ye vnnaeher. — Schnell spil v b ersihet vil. — I 101 a. Es ist ein v b e r s e h e n auff allen dingen. I 152 b. Magst dein tochter, sun, wahr, vff ein stunde eim versagen vnnd verhalten, das dir ein solicher werber oder kaufman nimmer mehr an die hand stoszt. Dann ist v b e r s e h e n auch verspilt, vnnd felt zeitige bir zu letzst ins kot. I 159 a. Einmal v b e r s e h e n, ist in kriegen gar v e r s p i l t. — Es gilt in kriegen nit zwey mal v b e r s e h e n.

Spr. 234 = Agr. 122 mit der abweichenden Form h u n d e. Die Erklärung Fr's. trifft mit den Anfangsworten Agr's. zusammen. Disz

235. Er ist ein narr, wenn er gleich die stuben voller gelts hette.

Gelt macht niemandt klug.

236. Wer reich ist, des wort ist gehoert, vnnd ein reicher musz klug sein, wenn er schon ein narr ist.

Die welt richt nach dem eusserlichen ansehen.

237. Der fuercht sich vor ihm selbs.

238. Der fuercht sich vor seim eygen schatten.

Das sagt mann von eim kleynmütigen menschen.'

239. Art letzt von art nit, die katze lest ihres mausens nit.

---

wort triffet die wuetriche vnd blutgyrigen Tyrannen, welche menschen bluts nicht kunnen satt werden.

Spr. 235 = Agr. 125; dort die Formen vol geldes. Die kurze Erklärung Agr's., deren Anfang Fr. beibehalten hat, lautet vollständig: Gelde machet niemand klug, wiewol es die welt glaubet, geldt mach weise leutte.

Spr. 236 = Agr. 124; ohne Umlaut gehoret. Die Erklärung Fr's. findet sich gleichlautend an dem Anfang Agr's. Die wellt richtet allein nach dem eusserlichen ansehen.

Spr. 237 = Agr. 129 mit der Form furchtet. — Spr. 238 nebst der Erklärung ist ein selbstständiger Zusatz Seb. Francks. Wie nahe aber grade dies letzte Sprichwort oder diese sprichwörtliche Wendung S. Fr. gelegen, zeigt vor allem der Umstand, dass er den Abschnitt Timiditas. Forcht. Forchtsam in seiner grösseren Sammlung I 51a mit den Worten seinn schatten foerchten einleitet. Dieses Wort wird Wander demnächst unter Schatten aus S. Franck belegen; unter fürchten No. 74 bietet er von älteren Belegen ausser einer handschriftlichen Sprichwörtersammlung Luthers nur den Lexikographen Henisch (Anfang des 17 Jahrh.). Henisch aber hat erweislich direct aus S. Franck geschöpft. Zumal in den ersten Lieferungen Wander's ist neben und vor Henisch öfter der Name Franck's nachzutragen. Einige Nachweisungen dafür s. in Thl. II Cap. IV und vgl. oben zu Spr. 202.

Spr. 239 und 240 = Agr. 131 und 132; in dem ersten nur die abweichende Form der Negation nicht; in dem zweiten krawe, gehet und ebenfalls nicht. Zu seiner kurzen Erklärung ist Fr.

240. Die Atzel geet ihres hupffens nit ab.
Salomonis katze beweiset das.
241. Bekandt ist halb gebuesset.
Das ist war vor Gott vnd den menschen.
242. Wie es herkommen ist, also gehet es wider hin.
Male quesit, male perdit, sagt der wahl.
243. Es kumpt keyn besserer.
(Bl. 21 a. Sign. E 5). Diser spruch leret wie wir vnser Oberkeyt tragen vnd willig dulden sollen.
244. Trinck, ysz, Gottes nit vergisz.
Sanct Paul spricht, Gott habe die speisz geschaffen zunemen mit dancksagung.

---

durch die ausführliche Erzählung veranlasst worden, die Agr. zu No. 131 von Salomon's Katze und Marcolph mittheilt.

Spr. 241 wörtlich = Agr. 123. Die Anfangsworte der Erklärung „Disz ist vor Gott vnd den menschen war" hat Fr. mit veränderter Stellung beibehalten.

Spr. 242 = Agr. 126 mit den abweichenden Formen so g. e. w. dahyn. Den italienischen Spruch bietet Agr. gleichlautend mit Fr. am Rande mit der Form Walhe. Im Text gehen die deutschen Worte voran: Der Walhe sagt, Male etc.

Spr. 243 = Agr. 128 mit der Verbalform kompt. Die Erklärung ist aus der Mitte entnommen; der betreffende Abschnitt lautet bei Agr. im Zusammenhang: Der Wend saget, Es kompt sich nicht besser vogten. Diser spruch lernet vil, vnd sonderlich wie wir vnser obrickeyt tragen vnd willig dulden sollen, sonst wo man sich dawidder aufflehnet, so gibt doch Gott einen andern, der den vngehorsam rechnet vnd straffet.

Bl. 21 a. Spr. 244 = Agr. 130. Trinck vnd isz, Gottis nicht vergiss. Die Stelle aus dem Apostel Paulus hat Fr. wie auch sonst selbstständig angezogen; gemeint ist 1. Timoth. 4, 3. Agr's. Erklärung bezieht sich hauptsächlich auf Stellen des alten Testaments, zumal aus dem Prediger Salomonis, ausserdem theilt er folgenden schönen Ausspruch Luthers mit: Darff Gott grosse, gute, hechte vnd andere fische, auch guten Reynischen wein schaffen, so darff ich sie auch wol essen vnd trincken.

245. *Die augen seindt weitter denn der bauch.*
Der Prediger spricht, das auge sihet sich nimmer satt.
246. *Einem boesen weibe kan niemandt steuren.*
Ein zenckisch weib ist wie ein stetigs trieffen, wenns seer regnet.

Spr. 245 = Agr. 133; die Verbalform sind. Das Citat aus dem Prediger (1, 8) ist in dieser Form und Kürze S. Franck eigenthümlich. Dieselben Worte „Das aug sihet sich nymmer sat" wiederholt Fr. in seiner grösseren Ausg. 1541. I 45 a. Voran gehen die Sprüche, die sich mit dem vorliegenden näher berühren: Mann fült einem yeden ehe seinn bauch, dann sein augen. — Den geitz vnd die augen kan nyemandt erfüllen; ähnlich heisst es I 118 b: Der bauch hat bald gnug, aber die augen nymmer. — Es würdt eim der bauch alweg ehe voll dann die augen. — Die vorstehenden Nachweisungen verdanke ich theilweise dem trefflichen Buche Schulze's die biblischen Sprichwörter der deutschen Sprache, Göttingen 1860, S. 82, das ich, namentlich für biblische Nachweisungen, vielfach mit Dank benutze, auch wo ich es nicht nenne. Hier trage ich aus eben demselben gern nach, dass Agr. in seiner späteren Sammlung 500 newer Spr. zu No. 473 Bl. 172 b bemerkt: den bauch kundte man ja noch füllen, aber die augen nicht. Als Gegengeschenk an Schulze und resp. seine Leser biete ich dafür folgende drei Angaben: 1) Das obige Citat aus dem Prediger 1, 8 fehlt bei Sch. 2) Für die Stelle aus den Proverb. 27, 20 lässt sich passend anführen der Anfang der Erklärung Agr's. zu No. 133: Helle vnd verderbnis werden nymmer voll, vnd der menschen augen sind auch vnsettig, sagt Salomon. 3) Die oben aus Franck citirten Stellen bietet Sch. mit der Nachweisung Franck 148 a und 176 b. Es verdient Beachtung, dass Sch. hier nicht die Originalausgabe von 1541, sondern die aus Agricola und Franck compilirten Klugreden und zwar in der Ausgabe von 1548 im Auge hat. Der betreffende Abschnitt ist allerdings aus Franck entlehnt. Eben so hat J. Grimm nach dem Quellenverzeichniss seines Wörterbuchs Citate aus den Klugreden von 1570 ohne Weiteres mit dem Namen Agricola belegt, s. meinen Agricola S. 67 und den zweiten Theil der vorliegenden Werkes Cap. II B.

Spr. 246 = Agr. 135; das Adject. bosen ohne Umlaut. Fr's. Erklärung bildet auch den Anfang von Agr's. Worten. Dieser fügt

247. Wenn die mausz satt ist, so ist das mehl bitter.

Ein volle seel tritt mit fuessen vff honigseym, spricht Salomon.

248. Glaub ist besser denn bar gelt.

Das ist war vor Gott vnd der welt.

249. Gott begegnet manchem, wer ihn gruessen kuende.

Gott hülffe gern, wenn mans durch den glauben anneme vnd erkennets.

250. Trawe wol reittet das pferdt hinweg.

251. Sihe fuer dich trew ist miszlich.

252. Wer leichtlich glaubt, wuerdt leichtlich betrogen.

Mann soll dem menschen nit zuuil vertrawen, mann habe denn zuuor vil saltz mitt ihm gessen.

---

nur noch den Namen des Gewährsmannes hinzu. Salomon sagt, etc., ausserdem die Form weybe. Der Nebensatz „wenns sehr regnet" fehlt übrigens im biblischen Original, s. Sprüche 19, 13.

Spr. 247 wörtlich = Agr. 146. Der Bibelspruch bildet ebendaselbst den Schluss der Erklärung. Salomon sagt, Ein etc. Statt vff bei Agr. auff; ebenso seele statt seel.

Spr. 248 wörtlich = Agr. 12. Die gedrängte und schöne Form der Erklärung ist Fr. eigenthümlich.

Spr. 249 = Agr. 13; die zwei letzten Worte daselbst grussen kunt. Die Erklärung Fr's. ist unabhängig von Agr.

Spr. 250, 251 und 252 = Agr. 14, 15 und 16 mit folgenden Varianten: Spr. 14 weg (Fr. hinweg), Spr. 15 fur, Spr. 16 wirt. Für die Erklärung vgl. folgenden Abschnitt bei Agr. zu No. 15: Cicero sagt, Man solle niemand zum freunde erwelen, man habe denn zuuor vil scheffel saltz mit yhm geessen, Das ist, man habe denn zuuor vil mit yhm vmbgangen, hynden vnd forn bey yhm gewesen, vnd sein gemuet vnd hertz recht erfaren vnd ergrundet. — Wie diese selben Sprichwörter auch in der grösseren Sammlung Fr's. zusammenstehn, darüber vgl. unsere Note zum Register Bl. 4 a S. 8. Agr's. Vorgang war demnach für beide Sammlungen 1532 und 1541 bestimmend.

(Bl. 21 b). *253. Es ist weder glaub noch trew vff erden.*

254. Zu einem lebendigen menschen musz mann sich guts vnd boeses versehen.

Alle menschen seindt lügener, Psal. xvi. Darumb so musz mann einen loben, das mann jnen auch schelten künde.

255. Es ist schalck ueber schalck kommen.

256. Vntrew schlecht ihren eygen herren.

257. Vntrew wuerdt gern mit vntrew bezalet.

Das zeyget Gott an bei dem Ahitophel vnnd Absolon im. 2. buch Samuel jm. 17. vnd. 18. Cap.

Bl. 21 b. Spr. 253 und 254 = Agr. 18 und 17; dort die abweichenden Formen widder trewe n. gl. auff; hier boses. — Für die Erklärung vgl. Agr. zu Spr. 18: die Schrifft sagt, Alle Menschen sind lugener. Das genaue Citat ist wie öfter Fr's. eigener Zusatz; statt Psalm 16 ist jedoch 116, v. 11 zu lesen, eine Nachweisung, die ich Harrebomée s. v. leugenaar verdanke; Wander, der unter Mensch das Sprichwort aus Petri (1605) belegt, hat den biblischen Ursprung nicht nachgewiesen; ebenso fehlt der Ausspruch bei C. Schulze. Ueber die weiteren Worte Fr's. „Darumb so musz man" u. s. w., vgl. die zu Spr. 130 angezogenen Parallelen.

Spr. 255, 256 und 257 = Agr. 107, 19 und 20; in 107 die Formen vber, komen; in 20 wirt g. m. vntrewe. Für die Erklärung hat Fr. folgenden Abschnitt Agr's. aus Spr. 20 zu Grunde gelegt. Ahitophel war bey Dauids zeytten gehalten, wie ein Engel Gottis, also vil galt sein radtschlag, Diser Ahitophel riedte Absalon, das er sich solt auffrurisch widder seinen vater Dauid aufflehnen, vnd selbs Konig werden, auch solt er ym ansehen des volcks bey seines vaters kebszweybern schlaffen, Endtlich aber blib Absalon hangen an einem bawme bey seinen haren, vnd ward mit dreyen lantzen durchstochen, Ahitophel hieng sich selbs, vnd starb iemmerlich. — Die Form der Anmerkung und die Nachweisung der Quelle ist wiederum Fr's. Eigenthum. Dabei scheint es mir beachtenswerth, dass Fr. nur auf Cap. 17 und 18, nicht schon auf Cap. 16 im Samuel verweist. Hier (Cap. 16) nämlich wird das unsittliche und pietätslose Benehmen

258. Trewe handt geet durch alle landt, vntrewe handt geet hin, kumpt aber nit wider.

Disz wort gilt allenn leutten die da wandern sollen, sonderlich aber den dienstbotten, megden, knechten, allem gsinde, das sie lassen ligen was nit jr ist.

259. Alte freund sol mann nit verkiesen, dann mann weysz nit wie die newen geraten woellen.

260. Die alten freund die besten.

Newe freund seindt noch vnuersucht, vnnd fallen bald dahin.

261. Ein gutter freundt ist besser denn silber vnd goldt.

(Bl. 22 a). Goldt vnnd silber kan vns lassen, ein gutter freundt aber leszt vns nit.

Absalons gegen die Kebsweiber seines Vaters geschildert; Fr's. reine Natur scheint grade in dieser Sammlung das geschlechtlich Anstössige grundsätzlich ausgeschlossen zu haben, vgl. oben zu Spr. 88 und 226.

Spr. 258 = Agr. 21; dort gehet (bis), kompt aber nicht herwidder. Die Erklärung ebendaselbst wörtlich; statt da wand. steht bei Agr. do; ausserdem gesynde. Das nach diesem Worte Folgende hat Fr. kurz zusammengefasst; der betreffende Abschnitt lautet von hier an vollständig: vnd iungen leutten, dasz wo sie wollen zu gut vnd ehren kommen, vnd wollen furderung vnd wolfart von leutten vberkommen, so mussen sie ligen lassen was nicht yhr ist, sonst wirt yhnen hilff vnd radt von allen menschen versaget werden.

Spr. 259 und 260 = Agr. 145 und 138. In beiden Sprichwörtern Agr's. die Pluralform freunde; in Spr. 145 ausserden nicht (bis), denn und wollen. Fr's. Erklärung findet sich wörtlich bei Agr. zu Spr. 138; dort die Formen freunde und sind.

Spr. 261 in Text und Erklärung wörtlich entnommen aus Agr. 139. Nur im Text hat Agr. freunde als Singular; in der Erklärung hingegen freund; ebendaselbst wie gewöhnlich die Negation nicht.

Bl. 22 a. Spr. 262 = Agr. 28; die Formen des Adject. hubsche und hubschen. Die Erklärung Fr's. ist nach Form und

262. *Ein huebsche seele, wil auch einen huebschenn leib haben.*

Wie der jnnerlich mensch ist, also erzeyget er sich eusserlich.

263 a. *Gott ist mitt im schiff.*

Gott hilfft in aller not, hilffet vns das creutz tragen.

263 b. *Bei einem narren richt mann nichts ausz, wedder mit bitte noch mit drewen.*

Ein narr ist ein narr, vnd bleibt ein narr.

Inhalt sein Eigenthum. Agr., der in Spr. 27 gelehrt hatte „Man sol einen nicht halten, wie man yhn ansihet" gehet von folgender Einschränkung aus: Disz ist war nach dem geberde vnd eusserlichem wandel, aber nicht alle zeyt nach der gestalt vnd proportion des leibs, Das beweysen auch die Hayden. Als Beweis für diese Behauptung dient ihm der an der äusseren Erscheinung und dem inneren Wesen des Socrates hervortretende Widerspruch. Weit eingehender verweilt er jedoch bei dem in der Regel bemerkbaren Zusammenhang des Scheins und des Wesens. Er erwähnt dafür u. a. das Beispiel des Thersites, die Grundsätze des Pythagoras bei der Auswahl seiner Schüler, den Spruch des Aristoteles molles carne aptos esse mente dicimus. Folgende Stelle mag ihrer sachlichen Uebereinstimmung wegen mit Seb. Franck verglichen werden. Das ist aber war, Wo ein messige, zuchtige, erbare, stille sanffte seele ist, do gebaret auch der leib eusserlich messig, zuchtig, erbar, still vnd sanft ynn wortten vnd wercken. Widderrumb wo ein zornige, vngutige, rumorische seele ist, do gebaret auch der leib eusserlich zornig, vngutig, zancket, haddert, richtet alle vngluck an, vnd kan niemand bey vnd vmb sich leiden da her es denn kompt, dasz man sagt, Ein weiser man redet weiszlich, vnd ein narr redet nerrisch.

Spr. 263 a ist mit seiner Erklärung in Agr. 29 enthalten. Gott ist mit ym schiff, ein trost der die nott leiden, dasz yhnen Gott yhr vngluck tragen hilffet. Agr. leitet die Entstehung des Sprichworts von Christi und seiner Apostel Meerfahrt her.

Spr. 263 b = Agr. 34. Die Erklärung Fr's. findet sich ebenso wörtlich bei Agr. im Anfang; im Text weichen nur die Formen

264. Narren soll mann mitt kolben lausen.

Suesse wort, drewe wort, helffen bei den narren nit, darumb musz mann sie mit kolben lausen, nit mit bürsten.

265. Ein frummes weib kan mann mitt golde nit ueberwegen.

Im buch der sprüch, Cap. xxxi. Wer wil ein redlich weib finden? Sie ist edler denn Perlein.

266. Alzu scharpff machet schertig.

267. Wenn mann die sennen am armbrust zuhart spannet, so reisset sie gern.

268. Zuuil ist vngesundt.

269. Zuuil zureisset den sack.

270. Masse ist zu allen dingen gut.

(Bl. 22 b). Der Prediger sagt, Cap. vii. Sei nit zuuil gerecht vnd nit zuuil weise.

---

widder und trawen ab; richt, was zu beachten, ist Fr. und Agr. gemeinsam.

Spr. 264 wörtlich = Agr. 35. Ebendaher die Erklärung. Der betreffende Abschnitt lautet vollständig: Suesse wort helffen nicht, drawen hilfft auch nicht, darumb muss man narren mit kolben lausen, nicht mit bürsten. Das ist, Dieweil gute wort nicht helffen wollen, so mussen schlege helffen, auff das der narr sein torheyt erkenne, vnd lasse.

Spr. 265 = Agr. 36. Ein fromes weybe kan man mit Golde nicht vberwegen. Die Erklärung Fr's. mit dem Citat aus Salomo's Sprüchen 31, 10 ist der Randangabe Agr's. entnommen. Probam mulierem quis inveniet? Ea praestat gemmis. Prouer. xxxi. Die Vulgate und S. Francks deutsche Fassung stehen hier dem hebräischen Original näher als Luther's Uebersetzung.

Spr. 266 und 267 = Agr. 235 und 236; nur in dem ersten die Abweichung macht und scharff.

Spr. 268, 269 und 270 = Agr. 37, 40 und 38. Die Verweisung auf den Prediger 7, 17 ist Fr. eigenthümlich und unabhängig von Agricola. In formeller Beziehung findet sich nur bei Spr. 37 (Fr. 268)

271. Wenn der schertz am besten ist, so soll mann vffhoeren.

Disz ist der vorigen sprüch exempel.

272. Das ist schimpff der schaden bringt.

Schimpffen vnd schertzen soll mann, aber nit zuuil, vnd zu vnzeitten.

273. Er hat ihm zuuil gethan.

Das ist, er hat vnrecht gethan.

274. Ein ieder halte sich nach seinem stande.

Das ist ein ieglicher wes standes er ist, fraw oder man, soll seines beruffs warttenn, sich auch eusserlich in kleydern, essen, trincken, geen vnd steen, in geberden, worten, wercken, jrem stand gleich halten.

---

eine Abweichung. Bei Agr. heisst es, wie auch noch heute gewöhnlich: All zuvil ist vngesundt. Die Abweisung ist für Fr. charakteristisch. Schon in dem ersten Jahr seiner schriftstellerischen Wirksamkeit 1528 sagt er in dem „Laster der Trunkenh." Bl. 10a Zuuil ist vngesund. — Wenig getruncken ist gesund. — Zu vil ist aber gyfft vnd der tod. Ebenso in der Ausg. 1531 Bl. 9.a mit der Randangabe (auch 1528 vorh.) Ein sprichwort. zuvil ist vngesund.

Bl. 22 b. Spr. 271 = Agr. 39 mit der Form auff horen. Die Erklärung Agr's. beginnt: Disz ist der vorigen zweyer spruche exempel. Seb. Franck hat die Anwendung etwas weiter erstreckt.

Spr. 272 = Agr. 237 mit der Verbalform bringet. Aus der Erklärung Agr's. hat Fr. die gesperrten Worte theils beibehalten, theils berücksichtigt; dieselbe lautet vollständig. Die Heyden leren aus vernunfft, dass schimpffen vnd schertzen hoflich sey, vnd stehe einem menschen wol an, so man den selbigen zu gelegner zeyt vbe, sonst mocht er schaden bringen, Als mit einem zornigen ist nicht gut schertzen, denn er machet aus dem schertze einen ernst, aus welchem ein vnradt mochte erwachsen.

Spr. 273 in Text und Erklärung wörtlich = Agr. 41. Nur lässt Agr. die Worte das ist fort und fügt hinter gethan hinzu: dass er nicht hat masze ynn seinen dingen gehalten.

Spr. 274 = Agr. 259. Ein yeder sol sich halten u. s. st. Die Erklärung Agr's. beginnt: Standt ist eines yglichen menschen

275. *Es musz ein ding einn anfang haben.*

Alle ding haben einn anfang, vnd der ist gemeyniglich gering.

276. *Da Adam den acker bawet, vnnd Eua spann, wer was do ein Edelmann?*

Wir seindt alle Adams kinder, vnd der selbigen gepurt halben seindt wir alle geleich, vnnd keyner besser denn der ander. Freidanck singt,

Suesse rede vnd senffter zorn
Wer recht thut der ist wolgeporn.
Es schadet vast forchtlose jugendt,
Doch ist niemandt edel one tugent.
(Bl. 23 a). Der tugentreich ist wolgeborn
On tugent Adel ist verlorn.
Tugendt für allen Adel geet,
Adel mit tugendt gantz wol steet.
Er sei dienst, eygen oder frei,
Der nit von gepurdt edel sei,
Der soll sich selbs edel machen
Mit gutten tugentlichen sachen.

---

beruff handel, wandel vnd narung die er treibt. Dies wird dann im Einzelnen ausgeführt mit Bezug auf Fürsten und Herren, Greise, Reiche, Kaufleute, Ehemänner, Frauen und Knechte. Hieran schliesst sich folgende meist wörtlich von Fr. beibehaltene Stelle: wie dise stende sind, hoch odder nydder, also sollen sie auch eusserlich ynn kleydern, essen, trincken, gehen vnd stehen, ynn geberden, wortten vnd wercken yhrem stande gleich halten.

Spr. 275 wörtlich mit der Erklärung = Agr. 260. An beiden Stellen bei Agr. die volle Form des Artikels einen und geringe.

Spr. 276 = Agr. 264. Do Ad. reutte etc. Fr's. Erklärung ist nach dem Anfang bei Agr. zusammengedrängt worden; Agr. beginnt: Disz sprichwort beweyset, dasz weil wir Adams kinder sind, vnd Adam den acker gebawet vnd die erden, Vnd vnser mutter Eua gespunnen, das wir der selbigen gepurt halben von Adam gleich eddel sind, vnd keiner besser denn der ander. Die Abweichung in

277. Reicher, grosser, weiser leutte kinnder, geradten selten wol.

An diesem sprichwort lernet mann, das weiszheyt alleyn vonn Gott kumpt. Adams liebster son, vff den sie alle jr hoffnung setztenn, er solte den fall erstatten, der Cayn, ermordt seinn bruder Abel, Esau wardt ein vngehorsams kindt, Absolon vertreyb seinen vatter Dauid.

278. Das wuerdt wenn der teuffel von Ach kumpt.
Das ist es würdt nimmer mehr geschehen.

---

dem ersten Verbum bei Agr. und Fr. reuten und d. a. bawen erklärt sich wohl aus Agr's. Commentar. In der grösseren Sammlung Fr's. von 1541 lautet der Spruch unter der Rubrik Nobilitas: Wo war der erst Edelman, Da Adam hackt, vnd Eva span I 34 b; ebenso I 82 b: Da Adam hackt vnd Eua span, Wer war da ein Edelman? nach der Fassung bei Bebel: Dum Adam agrum coleret et Eva neret, quis tunc nobilis? Das Citat bei Wander u. d. W. Adam 17 „Franck II 67" ist falsch [ob aus Agr. 264 entstanden?]. — Die Stelle aus Freidank ist bei Agr. und Fr. in genauer Uebereinstimmung; ich notiere folgende Abweichungen. Agr. an beiden Stellen wolgeborn (Fr. zuerst wolgep., in dem Subst. gepurt haben beide die Tenuis), fur, gehet, stehet und nicht.

Bl. 23 a. Spr. 277 wörtlich = Agr. 265. Für den ersten Satz der Erklärung vgl. folgende Worte Agr's.: Disz ist lauter erfarung. — Ein weiser man hat vnweise kinder, wiewol er sie wol leszt auffziehen, auff dass es nicht ynn einem brauch stehe, als muge ein vater seinem sone weiszheyt aufferben, sonder dasz man wisse, dasz alle weiszheyt allein von Got gegeben wirt. Das Folgende ist meist wörtlich von Fr. herübergenommen; von Abweichungen sind bemerkenswerth: auff den, ermordet, Esau wirt ein vngezogen vnd v. k., vertreybt.

Spr. 278 = Agr. 301. Das wirt geschehen — kompt. Ebenso die Erklärung am Anfang bei Agr. mit der Form wirt.

Spr. 279 wörtlich = Agr. 307. Die Erklärung Fr's. ist aus zwei Stellen in der Mitte von Agr. zumeist wörtlich herübergenommen. Folgende Abweichungen sind bemerkenswerth: bawet (Fr. ebenso im Text), grossern, an eim radtschlag, wirt, verd. eines landes

***279. Wer schweiget das mann ihm vertrawet,
thut basz denn der einn acker bawet.***

Wer einen acker pawet, thut vilen leuttenn, auch jm selbs gut, wer aber aber schweiget, das mann jm vertrawet, thut vil groesseren nutz, Es stehet offt an einem radtschlage, wo er verschwigenn würdt, das gedeien eines gantzen lands, Es stehet auch wol das verderben eins gantzen lands druff, Darumb ist schweigen kunst.

***280. Jedermann vertrawen ist ein thorheyt vnnd
(Bl. 23 b) leichtfertigkeyt, Niemandts vertrawen ist
Tyrannisch.***

Je frümmer einer ist, je leichtlicher er glaubet, dann er meynet alle leut seien wie er ist, Darumb soll er gewarnet sein, vnd wissen, das mann sich zu einem menschen des besten vnd ergesten versehen musz. Wer selbs vntrew ist, der vertrawet niemandts. Dionysius Syracusanus der Tyrann, liesz sein tochter bardtscheren lernenn, vff das jm nit ein fremder den halsz abschnitte.

---

darauff. — Die Schlussworte Fr's. „Darumb ist schweigen kunst", s. oben in Spr. 163. In der dort angezogenen Stelle seiner grösseren Sammlung von 1541 sind u. a. auch diese beiden Sprüche (163 und 279) vereinigt.

Bl. 28 b. Spr. 280 = Agr. 308; dort die Formen leichtfertickeyt und Niemand. Agr's. Erklärung beginnt: Suche was ich droben gesagt habe ynn den worttern, Sihe für dich, trew ist miszlich Item; Du solt allen geystern nicht glauben, Traw wol reytt das pferde hynweg 2c. (s. Fr. Spr. 251, 17 und 250). Nu ists war, Wer selbs vntrew ist, der vertrawet niemand, Vnd yhe frommer etc. Es folgt hierauf die von Fr. wörtlich herübergenommene Stelle mit den Varianten ergisten und musse. Den Spruch: wer selbs vntrew etc. bietet Fr. in veränderter Reihenfolge. Die Erzählung von der bartscheerenden Tochter des Tyrannen Dionys folgt weiter unten bei Agr., dort die Abweichungen nicht und abschnide.

281. Hetten wir alle einen glauben,
Gott vnd den gemeynen nutz für augen.
Gutten frid vnd recht gerichte,
Ein elle, masz vnd gewichte.
Eine müntze vnd gut gelt,
So stünde es wol in aller welt.

Wündschen würt wundsch bleiben, welt thut wie von anfang, wann alles recht zu gieng wers nit welt.

282. Saltz ist die beste wuertz.
Hunger vnd saltz, Das best schmaltz.

Keyn speisz schmeckt wol, sie sei dann gsaltzen, es sei fleysch oder fisch, Vnd im Euangelio nent Christus die Jünger vnd das Euangelion, saltz der erden, Denn gleich wie einem gruenen fleysch saltz von noeten ist, vff das es nit stinckendt werde, also ist die lere vom glauben, vnnd Gottes (Bl. 24 a) forcht, das Euangelion, den leutten von noeten auff erdenn, dardurch ihre lust getoedtet moegen werden, vnd der geyst vffrichtig bleibe.

Spr. 281 = Agr. 272 mit den Formen vor augen, friede, eine elle, muntze und stunde. Die Erklärung hat Fr. kurz zusammengezogen; der Anfang lautet bei Agr.: Wenn es solt wundschens gelten, vnd wundschen hulffe, so wolt ich dise stucke der welt wundschen vnd gunnen, aber ich hab sorge, es werde welt welt bleiben, vnd wundschen werd nicht helffen, Denn wundschens vnd feystens gehet vil ynn einen sack, es fullet nichts, es ist vergebens, Eynickeyt ist ynn der welte nicht zuhoffen, Denn ein yeder leret wie yhn seine gedancken leren.

Spr. 282 = Agr. 302 mit der Form wurtz. Die zweite Reimzeile Hunger vnd saltz, Das best schmaltz wird sonst nirgends nachgewiesen, fehlt z. B. auch bei Wander u. d. W. Hunger und bei Harrebomée unter honger und zout. Ich halte den Spruch für eine eigene Production S. Franck's, wie auch seine grössere Sammlung nicht bloss von seinem regen poetischen Formgefühl Zeugniss ablegt, sondern auch eine ganze Reihe eigener rhythmischer Sprüche darbietet, vgl. Thl. II Cap. IV. — Die Erklärung ist mit

283. Wo eynigkeyt ist, da wonet Gott.

Gott ist ein Gott des fridens, nicht ein Gott der zwitracht, darumb wil er auch nicht, das mann vnfrid mit jemandts haben soll. Wo mann vnd weib eynig seindt, da muessen sie gedeien ꝛc.

einigen bemerkenswerthen Abweichungen aus Agr. herübergenommen. Agr's. Erklärung beginnt: Das lernt erfarung, dasz kein speyse wol schmeckt, sie sey denn gesaltzen, es sey fleisch odder fisch, darumb ist saltz die beste wurtz. Ym gesetz Moysi was gepotten, Man solt Gott kein opffer thun, es were denn saltz darbey, Vnd ym Euangelio nennet Christus die Junger vnd das Euangelion selbs, saltz der erden, dasz do frisch sey, Denn gleich wie einem newgeschlagnen fleische saltz von noten ist, auff das es nicht wurme odder maden vberkomme, odder stinckend werde, also ist die leere vom glauben, vnd Gottis forcht, das Euangelion den leutten von noten auff erden, dadurch yhre lust getodtet werden mugen, vnd der geyst frisch vnd on maden bleibe. Mit Rücksicht auf die Gegenwart, die im Wesentlichen von denselben Gegensätzen bewegt wird, wie das Zeitalter der Reformation, theile ich auch noch den folgenden Abschnitt vollständig mit: Vor vnsern gezeyten was die lere verdempffet, darumb war das saltz on frucht, vnd musten ynn der Christenheyt vil schmeyszfliegen herfur kommen, die vil maden machten, Denn dieweil die lere geschwigen was, dasz die leutte allein durch den glauben an Jesum Christum, vor Gott vnd yhren eygen hertzen konden from vnd rwig werden, musten die schmeyszleren regiren, dasz, wer vil fastete, feyrte, zu kirchen gieng vil amusen (l. almusen) gebe, einen orden anneme, ein Pfaff wurde ꝛc. der wurde from vor Gott.

Bl. 24 a. Spr. 283 = Agr. 315; dort die Schreibart einickeyt. Die Erklärung Fr's. ist aus Agr. am Anfang und in der Mitte entnommen. In dem ersten Satze folgt hinter G. d. friedes (sic) noch: sagt Sanct Paul, was Fr. wider seine Gewohnheit fortgelassen; beachtenswerth noch die Variante mit yemand. In dem zweiten Satze weichen folgende Formen ab: sind und mussen. Die weitere Ausführung Agr's. deutet Fr. durch sein ꝛc. an; sie ist anziehend genug, um sie vollständig zu wiederholen. Wo sie aber topffe bricht, vnd er kruege, so ist das gedeyen ausz, vnd musz eyttel vnradt herausz folgen, Er schafft ynn das hausz nicht, gehet auff einer

284. *Wenn ein studt zergehen soll, so beisset ein pferdt dem andern den schwantz ab.*

Wo vneynigkeyt ist, da kan nichts langwerig sein, die weil die pferde bei einander seint, mehret sich die stude, wo sie aber einander beissenn, vnnd schlahen, so' musz die stude zergehen. Es seindt vil straffen da mit Gott die welt straffet, aber keyne ist grewlicher dann die vneynigkeyt, darausz alle welt verdirbt.

Concordia res paruae crescunt,
Discordia res magnae dilabuntur.

285. *Wer regieren wil, der musz hoeren, vnd auch nit hoeren, sehen vnd nit sehen.*

Wer die leutte mit lautterem gewang regieren wil, der ladet vff sich aller menschen hasz vnnd feindtschafft.

---

andern ban hynausz, Die fraw ist auch vnachtsam, vnd lesszt es gehen wie es gehet, sucht villeicht auch ein weg, der nicht sehr gut ist, ynn dem fellet hausz vnd hofe vnd yhre narung vber einen hauffen, vnd werden zu bettlern mit yhren kindern, Eynickeyt bestehet ynn dem, dasz eines des anden feel tragen helffe, dieweil doch niemand on mangel ist, Sonst wo einer wil besser vnd hoher seyn denn der ander, so wirt vnfried vnd alles vngluck.

Spr. 284 = Agr. 314 mit der Varianten zurgehen, beiszt und Pferde. Die Erklärung Fr's. findet sich bei Agr. am Anfang und gegen den Schluss; die lateinischen Worte bilden bei Letzterem eine Randbemerkung. Von Abweichungen hebe ich heraus: langwirig; b. e. seyn, Studt (bis; im Text auch bei Fr.), schlagen; zurgehen, sind v. plagen, denn d. v., darausz krieg folget.

Spr. 285 = Agr. 306. Abweichend die Formen: horen vnd [auch fehlt] nicht horen, sehen vnd nicht sehen. In dem ersten Satz der Erklärung bietet Agr. die Formen lauterm, ledet und auff. In der Erzählung von Kaiser Friedrich sind folgende Abweichungen beachtenswerth: Keyser Maximilians vater, nicht (bis) fur und gehen. Die Dichterstelle bei beiden, Agr. und Fr., gleichlautend. Bei Agr. hinter sprichwort gehabt noch die Worte: das einem Fursten wol gezimpt; und vor dem Reimspruch: das wirt yhn freylich die erfarung gelernet haben.

(Bl. 24 b). Keyser Friderich, Maximiliani vatter hat ein sprichwort gehabt, Qui nescit dissimulare, nescit imperare, Wer nit kan für oren vnnd augen lassen geen, vnd durch die finger sehen, der kan nit regieren.

Denn regieren freuntlich vnd mit willen
Thut vil hasz vnd haders stillen.
Wer mit dem kopff wil oben ausz
Der thut vil schaden vnd richt nichts ausz.

286. *Es seindt zweyerley geschlecht der menschen, eins zuernt gern, das ander gibt nichts drauff.*

Es würdt hiemit geschlossen, daz niemandts leichtlich zürnen soll, vff das mann sein nit spotte mit recht.

287. *Mann kan sich zu weit nit befreunden.*

Es seint besser vil freund, denn ein feindt, Keyn freundtschafft die weitter geet, denn schwagerschafft, es kan einer mit einr schwester vil schweger haben.

Bl. 24 b. Spr. 286 = Agr. 322 mit den Formen: sind, geschlechte und zurnt. Die Erklärung ist aus Agr. wörtlich herübergenommen mit folgenden Abweichungen: wirt, niemand l. vnd vmb geringer vrsach willen zurnen, auff, nicht, rechte.

Spr. 287 = Agr. 346; die Negation wie in der Regel nicht. Für die Erklärung vgl. den Anfang bei Agr.: Es sind besser hundert freunde, denn eyn feinde, Nun ist ynn allen stenden kein freuntschafft die weytter gehet, denn schwagerschafft, Denn es kompt wol, dasz einer mit einer schwester vil schweger macht, er musz aber den reymen nicht auszwischen, Wer huren vnd buben nicht ynn seinem geschlecht hat rc. Die anstössigen Worte des Reims scheint Fr. aus einem gewissen aesthetischen Gefühl fortgelassen zu haben, vgl. zu Spr. 88, 226 und 257. Die Anspielung bei Agr. auf den Reim hat Wander u. d. W. Hure 201 nicht berücksichtigt. Der Reimspruch selbst findet sich allerdings auch bei Fr. in seiner grösseren Sammlung I 77 a Wander a. a. O. Wer nit hurn vnd buben vnder seim geschlecht hab, der zieh ghen Nürnberg vnd wisch den reymen ab, ist dort aber durch Bebel veranlasst: Dicunt nostri, nullum esse mortalium, qui in sua familia et stirpe non habeat

288. *Schweger seint nimmer besser freunde, denn weit voneinander, odder selten zusumen.*

Das machet der geitz, es sorget als einer der ander hab einen groessern nutz, odder besser erb denn er.

289. *Es ist ein gutter gulden, der hundert erspart.*

Ein gülden errettet offt hundert, Das wissen (Bl. 25 a. Sign. D) die kauffleudt vnd die über felt reysen.

290. *Ich fasten keynem heyligen, dem ich nit feiren soll.*

Wenn mann von einem nit vil helt, oder sein nit zugeniessen weysz, thut mann jm auch nicht vil vergebens.

---

nebulones et meretrices, volentes nullam esse familiam tam generosam aut probatam, quin aliqui sint ex ea minus boni, sed nequam et homines perditi.

Spr. 288 = Agr. 347; dort sind und zusammen. In der Erklärung findet zwischen Agr. und Fr. nur eine sachliche Uebereinstimmung ab; die Worte selbst differieren fast völlig. Agr's. Erklärung lautet vollständig: Wo yhr vil sind, die eines mannes toechter haben, die haben ymmer sorge, einer ziehe dem andern ab, einer geniesse mehr denn der ander, solchem wohn aber musz neyd folgen, vnd vneynickeyt, darumb ist es war, Schweger sind nymmer besser freunde, denn weyt von eynander ꝛc. Kommen sie offt zusammen so gehet es on zanck nicht ab.

Spr. 289 = Agr. 305 mit der Form guldin. Für die Erklärung vgl. folgende charakteristische Stelle bei Agr.: Wer vber feldt reyset, es sey winter odder summer, sonderlich ynn vnbekanten ortten, der lasz sich ein wenig vnkost nicht dawren, er dinge vnd miete leutte, die yhn weysen vnd geleyten, sonst mocht er niddergeworffen werden, vnd hoch geschetzet, Man findet manchen fuerman, der wil das geleytte vmbfaren, offt vmb eines halben gulden willen, kompt er darvon, dasz mans nicht erferet so hat er einen halben gulden erworben, ergreyfft man yhn aber, so hat er die gueter alle verfaren, zu dem sagt man denn billich, wenn er den spott musz zum schaden haben, Es ist ein guter gulde, der hundert ersparet.

Bl. 25 a. Spr. 290 = Agr. 324. Ich feyre keinen heiligen, dem ich nicht gefastet hab. Agr's. Erklärung beginnt: Ein

291. Du glaubst nit ehe, die heyligen zeychen dann.

Das ist, du glaubst nit ehe, bisz ich mit der that darzu thu, vnd ist ein draew wort.

292. Ich wil dirs wol vergeben, ich wil dirs aber gleichwol gedencken.

Ein vnchristlich vnd heydnisch wort, vnd rewmet sich vast übel mit dem, vergib vns vnser schuldt, wie wir vnsern schüldigern vergeben.

293 a. Er thut es gern, ia wie die pawren inn thurm steigen, oder die spiesz tragen.

Das ist mitt vnwillen, vnnd widersinnisch, hinder sich.

---

wort einer verachtung. Darauf folgt eine geschichtliche Erörterung über den Heiligen-Cultus und Missbilligung desselben. Den Schluss der Erklärung bilden folgende Worte, an die Fr. seine Erklärung anschliesst: Wenn nun yemand wil hoch gefeyret seyn, vnd man soll vil von yhm halten vnd leiden, sagt man, Ich kan niemand feyren, dem ich nicht gefastet habe, das ist, ich halt yhn fur keinen heiligen, Ja ich achte yhn vnwirdiger, denn dasz ich vil von yhm leiden solte, Ich faste yhm nicht, ich feyre yhm nicht, ich haltt nichts von yhm.

Spr. 291 = Agr. 325 mit den Formen nicht und denn. Für Fr's. Erklärung vgl. man die Schlussworte bei Agr.: Wir brauchen es zu einem draw wortt, Wenn wir yemand etwas verbieten, das er lassen soll, vnd er leszt es nicht, sonder feret fort, sagen wir, Du glaubst nicht, bisz ich mit der faust zugreyffe, vnd straffe dich darumb, das ist, die heiligen zeichen denn, du solst dich an meine wort keren, aber du glaubst nicht, ich musz zeichen, ich musz zuschlagen.

Spr. 292 = Agr. 340 wörtlich. Für die Erklärung s. folgende Stelle bei Agr.: Vnd wir bitten, Verlasse vns vnsere schuld ewiglich, wir wollen gern vergeben zeytlich denen, die widder vns thun, darumb ist disz wortt nicht Christlich, sonder Heydnisch. Fr's. Beziehung auf die fünfte Bitte ist directer und volksthümlicher als die entsprechende Fassung bei Agr.

Spr. 293 a = Agr. 366 mit der Form bawren. Die Worte oder die spiesz tragen fehlen bei Agr. Die vollständige Er-

293 b. Wie einer handelt so sagt mann ihm nach.

Wil einer haben das mann wol von jm rede, so thu er recht, wo nit, so musz er leiden, das mann sage wie er ist.

294. Mann heyst selten ein kue bluemlin, sie hab denn einen bundten flecken.

295. Ein gemeyn geruecht ist selten erlogen.

Mann sagt selten etwas, es ist zum teyl war.

---

klärung des Letzteren lautet: Das ist, er thut es vngern, vnd widd. seinen willen, Denn wenn die bawren ynn thurm mussen steigen, so sind sie betruebt, vnd sehen ymmer vmb sich, ob yemand komme, der sie erlosen wolle. Widersinnisch und widersinns wendet S. Franck nicht selten an; vgl. Laster der Trunkenh. Ausg. 1531 $\mathfrak{H}$ t b unten. Hier heisst es von dem Rechtschaffenen: Es ist die welt vnd bleibt die welt, der musz er sich eussern, vnd widersinnisch leben, sie straffen ynn yren weltlichen lüst u vnd begyrden, der welt vngenad gern auff sich laden. Sihe das heisst mitten im schenckhausz nuechter, mitten im hurhausz züchtig, mitten im dantzhausz goettlich, miten in der mordgrub guetlich leben. Eben so in der Schrift von den sieben Weisen als Ausspruch des Hermes Trimegistus (um 1532, aus der Geschichtbibel 1531 entlehnt): Nit glaub dem der do spricht, ich weysz die warheit, vnd thut gleich widersins. Andere Belege, zumal aus den Paradoxen s. Thl. II c. III B., vgl. ebendaselbst c. III A.

Spr. 293 b = Agr. 387 wörtlich. Agr's. Erklärung hat Fr. dem Sinne nach zusammengefasst bei fast völliger Abweichung in den Worten. Die kurze Erklärung Agr's. lautet vollständig: Disz ist ein werwort, damit sich einer schutzen mag, wenn er was geredet hat, das man yhm furhebt also, Du sagest das von dem vnd ihem, du solst es nicht thun, Ey lieber warumb solt ichs nicht thun, wie einer handelt, so sagt man yhm nach, handelte er anders, so redte ich anders, ich kan ia einen schalck nicht from, vnd ein fromen schalck nennen, ich wolt yhnen denn beyden vnrecht thun.

Spr. 294 und 295 = Agr. 388 und 389. Folgende Formen differieren heysset, blumlin und gerucht. Die Erklärung Fr's. ist nach den Anfangsworten Agr's. zu 388 gebildet: Man sagt seldten einem etwas zu, es ist etwas daran.

(Bl. 25 b). *296. Mann sagt so lang von einem ding bisz es geschicht.*

Zur zeit Noah ist ein gemeyne sag vonn der sintflut gwesen, wie bei vns vom jüngsten tag, Sie kam entlich, also würt der jüngste tag auch kommen.

297. Mann lasz den Edelleutten ihr wilpret, den Bawren ihr kirchweihe, den hunden ihre hochzeit, so bleibt mann vngerauft.

Wer das nit weysz, der erfare es.

298. Sanffte ins dorff, die bawren seint truncken.
299. Einem follen bawren, soll ein geladner wagen weichen.

Dasz ist ein gutter raht, wil einer nit gerauft werden, vnd die bawren vnsinnig machen.

Bl. 25 b. Spr. 296 wörtlich = Agr. 390. Der Erklärung Fr's. liegt folgender Abschnitt bei Agr. zu Grunde. Zu Noah gezeytten ist eine gemeyne sage gewesen, von der sindtflusz, hundert iare zuuor, wie itzt mit vns vom iungsten tage, Noah bawet, vnd musz yedermans alter narre seyn, als der da sorg habe, der hymmel falle auff yhn, Aber man sagte so lang, bisz es kam, Itzt sagt man, Der iungste tag werde kommen, man verachtet es, Aber ein yeder sehe gleichwol zu, dasz er bereytt sey alle stunden, dasz er seyn, wenn er itzt keme, gewartten wolle, auff dasz er yhn nicht vbereyle.

Spr. 297 = Agr. 425; dort kirchweyh und yhr hochz. Fr's. erklärender kurzer Zusatz ist selbstständig.

Spr. 298 und 299 = Agr. 426 und 427: in jenem die Abweichungen sachte und sind. Für die Erklärung Fr's. sind die Schlussworte Agr's. zu Spr. 426 benutzt. Des volleren Verständnisses wegen fügen wir auch den Anfang hinzu. Wer voll vnd truncken ist, der ist seiner synne vnd vernunft beraubt, darumb musz man einem vollen bawren weichen, bisz er den kropff verdewet, vnd widderumb auszgeschlaffen hat. — Darumb ist es geradten, dasz man sachte ynns dorff fare, auff dasz man die vollen bawren nicht erwecke, vnd vnsynnig mache.

Spr. 300 wörtlich = Agr. 443. Der Erklärung Fr's. liegen die Anfangsworte zu Grunde. Das gehoret zum kampff, denn es ist

300. Er hat ihn vnuerwarnet angriffen.

Das ist aber vnerbar, denn es gehoeret zum kampff, das mann eim sag von feindtschafft, wo mann feindtschafft erzeygen wil.

301. Sihe wie henckt der das maul. Mault sich.

Sihe wie ist der so zornig, die da zürnenn, sehen sawr, vnnd lassen das maul mit den lippen lang herauszhangen.

302. Mit worten speisen.

Von eim wirt der den gesten gute wort gibt, vnd wenig zuessen, von dem sagt mann, wer sich mit worten woel speisen lassen, der würde satt.

---

noch heutigs tags ein vnerbar, vnmanlich stucke auff einen schlagen, dem man von keiner feindtschafft gesagt hat. Es gehort erstlich zu einem ritterlichen kampff, dasz man einem kampff anbiete, vnd einen zuuor warne, auff dasz er sein bestes thue, sonst ist es mordrisch vnd vnadelich.

Spr. 301 = Agr. 323. Sihe wie henckt er das maul, ich wil yhm den zornbraten abschneiden. Die gesperrten Worte fehlen bei Fr., der seinerseits wieder den bei Wander nur aus anderen, resp. späteren Quellen belegten sprichw. Ausdruck hinzufügt: Mault sich. Der Anfang der Erklärung: Sihe — — zornig ist Fr's. Eigenthum; die folgenden Worte sind aus Agr. herübergenommen; dort die Form zurnen. Das hinter hangen bei Agr. folgende Gleichniss wie ein sew russel ist dem milden Sinne Fr's. wohl etwas anstössig erschienen und deshalb von ihm fortgelassen.

Spr. 302 = Agr. 355. Die Erklärung ist mit einigen Abweichungen den Schlussworten Agr's. entnommen. Wo ein wirt ist, der den gesten gute wortt gibt, vnd nichts hernach folgt, von dem sagen die geste, Wer sich mit wortten wolt speysen lassen, der wurde sat werden, sonst ist muhe darbey. Aber auch der Anfang ist nicht ohne geschichtliches Interesse. Agr. hebt hier den Gegensatz zwischen Nord- und Mittel- und Süddeutschland hervor. Yun Meyssen, Schwaben vnd Francken ists breuchlich dasz man sagt zu den gesten, Yhr musst also fur lieb nemen, habt yhr nicht vil zuessen gehabt, so trincket dester mehr, Was am essen zu wenig ist gewesen,

(Bl. 26 a. Sign.° D 2). *303. Milt mit worten.*

Mit dem mund ist mancher mildt, leihen vnd zusagen, aber mit der that felet es weit. Von einem solchen sagt mann, es ist ein milter man, vnd gibt gern, ja mit worten.

304. Mann gedenckt sein, wie des Pilatus im Credo.

Das ist mann gedenckt sein das er übel hat gethan, vnd mit boesem.

305. Es ist ein verwendts maul.

Der mensch heyst ein verwendts maul, welcher nur gute schleckbiszlin sucht, vnd dem nichts gefelt,

---

des mugt yhr euch am trincken erholen, Ynn Sachsen aber spricht man, Etet iu allsat lieben fruendes, Item, Frit dat ut, Etet iu aller deger voll, Ick hebbe alle voll geetten. Diese Angabe hat auch der bisher unbekannte lateinische Uebersetzer Agr's., dessen Auffindung meinem Freunde Suringar glückte, für wichtig genug gehalten, um sie in folgendem Distichon in classischer Form auszudrücken:

Hospitibus plus verborum quam suggerit escae
    Suevus, Franco, Misus; non ita Saxo cibat.

Dies nach gütiger brieflicher Mittheilung; vgl. sonst zunächst Suringar über Erasmus S. XLIV.

Bl. 26 a. Spr. 303 = Agr. 595. Er ist m. m. w. Die Erklärung Fr's. findet sich ebenfalls bei Agr., dort munde und hinter mit (fehlt bei Fr.) leyhen noch die Infinitive schencken, geben vnd aus. In dem zweiten Satze bei Agr. hinter mildter man: er (Fr. vnd) g. g.

Spr. 304 wörtlich = Agr. 633. Agr's. Erklärung beginnt: Wenn man den Catechismum lernt die iungen kinder, so sagt man yhnen ym glauben, Ich glaub an Jesum Christ ꝛc. der da gelitten hat vnter Pontio Pilato, gecreutzigt, gestorben vnd begraben ꝛc. Des Pilati wirt hie gedacht, aber ynn keinem guten. Darauf folgt eine Erwähnung des Herostratus, dessen Agr. u. a. so eben zu Spr. 632 gedacht hatte: Man findet manchs seltzams mutter kindt auff erden. Die betreffenden Worte lauten: Des Herostrati, da itzt von gesagt ist, gedenckt man auch, aber eben wie Pilatus ym Credo, das ist, dasz er hat vbel gethan.

denn was wol zugericht ist, vnd kan essen vnd drincken bald verachten, wo es nit schmackhafftig ist.

306. Vier ding lassen sich nit verbergen, Fewer, grint, hust vnd liebe.

Wo fewer ist da ist auch rauch vnnd dampff, oder hitz. G ndt, denn als baldt die kretz odder grint warm würt, kan ers nit lassen er musz sich krawen, auffs wenigst mit einem finger. Der hust, denn er musz husten, vnd kan es nit vnderwegen lassen. Die liebe, denn sie ist blindt, vnd meynet es sehe sie niemandt.

307. Wer ein iunckfraw schendet, der stirbt keynes gutten todes.

Es beweiset die erfarung das die frawenn vnd junckfrawen schender jemerlich vmbkommen, (Bl. 26 b) Ein weiblin vnd medlin hat nichts mer, noch keynen groessern schatz, denn die ehre, Darumb stilt der einem medlin das edelste kleynodt, das wedder mit gelt, noch mit der welt gut erstattet mag werden.

Spr. 305 wörtlich = Agr. 634. Die Erklärung ebenfalls aus Agr. entnommen und zwar aus den Schlussworten: Also heyszt nun ein verwent maul, der mensche ff. Abweichende Formen sind weiter: gefellet, zugerichtet, trincken, tadeln (Fr. verachten) und nicht.

Spr. 306 = Agr. 663; hier der Schluss nicht bergen. Statt der deutschen Worte Fr's. beginnt Agr. seine Erklärung mit den vier lateinischen Worten Ignis, Scabies, Tussis et Amor. Von weiteren Abweichungen bemerke ich: hitze, Kretz vnd schurff (Fr. Grindt), Denn als bald der kretzige w. wirt, nicht l., vnter wegen.

Spr. 307 = Agr. 664 mit der Accusativform junckfrawen. Die Erklärung Agr's. ist weit umfangreicher. Die betreffenden Worte Fr's. sind etwa der Mitte entnommen. In dem ersten Satze findet sich bei Agr. hinter dem Adv. jemmerlich statt des einfachen vmbkommen die wortreichere und doch im Sinne engere Fassung: ynn kriegen vnd schlachten erschlagen vnd ermordet

*308. Wer in sein eygen nest scheisset, der ligt vn-
sanfft, vnd ist nit ehren werdt.*

Es ist genug das vns jemandts anders schendet,
wer sich selbs lobet, der ist ein narr, wer sich selbs
schenndet, ist vnsinnig, Es ist aber basz zudulden es
lobe sich einer (denn wer sich selbs lobet, der hette
doch gern ehr) denn das sich einer selbs schendet.

*309. Ich hette mich auch gern gewermt, aber ich
kunde nit zum ofen kummen.
Er hat sich wol darbei gewermet.*

Zu hofe sucht mann gemeyniglich nichts denn
reichthumb, Nun hats vff ein zeit eim am guten willen
nit gefelet, sonder es seindt jr sunst so vil vmb den
ofen gestanden, die sich gewermet haben, gschenck vnd
gut begert, das er nichts hat moegen bekummen.

*310. Der herrn guetter seindt nitt der, die sie ver-
dienen, sonder den mann sy guennet.*

Mancher dienet wol vnd trewlich, vnnd erlanget
wenig, widerumb so dienet offt einer nit halb so trew-

---

werden. Im zweiten Satze bietet Agr. folgende Abweichungen:
meydlin, grossern; hinter mag werden der treffende Zusatz:
welcher yhr mit sussen wortten den magthumb abstilet;
bei Fr. hingegen befremdet das alleinstehende Pronomen: Darumb
stilt der.

Bl. 26 b. Spr. 308 = Agr. 665 mit den abweichenden Formen
leyt und nicht. Die Erklärung Fr's. fast wörtlich bei Agr. Dort
gegen die Mitte nur folgende Abweichungen: yemand, Vnd wer
s. s. lobt, Es ist noch basz z. d., lobt, ehre, schende.

Spr. 309 = Agr. 266; dort gewermet, konde, nicht und
offen. Der zweite Satz: Er hat sich wol darbei gewermet
(sic) ist von Fr. selbstständig hinzugefügt. Die Erklärung Fr's.
findet sich bei Agr. am Schlusse mit wesentlich nur lautlichen Differenzen: Nu hat es auff eine z. einem, nicht gefeylet, sind,
sonst, offen, geschencke, nichts aus der auszbeutt hat
mugen bek.

lich, vnd erlanget vil, denn der herren guetter seindt
der, den mann sie günnet, vnd nit der die sie verdienen.
(Bl. 27 a. Sign. D 3). Wenn mann disz sprichwort vor
Gott braucht, also, das Gottes guetter vnd gnad niemant verdienen kan, sonder wem ers günnet, so ists
reyn, denn Gottes guetter können wir armen menschen
mit keynem dienst erwerben.

311. Wer vff genade dienet, dem lohnet mann mit barmhertzigkeyt.

Disz sprichwort ist erwachssen ausz der herren
vntrew, vor Gott aber ist es gantz war.

312. Er wuerdt den rinck an der thuer lassen.

313. Herren dienst erbet nit.

Spr. 310 = Agr. 267; dort sind, nicht und gand. — Die
Erklärung Fr's. ist aus den Anfangs- und Schlussworten Agr's. entnommen. In jenen nur formelle Abweichungen: vil vnd trewlich
(Fr. wol v. t.), nit, erlangt (Fr. an beiden Stellen erlanget;
Agr. nur an der ersten) sind, gand und nicht. In den Schlussworten heisst es bei Agr.: brauchet, Gottis, gnade, es gand,
es sehr reyne. Die folgende von Fr. verkürzte Stelle nehmen wir
noch ganz herüber: Denn Gottis gueter sind ewige selickeyt, leben,
gerechtickeyt, vnd alles was gut ist, Dise ewige Gottis guetter
kunnen wir elenden, zeytlichen menschen mit keinem zeytlichen
verdienst erwerben, weil zeytlich nicht ewig ist vnd gnad nicht verdienst ist.

Bl. 27 a. Spr. 311 = Agr. 268; dort auff gnade. Die Erklärung Fr's. findet sich bei Agr. am Anfang und in der Mitte; dort
die Dativform vntrewe. Die zweite Stelle theilen wir vollständig
im Zusammenhang mit: Vor vnserm Herr Gott aber ists ein thewre
warheyt. Denn Gott kan die nicht lassen, welche auff seinen
namen vnd lauter gnade trawen, vnd yhm dienen, sonder barmhertzickeyt musz yhnen widderfaren, Gott leszt sich nicht vberpochen
mit wercken, sonder wer yhm dient vmb lohn, dem lohnet er mit
zorn. Die yhm aber vertrawen, vnd dienen auff gnade, den lohnet er
mit barmhertzickeyt.

314. Ich wil erleben das du das hausz von aussenn anschen werdest.

Es würdt gewarnet ein jeder der zu hofe ist, das er sich vff des herren genad, nit zu sehr verlasse, denn gnad kan wol zorn werden, Gnad erbet nicht.

315. Wer den herren zu nahe ist, der wil ersticken, vnd wer weit von ihnen ist, der wil erfrieren.

Es ist niemandt zufriden mit dem da in Got hin ordnet, wer zu hofe ist, der suchet wie er daruon komme, vnnd ein ander suchet wie er darzu komme.

316. Es ist vmb das hofe lebenn gethan, wie vmb die huener die im korb sitzen, vnd die draussen frei gehen.

Die huener die frei geen, sehenn das die huener (Bl. 27b) im korbe genug zu essen, vnd zu trincken

---

Spr. 312, 313 und 314 = Agr. 274, 269 und 275 mit folgenden Abweichungen. Spr. 269 die Negation nicht; 274 wirt, rincken und thuere; 275 d. h. solt v. a. ans. Die Erklärung ist aus Agr's. Worten zu Spr. 269 entnommen; dort folgende Varianten: wirt, auff, gnade und nicht.

Spr. 315 wörtlich Agr. 270. Die Erklärung Fr's. ist formell unabhängig von Agr., sie generalisiert inzwischen dasjenige, was Agr. als eine Aeusserung des kaiserlichen Mathematikus Dr. Stabius gegen unzufriedene fürstliche Diener und Räthe auf dem Reichstag zu Augsburg von 1517 berichtet: Es ist, mein lieben herren, wie man sagt, Wer den herrn etc. (folgt das Sprichwort). Weret yhr nicht am hofe, so wustet yhr nyrgent zu bleiben, trachtet tage vnd nacht, wie yhr mochtet hynan kommen, vnd weil yhr nu daran seyt, so wollt yhr ersticken, vnd woltet gern dauon, darumb laszt es bleiben wie es ist.

Spr 316 = Agr. 271; vor wie vmb die h. noch der Zusatz eben. Der Erklärung Fr's. gehen bei Agr. noch folgende Worte voraus: Disz sprichwort hat ein hofeman gebrauchet Doctor Stibler zu Zwickaw, vnd hat es wol troffen. Statt des Namens Stibler, den auch die späteren Ausgg. von 1534 ab beibehalten, heisst es in

haben, drumb woellen sie auch gern in den korb hienein, vnnd woellen da essen vnnd trincken, widerumb die im korbe seindt, sehen jr freiheyt, jr geen vnd steen, trachten mit fleisz wie sie moechten herausz kommen.

317. Wer zu hofe tueglich ist, den treibt mann zu tode, Der vntueglich ist, der musz ein narr sein.

Wer für eim andern etwas weysz, den brauchet mann zuseer, wer aber vntüchtig, der musz ein narr sein, alle geringe ampt thun.

318. Aber doch.

Disz wort braucht mann, wenn mann das fürgenommen wort, oder handel endern wil, als, ich hab das so thewer kaufft, aber doch wenn einer bar gelt brechte, ich liesz mich weisen.

der Zwickauer Ausg. von 1529 und der davon abhängigen niederd. Uebersetzung wohl richtiger Stuedler s. meinen Agr. S. 55. In der Erklärung selbst bietet Agr. nur folgende Varianten: gehen, gnug, vnd trincken (ohne zu); darumb wollen, vnd wollen, sind, die freyh., gehen vnd stehen vnd tr., mochten.

Bl. 27 b. Spr. 317 = Agr. 273; die Adjectiva tuglich vnd vntuglich ohne Umlaut. Für die Erklärung vgl. man folgende zwei Sätze Agr's. aus der Mitte und am Schlusse: Wer tuglich ist, dasz man yhn ynn Radt brauchen mag, dem legt man so vil arbeyt auff, dasz er drob verderben mus, do schonet man niemand. — Zum andern, ist yemand vntuchtig, der musz ein narr seyn, alle geringe ampte thun, holtz ynn die küchen tragen, hunde ausz iagen, ein narr seyn, den yederman treibet vnd vbet.

Spr. 318 = Agr. 349. Die Erklärung, deren Schluss Fr. berücksichtigt hat, lautet vollständig: Wenn yemand ynn handeln vnd wandeln also gebaret, als sey yhm ynn kauffen odder verkauffen ernst, vnd gedenckt nicht anders zuthun, denn wie ers furschlecht, so sagen wir spotts weyse, Ich glaub dasz dirs ernst sey, aber doch, Wenn yemand so odder souil geldts brecht, so wurde sichs wol schicken, Es ist mir auch das meine lieb, mein hausz vnd hofe, mein gartte, mein pferd ꝛc. aber doch, Wenn einer souil geldtsz brechte, ich liesz mich bereden, Dasz also disz wort sey ein abwechsel odder enderung

319. Reich werdenn, ist keyne kunst, aber frumb werden, ist ein seer grosse kunst.

Reich werden, vnd frumb werden, sein widder einander, eins ist leichtlich, das ander schwer zubekommen. Es kan niemandt zweyen herren zugleich dienen, welche widereinander seint, Nemlich Gott vnd dem Mammon, oder reichthumb. Darumb ist es war, das reich werdenn keyn kunst ist, aber frumb werdenn ist ein kunst, Die Heyden können auch reich werden, aber frumb werden kan niemandt, denn wem es Gott gibt.
(Bl. 28a. Sign. D 4). *320. Wer reich wil werden, musz sein seel ein weil an einn nagel hencken, vnnd wenn er reich worden ist, wider herab nemen.*

Das ist ein erklerung des vorigenn, Sanct Paul. sagt, die da reich werden woellen, die fallen in versuchung vnd stricke, vnnd vile thorechter vnd schedlicher lüste, welche versencken die menschen ins verderben vnd verdamnisz.

---

eines furgenommen wortts, handels, odder wie man es nennen mag, damit einer etwas schleuszt vnd ist doch willens, dasselbige zuendern, wo das geschehe, das er gern wolte.

Spr. 319 = Agr. 303 mit den Abweichungen kein und from. Die Erklärung ist aus den Anfangsworten Agr's. entnommen. Erstlich lernt disz Sprichwort, dasz reych werden, vnd from werden widdereinander seyen, Vnd, dasz eines schweer, das ander leichtlich zubekommen sey, oder ia eins leichtlicher denn das ander. Christus sagt ym Euangelio, Es konne niemand zweyen herren zugleich dienen, welche widdereinander sind, nemlich, Gott vnd dem Mammon, odder reychthumb, darumb u. s. w. In dem Folgenden differieren die Formen: from (bis) und kunnen.

Bl. 28a. Spr. 320 = Agr. 304 mit folgenden Abweichungen: seele e. w. auff den rick setzen. Die Erklärung findet sich in weiterer Ausführung am Anfang und in der Mitte Agr's. Disz wort erkleret das vorige. — Niemand bedenckt aber, wie S. Paul schreibt, Es ist reychthumbs gnug, die Gottselickeyt, mit einem

321. Es ist besser arm mit ehren, denn reich mitt schanden.

322. Es ist besser gutlosz, denn ehrlosz.

Sanct Paul. schreibt, Es ist reichthumb gnug, die Gotseligkeyt, mit einem geringen genuegen.

323. Ich kan nit mehr, so wil ich doch sawer darzu sehen.

Das ist die eusserste zuflucht wenn wir abgestossen werden, vnd moegen nicht erlangen, das wir gern woelten.

324. Sawer sehen hilfft nit.

Sawer sehen hilfft als vil als es kan, das ist, nicht.

---

geringen genugen, Wir haben nichts mit vns ynn dise welt gebracht, on zweyffel wir werden auch nichts hynweg nemen, Wenn wir aber haben futter vnd mahl, vnd dasz wir vns bedecken, sollen wir vns genugen lassen, Denn die reych wollen werden, fallen ynn anfechtung vnd ynn den strick des Teuffels, vnd ynn vil vnnutze vnd schedliche begirden, welche die menschen verteuffen zum verderben vnnd schaden.

Spr. 321 gleichlautend mit Agr. 127. Indessen ist dieses Spr. ebenso wie 322 dem Commentar zu Agr. 304 entlehnt. An dem Ende von Spr. 304 fügt nämlich Agr. u. a. hinzu: Suche droben die worter, Mancher verdampt leib vnd seele vmb weib vnd kinder willen. Item, Es ist besser arm mit ehren, denn reych mit schanden. Es ist besser gutlosz denn ehrlosz.

Spr. 322, das Wander u. d. W. gutlos aus Agr. nicht belegt hat, entnahm Fr. dem eben erwähnten Schlusse des Commentars zu Spr. 304. Ebendaselbst an einer früheren Stelle der zur Erklärung verwandte Ausspruch des Apostel Paulus s. zu Spr. 321.

Spr. 323 = Agr. 311. Kan ich nicht mehr, so wil ich doch sawer darumb sehen. Fr. zieht treffend den ersten Nebensatz Agr's. durch eine Substantivbildung mit in den Hauptsatz. Agr. beginnt: Diss ist die eusserste not, dahyn wir fliehen, wenn etc. Weiter differieren die Formen: mugen, gerne und wolten.

Spr. 324 = Agr. 312 mit der Negation nicht, die bei Fr. ebenso wie in Spr. 323 in der Erklärung sich findet. Agr's. Er-

325. Kan ich nitt mehr, so wil ich mich doch also gegen ihm stellenn, das er sehenn soll das michs verdriesse.

So eim leydts geschehen ist, vnd sich nit weitter rechen kan.

326. Ich gewinne das kratzen hinder den ohren. (Bl. 28 b). *327. Ich gewinn das vffsetzen.*
328. Ich gewinn den rewen.

Wer nit gewinnen kan vff dem spil, vnd musz gleichwol vffsetzen, vnd wil sein selbs spotten, der sagt,

klärung beginnt: Was sawer sehen helffe, ist hie auszgedruckt, denn es hilfft nichts. Ueber die Fassung bei Fr. als vil als es kan vgl. Thl. II c. III B.

Spr. 325 abgesehn von der Negation nicht (Fr. nitt) gleichlautend mit Agr. 313. Fr. berücksichtigt in seiner Erklärung die Anfangsworte Agr's. Die ganze Erklärung lautet: Wem leydaz geschehen ist, vnd kan sich nicht rechen, der musz sich stellen wie er kan, dasz er ia sein mutlin kuele, es sey mit worten odder geberden, Auff dasz man sehe, wie weh es yhm thue, Es were aber vil ehrlicher er schwige still, vnd liesz sich nicht mercken, ia wer es thun kunde.

Spr. 326 = Agr. 330. Ich, du, er, gewint d. kr. etc.

Bl. 28 b. Spr. 327 = Agr. 328 mit der Form aufsetzen. Ebendaher die Erklärung, die Fr. gleich auf Spr. 326 und 328 mit erstreckt hat. Die vollständige Erklärung Agr's. lautet: Wer nicht gewinnen kan auff dem spiel vnd musz gleich wol ymmer auff setzen, vnd wil sein selbs spotten, der sagt, Ich gewinne auch, meyn ich, ia das auff setzen, Der dem spiel zusihet, sagt auch zu dem, der nichts gewinnet, Du gewinnest das zusetzen. Von den Schlussworten Fr's. das zusehen oder kratzen hinder den ohren bezieht sich der zweite Infinitiv natürlich auf 326 (Agr. 330); der erste aber auf Agr. 329 Ich gewinn das zusehen, das Fr. im Text nicht weiter berücksichtigt hat. Ueber den Doppelsinn des Zusehens s. die Erklärung Agr's. unter gewinnen 134 bei Wander.

Spr. 328 fehlt bei Agr. und ist auch bei Wander a. a. O. (s. v. gewinnen) nicht verzeichnet; diese Wendung demnach ein eigener Zusatz S. Francks.

ich gwinne das vffsetzen, das zu sehen oder kratzen hinder den ohren.

329. Ist doch ein wort keyn pfeil nit.
330. Lasz ihn reden was er wil, er hat darumb nit was er wil.

Dise wort braucht mann zur verachtung eines geschreysz oder gerüchtes, das vns felschlich vffgelegt würdt, redet dir einer zu nahendt, er hat dir darumb keyn loch odder wunden gehawenn oder gestochen, Recht findet sich selbs.

331. Hencke ehe das holtz vergehet.

Das sagt mann von den boesen kindern, vnd vntrewen leutten, Denn wen mann wirdig achtet des todts, vonn dem sagt mann, hencke ehe das holtz vergehet, das ist, hencke die weil mann bawm hat.

332. Ein diep ist nirgent besser denn am galgen.
333. Ein münch ist nirgent besser denn im kloster.

Am galgen hat mann frid vor den dieben, vnd der münch im kloster kan minder sein münchisch bubenstuck folnbringen, als ausz dem kloster.

Spr. 329 und 330 = Agr. 336 und 310; an beiden Stellen wie gewöhnlich die Form der Negation nicht. Die erste Hälfte der Erklärung aus Spr. 310, die zweite aus 336. Dort geruchtes und am Anfang: Darumb brauchet man dises wortts. Hier wörtliche Uebereinstimmung bis auf die Lautformen. Der proverbiale Zusatz Recht findet sich selbs ist Fr's. Eigenthum; vgl. Agr. 65, Wander unt. Recht 200.

Spr. 331 = Agr. 317. Henge weg ehe u. s. w. Die beiden Sätze der Erklärung bei Fr. in umgekehrter Ordnung. Der betreffende Abschnitt lautet im Zusammenhang: wen man wirdig achtet des todes, von dem sagt man, Henge weg, ehe das holtz vergehet, das ist, henge weg dieweil man bewme hat vnd holtz, daran man hencken mag, Man sagt es aber von bosen vngeradtenen kindern, vnd vntrewen leutten, die andere leutte beschedigen, vnd vor den man nicht sicher ist.

334. Es soll keyner fliegenn, die federn seien ihm denn gewachssen.

(Bl. 29 a. Sign. D 5). Zum fliegen gehoeren feddern, wer nun keyne feddern hat, soll sich fliegens nit vnderwinden, Es soll sich keyner des vnderstehenn, das er nit kan noch vermag.

335. Wer sagt es den leusen also baldt?

Wer vff dem spyl verlewert, oder sunst übel gehet, der kratzet sich hinder den ohren, soliches spottet mann, wer sagt es den leusen also bald, das du verlorn hast?

Spr. 332 und 333 = Agr. 318 und 319 mit der Form Munch. Für den Anfang der Erklärung s. die Schlussworte Agr's. zu Spr. 318: Darumb stehet vnser vorfaren vrteyl fest, Ein dieb ist nyrgent besser denn am galgen, da hat man friede vor yhm. Die weiteren Worte Fr's. sind ihm eigenthümlich. Nur in der Verbindung beider Sprichwörter ist ihm Agr. vorausgegangen, s. dessen vollständige Erklärung zu Spr. 319: Ich hab offt gehort, dasz man dise zwey zusammen gebraucht habe, Ein dieb ist nyrgent besser denn am galgen, vnd ein Munch ym kloster, villeicht dasz die erfarung gelernet habe, dasz ein Munch so ein schedlicher schandtgast sey, vnd mehr stele denn ein dieb wie ich sagen wil ym wortt, des Klosters heymlickeyt.

Spr. 334 = Agr. 327 mit der Verbalform sind. Die Erklärung Fr's. ist, abgesehen von dem Anfang, eine freie Reproduction der Worte Agr's. Der betreffende Abschnitt lautet: Zum fliegen gehoren feddern, wie wir an allen fliegenden thieren sehen, die federn vnd flugel haben, Denn durch die feddern werden sie hoch erhaben, Also sind das alles feddern, dadurch ein mensch furschub, hilff, vnd radt suchet vnd holet etwas anzufahen, Es ist aber ynn disem wortt einem yglichen, der was furhat, ein masz vnd zyl gestecket, dasz er ia nicht hoher wolle, denn seine feddern leiden mugen, Dasz niemand etwas anfahe das yhm zuhoch vnd zuschweer sey, odder das er nicht erlangen muge, vnd musse endtlich daruon abstehen mit schanden.

Bl. 29 a. Spr. 335 wörtlich = Agr. 331. Die Erklärung ist aus Agr's. Worten verkürzt herübergenommen, sachlich aber und treffend durch den Zusatz oder sunst übel gehet erweitert worden.

336. Ihr werdent michs wol wissen lassen wenn ich gewinnen soll.

Ein spey wort, wenn einer seine sach verspilt meynet.
337. Masz ist zu allen dingen gut.
338. Ein mal gehet hin, komme aber nit wider.
339. Alzuvil zureisset den sack.
340. Zuuil ist vngesundt.

Eins erkleret das ander, das masz in allenn dingen gehalten werden soll.

Die Erklärung Agr's. lautet vollständig: Also spottet man deren, die auff dem spiel verlieren, Sie klagen yhnen selbs, vnd kratzen sich ym kopffe, die andern spotten yhr zu yhrem schaden, vnd sagen, Wer hat es den leusen gesagt, dasz der verspielet hat, Denn wen die leuse beissen, der krawet sich, der aber verspielt hat, krawet sich aus vngeberde, da es yhn auch nicht iucket, vnd da yhn auch kein lausz beisset.

Spr. 336 = Agr. 332 mit der Form werdet. Agr's. in der Fassung abweichende, aber sachlich mit Fr. zusammenstimmende Erklärung ist gleichfalls in einen kurzen Satz zusammengedrängt worden: So spotten sich selbs, so nichts gewinnen.

Spr. 337, 338, 339, 340 vgl. oben 268, 269, 270. Nur Spr. 339 bringt also neues Material und ist entlehnt aus Agr. 341; dort der zweite Theil des Satzes k. a. zum andern mal nicht widder. Die Erklärung Fr's. ist von Agr. unabhängig. Die drei Sprichwörter aber, die Fr. an der früheren Stelle aus Agr. 37 ff. entlehnte, hat er hier dem Commentar zu Spr. 341 entnommen. Die Erklärung Agr's. beginnt nämlich: Disz ist ein warnung, denn allzuuil zurreysset den sack, Masz ist zu allen dingen gut, All zuuil ist vngesundt, wie droben gesagt ist, Ein mal musz hyngehen, aber zwyr ist zuuil. — Hieraus erklärt sich einmal, dass das Sprichwort Zuuil ist vnges. hier den Schluss macht, während es oben die Reihe einleitete. Ebenso ergiebt sich, warum Fr. 339 die Wendung Alzuuil zur. d. s. gewählt hat; Spr. 269 dagegen lautete wie Agr. 40 Zuuil zur. d. s, Die Wendung mit Allzuuiel ist demnach auch bei Wander u. d. W. nicht aus Agr. belegt worden. Ueber Spr. 340 vgl. noch die für den Sprachgebrauch S. Francks zu Spr. 268 gegebenen Nachweisungen.

341. *Es ist ein meyster stueck.*

Wenn etwas gethan würdt, das überausz wol grathen ist, vnd wenig leut koennen es nachthun, das nennet mann ein meyster stück, das niemant thun künne, er sei denn ein sonderlicher kunstreicher meyster.

342. *Es ist keyn wirt so arm, er kan einem gast ein malzeit geborgen.*

(Bl. 29 b). Wenn mann einem lang was zu gutt helt, so kumpt doch ein zeit es würdt jm bezalet, wie sich denn alweg boese dück vnd vntrew selbs straffen vnd bezalen.

343. *Du must lanng sehen bisz du mir etwas absiehest.*

Wenn jemant one gfehr etwas gesehen würt, so troestet er sich mit disem wort, es sei one seinen schaden, er habe gleich wol das er zuuor gehabt hab, es sei wol etwz gsehen worden, aber nichts abgesehen.

Spr. 341 = Agr. 405. Im Text und in der Erklärung meysterstucke. Die letztere, deren Anfang Fr. beibehalten hat, bietet weiter folgende formelle Differenzen: wirt, vberaus, geradten, leutte, kunnen, kunne und vor kunstr. noch das Adjectiv guter.

Spr. 342 = Agr. 337; der Schluss lautet hier: gaste ein m. brodt borgen. Für die Erklärung Fr's. vgl. die etwas weitere Ausführung Agr's. am Schlusse: ein wirtt, ob er wol borget dem gaste, so wil er doch endtlich bezalt seyn, Also, ob man einem was zu gut hellt, so kompt doch ein zeyt, es wirt yhm bezalet, wie sich denn alle wegen bose tücke vnd vntrew selbs straffen vnd bezalen, Vntrew schlecht doch yhren eygen herren.

Bl. 29 b. Spr. 343 = Agr. 357; statt etwas die Form was. Die Erklärung Fr's. findet sich bei Agr. am Schlusse mit folgenden Abweichungen: Ym fall dasz yemande, gefehr, wirt, trostet, wortte, on (an der ersten Stelle auch Agr. one, wie Fr. an beiden), denn er habe etc., gesehen.

344. Dauon wolt ich wol eim ein liedlin singen.

Das ist ich weysz warheyt darumb, ich habs erfaren.

345. Ein handtwerck hat einen guelden boden.

Als gemeyn das wort ist, also war ist es, denn wer ein gemeyn handtwerck kan, vnnd treibts mitt fleisz, den neret es, es sei so geringe als es woelle, denn Gott segnet eines jeglichen arbeyt.

346. Das woelle Gott nimmer mehr.

Wenn wir ein boesz geschrey hoeren, oder ein vnglück, das jemandt geschehen ist, ausz denen die wir lieb haben, vnd wir künnens also vnuerwarter sach nit glauben, so sagen wir, das woell Got nimmer mehr, ich hoff es sei nit ꝛc.

347. Ich hab den selbigenn eben als wol gekennet als du.

Das ist hoefflich einen lügen gestraffet.

Spr. 344 = Agr. 378. Ich wollt einem wol ein liedlin daruon singen. Für die Erklärung Fr's. vgl. die Anfangsworte bei Agr.: Ein liedlin singt man von einer that vnd geschichte, das ruchtbar vnd gewiss ist, vnd wer ein ding weyss, vnd betracht es wol, der kan vil daruon singen vnd sagen, dasz, ich wolt wol ein liedlin daruon singen, also vil sey, als, ich weyss warheyt drumb.

Spr. 345 = Agr. 406; dort das Adj. guldin; in späteren Ausgaben (z. B. 1548) dafür gulden. Die Erklärung Fr's. findet sich in den Anfangsworten Agr's. mit den abweichenden Formen gering und wolle. Agr's. Worte beginnen: Als gemeyn als diss wort ist, also u. s. w. Hinter wolle folgt noch: Es ist aber die vrsach dass vnser Herr Gott eines yglichen arbeyt segnet.

Spr. 346 = Agr. 597; die Verbalform wolle ohne Umlaut. Die Erklärung wörtlich bei Agr.; von lautlichen Differenzen finden sich der Reihe nach die Formen: boss, horen, vnglucke, kunnen es, vnuerwarnter sachen, nicht, wolle, nicht. Für Fr's. ꝛc. bietet Agr. noch folgende Wendungen: bohuote Gott dasz es ja nicht sey. Das ist das wehklagen vber das vnglucke vnser freunde odder

(Bl. 30 a). *348. Ist sie boesz so hilfft es nit, ist sie frumb, so thut mann ihr vnrecht.*

Mitt schlegen würdt niemandt frumb, darumb kan ein man ein boesz weib nit from machn, so thut mann auch der fromkeit vnrecht, wenn mann sie schlecht, denn sie verdienet es nit.

349. Ein man hat des kleyne ehre, wenn er ein weib schlecht.

Ein man soll mit vernunfft bei dem weib wonen, vnd nit bitter gegen jm sein, sagt die schrifft, wenn nun dem mann etwas mangelt am weib, soll er mit worten das weib straffen, schlagenn hilfft nit.

---

vnser selber. Hinter lieb haben führt ebenderselbe einige Beispiele an mit diesen Worten: als, Es ist vnser freunde einer erstochen worden, er hat sich selbs erhenckt oder ermordet, es ist yhm hausz vnd hofe abgebrennet, man zeygts vns an.

Spr. 347 = Agr. 401 mit der einfachen Form gekent. Agr's. Erklärung, die Fr. auf das Wesentliche beschränkt hat, lautet vollständig: Wenn man von einem etwas saget, da man ein beysorge hat, es sey nicht alles war, odder sonst etwas, so spricht man, Ich hab denselbigen eben so wol gekent, als du, das ist, Ich kenne yhn nicht, du auch nicht, vnd ist also einer, der etwas sagt, hoefelich lugen gestrafft.

Bl. 30 a. Spr. 348 = Agr. 412; ausser der Negation nicht die Adjectiva bosz und from. Dieselben drei Worte in der Erklärung, die aus den Schlussworten Agr's. herübergenommen ist; ausserdem differieren die Formen wirt und frumckeyt. Eigenthümlich sind Franck die zwischengeschobenen Worte darumb — — from machen.

Spr. 349 wörtlich = Agr. 413. Die Verweisung auf das Bibelwort ist Fr. eigenthümlich. Auch sonst berührt sich Fr's. Erklärung mit Agr's. Worten nur wenig. Ich hebe hier gerade die etwaige Uebereinstimmung durch den Druck hervor. Agr's. vollständige Erklärung lautet: Ein man sol nicht mit weibern zancken, vnd ym fall, dasz ein weib sich widder einen man leget, so sol yhr der man als ein vernunfftiger weichen, vnd wenn yhr zorn vber ist, sie mit

350. Die weiber fuerenn das schwerdt im mawl, drumb musz mann sie vff die scheyden schlagen.

Der heylig Apostel Peter lert, das die weiber sollen sanfft vnd stille sein, das ist, sie sollen das schwerdt im maul nit fueren, sie sollen in Gottes namen schweigen, thun sie es nicht, so muessen sie leiden das sie in des teuffels namen geschlagen werden.

351. Wenn ein man das weib ein mal schlecht, so schlecht ers mer.

Darumb soll sich das weib für dem erstenn streich huetten.

352. Es gibt genug weil einer lebet.

353. Es ist ein gut hantwerck, es lohnet aber uebel.

(Bl. 30 b). Von dingen die ein boesz ende nemen, als stelen, rauben, ꝛc. sagen wir es gibt einem bald

wortten darumb straffen, sonst wo er sich entrusten lesst, vnd schlecht mit feusten dareyn, so schlecht er seine schande, dass er sein manheyt nicht bass beweysen kan, denn an einem armen weibe.

Spr. 350 = Agr. 415; abweichend die Formen m a u l e, d a r u m b, a u f f. Für die Erklärung vgl. zunächst folgende Stelle bei Agr. am Anfang: Sanct Peter saget von zweyen tugenden, die den weibern wol anstehen, Die erste heysst Sanfftmut, Die ander Stille, vnd dise beyde ym geiste, denn das ist der schmuck des hertzen, welcher vor Gott prechtig ist. Weiter unten folgt dann ein von Fr. meist wörtlich hinübergenommener Abschnitt: Vnd ist ynn summa Sanct Peters lere dahyn gerichtet dasz die weiber etc. Von formellen Abweichungen kehren wieder: nicht ym maule, Gottis, mussen; vor des teuffels fehlt wohl durch blosse Auslassung in (ynn), es steht aber s. B. in der Ausg. 1548.

Spr. 351 wörtlich = Agr. 416. Die Erklärung Fr's. lehnt sich an eine von Agr. am Schluss angezogene Dichterstelle.

Huete dich vor seinem ersten streych, Er wirt dir nymmer mehr so weych, Als er dir was, ehe er das thett, Vnsicherheyt dich denn bestehtt, Man sihet es an für buben leben, Wenn frawen so nach streychen streben. Ym Spiegel der eheleutte.

genug, es ist ein guts handtwerck, es lohnet aber übel.

354. Er wardt so bleych wie aesche.

Wenn wir ausz dem zeychen erweisen woellen, das jemandt erschrocken sei, sagen wir, er wart so bleych vnder augen, wie ein aesche.

355. Weisz wie ein kreide. Graw wie ein taub. Schwartz wie pech. Es ist also rot wie ein rosz im meyen. Brawn wie ein kirsch. Gruen wie ein grasz. Rot wie ein goldt. Er wardt fewer rot vnder augen. Er wardt wie ein blut vnder augen. So blow wie ein blowes tuch. Er ist leberfarb. Schwartz wie die erde. Blow wie der himel. Gelb als wachs. Weisser denn schnee. (Bl. 31 a) *Schwartze wie ein rabe. Schwartze wie ein kole, kolschwartz. Schwertzer denn der kachelofen.*

Ein vergleichung etlicher ding mit anderm.

Spr. 352 und 353 = Agr. 439 und 438; mit den beiden Formen lebt und vbel. Für die Erklärung vgl. die kurzen Worte Agr's. zu Spr. 438: Also sagen wir schertzweyse von etwas, das ein bosz ende nimpt, als stelen, rauben, vnd der gleichen bose stuck vben. Ebenso gehört der Anfang von Spr. 439 hierher; des Zusammenhanges wegen mag die ganze Erklärung hier stehn. Disz ist dem vorigen gleich, Stelen gibt genug weil einer lebt, ergreyffet man yhn aber, so hat er leib vnd gut verloren, der leib kompt an den galgen, das gestolen gut fellet ynn das gerichte, Ein anderer man leszt doch sein gut hynder yhm seinen kindern, diser aber hat nur genug dieweil er lebt.

Bl. 30 b. Spr. 354 = Agr. 598. Er wirt so bleych wie ein asche, ascherfarb. Die Erklärung Fr's. ist aus den Schlussworten Agr's. entnommen; dort die Formen wollen und asche.

Spr. 355. In dieser Nummer hat Fr. mit jeder der 18 Zeilen ein eigenes Sprichwort Agr's. wiedergegeben, ohne die meist nur umschreibenden Erklärungen weiter zu berücksichtigen; seine Schlussworte Ein vergleichung etc. sind mit ihrer einfachen und tref-

356. Der trewe Eckart warnet iedermann.

Wenn jemandt einen andern vor schaden trewlich warnet, vnnd wir woellens nachrhuemen, so sagen wir, du thust wie der trewe Eckart, der warnet auch jedermann vor schaden.

357. Ein alter man, ein iungs weib, gwisse kinder.

Das ist, es werden gewiszlich fruecht darausz, oder ein alter man ein kindt vnd alter narr, Ein jung weib ein kindt vnd ein junge nerrinn.

---

fenden Kürze für Fr's. ganze Anschauungs- und Darstellungsweise bezeichnend. Die betreffenden Nummern Agricola's sind der Reihe nach 599, 618 (taube), 619, 608 (rose), 609, 611 (Grun), 613, 607, 615 (an beiden Stellen vnter), 617 (blaw an beiden Stellen; das Neutr. auch unflectiert), 616 (Ich sahe wol, yhr wurdet auch eins teyls leberfarb); Agr. beschränkt die Erzählung auf ein historisches Factum; ein von „Reutern" angefallener Bote aus Nordhausen habe nach überstandener Gefahr mit diesen Worten in Abrede genommen, dass er ängstlicher gewesen als seine Genossen; 600, 601 (wieder wie 617 blaw), 602 (Geel wie ein w.), 603, 604, 605 (an beiden Stellen Schwartz) und endlich wörtlich 606. Zur Veranschaulichung des Verfahrens von Agr. mag die kurze Erklärung zu dem letzten Gleichniss 606 dienen: Der kachelofen vnd die fewermawren odder camin kunnen nicht faszt weysz seyn, von wegen des rauchs, der dadurch auszgehet. — Ausserdem bemerken wir noch, dass Fr. aus diesem ganzen Abschnitt Agr's. 598—619 nur folgende drei Nummern überschlagen hat. Spr. 610 Es ist erdfalb. Spr. 612 Graw wie ein eysz, eyszgraw und 614 Es sihet dargegen wie messing (sc. wie es in der Erklärung heisst gegen golde).

Bl. 31a. Spr. 356 = Agr. 667. Du bist der trew Eckhart, du warnest yederman. Die Erklärung Fr's. ist aus den Schlussworten Agr's. entnommen; dort die Wortstellung trewlich vor schaden warnet; ausserdem die Formen wollens und nachrhumen. Am Anfang seiner Erklärung berichtet Agr. eingehend von der Sage des treuen Eckhart und vom Tannhäuser.

Spr. 357 = Agr. 672; dort die Formen iunges und gewisse. Die Doppelbedeutung des Sprichworts hat Fr. durch seine Kürze fast

358. Sie hat ihn lieb, ja vff der seitten da die taesch hanget.

Taesch mein lieber man, gelt du bist mir lieb.

Der vntrewenn weiber art ist, das gelt mehr denn den man zulieben.

359. Ein weib schmueckt sich von natur gern.

Heuam betrug der hoffart auch erstlich.

360. Ich wil es nun forthin den iungen befelhen.

So sich einer abnemens stercke vnd vermoeglicheyt entpfindet, soll er dran sein, das soliches von den jungen erstattet werde.

---

verdunkelt. Der betreffende Abschnitt lautet bei Agr.: Hie ist ein amphibologia, erstlich schlecht wie die wortt lautten, Ein alter man, ein iungs weib, gewisse kinder, das ist, es werden gewiszlich fruchte daraus, Zum andern Ein alter man ist ein kindt, vnd gehet ynn die kindtheyt, Ein iunges weib ist ein nerrin vnd auch ein kindt, darumb ist es war, Ein alter man, ein iunges weib, zwey gewisse kinder, Ein alter narr, ein iunge nerryn.

Spr. 358 = Agr. 675 mit den abweichenden Formen auff und tasche. Das zweite Sprichwort Taesch mein lieber man etc. ist von Agr. unabhängig. Die Erklärung Fr's. trifft ebenfalls mit Agr. mehr sachlich als sprachlich zusammen vgl. den betreffenden Abschnitt bei Agr.: Die weiber, welche an allen mennern hangen, geben gute wortt, auff dasz sie den geniesz herausz zwacken, drumb spottet man der alten leutte billich, wenn sie meynen, die weiber haben sie lieb, Sie hat yhn lieb, ia auf einer seytten da die tasche hengt, das ist, Sie hat yhn nicht lieb, sonder das gelt.

Spr. 359 = Agr. 676; die Verbalform ohne Umlaut schmucket. Das biblische Beispiel seiner Erklärung ist Fr. eigenthümlich. Agr's. Erklärung beginnt: Man will sagen, vnd wenn man ein weib mit schmuck, mit sylber vnd golde bedeckte, dasz sie sincken muste, so trüge sie sich ehe zu todt, ehe sie es ablegte, solche lust sollen die weiber zum schmucke haben, ich weysz aber nicht ob es war ist, wiewol ich nicht gar daran zweyffel.

Spr. 360 wörtlich = Agr. 678. Die Erklärung Fr's. ist formell unabhängig. Agr. sagt a. a. O.: Den alten soll man die arbeyt des

361. Wer wil haben ein reynes hausz,
  Der lasz pfaffen muench vnd tauben drausz.
(Bl. 31 b) *Alte Affenn, iunge pfaffen, vngezimpte bern,*
  soll niemandt zu hausz begeren.

Solch vngezifer ist alles vnlusts, vnreynigkeit vnd wusts genaturt.

---

leibs benemen, sie sollen aber mit guten anschlegen vnd weisem radte der iungen leutte arbeyt vnd muhe fordern vnd anschaffen, Darumb pflegen die alten, die nun kinder haben, zusagen, Ich kan nicht mehr schaffen vnd arbeyten, ich will es gut lassen seyn, ich wills nun forthyn den iungen befolhen, die haben mehr stercke denn ich.

Spr. 361 = Agr. 320 mit der abweichenden Form Munch. Das zweite Sprichwort und Fr's. Erklärung finden sich bei Agr. nicht. Letzterer handelt am Schluss von dem Unrath der Tauben, im Eingang aber seiner Erklärung von der Unzucht und „Sodomey" der Pfaffen und Mönche und verheisst „mehr dauon ynn des klosters heymlickeit." In der Vereinigung der beiden Sprichwörter hat Fr. sich muthmasslich an Bebel angeschlossen, der in seinem Proverbia Germanica in latinum traducta folgenden Satz bietet: Si vis domum tuam puram et inmaculatam habere, caveas a columbis et sacerdotibus; dicitur item non recipiendos in domum juniorem sacerdotem, vetulas simias et feras, inmansuetasque ursas. So finden sich mit noch andern Sprüchen vereinigt dieselben beiden Spottworte in seiner grösseren Sammlung in dem Abschnitt Sprichwörter Henrici Bebelii I 79 a: Wer sein hausz wil habenn sauber, huet sich vor pfaffen vnd tauben. — Moench vnd pfaffen. Geysz vnd alt affen, Hurn vnd buben vnd filtzleusz, Fliehen floehe vnd fledermeusz. Wo die nemen überhandt, Verderben sie ein gantzs land. — Alt affen, Jung pfaffen, vngezempte bern, Sol niemandt in sein hausz begern. — Was ein wolff odder ein pfaff anwendt, das lasst nit nach, vnd thut selten gut. Die abweichende Fassung des ersten Sprichworts kehrt eben so in Francks Weltbuch 1534 Bl. 45 a wieder; ein Abschnitt, in dem derbe Sprichwörter über die Geistlichkeit zusammengestellt sind, Worte, mit denen nach Franck der Volksmund rechte und falsche Geistliche in gleicher Weise treffe. Das Citat bei Wander unter Haus 503 ist

362. Mit boesem musz mann boeses vertreiben.

Derhalb hat mann galgen vnd reder, hencket vnd stoecket, dann mit boesen hunden musz mann die boesen woelffe vertreiben.

363. Es wuerdt ihm mit der zeit wol vergeen.

Disz wort begreiffet die enderunng am wandel, leben, kranckheiten, vnmut, jugent, menschen vnd thieren.

364. Ie elter, ie kerger.

Das ist der alten plag, das sie je lenger je kerger werden, vnnd wenn sie vom gut sollen, erst das gut am liebsten haben.

---

hiernach zu berichtigen; unter Affe 14 fehlt die Nachweisung aus Seb. Franck.

Spr. 362 = Agr. 335; die Formen des Adj. wie gewöhnlich ohne Umlaut bosem und boses. Für die Erklärung vgl. folgende zwei Abschnitte aus Agr.: Bose buben beschedigen alle wellt, darumb musz man reder haben, galgen, rabensteine, thurn, gefenguisz, hencker vnnd stockmeister, damit man den bosen buben were. — Der Wolff frisst gern die Schaffe, darumb hat der hirt hunde die es weren, vnd dem bosem wolffe mit bosen hunden gesteuret werde ꝛc. (sic). Ueberschlagen hat Fr., wovon Agr. ausgeht, den Grundsatz der Allopathie Contraria contrariis curantur und die als Beleg dafür u. a. mitgetheilten Krankheitsgeschichten. Gegen Schluss berührt Agr. das Aufsteigen und Vergehen gewaltiger weltlicher Reiche, vgl. darüber zu Spr. 427.

Spr. 363 = Agr. 669; abweichend die Formen wirt und vergehen. Die Erklärung Fr's. ist aus den Anfangsworten Agr's. entnommen: Disz wort ist weytleufftig, vnd begreyfft die endrung an wesen, wandel, leben, kranckheyten, iugent, menschen vnd thieren." Der characteristische Zusatz vnmut ist Fr. eigenthümlich.

Spr. 364 wörtlich = Agr. 671. Die Erklärung Agr's. hat Fr. mit veränderten Worten kurz wiedergegeben. Der betreffende Abschnitt bei Agr. lautet: Es ist ein schentliche plage, dasz die alten verlebten leutte, die des guts vnd diser welte nicht mehr gebrauchen

*365. **Es ist keyn doerfflin so kleyn, es würt des
iars einmal kirchweihe darinnen.***

Dis sprichwort ist gmacht von der Teutschen
fressen vnd sauffen. Odes es musz je einer überlang
vffs wenigst ein freud haben.

*366. **Es ist kein besser lust, denn essen, trincken,
weiben vmbsust.***

---

kunnen, denn aller erst geitzen vnd kargen sollen, so sie doch der
guetter nicht mehr bedurffen, Darumb ist disz wort ein beweisung
vnser aller schwacheyt, wie wir so gar nichts guts vermugen von vns
selbs, ich halt aber es sey die vrsach, dasz sie das am hochsten
lieben, das sie verlassen sollen. Dazu die Randangabe: Ad omnia
alia aetate sapimus rectius.

Spr. 365 = Agr. 342 mit den abweichenden Formen dorfflyn
und wirt. Für die Erklärung Fr's. vgl. den geschichtlich anziehenden Anfang bei Agr.: Frolich vnd guter ding seyn, wolleben, herlich
essen vnd trincken ist loblich, wenns seldten geschicht, wenn es aber
teglich geschicht, so ist es strefflich. Wir Deutschen halten Fasenacht,
Sanct Burckhard vnd S. Martin, Pfingsten vnd Ostern fur die zeytte
da man sol fur andern gezeytten ym iar frolich seyn, vnd schlemmen,
Burckhards abent vmb des newen mosts willen, S. Martin villeicht
vmb des newen weins willen, da brett man feyste gense, vnd frewet
sich alle wellt, Zu Ostern beckt man fladen, Ynn Pfingsten macht
man leuberhutten ynn Sachsen vnd Doringen, vnd man trinckt Pfingst-
bier wol acht tage, Ynn Sachsen hellt man auch Panthaleon mit
schincken, speck, knachwursten vnd knoblauch, Zu den kirchmeszen
odder kirchweyhen gehen die Deutschen, vier, funff dorffschafft zusammen, es geschicht aber des iars nur ein mal, darumb ist es loblich vnd ehrlich, syntemal die leutte darzu geschaffen sind, dasz sie
freundtlich vnd ehrlich vntereinander leben sollen. Dazu die Randangabe: Voluptates commendat rarior vsus, Semel in anno ridet
Apollo. Den Schluss, der in redseliger Weise ein bestimmtes Factum
aus dem unzüchtigen Leben der Pfarrer und ihrer Köchinnen des
Näheren — nicht ohne Humor — berichtet, hat Fr. seiner Gewohnheit nach unbeachtet gelassen.

Spr. 366 wird sonst nirgends nachgewiesen; es fehlt z. B. bei
Wander unter Lust, und bei Sanders ist die sinnliche (hier un-

367. Es ist keyn feiner leben vff erden, denn gewisse zinsz haben von seinem lehen, vnd huerlin darneben, vnd vnserm herr Got gedienet.

Was zum Teuffel gehoeret, das musz er zuuor hie wol mesten, Gibt jnenn auch hie allenn fall, (Bl. 32 a) vnd erhelts also in seinr geystlicheyt vnd gotsdienst, als erben seins himelreichs.

368. Wenn Nuerenberg mein were, so wolt ichs zu Bamberg verzeren.

---

züchtige) Bedeutung von weiben nur aus H. Sachs belegt. Ich halte dafür, dass Fr's. für rhythmische Sprüche empfänglicher und in gleicher Weise dazu aufgelegter Sinn durch das folgende Sprichwort zu diesem Impromptu ist veranlasst worden.

Spr. 367 = Agr. 344. Folgende drei Formen differieren keine f. l., auff, ein hurlin. Die Erklärung Agr's. theilen wir aus historischem Interesse vollständig mit; die Stellen, an denen Fr. sich seiner Vorlage flüchtig nähert, sind zugleich im Druck hervorgehoben. Man hat vor langst gesagt, Der Antichrist, wenn er keme, wurde schetz strewen, ich meyn yhe, er habs gethan, Denn was nur ynn der wellte ist gewesen von gut vnd gelde, das ist alles zu Stifften, Kirchen vnd Klausen gegeben worden, wiewol nicht der meinung, wie sie itzt sind, Zu dem, so haben die Kloster vnd Stiffte genistet an den besten ortten, dasz es war seyn wurde, wie Hiob sagt vom Behemoth, Cibus eius electus, Die besten ingenia vnd scharff synnigen kopffe sind eyttel Pfaffen vnnd Munchen worden, Denn der Sathan friszet eytel schleck biszigen, die besten seelen, vnd dieweil yhre seelen sein seyen, die er mit einem falschen won der heilickeyt verfueret vnd verschlunden hat, so musz er sie allhie zuuor mesten, vnd yhnen geben die besten guetter auff erden, vnd dasz sie leben ynn allem wollust, gefellet yhnen eine hur nicht, so nemen sie ein andere. Was kunde auff erden fur besser leben seyn? denn gewisse zinsz haben, ein hurlin darneben, vnd dienem vnserm Herrgott.

Bl. 32 a. Spr. 368 = Agr. 345 mit der Namensform Nurmberg. Die beiden weiteren Zusätze hat Fr. den Schlussworten Agr's. entnommen. Am Reyn sagt man, Wenn Franckfortt mein u. s. w. Ynn Meyssen sagt man, Wenn Leyptzig u. s. w. — Agr's. Erklärung geht davon aus, dass Klöster und Stiffte, wie

Wenn Franckfurt mein were, so wolt ichs zu Mentz verzeren.

Wenn Leyptzig mein were, so wolt ichs zu Freyburg verzeren ꝛc.

Dise woerter würt etwa ein gutter fauler schlemmer erfunden haben, dem vileicht ein statt basz dann die ander gfallen hat, als da er seines lebens vnd handels bessern fug vnd statt habe.

Universitäten und hohe Schulen deshalb errichtet seien, damit der Wille der Jugend gebrochen würde „dieweil sie thun mussen, das sie nicht gern thun, auff stehen wenn sie gern schlieffen, schlaffen, wenn sie gern wachten, zu Chor gehen, wenn sie gern spatziren giengen, vnd folgen, wie man sie fueret, Denn solche leutte werden gute Regenten geben, syntemal sie feyn gebrochen, vnd nicht eygen synnig odder eygen nutzig weren". Der Wille der Stifter, der „frommen Keyser" sei aber vereitelt worden, und nun folgt eine auf das vorhergehende Sprichwort zurückdeutende Schilderung des Lotterlebens, wie es u. a. auch zu Bamberg, da „ein lustiger ortt, frisch volck vnd ein gutter lufft were" entstanden sei. Wir theilen den Abschnitt seiner historischen Wichtigkeit wegen völlig mit; Fr's. züchtiger Sinn, dessen Worte sich offensichtlich gerade an diese Partie anschliessen, hat auch hier das Anstössige mehr andeuten als ausführen wollen. — so ist es geraten zu hurheusern, vnd mastschwein stellen, da eyttel vngelerte Deutsche herren seyen, die nicht vil Latin kunnen, so sie doch gelert seyn solten, vnd andere leutte leren, darumb ist es auch ein Gottis dienst, wie das nechste sprichwort lauttet, Ein lehen haben, ein hurlin darneben, vnd vnserm Herrgott dienen, Ja dem Teuffel mit seiner mutter. Disz sprichwort wirt ein guter schlucker erfunden haben, der beyder stedte art gewuszt hat, Zu Nurmberg ist etwan der handel vnnd der geldtgewin gross gewesen, von wegen der strasse von Venedig herausz, welche strasse Antwerp zum teyl gelegt hat, Zu Bamberg ist solcher geltgewin nicht gewesen, ist auch noch nicht, aber besser vnd neher ist alles zubekommen zu Bamberg, denn zu Nurmberg, So ist auch erlaubt, mit mehr sicherheyt hurerey vnd ehebruch offentlich zutreyben, dieweil ein Stifft da ist, die niemand gethar straffen, denn zu Nurmberg, Vnd ob schon etwas zu Nurmberg, wie ynn aller wellt geschicht, so ist es doch heymlicher

369. Wer nitt kinder hat, der weysz nit warumb er lebt.

Vff die kinder erben wir vnsern namen, guetter, vnd was wir hinder vns verlassen, wer aber nicht kinder hat, mit dem stirbt sein name vnnd gedechtnüs.

370. Grosse Herren gedencken lang.

Das braucht mann zum guten vnd zum boesen.

371. Es ist dahin geschribenn, das es keyn kue ableckt, noch keyn krae auszkratzet.

Das ist es würt wol bleiben zu ewigen zeiten.

372. Es wil nit hotten.

Wenn wir wz fürhaben, daran wir verzweiflen, sagen wir, es wil nit hotten, wir woeln ablassen.

---

vnd mit grosserer fahr, denn zu Bamberg, do man der offentlichen exempel des Stiffts halben vil hat, daraus der schlucker geschlossen, Er wolle zu Bamberg verzeren, was er zu Nuremberg erwerbe.

Spr. 369 = Agr. 333; die Negation im Haupt- und Nebensatz nicht. Die Erklärung Fr's. findet sich in den Schlussworten Agr's.; das erste und letzte Wort differieren. Auff (Fr. Vff), guetter (Fr. gedechtnüs).

Spr. 370 wörtlich = Agr. 338. Die Erklärung Fr's. steht bei Agr. in der Mitte. Diser brauch ist zum guten (Agr. hatte eben aus dem Buch der „Hester" die Erhebung des Mardocheus berichtet). Ym bosen brauchet mans auch.

Spr. 371 = Agr. 339 mit den Abweichungen Kwe, Kraw und auszkratzt. Fr. hat aus der kurzen sachlichen Erklärung Agr's. mit einem einzigen Satze sich begnügt. Agr. sagt a. a. O.: Was man ynn stedten Deutsches landes krefftig haben wil, vnd das niemand widerkommen mag, das lesst man inn des Radts buch verzeichnen, vnd wenn yemand das melden wil, sagt er, Es wirt da wol bleiben zu ewigen zeytten, kein Kwe wirds ablecken, kein Kraw wirds auszkratzen.

Spr. 372 = Agr. 620 mit der Form nicht und hossen. Ebenso in der Erklärung, deren Schluss Fr. beibehalten hat. Dieselbe lautet vollständig: Hossen heysst gleytten, weichen, fortgehen, Was nun nicht fort will, vnd da kein glucke bey ist, das kan nicht hossen, es

373. Alte lewt suchen ihre sterck in der kanttenn, weychen betten, vnd hinderm ofen.
(Bl. 32 b). Alte leut bedoerffen wol gutter wartung.

stehet vnd will nicht fort, Wenn wir was fur haben, daran wir verzweyffeln, sagen wir, Es will nicht hossen, wir wollen darvon ablassen. hotten ist auch sonst Fr. eigenthümlich. In seinen Paradoxen (Ulm, Varnier o. J.) Bl. 70 a No. 114 heisst es: Wann nun das boesz gewissen innen würt, das es an got zu ainem schelmen worden ist, vnnd got ain feindt verdenckt, die lieb ain hasz, so wil es vil hoffierens mit gott anfahen, das es sich wider zuflick, aber es wil nit hotten, das boesz gewissen, so vns taeglich fürreiszt, die verachtung des Hoehesten guts, verdampt vns, in vns selbs. Dazu die Randangabe: Das wissen gutes vnd boeses, macht vns nur flüchtig von gott. Ebenso Bl. 148 a: Des clagen sich auch die Apostel. Act. 13. Es wolt nindert mit jn in die vile vnd hauffen hotten, wie die Acta bezeügen.

Spr. 373 = Agr. 679. Alte leute sollen yhre stercke suchen ynn der kannen, ynn weichen betten, vnd hynder dem ofen. Vgl. ebendaselbst den Anfang der Erklärung: Alte leutte nemen ab an der naturlichen werme, werden alt, kalt vnd vngestalt, verdrossen zu allen dingen, darumb bedurffen sie wol guter warttung. Die Fassung Agr's. bietet Hildebrand in Grimm's Wörterbuch u. d. W. kanne mit einer Nachweisung aus dem späteren Schottel (17. Jahrh.). Gleichlautend mit ebendemselben (Agr.) nur statt kanne das Subst. kante ist die Egenolffsche Compilation Klugreden etc.; in der Ausg. 1548 Bl. 120 a Col. 2, ebenso J. Grutor Florilegium I. 4 (Wander unter Leute 61 irrthümlich Gruter I. 41). — Etwas abweichend die Fassung bei Tapp. 193 b, aber auch er hat wie Fr. vor ihm (1532), obgleich sonst wiederum nicht in völliger Uebereinstimmung, die Substantivform kante, die ich bei Tappius in meinem Agr. S. 208 nicht hätte beanstanden sollen. Für das Sprichwort selbst dürfen wir uns weiterer Nachweisungen bei Suringar getrösten zu dem von Erasmus verzeichneten Worte viri antiqui maxillae sunt baculus. — Wie aber kante dem Sprachgebrauch S. Francks eigenthümlich gewesen, darüber s. anziehende Nachweisungen bei Hildebrand s. v. Ich vergleiche noch Sprichw. 1541. II. 67 a verschwender, die eh ein vasz weins leereten, dann ein kandten fülten.

374. Lang zu hofe, lang zu helle.

Wer lang sündigt, der würdt lang gestrafft. Wer andern leuten hie gewalt thut, der musz in der hellen der gleichen leiden.

375. Es ist ein Fuerst wol also seltzam im himmel, als ein hirsch in eins armen mans kuechen.

376. Fuersten vnd Herren ist wilpret im himel.

Gott ist keyn anseher der personenn, darumb straffet er die missethat der Fürsten vnd Herrn auch.

Bl. 32 b. Spr. 374 = Agr. 262. Ebendaselbst die Erklärung mit den abweichenden Formen: sundigt, wirt (der fehlt bei Agr.), gestraffet, hinter hellen die Worte von andern gewalt l.

Spr. 375 = Agr. 263 mit den Abweichungen Furst, so seltz. (Fr. also s) eines und kuchen. Ueber die persönliche und seinem Gedächtniss nahe liegende Veranlassung des Sprichwortes macht Agr. in der Erklärung die nachfolgende Mittheilung. Wo sie (sc. Fursten vnd herren) yhr datum auff die pracht setzen, vnd der vnterthanen vergessen, vnd sie als hunde halten, so doch die herren auch selbs einen herren haben ym hymel, so ist disz sprichwort war, dasz auff eine zeyt Doctor Keyser zu Manszfeldt ynn beywesen viler Fursten vnd herren gebrauchet hat, Es ist ein Furst wol so seltzam ym hymel als ein hirssch ynn eines armen mannes kuchen.

Spr. 376 ist ein eigenthümlicher Zusatz S. Franck's; bei Wander s. v. Fürst 119 mit der Abweichung F. und H. sind seltsam W. im H. aus dem späteren Petri belegt; in der Anmerkung fügt W. hinzu, dasz auch Luther die Wendung biete und zwar in der einfachen Form Fürst Wildpret im Himmel; s. die Nachweisungen bei Heuseler l. l. — Ueber die Bedeutung oder metaphorische Anwendung von Wildpret vgl. weiter unten zu Spr. 643. — Die Erklärung ist in jedem Sinne Fr's. Eigenthum, vgl. Paradox. 82: Gott ist auch der Hayden Gott. Bl. 46 b: (Petrus) sampt andern Juden sehen vnd erfaren musszt, das gott kain anseher der person vnd voelcker ist, sonder wer vnder allen voelckern, wie er selbs spricht Act. 10, gotfoercht vnd recht thut, der ist Gott angenem; dieselbe Bezeichnung Gottes und dieselbe Verweisung auf die Apostelgeschichte gleichzeitig (1534) noch in der Vorrede zum Weltbuch Bl. 4 a und in Gott ainig gut Bl. 23 a; ebendaselbst (Par. 82) Bl. 47 a: damit die Haiden gott nit vngerecht, oder als ain anseher der Person verdaechten,

377. Hilfft es nit, so schadt es doch nit.
Was schat versuchen. Nichts soll vnuersucht. Wenn wir jemant in seiner kranckheyt troesten woellen, vnd bereden er soll etwas zur sterckung des leibs nemen, sagen wir, lieber nimsz zu dir, es ist dir on schaden, denn hilffet es nit, so schadt es auch nicht. Mann musz ein sach versuchen, es würdt sunst nichts drausz.

---

der zu seines volcks sünd, durch die finger sehe; ferner Parad. 86 Bl. 52a: So die gottlosen goetter der Haiden, anseher der person, nit selten wie Jupiter, den frummen drucken, vnd den bossen fürschieben, das alles in dem gott Israels, nit erfunden ward. 1. Samu. 4; und etwa noch Sprichw. 1541. I. 157a: Fromb leut seind nit parteiisch oder anseher der person. Drei andere Belege für Anseher aus S. Franck s. J. Grimm v. v.; in dem einen derselben aus dem Kriegbüchlein des Friedens auch der Zusatz Ans. der Person. Ueber die relative Häufigkeit solcher Wortbildungen endlich bei S. Franck s. Thl. II c. III B. — In dem Grimm'schen Wb. ist Spr. 375 und 376 u. d. W. Fürst aus der Egenolff'schen Sammlung von 1570 unter Agr's. Namen nachgewiesen, vgl. Thl. II c. II B. Das Lutherwbch. von Dietz berücksichtigt die Vergleichung bisher nicht; vielleicht später u. Wildpret.

Spr. 377 = Agr 361; die Negation im Vorder- und Nachsatz nicht; die Verbalform schadet. Die Erklärung Fr's. ist aus den Schlussworten Agr's. entnommen: Wenn wir ynn seiner kranckheyt yemand trosten wollen vnd bereden, er soll etwas zur lehnis vnd stercke zu sich nemen, sagen wir, lieber nimsz zu dir, es ist dir on schaden, Denn hilfft es nicht, so schadet es auch nicht, versuche es, syntemal es on schaden ist. — Anfang und Schluss der Erklärung ist demnach Fr's. Eigenthum. Agr. giebt in eingehender Weise in dem Eingang seiner Erklärung nach der Anleitung erfarner Aerzte Mittheilungen über den Unterschied von Medicina benedicta und Pharmacon. Des Letzteren dürfe man sich nur in grossen Nöthen bedienen. Daran schliesst sich folgende nicht bloss culturgeschichtlich oder in botanischer Hinsicht, sondern auch jetzt wohl noch praktisch werthvolle Erörterung. Disen vnterscheyd der Ertzneyen wissen die erfaren Ertzte wol, darumb thun sie gemach mit yhren patienten, vnd richten yhnen solche trencke vnd recept zu,

378. *Es mag leicht das da hilfft.*

Alle hülff batt, on zablen am galgen. Disz wort mag mann vff manche weisz brauchen, vnd sonderlich dahin, wer lust zu einem ding hat, dem mag mann leicht helffen, das er darzu kumpt. Keyn hülff soll auszgeschlagen werden.

379. *Wer lust zu tantzen hat, dem mag mann leicht pfeiffen.*

Wenn etwas geschicht von eim, darzu er lust (Bl. 33 a. Sign. ȝ) gehabt hat, vnd es habens jm leut gerahten, dennen mann die schult gibt, so entschül-

---

die yhnen nicht schaden, ym fall dasz sie nicht hulffen, Vnerfarne Ertzt geben quid pro quo, merdam pro Balsamo, darumb mussen sie einen eygenen vnd newen kirchoff haben, da sie die hyn begraben, die sie erwurgen.

Spr. 378 wörtlich = Agr. 362. Die erste Zeile mit einem neuen, bisher unverzeichneten Sprichworte hat Fr. selbstständig vorausgeschickt. Die weitere Erklärung ist, abgesehn von dem Schlusssatz, ein Auszug aus Agr's. Worten; nur dass Fr. den Anfang derselben in seiner züchtigen Sinnesart unberücksichtigt gelassen. Selbst Agr. hat in diesem Falle die Unnatur und Rohheit der Sache durch eine lateinische Umschreibung vor dem allgemeinen Verständniss verhüllen wollen. Seine vollständige Erklärung lautet: Hoc verbum, quia obscaenum est, religio est mihi Germanice dicere. Nam sonat de muliere admittente ad coitum puerum plus minus sex annorum, Wir brauchen es zum spott, als wenn man sagt, es habe etwas gehoffen, vnd sey doch gering gewesen, Ey es mag leicht dasz da hilfft, On spott wirt es auch also gebraucht, Wer ynn wassers noeten ist, dem mag leicht etwas helffen, Denn wo er ein strohalm ergreyfft, so ist yhm geholffen, ich geschweig ein holtz, odder etwas desgleichen, Item wer lust zu einem ding hat, dem mag man leicht helffen, dasz er darzu kommet.

Spr. 379 wörtlich = Agr. 363. Die Erklärung ist aus den Schlussworten Agr's. entnommen; ebendaher hat Fr. Spr. 380 mit der Erklärung entlehnt. Agr. sagt a. a. O.: Wenn etwas geschicht von einem, darzu er lust gehabt hat, vnd es habens yhm leutte

digt mann die lewt, vnnd spricht, wer lust zu eim ding hat, den hat mann leichtlich zu überreden, wer lust zu tantzen hat, dem mag mann leichtlich pfeiffen.

380. *Wenn der hundt nit lustig ist zu iagen, so reittet er vff dem ars.*

Das ist das widerspil des fürgehenden. Wer nit lust zu einem ding hat, der ist schwerlich zubereden. Lust bringt alles.

381. *Mir ist nit wie allen megden, die gern menner hetten.*

Mir ist nit taentzerlich.

Ich bin übel zu friden, ich bin nit guts muts, ich hab wedder lust oder freude.

---

geradten, denen man die schuld gibt, so entschuldigt man die leutte, vnd spricht, Wer lust zu einem dinge hat, den hat man leichtlich zu vberreden, Wer lust zu tantzen hat, dem mag man leicht pfeyffen, Sein widderspiel ist, Wenn der hund nicht lustig ist zu iagen, so reyttet er auff dem arsche, Wer nicht lust zu einem dinge hat, der ist schweerlich zubereden.

Bl. 33 a. Spr. 380 s. oben zu Spr. 379. Sonst bildet das Sprichwort mit den bezeichneten Abweichungen den Schluss der ersten 300 Sprichwörter Agr's.; nur lautet dort der Dativ arsch, nicht arsche. In naiver Weise bietet Agr. dazu in den Ausgg. von 1529 nach der Erklärung in eigener Sache folgende Schlussbemerkung: Hie wil ich stille halten, vnd wartten, bisz ich auch widder lustig werde zuiagen. Die drei Worte Lust bringt alles finden sich in Fr's. Vorlage nicht.

Bl. 381 = Agr. 363 und 364; die Negation in beiden Sprüchen nicht; ausserdem meyden. Die Erklärung berührt sich nur in den gesperrten Worten mit der Agr's. zu Spr. 365. Die letztere ist gleichwohl einer völligen Wiedergabe nicht unwerth. Junge meyde haben kein grossere freude denn wenn sie sollen menner nemen, darzu sie denn auch geschaffen sind, Wer nun weder freude noch lust hat zu etwas, dem ist nicht wie allen meyden, die gern menner hetten. Ein iunges meydlin ist hurttig, vnd lustig, vnuerdrossen zu allem dem, das sie erdencken mag, es sey ym schmuck odder andern

382. Ein gesunnder ist geschickt zu wandeln, Ein weiser zu handeln, ein sanfftmuetiger zu ueberkummen.

Dahyn ist das geredt, das ein jeder bei sich selbs finden soll, wozu er vonn natur neygung vnd lust hat, dem soll er folgen.

383. Ein vatter kan ehe zehen kinder erneren, denn zehen kinder einen vatter.

Darumb hat auch Got den kindern gebotten den eltern guts zuthun, vnd nit den eltern, denn sie thun es on das.

---

geberde, damit sie meynt, sie wolle yrgent einem guten gesellen gefallen, der yhr zu ehren begert.

Spr. 382 = Agr. 261 mit den Formen senfftmutiger und vberkommen. — Die Erklärung ist aus dem Anfang bei Agr. unverändert herübergenommen; voran gehn noch die Worte: Disz sprichwort stehet ym Buch der Exempel der alten weisen von anbegyn der welte. Es ist aber dahin geredet, dasz u. s. w.

Spr. 383 wörtlich = Agr. 321. Fr's. Erklärung giebt in kurzen Worten die Quintessenz der gemüthvollen Ausführung Agr's. wieder. Letzterer erörtert zunächst, im Anschluss an des Bibelwort „wachset und mehret euch", wie Gottes Güte mit „Kinder entpfahen, geberen, neeren vnd auffziehen" die Ehe wunderbarlich und reich gesegnet habe. Zu dem, so geuszt er ynn die natur ein solche gunst zu den kindern, dasz die eltern die kinder lieber haben, denn sich selbs, vnd wo sie nicht kinder hetten, wurden sie nicht also schaffen, sorgen vnd arbeyten, Die kinder aber wenn sie nun erwachsen sind, gehen mit yhrer liebe vntersich, nicht vbersich, daher es auch kompt, dasz die kinder die eltern nicht so lieb haben, als die eltern die kinder. — Weiter unten heisst es dann: Vnd eben darumb dasz es nicht geschicht, gebeut Gott den kindern, den eltern darff ers nicht gepieten, sie thun es sonst on gepot, Ehre vater vnd mutter, thue yhnen was sie dir gethan haben, Do du ein kind warest, sorgten sie fur dich, vnd neereten dich, trugen deinen gestanck vnd vnlust, darumb thue yhnen auch also, wenn sie nun vor alter widder zu kindern werden.

384. Es geschahe in einem augenblick.
Das ist es geschahe bald.

(Bl. 33 b). *385. Wer dienet, der dienet.*
Ein diener ist sein selbs nicht mechtig, sonder musz thun was sein herr wil.

386. Wer kan alzeit seiden spinnen?
Seiden ist weych vnnd zart, wer die spinnen soll, der musz sannft mitt vmbgeen, wer kan nun alzeit seiden spinnen? das ist, wer kan nun alweg so huebschlich mit allen dingen vmbgehen?

387. Er macht lang daran, es wuerdt gut werden.
Wenn ein meyster lang am werck machet, vnd helt andere lewt damit vff, so sagt mann schertzweise,

---

Spr. 384 = Agr. 442 mit der Verbalform geschach. Agr's. vollständige Erklärung lautet: Wir Deutschen haben der Hiperbolen vil, damit etwas bald vnd schnell geschicht, Ynn einem nu was es geschehen, ynn einem augenblick, Denn wir kunnen nichts behenders machen, denn einn aug auff vnd zuthun, Wir sagen auch, vnuerwarnter sachen, (s. zu Spr. 346) vberplotzlich, vnuersehens.

Bl. 33 b. Spr. 385 = Agr. 642. Wer da d. u. s. w. Die Erklärung Fr's. findet sich wörtlich bei Agr. um die Mitte; abweichend die Form herre.

Spr. 386 = Agr. 681; alle z. Die Erklärung Fr's. ist aus den Anfangsworten Agr's. entnommen. Hiemit entschuldiget man die, so vnter weilen yrren, odder mit wortten vnd wercken also gebaren, dasz es nicht fast loblich ist, Quis omnibus horis sapit? Bonus aliquando dormitat Homerus, Wer kan es alle zeyt so eben bedencken? Wer kann alle zeyt seyden spinnen? Seyden ist weich vnd zart, wer die spinnen soll, der musz hubschlich mit vmgehen, dasz ers nicht verderbe, vnd nichts vergesse, Also spinnet seyden, wer auff alle sein rede weiszlich acht hat, bedencket mit vernunfft, was er reden, thun vnd lassen soll, Herwiderumb wer sich nicht alle wege fursicht ynn reden vnd wircken, der spinnet nicht seyden, sonder grob sackgarn.

Spr. 387 = Agr. 658 mit den Formen machet und wirt. Fr. hat Agr's Erklärung vollständig herübergenommen mit Ausnahme der Einleitung: Disz stimmet mit dem vorigen (d. h. 656, nicht 657)

ich halte es werde gut werden, er machet je lang genug daran, soll es anderst helffen.

388. Nach dem er lang genug dran gemacht hat, so ist es nicht dester besser.

Also spotten wir deren, die langsam ettwas machen, vnd ist der mühe nit werdt.

389. Was einer kan, das kan er einen anderen auch leren vnd von sich sagen.

Keyn groessere kunst ist vff die erde nie kommen, denn einen andern zu leren, es gehoeret vil darzu.

390. Er weysz wedder wort noch weise darzu. Kan wedder gatzen noch eyer legen.

Das ist, er weysz nichts, er ist vntüchtig zu dem (Bl. 34 a. Sign. F 2) handel.

Gut ding will weil haben. In dem gemeinsamen Stoffe differieren die Formen werckmeister, an seinem w., leutte, auff, halt.

Spr. 388 = Agr. 659 mit den Abweichungen daran und nichts deste b.; genug fehlt bei Agr. Die Erklärung Fr's. findet sich bei Agr. am Anfang; dort die Formen muhe und nicht.

Spr. 389 = Agr. 379 mit der Form andern. Fr's. Erklärung schliesst sich an die Anfangsworte Agr's. Diese lauten vollständig: Kein grossere kunst ist nie auff erden kommen, denn einen andern leren, Denn es gehoret darzu, dasz er des, das er einen andern leren wil, fur sich selbs gewisz sey, erstlich, Fur das ander, so musz er auch sich kunnen fuegen zu dem, der es von yhm lernen soll, auff das ers wol fassen vnd begreyffen muge, zu welchen zweyen stucken grosse weiszheyt gehoret. Dazu die Randangabe: Signum scientis est posse docere, ein Satz, den Agr. in der weiteren Ausführung als einen Ausspruch des Aristoteles bezeichnet.

Spr. 390 wörtlich = Agr. 437. Eben daselbst im Anfang die Erklärung mit der Adjectivform vntuchtig. — Das zweite Sprichwort hat Fr. selbstständig hinzugefügt. Gerade dieser Ausspruch von gatzen und Eier legen scheint bei ihm in besonderer Gunst gestanden zu haben; s. zwei Abschnitte seiner grösseren Sammlung 1541 im Zusammenhang I 159 b: Reiche leut versuchen vnnd erfaren nicht, sonder woellen sie reden, so musz ein ander für sie thun, woellen

391. Wen Gott betreugt der ist wol betrogen.
Gott betreugt niemandt, es ist auch vnmüglich.

sie kriegen, so stellens andere an jr stat, leiden kein gfar, sonder gehn neben vmb hin in allen thaten, reden, noeten, damit geschichts das sie nicht geuebt erfaren, vnd weder gatzen noch eyer legen koenden, alleyn reiten muessen sie leren, weil das rosz (so keinn vnderscheid vnder dem herrn vnd knecht weiss) sie sonst vff den ars setzt vnd boden schmitzt; II 158 a: Summa setz die reichtumb vnd ongeniet jugent an wo vnd wie du wilt, so ist vnd bleibt sie ein naerrin, die weder reitten, reden, gatzen noch eyr legen kan. Allein der hunger vnd die sinnreich selig armut kans alles, redts alles, thuts alles. Gut macht mut, armut demut, die ist gut. Ueber die Bedeutung von gatzen bemerkt Tappius 211 b, es stimme überein mit dem niederd. kackelen, vgl. Sanders u. d. W. Gack Anm. Ebendaselbst verzeichnet S. das hier erwähnte Sprichwort aus Tappius 15 a (leg. 95 a, welches richtige Citat bei Wander u. gatzen); S. wie Wander haben weiter keinen Beleg aus dem 16. Jahrh. Franck ist zu seiner Anführung a. a. O. nicht durch Tappius bestimmt worden. Dieser vergleicht nämlich die hochd. Wendung von gatzen etc. und das westphälische he kan thütten noch blasen mit dem lat. neque natare neque literas novit. Dies Sprichwort aber hat Fr. im zweiten Theil seiner grösseren Sammlung, der sich an die niederd. Vorlagen von Eb. Tappius und Ant. Tunicius anschliesst, geradezu überschlagen. Bl. 80 b sind folgende vier lat. Sprichwörter mit deutschen Parallelen versehen worden: Dii bona laboribus vendunt; testa collisa testae; bis pueri senes; mitte in aquam; die beiden ersten stehen bei Tappius vor, die beiden andern nach jener Rüge der absoluten Dummheit neque natare etc.

Bl. 34 a. Spr. 391 wörtlich = Agr. 657. Fr's. Erklärung schliesst sich an die Anfangsworte Agr's.: Disz wort ist aus der that erwachsen, vnd schleusset das widderspiel, nemlich dasz Gott niemand betreugt. Im Verlauf seiner Erklärung bespricht Agr. den Gegensatz zwischen Augustin und Pelagius und verwirft ausdrücklich die Werkgerechtigkeit. So heisst es am Schluss: Darumb mussen alle werckheiligen ym tode verzagen vnd verdampt werden, da ein glaubheilig leben vnd frolich seyn wirt. Wenn ich mit dem todt ringe, vnd er will mich fressen, so wirt es nicht helffen, dasz ich vil gefastet, kirchen vnd klausen gestifftet habe, denn der todt wirt sagen, Kennestu mich

392. Die weiber treiben all ihren wandel mit raht des spiegels.

393. Der spiegel ist der weiber rahtgeber.

394. Es kans keyn weib lassen, wenn sie fuer einen spiegel uebergeet, sie musz ihn heszlich ansehenn.

Ein hübsche fraw, sihet einen spiegel hübsch an, Ein heszlichs weib sihet einen spiegel heszlich an, jedoch angborner art spieglen sie sich all gern.

---

nicht? weyssestu nicht, das ich ewig bin, vnd lasse mich mit keinem zeytlichen stillen? wie denn deine werck sind, Sage ich aber, Todt du hettest wol recht vber mich meiner sunde halben, aber ich glaub vnnd weysz, dasz Gott seinen son hat fur mich sterben lassen, auff den verlasse ich mich, der wirt mich vor dir wol schutzen, da kan der todt nymmer bleiben, er ist der person die Christus heyszt, gewitzigt, er kennet sie, vnd musz vor yhr weichen, Also betreuget Gott die yhm trawen vnd glauben, vnd sie sind recht wol betrogen, Die andern die yhnen selbs helffen wollen, betriegen sich vmb leib vnd seele.

Spr. 392, 393, 394 = Agr. 682 und 683. Das mittlere der drei Sprichwörter nämlich (393) findet sich nur indirect in Fr's. Vorlage; es ist nach der Erklärung von 682 gebildet. Dies Sprichwort selbst hat Fr. unverändert hinübergenommen; in 683 bietet Agr. folgende Varianten: vor einem sp. vbergehet. Von der Erklärung Fr's. finden sich die beiden ersten Sätze bei Agr. 683 mit den Formen hubsche, hubsch und heszlich (als Adject. und Adverb.); der letzte Satz jedoch etc. ist von Agr. unabhängig. — Für Spr. 393 vgl man aus der Erklärung zu Spr. 682: Ein weib hat kein grossere lust, denn schmucken, darumb haben sie einen radtgeben, der heysset der spiegel, der lernet sie die schleyer faltzen, das maul eynbeissen, vbersich vnd auff die seytten sehen, den hals regiren, lachen vnd schertzen, gehen vnd stehen, Consilio speculi, gerit omnia mulier. Ebenso am Anfang von 683: Also spottet man der weiber mit yhrem radtgeben dem spiegelglasz, Denn sie sind nicht alle hubsch, noch gleichwol wollen sie hubsch seyn, Ein hubsche u. s. w. s. ob. Ueber die Form radtgeb, für die Fr. an dieser Stelle rahtgeber bietet, vgl. die Ansführungen

395. Keyn stoltzer thier vff erden, denn ein pferd vnd ein weib.

Ein pferdt kan hoefflich brangen, vnnd weysz nicht vor stoltze wie es geen soll, oder den kopff tragen, also auch ein weib.

396. Wenn ein pferdt sein sterck wiste, so thete es keynem mann keyn gut.

Ein pferdt ist stercker denn ein mensch, darumb wenn es seine stercke wiste, so thete es keynem menschen gut.

397. Es ist roszarbeyt.

Die eim menschen zuuil, vnd zuhart ist, würt auch zum innerlichen gebraucht.

---

zu Thl. II c. III B. Auch S. Franck ist diese alterthümliche Form nicht fremd.

Spr. 395 = Agr. 684. Text wie Erklärung ist vollständig beibehalten; jedoch differieren die Formen: thiere, auff, pferde; (in der Erklärung auch Agr. pferd) hoflich, stoltz, gehen.

Spr. 396 = Agr. 685 mit den Formen pferde und manne. Für die Erklärung vgl. den Anfang Agr's.: Ein pferde ist ein starck thier, auch stercker denn ein ochse zu der arbeyt die sie beyde thun kunnen, als pflugen, eylend gehen, fueren vnd tragen. Es dienet zum friede vnd vnfriede, zum schimpff vnd ernst, zur lust vnd zur not. Ein mensche hat gar ein schlechte stercke gegen einem pferde, noch lesst sich ein pferd von einem menschen regiren vnd treyben, als von dem, dem es von Gott zu nutz vnd zum dienst geschaffen ist, mehr soll ein pferd nicht wissen, Wenn es aber mehr wuste, per impossibile, so wurde es seiner stercke gebrauchen, vnd dem menschen kein gut thun.

Spr. 397 wörtlich = Agr. 690. Agr's. vollständige Erklärung lautet: Ein pferd vnd ein maul thun grosse arbeyt, wie droben gesagt ist, darumb wenn man von grosser arbeyt sagt, die schier vber eines menschen krefite ist, so spricht man, es sey rosz arbeyt. Die Beziehung auf das Innerliche ist Fr. eigenthümlich.

398. Er ist zur rechten thuer eingangen.

(Bl. 34 b). Das ist er ist wilkum gewesen, mann hat ihn gern gehabt. Wer zur rechten thür in ein hausz geet, der sucht keyn vneer, wer aber zum fenster zum dache, odder zur hinderthür hinein steigt, der sucht vneer vnd ist ein diep, spricht Christus Joan. x.

399. Ich kam auch noch zu massen.
Ich kam zu rechter zeit.

Es ist mir gelungen, dann in zeit kommen thut vil zu allen sachen.

Spr. 398 = Agr. 350 mit der Form thur. Für die Erklärung Fr's. vgl. folgenden Abschnitt Agr's.: Das ist, Er ist wilkom gewesen, man hat yhn gern gehabt, er ist wol vnd schon entpfangen worden, es hat yhm gluckt, Wer zur rechten thur ynn ein hausz gehet, der suchet kein vnehre, sonder wil rechtschaffen handeln, Wer aber zum fenster, zum dache, oder zur hyndern thur hineyn steyget, der suchet vnehre, vnd ist ein dieb, Christus sagt ym Euangelio, wie er die thur sey ynn den schaffstall, dasz niemand zur rechten thur ynn die Christlichen gemeyne gehe, denn den er beruffe zupredigen, Die sich selbs beruffen, die sind morder vnd diebe, die suchen die milch vnd wollen, vnd nicht die schaff. Es erhellt daraus, dass Fr. unter theilweiser Abkürzung Agr's. Worte genau beibehalten, dass er dieselben aber auch wie sonst durch die bestimmte biblische Nachweisung bereichert hat.

Bl. 33 b. Spr. 399 = Agr. 352 und 351. In dem ersten Sprichwort hat Agr. die dritte Person: Der ist auch zu m. k. Erklärlich wird diese Abweichung, weil Agr. zu Spr. 352 den guten Gebrauch des Sprichworts erst gegen Ende berücksichtigt; vorher erzählt er, wie Jemand bei einem „groszen schlagen", zu dem er hinzugeeilt, eine Hand verloren habe. Dies ein Beleg für seine Anfangsworte: Wem etwas widderferet on sein zuthun vnd für gedencken, der kompt auch zumassen, nemlich, so andere leutte was anfahen, vnd vber yhnen auszgehet. — Fr. hat die ironische Anwendung des Wortes unberücksichtigt gelassen; so konnte er beide Sprichwörter im guten Sinne verstehen; vgl. mit seiner Erklärung folgenden Abschnitt aus Agr. 351: Denen es vbel gehet, vnd wil nyrgent mit yhnen hyn, wie sie es auch anfahen, die sagen, Sie seyen zu frwe, das ist,

400. Gelt ist gut war, sie gilt winter vnd sommer.

Es ist manche war, die gilt nur zu einer zeit im jar, aber gelt gilt an allen orten, vnd zu aller zeit.

401. Mann sagt vil in einem summer langen tage.

Den Sommer seindt die tage lang, darumb kan mann vil darinnen reden, vnd wo mann vil redet, da leugt mann seer, darumb braucht mann disz wort zur verachtung eines geschreyes.

402. Ein verzogen kindt.

Ein verzogen kindt ist, dem mann seines willens pflegt.

403. Es ist besser das kindt weyne denn ich.

Es ist besser kinder weynen denn alte leut.

Wenn das kindt seinen willenn wil haben, so straffet es der weise vatter, ob es schon darumb weynet, so ist

---

zu vnfeytten geboren. — Denen es aber wolgehet, vnd yhre sachen gehen fursich nach all yhrem wundsch, die sind zu rechter zeyt kommen.

Spr. 400 = Agr. 660; dort die Abweichung ein gute w. Agr's. vollständige Erklärung, die Fr. excerpiert hat, lautet: Es ist manche war, die gillt nur ym winter, als rauchwerck vnd beltzwerck, ym sommer achtet man sein nicht grosz, Aber geldt gillt an allen ortten, zu allen zeytten, vnd alle war wirt vmb geldt verkaufft vnd gekaufft.

Spr. 401 = Agr 359 mit der Form sommer l. t., in der Erklärung hat auch Fr. diese Form des Subst. beibehalten statt summer. Nachstehend Agr's. vollständige Erklärung, aus der Fr. das Wesentliche ausgezogen hat. Des sommers sind die tage lang, darumb kunnen vil rede yun einem tage geschehen, die ia so bald erlogen sind, als war, Wir gebrauchen dises wortts zur verachtung eines geschreyes, das auszkompt, vnd wirs nicht fur war halten, Ey man sagt vil ynn einem sommer langen tage, ich glaub es nicht.

Spr. 402 = Agr. 635. Eben daselbst findet sich am Anfang Fr's. Erklärung wörtlich wieder.

Spr. 403 = Agr. 636 und 651 mit der einzigen Abweichung leutte. Die Erklärung Fr's. ist aus der Mitte von Agr. 636 entnommen; dort differiert allein die Form strafft.

es besser, das kindt weyne inn der jugent, denn der vatter im alter.

(Bl. 35 a. Sign. F 3). *404. Ie lieber kindt ie groesser rutte.*

Salomon sagt, du solt nit ablassen einn jüngling zü züchtigen, wenn du jn schon mit einer rutten schlechst, so stirbt er darumb nitt, vnd wenn du jn schlagen wirst mit einer ruthen, so wirstu sein seel ausz der hellen reissen.

405. Ein ieglicher tag, hat sein eygen uebel.

Ein jede zeit bringt mit sich jr eygen übel, das ist, jre arbeyt.

406. Geret es nit ein mal, so geredt es das ander mal.

Ein baum falt nit von einem streych.

Bl. 35 a. Spr. 404 = Agr. 649; der Comparativ ohne Umlaut grosser. Die Erklärung hat Fr. wörtlich dem Anfange bei Agr. entlehnt; dort die Varianten: nicht (bis), einen, iungling zuzuchtigen und helle.

Spr. 405 = Agr. 655 mit den Formen yglicher und vbel. Agr's. Erklärung geht davon aus, dass Gott alle Creaturen vor dem Menschen erschaffen, auf dass der Mensch Gottes Vorsorge erkenne; er gehet dann des Näheren auf den Wechsel der Jahreszeiten ein, und deutet mit sinniger, wenn auch falscher Etymologie den Sommer als Sonherr, den Winter als wintherr (vgl. die Anführung in meinem Agr. S. 149). Hierauf folgt der in Fr's. Erklärung berücksichtigte Abschnitt, den wir vollständig wiederholen. Auff dasz nun der mensche stets vrsach habe zu schaffen vnd arbeytten, darzu er denn geschaffen ist, so leszt Gott ein zeyt der andern folgen, vnd ein yede zeyt bringt mit sich yhr vbel, das ist, yhre arbeyt, Ym Lentzen vnd herbste seet vnd pflueget man, ym sommer schneidet man eyn das gewachsen ist, vnd fueret es ynn die schewren, Ym winter hat man genug zuschaffen, dasz man es verzere vnd auffesse.

Spr. 406 und 407 = Agr. 637; die Negation nicht. Ebenso in der Erklärung, aus der Fr. zugleich Spr. 407 entlehnt hat. Gegen

407. Es ist alle tag iage tag, aber nit alle tay fahe tag.

Wenn ein ding einmal nit geraet, so musz mann darumb nit verzagen, gerett es ein mal nicht, so gerett es villeicht das ander mal.

408. Er ist ihm also aenlich, als were er ihm vsz der hawt geschnitten.

Das ist, er ist jm gar aehnlich.

---

den Schluss seiner Erklärung hat Fr. die Form nicht beibehalten. Der betreffende Abschnitt Agr's. lautet: Es ist alle tag iagtag, aber nicht alle tag fahe tag, vnd ym fall, dasz es ein mal nicht gerett, so musz man darumb nicht verzagen. Denn gerett es ein mal nicht, so gerett es villeicht ein (Fr. das) ander mal, Es kompt offt ein stundlin, das bringet das ander alles widerumb hereyn.

Für den unter Spr. 406 hinzugesetzten Spruch Ein baum felt etc., wofür Wander u. Baum 109 keinen Beleg aus dem 16. Jahrh. bietet, vgl. Franck 1541 II 68 a; Es felt kein baum von eim streych. Ebendaselbst weiter unten: Es ist alle tag jagtag, aber nit fahe tag. Mit Bezug auf diesen letzten Spruch, der bei Sanders und Grimm fehlt, bemerken wir noch, dass Wander u. d. W. Jagetag, I.' bei zahlreichen Belegen desselben doch die gelegentliche Anführung bei Agr. 637 übersehn hat. Nicht minder verdient es Erwähnung, dass Fr. l. l. von Tappius 44 b für diesen Spruch unabhängig ist. An jener Stelle vergleicht nämlich Tappius mit dem Jage- und Fahetag das lateinische arcus non semper feriet, quod minabitur. An der zweiten Stelle aber, an die Fr. sich anschliesst, Bl. 80 si crebro iacias, aliud alias ieceris bietet er drei deutsche Sprichwörter, die Franck beibehalten und mit einer mindestens vierfachen Vermehrung begleitet hat. Vom Jagetag aber ist hier bei Tappius weiter keine Rede. Auch das Lateinische ist an dieser Stelle von Franck modificiert worden, s. das Nähere Thl. II c. III A. und C.

Spr. 408 = Agr. 639; die Präposition bei Agr. aus. Die kurze Erklärung stimmt mit Agr. im Wesentlichen nur sachlich zusammen. Sachliche oder historische Gründe sind es auch ausschliesslich, die uns zur vollständigen Wiedergabe von Agr's. Worten bestimmen. Wo eins nach dem andern geformet ist, da ist eins dem andern

409. Eygener wille brindt in der helle.

Derhalben warnet Salomon die eltern, das sie den kindern jren willen nicht woellen lassen, sonder mitt der ruthen straffen, denn wo sie es thun, so werdenn sie den kindern jhre seelen ausz der hellen reissen, als spreche er, wo es nicht geschicht, so muessen die kinder mit jrem eygen willen in der helle brennen. (Bl. 35 b). *410. Wer sich mit worten nit ziehen lest, an dem helffen auch keyne schleg.*

Wo ein fein gemuedt ist, da kan mann mit worten gerathen, wo nit, so ist es alles verloren.

---

ahnlich, Vnd die maler, wenn sie ein kunststucke abstelen wollen so legen sie etwas drunder, stechen es mit naddeln ab, strewen roest dreyn, vnd machen ein gleichnisz darnach, Also ist es auch geredet vom gleichnisz, dasz wo es muglich were dasz man einem kunde ein gleichnisz aus der haut schneiden, so kunde es yhm doch nicht ahnlicher vnd gleicher seyn, denn der ist.

Spr. 409 wörtlich = Agr. 652. Auch die Erklärung Fr's. ist fast wörtlich aus Agr. entlehnt; folgende Formen differieren; hinter willen steht bei Agricola yhe nicht wollen l.; aus der helle; mussen und brinnen.

Bl. 35 b. Spr. 410 = Agr. 653 mit den Formen nicht und schlege. Für die Erklärung vgl. die Schlussworte Agr's.: Syntemal ein adeliche seele sich schemet, so kan man yhr mit wortten radten, wo nicht, so ist es alles verloren. Agr's. Erklärung erörtert am Eingang die Zweckmässigkeit oder Unzweckmässigkeit der körperlichen Züchtigung bei der Jugend. Chrysippus zumal hätte sich dagegen ausgesprochen (davon abweichend die Ueberlieferung bei Quinctilian I 3 14); Agr. persönlich hält die Beibehaltung dieses Verfahrens auf deutschem Boden für durchaus angemessen. Sein anziehendes Urtheil lautet: Dise lere mag war seyn bei frembden nationen, bey Griechen vnd Walhen, bey vns Deutschen hat sie yhe nicht stadt, wir Deutschen seyen ein wild, rwlosz volck, dabey ein grosse ferocia ist, der nicht zuworen ist, denn allein mit straffe, vnd die nicht klein sey.

411. Nahe schiessen hilffet nit, es gilt treffens.
Wer nit trifft, der gewinnet nit, wenn er schon nahe scheüszt.

412. Du felest der thuer.
Das ist, du erlangest es nit, du kumpst nicht darzu, Der thür felen, heyst keyn glück zu etwas haben.

413. Hinden ein hat keyn ehre.
Wer nitt zur rechten thür eingehet, der ist ein diep vnd ein moerder, spricht Christus. Jo. 10.

Spr. 411 = Agr. 371 mit den Formen nicht und treffen. Fr's. Erklärung trifft mehr sachlich als formell mit Agr. zusammen. Aus historischen Gründen wiederholen wir die vollständige Erklärung. Disz wort gehet die ritterspiel an, die ynn Deutschen landen mit dem armbrust vnd mit der buchsen geubt werden, Ein blat stecket man ynn den wahl, darynne ist ein schwartzer zirckel, wer ynn das blat scheuszt, hat getroffen, aber darumb nicht gewunnen, wer aber ynn das schwartze scheuszt, dem kan es nicht wol feelen, er gewinnet, Denn treffen gillt, Ein ander scheuszt nahe hynhey, aber es hilffet nicht, Denn nahe schiessen hilffet nicht. Wir brauchen disz sprichworts auch zu andern dingen, Nemlich, wo einer nach einem ding trachtet, vnd erlanget es nicht.

Spr. 412 = Agr. 372; dort das Subst. thure. Ebenso in der Erklärung, die Fr. den Anfangs- und Schlussworten Agr's. entnommen hat. Weiter differieren die Formen nicht, vnd kompst auch n. d., glucke.

Spr. 413 = Agr. 392. Ueber Fr's. Erklärung vgl. oben Spr. 398. Agr's. vollständige Erklärung lautet: Droben ym wortt, Er ist zur rechten thur eyngangen, hab ich gesagt, dasz, wer hynden eyngehet, der suchet vnehre, vnd schemet sich offentlich etwas zuhandeln, wie ym Euangelio stehet, Wer vbel thut, der schewet das liecht. Potest fortasse referri quoque ad praeposteram Venerem, quae bestias decet, non homines. Quo vicii genere infames sunt, nescio qui Florentini. — Die unsüchtige Andeutung der lateinischen Schlussworte hat Fr. grundsätzlich übergangen.

Spr. 414 = Agr. 422. Lucas schreibt nicht also. Den vorausgeschickten Satz Lucas schreibt nitt vil darvon hat Fr. unabhängig von Agr. hinzugefügt. Eine Parallele dazu bietet

414. Lucas schreibt nitt vil daruon, odder Lucas schreibt nit also.

Wenn mann jemandt sein wort wil verlegen, vnd hoeflichen verwerffen, so sagt mann Lucas schreibt nit vil daruon.

415. Er spart die warheyt.

Er redet die warheit nit gern, er leugt lieber.

416. Auff ein luegen gehoeret ein backenschlag.

Da mit würdt angezeygt, wie ernstlich mann bei der warheyt halten soll, also, das die lügenn von stunden an gestraffet werde.

Wander unter Lukas 3 und 4. Auch im Niederl findet sich im 16. und 17. Jahrh. nebeneinander: Lukas schrijft daar nit van und L. schrift [so] niet also. Het wert sich anders vijnden. Harrebomée III 285. Die letzte Anführung aber (Campen 1550 bl. 56) schliesst sich direct an Agr's. Vorlage an, ebenso wie auf deutschem Boden die Egenolff'schen Klugreden. Agr's. Erklärung, die zugleich ein specifisch theologisches Interesse hat, lautet vollständig: Hiedurch wirt angezeygt, dasz S. Lucas Euangelion, welchs Sanct Paul, der Heyden Apostel, sein Euangelion nennet, vnter den Deutschen etwan allein ist bekant gewesen, wie sich auch noch heutiges tages die Moschouiter S. Pauls glaubens rhumen, Droben ist gesagt ym wortt, Es ist kein Euangelion, (Agr. 367) dasz man allein schuldig sey nothalben zu glauben, was das Euangelion meldet, Also haben die Deutschen die schrifft Lucae yhres Euangelisten fesst gehalten, vnd für ein warheyt, Vnd wenn sie yemand haben wollen seine vort verlegen, vnd hoefelich verwerffen, haben sie gesagt, Lucas schribt nicht also, es wirt sich anders finden.

Spr. 415 = Agr. 423 Es spart der w., dort die kurze Erklärung. Das ist ein Periphrasis vnd beschneidung des hartten wortts, Er leugt, Er spart der warheyt, er redet sie nicht gern.

Spr. 416 = Agr. 424 mit den Formen lugen und gehort. Fr. hat seine Erklärung nach den Anfangsworten Agr's. gebildet. Diese lauten: Also ernstlich haben die Deutschen an der warheyt gehangen, dasz sie die lugen, wenn man sie hat liegen heyssen bald gerochen haben, vnd nicht gesoumet die selbige zustraffen,

417. Ist es fuchs oder hasz?
(Bl. 36 a. Sign. F 4). *418. Wie steen die geul?*
Ist die hur im stall?

Ist es ja oder neyn? So mann ein sach fragt, vnd doch nit jederman wissen soll was, dann der sein vorhin verstandt hat.

419. Es gieng zu gleich vff leib, gut vnd ehre.

Das sagt mann, von den übel gerathen kinderen, so alles vffbeutlen vnnd nichts übernaechtigs behalten.

Spr. 417 wörtlich = Agr. 353.

Bl. 36 a. Spr. 418 fehlt bei Agr. und wird ebenso auch bei Wander unter Gaul und Hure nicht verzeichnet. Gleichwohl hat sich Fr. wie für den Text, so für die Erklärung an Agr's. Worte 353 angeschlossen. Seine Andeutung des von Agr. mit ruhiger Klarheit erzählten unzüchtigen Factums ist ohne Vergleichung des Originals etwas unverständlich. Agr's vollständige Erklärung lautet: Hiemit fragt man gewisse vnterschied eins dings vom andern, Was ist es, Ist es Fuchsz oder Hasz? das ist, Wie weyt ist eins vom andern? Darnach antworttet man darauff, Es ist widder Fuchsz noch Hase, das ist es ist nichts, es ist der keines. Man sagt von einem Eddelman, der hab sich grosz bulens auszgethon, Nun sey er ein mal bey hubschen frawen vnd iunckfrawen gesessen, zuuor aber hab er seinem knechte befolhen, er solt yhm ein vnzuchtig weib bestellen, vnd ynn den stall fueren, mit der losung, wenn er yhn fragen wurde, Ob es Fuchsz odder Hasz were, solt er antwortten, wo sie verhanden were, Hasz, wo nicht, Fuchsz, Der knecht richtet seinen befelch aus, Vnd da yhn sein Juncker fragte am tisch, Ist es Fuchsz odder hasz? sagt der knecht, Juncker ich weysz nicht ob es Fuchsz odder Hasz ist, die hur ist ym stalle. Der Juncker fragt, obs Fuchsz odder Has sey, Der knecht antwortt, es sey weder Fuchs noch Hasz, sonder es sey ein anders, es sey den beiden vngleich.

Spr. 419 = Agr. 440; die Präposition auff. Fr's. Erklärung schliesst sich an die Anfangsworte Agr's. an. Das sagt man von den verruchten leutten, von den vbelgeradten kindern, die hyndurch bringen alles was yhnen yhre veter verlassen haben. Im weiteren Verlauf erzählt Agr. ohne Angabe des Namens von dem verschwenderischen Treiben eines reichen Erben aus Leipzig, dessen

420. Greiffet zu ihr solt geuatter werden.

Das ist erwachsen vsz der kinder Tauff, helffet mir es ist euch keyn schand, sonder stehet wol vnd ehrlich.

421. Gut ding wil weil haben.

Was bald würdt das vergehet auch bald, so aber zu einem ding vil weil genommen, vnd doch nit vast wol gemacht, belachet mans hiemit.

Vater sehr sparsam gewesen; den Sohn hätte ein zeitiger Tod vor schlimmerem Unglück behütet.

Spr. 420 wörtlich = Agr. 641. Fr's. Erklärung ist unabhängig von Agr. Aus sprachlichen und sachlichen Gründen heben wir aus den Worten des Letzteren den Anfang und die Mitte heraus. Die das kind zur tauffe tragen, die heyssen wir Deutschen Jaueter, das ist, die geistlich veter sind des kindes, gleich wie der ander vater naturlich vnd leiplich des kinds vater ist, Die Jaueter sind da, vnd geloben wenn sie zugreyffen vnd rueren des kindes fleisch, dasz disz kindt zum tode getaufft werde, vnd es soll, wo es Gottis ehre foddert, das leben vmb Christus willen lassen, Ym falle auch, dasz dem kinde sein eltern stürben, so sollen vnd wollen die Jaueter das kinde den Catechismum, den glauben, das Vater vnser vnd die zehen gepot lernen. — Die hoch Deutschen heyssen den Javater ein todt, zum zeichen, dasz, der das kind aus der tauffe hebet, ein zeuge sey des, dasz das kindt vmb Christus willen sterben soll, auch dasz des kindes fleisch itzt alszbald anhebe zusterben vnnd getodtet zu werden mit allen seinen lusten, Ynn vnsern landen heyssen es Paten, freylich von dem Latinischen wort patrini, patrinen.

Spr. 421 = Agr. 656. Für den guten Gebrauch des uAsspruchs knüpft auch Agr. an das Wort an: Was bald wirt, vergehet auch bald; er führt als Belege des Gegentheils u. a. die Entwicklung der Eiche, des Elephanten, des Löwen, des Bären und des Menschen selber an, der doch „aller ding herre". Ueber die ironische Verwendung des Ausspruchs heiszt es: Wir brauchen dises wortts zum spott, als wenn ein meister etwas zurichtet, vnd verzeucht lang damit, villeicht aus vergessenheyt odder faulckeyt, vnd kunde es wol ehe fertigen, so sagen wir zu denen die vns fragen, wie es komme, dasz es nicht fort gehe? Ey lieber, gut ding will weil haben.

422. Es hilffet was es kan.

Das ist nichts. Kündt es basz es thet basz, Es hilfft nichts herzu.

423. Mann darff den Teuffel nicht ueber die thuer malen.

Der Teuffel ist sunst nahe gnug bei vns, mann darff ju nit erst nahe malen.

424. Es ist keyner also starck oder boese, er findet (Bl. 36 b) einen sterckern vnd boesern.

425. Hans ist auch boese.

426. Ein ander hat auch fuenff finger an der hant.

427. Ihensidt des bergs seindt auch leutte.

Es ist nichts vff erden also starck hoch vnd gewaltig, boese vnnd zornig, es kumpt eins das ist darüber,

---

Spr. 422 = Agr 360 mit der Form hilfft; in der Erklärung, die wir vollständig mittheilen, nebeneinander hilfft und hilffet. Disz ist ein verachtung eines radts, den vns ein ander gibt, Es hilfft was es kan, das ist, Es hilffet nichts. Für die Wendung: Kündt es basz es thet basz vgl. S. Franck's Sprichw. 1541. I 156 b: Das kriegrecht ist, wer basz mag, der thut basz, vnd scheubt den andern in sack; ebenso II 12 b: wer — — basz, stoeszt den andern in sack vnd ist der andern aller herr vnd imperator.

Spr. 423 in Text und Erklärung unabhängig von Agr.; heute gewöhnlich „den Teufel an die Wand malen". Aber auch bei Luther: den Teufel über die Thür malen und zu Gevatter bitten s. Sanders Wb. u. malen II 217 No. 3 a; ib. u. Teufel III 1298 1 k.

Spr. 424 = Agr. 185. Die Worte oder boese, vnd boesern hat Fr. hinzugefügt.

Bl. 36 b. Spr. 425, 426 und 427 hat Fr. unabhängig von Agr. an Spr. 424 angeschlossen; die beiden ersten hat auch Wander nicht verzeichnet; für Spr. 427 bietet er unter Berg 50 als ältesten Beleg Tappius 11 b: Auf jenseit dem berg findet man auch leüt. Dafür hat Fr. zu demselben lat. Sprichwort quaevis terra patria 1541 II 9 b, und unter Beibehaltung zweier anderer Sprichwörter des Tappius folgende Wendung substituiert: Jhenseit der bach findt man auch leut. — Für die Erklärung Fr's. vgl. man aus Agr. 185 den Anfang.

Das Keyserthumb zu Babel das war boese, aber die Perser waren noch boeser vnd zurissens. Das Keyserthumb der Perser war boese, aber Alexander war noch boeser, vnd frasz die Perser, Die Roemer warenn auch boese, aber die Scithen, Wenden, vnd Türcken waren noch boeser, Der Türck ist itz boese, aber wo die welt lenger steen würt, musz er auch eim boesern herhalten.
428. Greiff zu ehe dir die hend gebunden werden.

Das zugreiffen mag zweyerley weise verstanden werden, erstlich, das denen die zuuil greiffen, vnd ander lewtten das jre dieplich entpfrembden, die hende auff den ruckenn gebunden werden, auff das sie nimmer zugreiffen sollen, Zum andern, greiff zu, arbeyt, sei nit faul, sunst wirstu hangen muessen, vnnd dich binden lassen.

Hiemit wirt angezeyget, wie nichts auff erden so hoch seyn kan, es kompt ein hohers, nichts so starck, es kompt ein sterckers, nichts so gewaltig vnd mechtig, es kompt ein gewaltigers vnd mechtigers. Der Perser vnd Meder reich war etwan grosz vnd mechtig, Der Assyrier reich war grosz vnd mechtig, Darnach kam Konig Alexander von Macedonien, vnd zwang die Meder vnd Perser. Der Konig von Babylonien bezwang den Konig von Assyrien. Der grosse Philystiner Goliath war starck, aber Dauid war noch stercker. Carthago war mechtig, das Romische reich war mechtiger, vnd zurstoret Carthago. Die Gotthen vnd Wenden zurstoreten widerumb das Romische reich. Dazu stimmt Spr. 335 gegen den Schluss (s. oben zu 362). Der Konig von Assirien straffte Samarien vnd Galileam, Der Konig von Babylon straffet yhn widder, Die Romer rissen vnter sich mit gewalt alle Konigreich der erden, die Galli, Zenones vnd Gotten zurrissen sie widder, Der Turck zurreisst itzt vil land vnd leutte, schier kompt einer, der wirt yhn widder zuscheyttern, auff dasz es war sey, Bosz musz man mit bosem vertreiben.

Spr. 428 = Agr. 316; das Subst. hende. Die Erklärung ist unverändert aus den Schlussworten Agr's. entnommen mit folgenden Varianten: zuuil zugr., vnd andern l., dieblich, arbeyte, nicht, sonst und mussen.

429. Es ist vmb ein boese stunde zuthun.
Es ist bald gschehen es würt darnach besser.
430. Mann mummelt so lang von einem dinge, bisz das es auszbricht.

Es wardt noch nie so kleyn gespunnen, es kam an die sunnen, Es würdt mancher heymlich er- (Bl. 37 a. Sign. F 5) mordt, niemandt weysz von wem, noch mummelt mann von disem vnd jhenem, bisz so lang es auszbricht, vnd mann erferet den theter.

431. Er hat mit der haut bezalet.
Mit der haut bezalen, ist sterben, wer schuldig ist, der bezalet mit seim gut, wer aber stirbt, der gibt die haut hin, das mann darmit thu was mann wil.

Spr. 429 = Agr. 444; das Adject. böse. Fr's. Erklärung ist sachlich und formell von Agr. unabhängig. Letzterer bezieht das Wort ausschlieszlich auf den Tod und theilt u. a. mit, dasz „Sanct Anthonius" viele Märterer durch die Hinweisung auf die kurze vergängliche Pein im Glauben erhalten habe. „Die Landszknechte vnd kriegszgurgeln wagen es auch, vnd gedencken, es sey vmb ein bose stunde zuthun, Aber Herr Gott, die weil sie kein guts suchen, sonder anderer leutte schaden, so werden sie wenig guts finden, vnd ewiglich eine bose stunde haben, darynne sie versincken."

Spr. 430 = Agr. 459; abweichend der Dativ von eym d. und bisz es (Fr. bisz das es). Die Erklärung Fr's. ist wörtlich dem Schlusse Agr's. entlehnt; nur differieren die Formen: wirt und ermordet.

Bl. 37 a. Spr. 431 wörtlich = Agr. 468. Ebendaselbst im Anfange die Erklärung Fr's. wörtlich mit folgenden Abweichungen: bezalt mit seinem gute, damit thue. Hinter sterben hat Agr. noch folgenden Zusatz, den Fr. unberücksichtigt gelassen. Vnd wir Deutschen haben der figuren vil, damit wir sterben nennen, als, Er ist zum Fuchse worden, Er hat sich verkrochen, Er ist auff dem rucken zu kirchen gangen ꝛc. Wer schuldig u. s. w.

Spr. 432 = Agr. 487. Hettestu an eim beine das ich dir gewundscht habe, du wurdest nyrgent hyngehen. Die Erklärung ist ebenfalls wörtlich mit einer geringfügigen Abkürzung aus Agr.

432. Hettestu was ich dir gewuenschet hab, du wuerdest nirgent hin geen.

In eim zorn fluchen wir vnderweilen einem, das vns hernach leydt were, das dem selbigenn ein leydt widerfarenn solte, wenn aber der zorn hinüber ist, so sagen wirs jm mit den wortenn.

433. Was du fluchest, das bestehe deinen halsz.

Ich wil dir nicht vil fluchen, aber was du mir fluchest, das bestee deinn halsz, das ist, dich selbs.

434. Mit gedult ueberwindt mann vil.

Wer gedultig ist, der helt dem vnglück ausz, der ist allem vnglück zu starck, Christus sagt, In gedult solt jr ewer leben besitzen.

435. Gott helff euch.

436. Gott gesegens euch.

Es hilffet keyn arbeyt noch sorg, wo Gott nit hilfft, segnet vnd sorgt, Darumb wünschen wir auch

---

entlehnt; diser hat hinter widderfaren solte noch die Bemerkung: Denn primi motus non sunt in nostra potestate. An Varianten bemerken wir: einem z., vnterweilen, der z. vber (Fr. hinüber) ist.

Spr. 433 = Agr. 489. Was du mir fluchst, das bestehe dein halsz. Die Erklärung Fr's. findet sich in den Schlussworten Agr's. mit dem nachfolgenden Zusatz: Vnd ist poena talionis. In den Worten selbst differieren die Formen bestehe deinen halse. Es ergiebt sich also, dasz Agr. auch im Text dein halsz als Accusativ gefasst hat, wie Fr. in gleicher Weise im Text die volle Form deinen und in der Erläuterung daneben deinn bietet.

Spr. 434 = Agr. 533 mit der Verbalform vberwint. Die Erklärung ist mit einigen Lücken den Anfangsworten Agr's. entnommen. Der betreffende Abschnitt lautet: Wer gedultig ist, vnd hellt dem vnglucke aus, der ist allem vnglucke zustarck, Wer mit Gott handelt, dem wirt vil begegnen, das yhm zuwidder ist, darumb yhm auch geburen wil, Gott ausz zuwartten, Christus leret seine iunger, dasz sie ynn gedult sollen yhr leben besitzen.

andern leutten, Gott soll jn helffen, segnen ꝛc. on des hilff nichts bestehen mag.

437. Seindt mir Gott wilkommen.
(Bl. 37 b). Also entpfengt mann die gest.

Spr. 435 und 436 = Agr. 536 und 537 mit den Verbalformen helffe und gesegen. Die Erklärung Fr's. schliesst sich mit einigen Abweichungen an folgende Worte Agr's. zu Spr. 536. Heyden meynen, wenn sie vil arbeytten vnd sorgen, so geradte es wol, Christen aber sagen, es helffe kein arbeytten noch sorgen, wo Gott nicht hilfft vnd segnet, darumb wundschen sie auch anderen leutten, Gott soll yhnen helffen, an des hilffe nichts bestehen mag.

Spr. 437 = Agr. 540 Seyt mir ff. Der kurze Zusatz Fr's. schliesst sich an die letzten Worte Agr's. an. Wir theilen Agr's. Erklärung ihres gemüthreichen Inhalts wegen vollständig mit; seine Bemerkung am Anfang über den pluralis majestaticus bei Homer wissen wir freilich aus eigener offt wiederholter Lectüre und unserem literarischen Apparate nicht zu bestätigen. Agr. sagt also: Kein sprach aus den hauptsprachen, als Hebraisch, Griechisch vnd Latinisch, redet von einem als von vilen, wie wir Deutschen thun, wiewol die Griechen vnterweilen auch also geredet haben, wie man in Homero findet; Wenn ich schon mit meinem nachbaurn rede allein, so rede ich doch, Horet mir zu, ich bitte euch, gleich als were er nicht allein. Disz wort beweyset ein erbar vnd Christlich hertze, das vmb Gottis ehre willen sich also gering achtet, dasz es einen andern hoher helt denn sich, vnd wo yemand ynn sein hausz kompt, nicht anders gebaret, denn Gott sey selbs kommen, Ein Christ weysz, dasz durch den glauben ynn einem yglichen Christus wonet, wie schwach vnd gebrechlich auch sein leben sey, darumb musz er einen yglichen Christen vmb seines herren Christi willen anbetten vnd ehren, Denn ym fall dasz er ein schwacher sunder sey, so ist Christus doch gerecht vnd heilig, Darumb ist disz wort ein zeichen rechtschaffner liebe, die ym hertzen angehet, vnd brichet darnach heraus ynns werck, Gott gesegen euch leib vnd seele, ist ein rechts glauben wort, Seyt mir Gott willkommen, ist ein rechtes liebe wort. Man liset von den Ertzuettern, von Abraham vnd Loth, wie sie auff die pilgram gewarttet haben an den pfortten der stadt, vnd an yhrer behausung, vnd haben yhre geste nicht anders entfangen, denn als keme Gott selbs, Das wirt ynn Deudschen landen auch gebreuchlich gewesen

438. Gott gebe sein gnad darzu.

Wenn jemandts etwas anfengt, es sei so gut vnd heylig als es woelle, so sagen wir, Got gebe sein gnad darzu, als sprechen wir, on sein gnad würdt doch nichts drausz.

439. Gott spar euch gesundt.
440. Gott behuet euch, gott beware euch.
441. Gott gebe euch ein gutte nacht.
Einen froelichen morgen gebe vns gott.
Gott lasse euch heint wol rugen.

In disen worten sehen wir, was wir von Got sollen halten, also, das wir allen vnsern wandel Gott heym geben.

---

seyn, wie diser spruch meldet, Seyt mir Gott will kommen, Yhr seyt mir an Gottis stadt kommen. Vgl. auch meinen Agr. S. 177.

Bl 37 b. Spr. 438 = Agr. 541 mit der Form gnade. Die Erklärung Fr's. schliesst sich an eine Ausführung Agr's. in der Mitte an. Es hilfft nicht, recht haben vnd gute sachen, sonder man musz Gott darumb fragen, ob er es auch fur gut vnd recht erkenne, Darumb mussen wir ynn forcht sitzen vor Gott, auch ynn den allerbesten sachen, Vnd also werden die alten dises wortts gebraucht haben, dasz wenn yemand etwas hat angefangen, es sey so gut vnd heilig gewesen als es gewolt hat, sie gesagt haben, Gott gebe sein gnad darzu, als sprechen sie, On sein genade wirt doch nichts drausz.

Spr. 439, 440, 441 = Agr. 567, 546, 547 und 548. In 567 die Form spare; 546 behuete; 547 geb; ein frolichen m.; 548 rwen. Dahinter noch das schöne ergebungsvolle Wort Was Gott will. Die gemeinsame Erklärung Fr's. zu diesen Segenssprüchen schliesst sich an Agr's. Worte zu Spr. 546, die wir in unserm und der Leser Interesse vollständig wiederholen. Aus der teglichen rede vnser alteltern leszt sichs sehen, wie vil sie von Gott gehalten haben, also dasz sie allen yhren wandel Gott heym gegeben haben, Haben sie etwas angefangen, so soll Gott gnade geben, Haben sie yemand gewundscht einen grusz so soll sie Gott gruessen, Gott soll yhnen ein guten morgen, tage, abend vnd nacht

442. Gott helff mir nit, wo es nit also ist.

Also bestettigen wir mit einem eyde das, das wir sagen, nemlich, das vns Gott nitt helffenn soll, wo es nit also ist, wie wir gesagt haben.

443. Es ist also, oder gott toedte mich.

Also schweret Dauid, Herre mein Gott, hab ich solichs gethan, vnd ist vnrecht in meinen henden, habe ich boeses vergoltenn, denen die mich zu fride liessen, oder die mir on vrsach feindt warenn, beschedigt, so

geben, vnd ist das gruessen vnd abscheyden von eynander eytel Gott, Gott, Gott, Darumb wenn wir von leutten scheiden, so brauchen wir diser wortt, Gott behuet euch, Valete, Spar euch Gott gesundt, Gott beware euch, Gott sey mit euch, Gott gesegen euch, Gott soll es alles thun, der es auch allein macht hat. — Neben dieser Hindeutung auf alte deutsche Treue und gute Sitte ist es Agr's. Darstellung noch eigen, dass er hervorhebt, wie die Neuerungen der päpstlichen Kirche auch vordem in Deutschland unerhört gewesen. So bemerkt er u. a. zu Spr. 547 nach Mittheilung zweier theilweise noch heute bekannter und verbreiteter Kindergebete: „Ich will heynt schlaffen gehen, Zwelff Engel u. s. w. Hie sage ich abermals, dasz der Christen glaube etwan reyn vnd lautter gewesen ist ynn Deutschen landen, auch mehr denn itzt vnter dem Bapst vnd den Bischoffen, Hie befelhen sich vnsere eltern Christo vnnd Gott allein, des guete vnd gnade sie sich rhumen, nicht yhrer werck odder verdienste, Ja sie befelhen seiner gnade leib vnd seele, sie wissen auch von keinen heiligen zusagen, sondern allein von Gott, vnd seinem son Christo Jesu, s. die vollst. Erklärung in meinem Agr. 178.

Spr. 442 = Agr. 550; die Verbalform helffe; die Negation an beiden Stellen nicht. Die Erklärung Fr's. ist den Anfangsworten Agr's. entnommen; dort hinter helffen sol noch der Zusatz: welches hilffe wir doch nicht geradten wolten; in den gemeinsamen Worten differiert nur noch die Form der Negation; Fr. nit, Agr. nicht.

Spr. 443 = Agr. 551; das Verbum ohne Umlaut todte. Die Erklärung Fr's. hat Agr's. Ausführung z. Th. selbstst. wiedergegeben; von formellen Abweichungen erwähne ich der Reihe nach: solches, hab ich boses v., m. feinde, ergreyffe, mein ehre. An andern Stellen hat Fr. Luther's Uebersetzung des Psalmwortes (7, 5 u. 6), verfolge mein feindt meine seel, vnnd ergreiff sie, vnnd trette mein leben zu boden, vnd lege meine ehr in den staub.

444. *Gott kan niemandt liegen.*

Denn all ding seint offenbar vor Gottes augen.

(Bl. 38 a). **445. *Gott plage, gott straff mich, wo es nit so ist.***

Dasz ist rach bitten über seinen eygen halsz.

446. *Es kan nit alzeit gleich sein.*

Das ist ein trost wort im vnglück, wenn jemant ein vnradt geschieht, wolan, mann musz gedult haben, Es kan nit alzeit gleich sein.

447. *Wol vnd übel vndereinander, wie es kumpt.*

Das ist, wie droben gesagt, es kan nit allezeit gleich sein, wir seindt des glücks spil vogel.

---

die schon im Jahre 1524 erschienen war, zu Grunde gelegt. Bei Agr. heisst es an diesen Stellen: verg., die friede mit mit hetten, odder meine feinde on vrsach auszzogen — — — — vnnd zertrette ynn die erden mein leben. An der gesperrten Stelle giebt Agr. die Worte des hebräischen Originals nur undeutlich wieder; meine feinde soll natürlich Subject sein.

Spr. 444 wörtlich = Agr. 553. Eben daselbst in der Mitte der kurze erklärende Zusatz Fr's. in dieser Form: denn alle ding sind offenbar vor Gottis augen.

Bl. 38 a. Spr. 445 = Agr. 554 mit den Formen straffe m., w. es nicht also ist. Die Erklärung Fr's. ist aus den Anfangsworten Agr's. entnommen. Das ist rache bitten vber seinen eygenen halsz.

Spr. 446 = Agr. 460 mit den Formen nicht alle zeyt. Für seine Erklärung hat Fr. die Anfangsworte Agr's. zu Grunde gelegt und theilweise abgekürzt. Der betreffende Abschnitt lautet: Disz ist ein trostwort ym vnglucke, denn es ist ein zeyt zugewinnen vnd guts lebens, es ist auch ein zeyt des verlusts vnd vnfals, Darumb brauchen wir dises wortts, wenn yemand ein vnradt geschicht, wolan, man musz gedult haben, Es kan nicht alle zeyt gleich seyn.

448. Man musz die zeit nemen, wie sie kumpt.

Wir müssen gewartenn, was Gott mit vns macht, vnd die zeit nemen wie sie kumpt.

449. Mann musz die zeit des gluecks erwarten.

Die der vnfall troffen hat, die doch hoffnung haben, das glück werde wider kommen, troesten sich mit disem wort.

450. Darnach es kumpt.

Darnoch es eim gehet, darnoch ist einer froelich odder trawrig, das ist, darnoch es kumpt, kumpt ein glück, so frewet er sich, kumpt ein vnglück so betruebet er sich.

Spr. 447 = Agr. 461; vbel vntereynander. Auch Agr's. Erklärung knüpft an das vorhergehende Sprichwort an und ist von Fr. im Wesentlichen beibehalten. Sie lautet vollständig: Wenn wir gefragt werden, wie es vns ergehe, so antwortten wir, Wol vnd vbel vntereynander, wie es kompt, damit wir bekennen, wie itzt gesagt, Es gehe nicht alle wegen gleich zu, vnd wir sind des glucks spieluogel, zu gutem vnd bosen, zu wol vnd vbel leben.

Spr. 448 = Agr. 462 mit der Form kompt. Fr's. Erklärung berücksichtigt die Anfangsworte Agr's. Hiemit ist abermals beschlossen, dasz, dieweil wir menschen sind, vnd nicht gotte, mussen wir guts vnd boses, glucks vnd vnglucks vnser lebenlang gewerttig seyn, vnd mussen die zeyt nemen wie sie kompt. Dazu die Randangabe (aus Horaz): Tu quamcumque deus tibi fortunauerit horam, grata sume manu.

Spr. 449 = Agr. 463. Man musz der zeyt des glucks erwartten, bisz es der mal eins besser wirt. Den Anfang der Erklärung hat Fr. ohne weitere Abkürzung herübergenommen. Also trosten sich die der vnfall getroffen hat, die doch gut hoffnung haben, das gluck werde widderkommen.

Spr. 450 = Agr. 464; das Verb., wie gewöhnlich, kompt. Die Erklärung ist wörtlich aus der Mitte entnommen; den betreffenden Abschnitt leiten bei Agr. die Worte ein: Fortuna mores fingit. Von abweichenden Formen finden sich: Darnach (ter), einem, ist er frolich, kompt (ter), gluck und vngluck.

451. Es wer schad, das ihm leydt widerfarn solt.

Wem mann guts gundt, dem wünschet mann auch alles gut.

452. Stirbstu, so begribt mann dich mit der haut, das thut mann einem esel nit.

(Bl. 38 b). Disz ist ein schertzwort, wenn ich nun schertzen mit einem krancken, das ich nit hoffenn, das es vff das mal soll not haben, sag ich, ich rathe dirs nit das du sterbest, stirbstu aber, so begrebt mann dich mit der haut, das thut mann keynem esel nit.

453. Frisz das du es wider geben muest.

Das ist, das dirs übel bekum, wer einem andern nicht einen gutten bissen gunt, der spricht, frisz, sauff, das du es muessest wider speien, das dirsz bekum, wie dem hund das grasz.

Spr. 451 = Agr. 534 mit der Form were. Die Erklärung Fr's. stimmt mit den Anfangsworten Agr's. überein; die Verbalformen differieren gand und wundschet.

Spr. 452 = Agr. 506 mit den Formen begrebt und nicht. Fr. hat seine Erklärung im Auszuge wörtlich aus Agr. entlehnt. Die vollständige Erklärung Agr's. lautet: Disz wort ist ein schertzwort, Einem esel wenn er gestirbt, zeucht man die haut ab, vnd macht ledder odder pergamen daraus, wie ich itzt (No. 507) sagen will von Salomons esel, Aber einen menschen begrebt man mit der haut, Wenn ich nun schertze mit einem krancken, das ich nicht hoffe, dasz es auff das mal soll not haben, sage ich, Ich radte dirs nicht dasz du stirbst, stirbstu aber, so begrebt man dich mit der haut, das thut man keinem esel nicht.

Bl. 38 b. Spr. 453 = Agr. 542; die Verbalform mussest. Agr's. vollständige Erklärung, die Fr. zum Schluss wörtlich beibehalten, lautet: Was einem nicht bequem ist zu seiner natur, das machet ein eckel, vnd die natur gibt es widder von sich, als einen vberflusz, den sie nicht erleiden kan. Wer nun einem andern nicht ein guten bissen gand, der spricht Frisz, sauff, dasz du es mussest widder speyen dasz dirs bekomme, wie dem hunde das grasz.

454. *Ich werd feyszt daruon.*

Es kumpt einem offt basz, das mann jm nicht gundt, denn das mann ihm sehr wol gunt, villeicht ausz der vrsach, das Gott gesegnet was die lewt verfluchen.

455. *Gesundt sehen wir vns.*

Gott gebe das wir einander gesundt finden, vnd sehen.

456. *Gesundt herwider.*

Gott helffe dir gesundt wider zu vns.

457. *Fare wol darmit.*

Gott gebe das dirs wol gerate.

Spr. 454 = Agr. 543. Er wirt feyszt daruon. Fr's Erklärung stimmt mit den Anfangsworten Agr's. zusammen; folgende Formen differieren: bekompf, nicht vergand, sehr wol gand, vrsache, leute. Daran schliesst sich eine humoristische Erklärung für die feisten Bäuche der Patres und Obersten in den Klöstern, s. den vollständigen Abdruck in meinem Agr S. 176.

Spr. 455 giebt im Text und Erklärung Agr. 568 genau wieder; vor sehen bei Agr. noch widder (so. in der Erkl.).

Spr. 456 stimmt ebenfalls mit Agr. 569. In der Erklärung aber statt wider bei Agr. widderumb; hinter zu vns noch die Worte: vnd fertige deinen weg, dass dir nichts bosz vnterwegen widerfare, daran du mochtest gehyndert werden.

Spr. 457 = Agr. 570 mit der Form damit. Fr. hat einen Satz für die Erklärung aus Agr's. sprachlich wie sachlich ansiehenden Worten beibehalten; die vollständige Erklärung Agr's. lautet: Das ist ein Deutsche Metaphora vom faren, Zum wol faren gehoren vil, Erstlich ein guter fester wagen, darnach gute starcke roder, gute starcke axen, ein gute deyssel, gute pferde, vnd ein guter fuerman, der die wege weysz, auch ein gut gesesz, des der sich fueren leszt, darumb ist es also vil, Fare wol damit, vnd Gott gebe, dass du wol damit farest, als, Gott gebe dass dirs wol geradte, Wir brauchen es auch zum spott also, Es hat mich der vmb ein pferd, vmb geldt betrogen ich will es gehen lassen, er mag wol mit faren, er darff sonst nicht widder kommen.

458. *Du hast mich beschryen.*

Es spilt einer vnd gewint, der ander sagt, ey wie gewinstu also sehr? baldt wenndet sich das glück, von disem würt gesagt, du hast mich beschrien, zuuor gewan ich, nun kan ich nichts mer gewinnen.

(Bl. 39 a). **459. *Gott gebe ihm gut wo er ist.***

Also reden wir von denen, die nit bei vns sein, deren wir mit allem gutten gedencken.

460. *Gott bezal es ihm zu Tausent mal.*

Disz ist ein dancksagung für ein wolthat, die vns von einem andern geschehen ist.

461. *Wer in seinem eygen hausz beschneiet odder beregnet, des wil sich auch Gott nicht erbarmen.*

Wo jemandt Gottes werck, das ist, seinen beruff vnd vffgelegte arbeyt nicht mit hohem fleisz vnd ernst treibet, der ist vermaledeiet, sagt der Prophet, der

---

Spr. 458 wörtlich = Agr. 535. Fr's. Erklärung ist den Schlussworten Agr's. entnommen. Diese beginnen: Es sitzet einer vnd spielt u. s. w.; folgende Formen differieren: glucke vnd disem wirt ges. Die ganze umfangreiche und sinnige Erklärung Agr's. s. in meinem Agr. S. 119.

Bl. 39 a. Spr. 459 = Agr. 584 mit dem Zusatz yhr nach yhm und sie nach er. Auch die Erklärung Agr's., an die sich Fr. wörtlich anschliesst, ist etwas umfassender; sie lautet vollständig: Also reden wir von denen, die nicht bey vns sind, deren wir praefatione honoris mit allem guten gedencken, Ich war bedrengt auff ein zeyt, vnd gieng zu dem, Gott gebe yhm gut, wo er ist, er thette wie ein freundt, vnd riedte vnd halff mir.

Spr. 460 wörtlich = Agr. 585. Ebendaselbst am Anfang die Erklärung Fr's. Die Form der Präposition, wie gewöhnlich, ohne Umlaut fur.

Spr. 461 = Agr. 708 mit den Abweichungen eygenen hause. Die Erklärung Fr's. ist der Mitte Agr's. entnommen mit folgenden Varianten: Gottis (bis), auffgelegte, vormaladeyt, standts, yber und nicht. Nach Agr's. eigenen Worten hat er diesen Spruch

beruff sei hohes oder niders standes, denn er verachtet Gottes befelch, darumb wil sich auch Gott über jn nit erbarmen.

462. *Gott thut nichts uebels.*

Ein solche erkentnüs vnd gwisse kuntschafft haben vnsere eltern von Gott gehabt, das Gott nicht übels thut, ob es vns schon anders duncket.

463. *Wer mit boesen lewttenn nit wil zuthun haben, der musz ausz der welt ziehen.*

Das ist es ist vnmüglich, dieweil wir lebenn das wir boesen leutten, vnglück vnd mueheseligkeyt künnen

---

aus dem Griechischen dem deutschen Sprichwörterschatze anzueignen gesucht, s. meinen Agr. S. 219; ihm folgten Tappius und Franck (1541); jener (Bl. 208 a; das Citat bei Wander u. Haus 513 ist irrig) in dieser Form: Wer in seinem eygen hausz beregnet, oder beschneiet, des erbarmet sich auch Got nit; dieser II 119 b (fehlt ganz bei Wander, oder das Citat aus Tapp. „219 b" hiermit confundiert): Wer leidt dasz jm in sein eygen hausz regnet oder schneiet, des erbarmt sich Got nit. Die Verweisung auf Gruter I 8 bei Wander a. a. O. ist irrthümlich; Gruter hat das Sprichwort weder hier, noch, wo es der alphabetischen Reihe nach stehen könnte I 80; das Citat ist aus der folgenden Nummer Wanders (514) irrthümlich vorweggenommen. Ueber Agr's. Uebertragung vgl. noch Tappius a. a. O.: Qui domi etc. Quoniam hoc adagii Joanni Agricolae de Germania optime merito usque adeo arrisit, ut etiam in Germanicam linguam translatum Germanicarum paroemiarum volumini inseruerit, non potui committere quin illud quoque in hanc classem adlegerem, quo et celebratius fiat et vir ille debita laude non fraudetur.

Spr. 462 = Agr. 709 mit der Form vbels. Die Erklärung Fr's. findet sich ebendaselbst am Anfang mit folgenden Abweichungen: erkentnis, gewisse, alteltern und nichts vbels.

Spr. 463 = Agr. 714: mit bosen leutten nicht, welte. Die Erklärung ist den Anfangsworten Agr's. entnommen; voraus geht: Das ist ein ἀδύνατον vnd souil gesagt, Es ist vnmuglich u. s. w. Weiter differieren die Formen; bosen, vnglucke, mueheselickeyt, kunnen, welte, sind, bose leutte.

entlauffen, Ausserhalb der welt wonet niemandt, in der welt seindt eittel boese leut, die musz mann leiden.

464. Du kumpst hin wo du hin wilt, so wirstu den wirt daheym finden.

(Bl. 39 b). Also sagen wir zu denen, die nirgent bleiben, die niemandt leiden, die nichts vertragen woellen, noch künnen, die jre sach verbessern woellen an anderen ortenn, zeuch hin lieber gesel, wo du hinkumpst, da würdt der wirt da heym sein, du wirst an allen orten finden, das dir nicht gefelt.

465. Ein gans ueber meer, ein gans herwider.

Verenderung der statt, machet niemandt anders in seinem gemuette, über meer fliegen ist ein weitte reyse, aber ein gansz ist ein gansz, sie fliege wo hin vnd wie weit sie woelle.

466. Wer ein mal gen Rom gehet, der suchet den schalck, wer zum andern mal hyn gehet, der findet ihn, wer zum dritten mal hyngehet der brinnget den schalck mitt ihm heym.

Zu Rom ist keyn groesser sünde, denn arm sein, vnd keyn gelt haben, vnd mann bringet dreierley von

---

Spr. 464 = Agr. 715; kommest wo hyn d. w., daheymen. Die Erklärung ebendaselbst in fast wörtlicher Uebereinstimmung. Folgende Formen differieren: wollen (bis), kunnen, yhr sache, andern, hynkompst, wirt d. wirtt daheymen, enden (Fr. orten), gefellet.

Bl. 39 b. Spr. 465 = Agr. 718. Ein gansz fleugt vber meer, ein gansz kompt herwidder. Die Erklärung Agr's. geht von dem ungenau citierten Ausspruch des Horaz aus coelum, non animum mutant etc, s. meinen Agr. S. 79. Hieran schliessen sich die von Fr. beibebaltenen Worte: Verenderung der stelle (Fr. statt), macht etc. Beispielshalber bezieht sich Agr. auf den Mönch, dessen Jähzorn auch in der Einöde am Kruge sich zu äussern wusste. Die folgenden Worte stehn wieder bei Fr. mit den Varianten vber und wolle.

Rom, Einen boesen magen, Ein boesz gewissen, vnd einen leren seckel, denn wer solt etwas leren an der orten, da mann weder ehr noch tugent sihet, vnd ist nichts schande, denn nit gelt haben, da musz mann je den schalck suchen, vnnd mit heym bringen.

467. *Beschissene kinder soll mann nicht hynweg werffen.*

Die jungen kinder haben vil anstoesz, vnd wie (Bl. 40 a) mann sagt, hetten die kinder nit anstoesz, so würden sie baldt grosz, solt mann nun solche kinder all hinweg werffen, so würden wenig alter lewt werden.

468. *Ausz kindern werden auch lewtte.*

Ein kindt von jm selbs ist vnartig, vnnd vntüchtig zum gutten, mann soll aber nit darumb verzagen, sonder fleissig anhalten mit leren, vermanen, vnnd sitlicher straffe, so würdt die thorheyt weichen, vnd

---

Spr. 466 = Agr. 719 mit der einzigen Variante am Schluss bringt. Die Erklärung Fr's. ist den Schlussworten Agr's. entnommen; dort die Varianten grossere sunde, bringt, bosen, bosz, wer s. was guts lernen, ehre, nicht, suchen, finden vnnd heymbr. (Fr. such. v. mit heymbr.)

Spr. 467 = Agr. 593; statt hinweg aber bloss weg. Die Erklärung Fr's. schliesst sich an die Anfangsworte Agr's.; der betreffende Abschnitt lautet vollständig: Die iungen kinder haben vil kranckheyt, dasz auch die erfarung gelernet hat, Hetten die kinder nicht anstosz, so wurden sie bald grosz, Der sundig same vaters vnd muters bringt alles vngluck mit, Die kinder mussen der mutter milch trincken, vnd wie man sagt, so sind die kinder der mutter ertzte, daraus denn folget das bauchweh, das darmweh vnd durchlauffen, kretze, schebig seyn, geschwere, anspring, vnd des vnlusts vil mehr, Solt man nun solche kinder alle hyn werffen, so wurden wenig alter leutte werden.

Bl. 40 a. Spr. 468 wörtlich = Agr. 594. Ebendaher die Erklärung mit folgenden Abweichungen vntuchtig, nicht darumb an yhm verz., wirt (bis).

ausz einem nerrischen kinde würt ein weiser man werden.

469. *Mancher musz des entgeltenn, des er nie genossen hat.*

Das ist, mit vnschult musz ersz entgelten, Ein ander hat vns betrogen, vnd sintemal wir sorg haben, diser moecht es auch thun, so glauben wir jm nit, vnnd er musz also des vorigen entgelten.

470. *Eines yglichen iuengster tag ist, wenn er stirbet.*

Das ist, ein jeglicher mensch wenn er stirbet, so hat er sein vrteil entpfangen, es sei zum leben, oder zum todt, vnd es ist hernach ausz mit jm, es mag jm forthyn nit weitter geholffen werdenn.

Spr. 469 = Agr. 592; statt des Gen. des im Nebensatz den Acc. das. Die Erklärung Fr's. findet sich bereits in den Schlussworten Agr's., dort differieren die Formen: sorge, mochte und nicht.

Spr. 470 = Agr. 710 mit den Formen iungster tage und stirbt. Die Erklärung Fr's. schliesst sich an folgenden Abschnitt in der Mitte. Vnsere alte Deutschen haben es darfur gehalten, wenn einer sterbe, so sey sein iungster tage, das ist, wenn er stirbt, so hab ein yglicher mensch sein vrteyl entpfangen, es sey zum leben odder zum tode, vnd es sey hernachmals aus mit yhm, es muge yhm forthyn nicht weytter geholffen werden. Für die reformatorische Tendenz seiner Sammlung heben wir weiter die Schlussworte Agr's. heraus: Nun sehen wir abermals, wie unsere alte fromme Deutschen nichts von der verfuerung, die hernach mit gewalt vnd mercklichem schaden der Christenheyt ist eyngerissen, vom fegfewer, vnd wie die Mesz dienen muge fur die todten, welche man seelmesse hat genent, Darumb ich treulich vermane alle Deutschen, sie wolten doch zu forderst vmbs Euangelions willen, hernach vmb ihrer frommen alteltern willen, von ehegenanter Gotts lesterung der Messen, die nicht dienen kan fur die verstorbenen, dieweil sie yhr vrteyl vnd yhren iungsten tage hynweg haben, abstehen vnd ablassen. — Der Eingang des Sprichworts wie das ganze folgende (Spr. 711) „Vor dem iungsten tage werden funfftzehen zeichen vorher gehen" ist ausserdem in literargeschichtlicher Beziehung bemerkenswerth. Agr.

471. Wie gehets? wie stehets?

Also fragen wir nach eines anderen wolfart vnd standt.

(Bl. 40 b). *472. Ich weysz nit anderst denn recht,
Es musz sich noch leiden.*
473. Es gehet wie Gott wil.
474. Es regnet wenn ich wil.
475. Ich dancke euch ewers fragens, es gehet mir wol Gott hab lob.
476. Gott gebe weitter, ich dancke gott vnd euch fragens.

Also antwort mann vff die fürgehende fragen.

---

giebt hier umfangreiche Mittheilungen aus dem „Sybillenbuchlin" oder „Sybillenweiszsagung", s. darüber ausser Goedeke die Nachweisungen bei Weller Repertor. No. 1639. In Uhland's Volksliedern (353) ist die Sage von dem Wiedererscheinen des Kaisers Friedrich auf den Churfürsten von Sachsen gedeutet; dies spätere Gedicht hat Agr. nicht im Sinne. Die angedeutete Stelle Agr's. theile ich, dem Gottes Gnade es gegönnt, ein Zeitgenosse des wiedererstandenen deutschen Reichs auf der Höhe des Mannesalters und im dankbaren Gefühl männlicher Reife zu werden, noch ebenfalls mit. Ein Keyser soll ynn einem berge itzt verholen seyn, Friderich genant, wenn der herfur kompt, so wirt er seinen schilt an einen durren baum hengen, der baum werde grunen, vnd es werde besser zeyt werden. Ueber das Alter dieser Sage findet sich eine kurze gelegentliche Notiz aus einer gefeierten mittelalterlichen Palästinafahrt im Anz. f. K. d. deutschen Vorz. 1867 Sp. 48.

Spr. 471 = Agr. 573. Wie gehts? wie stehts. Agr's. Erklärung, aus der Fr. zugleich seine Bemerkung zu den nächsten fünf Nummern entnommen, lautet vollständig: Also fragen wir nach eines andern wolfart vnd gluckseligem zustande, Wie gehets vmb guts leben? Darauff wirt geantwortt mancherley weyse, wie folgt.

Bl. 40 b. Spr. 472—476 der Reihe nach = Agr. 574—578. In Spr. 574 die Abweichungen nicht anders, leiden, wo es nicht erger wurde; in Spr. 577 ewres'frag. 578 geb und danck (aber 577 wie bei Fr. 475 ebenfalls dancke). Spr. 474 ist in

477. Mit den nachbawren hebt mann den zaun vff.

Darumb sollen sich die nachbawren freundtlich vndereinander halten, einander helffen vnd rathen, dienen vnd guten willen erzeygen, Sie helffen in noeten ꝛc.

478. Der steynweg ist heysz.

Der steynweg ist heysz, da thewre zerung ist, also seint gemeyniglich in stetten die gassen mitt steynen gepflastert, vnnd in den selbigen ist es auch tewer zeren.

---

diesem Zusammenhang bei Fr. undeutlich; so ist die Erinnerung oder Mittheilung gestattet, dass Agr. a. a. O. den Ausspruch als Aeusserung eines Bauern berichtet, der zugleich ein anderes Wort im Munde geführt: „wie er ein pferd habe, das sey klueger denn yhr pfarrher". Als „verkleiner der priesterlichen wirdickeyt" vor Gericht gefordert, erklärt er: Gottis wille ist mein wille, wenn Gott will so regnet es, darumb regnet es wenn ich will. Das andere Wort aber bezieht er auf sein im Winter auf dem Eise gefallenes und seitdem vorsichtiges Pferd und im Gegensatz dazu auf den in der Schenke oft gerauften und geschlagenen und doch unbelehrt immer wieder dahin zurückkehrenden Pfarrer, s. die vollständige Mittheilung in meinem Agr. S. 120 und 121.

Spr. 477 = Agr. 589; das letzte Wort auff. Die Erklärung Fr's. findet sich bei Agr. in der Mitte; dort hinter halten die Form aneynander helffen (in der Ausg. 1548 vn d. h. vnd eynander h.) Hinter erzeygen folgen die von Fr. durch ꝛc. angedeuteten Worte: Denn mit den nachbawren hebt man den zaun auff, das ist, sie helffen vns ynn vnsern noeten, vnd helffen vns wo wir yhr bedurffen.

Spr. 478 wörtlich = Agr. 591. Aus historischen Gründen wiederholen wir die vollständige Erklärung Agr's., von der Fr. seiner Gewohnheit nach bloss einen Auszug gegeben hat. Ynn stedten sind gemeyniglich alle gassen mit steynen gepflastert, auff dasz man dester sauberer gassen habe, Was aber heysz ist, das verzeret vil, denn dieweil ym menschen die naturliche hitze ist, so musz man dem leibe ymmer speyse vnd tranck mitteylen, auff dasz die hitze yhn selbs nicht verzero, Soll ein fewer fur sich brennen, so musz man ymmer holtz anlegen, sonst verzeret das fewer das holtz vnd verlischet, Also

479. Gott gebe vns seine gnad, ich weysz nit mehr darzu zusagen.

Wenn mann von schrecklichen dingen sagt, als wie der Türck mit dem volck so jemerlichen vmbgehe, wie mann dem Euangelio so feint sei, so erschrecken wir vor solchen meren, vnd wissen nirgent hin zu fliehen, denn zu Gott, Darumb sagen wir zu letzt, Gott sei vns nur genedig, es ge (Bl. 41 a. Sign. Ⓖ) he vns wie es woelle, ich weysz sunst nichts darzu zusagen.

ist der steinweg heysz, da thewer zerung ist, vnd gehet vil auff, man verzert vil, Zu Nurmberg ist ein heysser steynweg, zu Brunschwig ist er nicht also heysz, das ist, zu Brunschwig ist leichter zeren denn zu Nurmberg, Also reden wir auch von andern ortten vnd stedten. Die Randbemerkung Agr's. quisquis habitavit Corinthi, die auch in den späteren Ausgg z. B. 1548 wiederkehrt, halte ich für eine verunglückte Reminiscenz Agr's. an den Ausspruch des Horaz: non cuivis homini contingit adire Corinthum. Ich vermag weder aus griechischen noch aus römischen Schriftstellern, in specie aus den Paroemiographen eine ähnliche Wendung wie quisquis h. C. nachzuweisen. Sollte sich etwa Agr. den Scherz gemacht haben, eine Frage zu fingieren quis, quis etc., wie wir etwa sagen: wer hälts in dem Nest, auf dem theuren Pflaster aus?

Spr. 479 = Agr. 572 mit den Formen geb, sein gnade und nicht. Die Erklärung Fr's. ist ein Auszug aus den Anfangsworten Agr's.; der betreffende Abschnitt lautet: Wenn man von schrecklichen dingen sagt als wie wir menschen so arm, schwach vnd gebrechlich seyn, stetts ynn fahr stehen leibs vnd lebens, also dasz do einer des iehen tods stirbt, der ertrinckt, der ermordet sich selbs ꝛc. Item man horet, dasz an allen ortten krieg ist vnd vneynickeyt, der Turcke wuetet vnd gehet grewlich mit den leutten vmb, die er bezwinget, Die Tyrannen, brennen, hencken, wurgen vnd morden die leutte vmb der bekentnisz willen des Euangelij, so erschrecken wir vor solchen meren, vnd wissen nyrgent hyn zuflucht zuhaben, denn zu Gott, darumb sagen wir zu letzt, Gott sey vns nur gnedig, es gehe vns wie es wolle, sonst weysz ich nichts darzu zusagen.

Bl. 41 a. Spr. 480 = Agr. 586 mit den Abweichungen einem, sassest du (aber warestu wie Fr.), vber tische, trunckest.

480. *Ich war gestern an eim ort, da warestu auch, da wardt dein gedacht, da sassestu auch mit ueber tisch, du assest vnd tranckest mit vns.*

Das ist, ich war an einem ort, da wardt dein über tisch, bei dem essen vnd trincken gedacht.

481. *Wenn die sackpfeiff nit voll ist, so kirret sie nicht.*

482. *Auff einem vollen bauch, stehet ein froeliches haupt.*

483. *Vor essens wuerdt keyn tantz.*

Es würdt keyn freude vor essens, oder ich soll einem dienen, odder nit on gelt oder geschenck.

484. *Ich bin da gwesen, ich komme nit hynwider.*

Wer mitt schaden an einem ort gewesenn ist, der kan sich darnach huetten.

Die Erklärung Fr's. ist den Schlussworten Agr's. entnommen; dort gleichfalls vber tische.

Spr. 481, 482, 483 = Agr. 701 und 590; dort sackpfeiffe und nicht; hier wirt. Spr. 482 wird nicht in der Reihe der Sprichwörter, wohl aber in der Erklärung von Agr. zu beiden Nummern 590 und 701 angezogen. Seine Verweisung auf droben bei 590 halte ich für einen Irrthum, falls ich nicht zu flüchtig geprüft habe; bei Wander unter Bauch 6 fehlt Agr's. Name vollständig. Die Erklärung Fr's. ist aus den Worten Agr's. zu Spr. 590 entnommen, sie lauten vollständig: Es ist droben gemeldet, Auff einem vollen bauche stehet ein frolich haubt, vnd freude kompt von einem guten bissen vnd truncke, dadurch die gelieder erwermet, vnd der leib starck wirt, darumb wirt kein frewde vor essens, Wir brauchen es auch also, Ich soll einem dienen, aber nicht on geldt odder geschencke, Er foddert mich on geschencke, so sage ich, Es wirt vor essens kein tantz, ich thue es nicht ehe, er schicke mir denn, das er mir hat zugesagt. Spr. 701 habe ich in meinem Agr. S. 122 vollständig mitgetheilt und erspare mir daher die Wiederholung, s. den Conspectus Thl. II C. II A.

Spr. 484 = Agr. 454 mit den Formen gewesen und kom nicht. Die Erklärung Fr's. ist den Anfangsworten Agr's. entnommen:

485. *Ey lasz es einen anderen so lange versuchen, als ichs versucht hab.*

Die versuchten sagen zu den vngeuebten, wenn sie jn nit glauben geben woellen, In Gottes namen, versuche es also lang, treibe es also lang, als ichs versucht vnd getrieben hab, darnach sage mir wider, Einem versuchten, erfaren vnnd geuebten manne, soll mann billich glauben.

486. *Glueck zu.*

(Bl. 41 b). So sagen wir zu arbeytern, gescheftigen leutten, glück zu, Gott gebe euch glück.

487. *Es ist eitel glueck mit dem menschen, in allem das er anfahet.*

Mann findet das mancher kratzet, scharret, krimmet, vnd schabet, rennet vnd lauffet tag vnd nacht,

---

Wer mit schaden gewitziget vnd klug wirt, der kan sich hernacher hueten, vnd den schaden fliehen. Das weiter unten angezogene Beispiel vom Bergbau theilen wir aus sachlichen und sprachlichen Gründen gleichfalls mit. Vil leutte bawen ym Sylberberckwerck, vnd hoffen sie wollen vil guts erwerben vnd reych werden, ynn dem schlecht es vmb, vnd berget, dasz er ym thal nichts behelt, vnd musz mit schaden vnd schanden ablassen.

Spr. 485 = Agr. 455 mit den Formen **andern, lang, versuchet und habe**. Fr's. Erklärung vertauscht wie öfter die Reihenfolge der Sätze bei Agr. Dieser beginnt nämlich: Einem **erfarnen, versuchten vnd geubten manne solt man billich glauben, denn was einer geubet vnd versuchet hat, das kan er eygentlich loben odder schelten, ein vngeubter kan es nicht thun, Darumb sagen auch die versuchten zu den vngeubten, wenn u. s. w.** In dem weiteren Abschnitt differieren die Formen: **yhnen, nicht, wollen, versuch und treib**.

Spr. 486 = Agr. 544; ohne Umlaut **Gluck**. Für die Erklärung Fr's. vgl. die Schlussworte bei Agricola: Also sagen wir nun zu **arbeyttenden, gescheftigen leutten, Gluck zu, gluck sey darbey**.

Bl. 41 b. Spr. 487 = Agr. 545 mit den Formen **glucke und anfehet**. Die Erklärung Fr's. stimmt in ihrer grösseren Hälfte

vnd kan es nirgent hyn bringen, Herwiderumb so thut ein ander nicht halber so vil arbeyt, vnd ist eitel glück, von einem solichen sagt mann, Es ist eitel glück, was der mensch anfahet.

488. Es gehet nicht recht zu.

Disz sprichwort ist ein klage über ettwas, das vns widerferet, vnd wissen doch nicht wie es zugehet, als, der bleibt lang ausz, vnnd wolt bald wider kommen, es gehet nit recht zu.

489. Es musz ihm da wol gefallen, vnd wolgeen, er bleibet ihe lang aussen.

Wo einer gern ist, da bleibet einer lang, darumb gebrauchen wir dises worts von denen, die an ein ort

---

wörtlich mit Agr. zusammen; hinter arbeyt folgt die etwas differierende Stelle; vnd gehet alles zuglucke, von einem solchen sagt man billich, Es ist eyttel gluck was der man auch anfehet.

Spr. 488 = Agr. 451. Auch hier wie in Spr. 485 hat Fr. die Erklärung Agr's. in veränderter Gedankenfolge benutzt. Agr. beginnt nämlich: Wen etwas geschicht vber gemeyne, naturliche weyse, als Es zeucht vnd reyset einer ynn ein frembdes land, vnd bleibt etwas vber die zeyt aussen, ynn der er solt widder kommen, so sagen wir, Es gehet nicht recht zu, es musz yhm was widderfaren seyn, das yhn hyndert, er were sonst lang widderkommen, es sey wie yhm wolle, es geht nicht recht zu, Vnd disz sprichwort ist ein klage vber etwas das vns widderferet, vnd wissen doch nicht wie es zugehet, vnd yrren offt, Denn wenn ein solcher vnuerwarnter sachen (s. zu Spr. 346 und 384) widerumb zu vns kompt, so sagen wir, Wir hetten gemeynet, es gienge nicht recht zu mit dir, dieweil du vber die zeyt, vnd also gar lang aussen bliebst. — Als weitere Beispiele nennt Agr. die Verminderung der Vorräthe an Wein, Korn und baarem Gelde durch einen muthmasslichen Hausdieb, so wie andererseits einen schwelgerischen Lebenswandel bei anscheinend unzureichendem Einkommen.

Spr. 489 = Agr. 452 mit den Formen wolgehen und bleibt. Fr's. Erklärung giebt Agr's. Worte im Auszug wieder. Wo einer

reysen, vnd bleiben lang aussen, sonderlich aber wenn wir die vrsach jres langen vszbleibens nit wissen.

490. *Es gefiel mir nit.*

Wo einer nit gern ist, da bleibt er nit lang.

491. *Gott gebe vns, was sein Goettlicher will ist.*

Das ist ein wort des glaubens, da mitt mann (Bl. 42a. Sign. G 2) Gott alles heymstellet, das ers mach, wie es jm gefalle, sintemal ers in seinen henden hat.

492. *Gott gebe vns nur was er uns guennet.*

Auch ein wort des Glaubens, auff die lauttere barmhertzigkeyt Gottes, vnnd ist eben das gebet im

---

gern ist, da bleibt er lang, vnd yhm gefellet wol alles was yhm geschicht, darumb brauchen wir dises worts von denen die an ein ort reysen odder gehen, es sey ferne odder nahend, vnd bleiben lang aussen, sonderlich aber, wenn wir die vrsach yhres langen aussenbleibens nicht wissen, so dencken wir also, dasz es yhm wol gehe, es gefalle yhm, er sey gern allda, sonst wurde er bald widder heym kommen.

Spr. 490 = Agr. 453. Ebenso findet sich die Erklärung Fr's. wörtlich bei Agr. am Schlusse; nur die Negation überall nicht.

Spr. 491 = Agr. 469 mit den Abweichungen Gottlicher wille. Fr's. Erklärung wiederholt die Anfangsworte Agr's.: Disz ist ein reynes glauben wort, damit man Gott alle sachen heymstellt, dasz er es mache wie es yhm gefal, syntemal ers doch ynn seinen henden hat.

Bl. 42a. Spr. 492 = Agr. 470 mit der Verbalform gand. Agr's. vollständige Erklärung, die Fr. auf das Wesentliche reduziert hat, lautet: Disz ist auch ein glauben wort, auff die lautere barmhertzickeyt Gottis, vnd dem vorigen fast gleich, Es schleusset aber wider die, die Gott wollen gefangen nemen, vnd er soll yhnen geben was sie wollen, denn zu denen musz man sagen, Lieber lasz Gott machen, vnd bitte yhn, dasz er dir gebe was er dir gand, das ist, sein gnade, Denn wir wissen nicht was wir bitten, odder wie wir bitten sollen, sagt Sanct Paul, Vnd ist eben das gepet ym Vater vnser, Dein wille geschehe, Ich bin arm, vnd kan Gott nicht ver-

vatter vnser, Dein will gschehe, sanct Paul bat Gott drei mal, er woelle jn loesen vonn dem Engel des Satans, aber Got sprach zu ihm, Lasz dir genuegen das ich dir holdt bin.

493. Es ist mir leydt, das weysz gott.

Wenn wir erfaren, wie es einem andern übel ist gangen, an leib eer vnd gut, an weib vnd kinder, so sagen wir, das ist mir leydt, für den gutten freundt, ꝛc.

494. Ich hoere es nit gern, es ist mir nit lieb.

Das ist ein zeychn der lieb vnd freuntschafft, wenn ich mich betrueb über eines andern vnglück.

---

trawen, dasz er mich erneeren werde, Ich bin kranck, vnd were gern gesundt, ich schrey zu Gott, er wolle mich reicher machen, vnd gesundt, Vnd dieweil ich nicht weysz, ob es Gottis wille sey odder nicht, also ynn armut vnd kranckheyt zuleben, musz ichs ynn seinen willen stellen vnd sagen, Herr ich were gern gesundt, aber lieber Gott, gib du mir was du mir ganst, Ganstu mirs, so gib mirs, Ganstu mirs nicht, vnd ist dein wille nicht, so lasz mich lieber arm vnd kranck seyn, denn dasz ich widder deinen willen thun solt. S. Paul batt Gott drey mal, Er wolle yhn loesen von dem Engel des Sathans, aber Gott sagte zu yhm, Lasz dir genugen, dasz ich dir holdt bin, Wer ym vnglucke steckt, der soll nicht gedencken, wie er des vnglucks losz werde, sonder wie ers vberwinden muge, Denn wirt er eyns losz, so kompt ein anders, vnd villeicht ein ergers, Wenn er aber das vngluck vberwindet, vnd verachtet es, ob es schon vorhanden ist, so ist er des vnglucks herre, vnd es kan yhm nicht schaden.

Spr. 493 wörtlich = Agr. 579. Eben daher die Erklärung mit den abweichenden Formen vbel, ehre und fur; hinter den guten folgt bei Agr. noch; man (Fr. freundt), fur die gute frawe, das weysz Gott, ich hab ein mitleiden mit yhm.

Spr. 494 = Agr. 580; das Verbum hore; die Negation nicht. Die Erklärung Fr's. ist den Anfangsworten Agr's. entnommen; dort die Varianten zeichen, liebe, betruebe, vber und vnglucke.

Spr. 495 = Agr. 581 mit der Negation nicht. In der Erklärung differieren bei Agr. die Formen: w. s. schon yrren, wolle,

495. Es soll nit mehr geschehen.

Fromme wolgezogne kinder, wenn sie jrren, so bekennen sie gleich zu, vnd bitten, mann woelle jnen das verzeihen, es sei ongeferde geschehen, sie habens versehen, sie wollens nimmer thun, es sei jn hertzlich leydt, sie wollenn sich furthin huetten, es soll nit mer geschehen.

496. Warlich ich wolte es were nit.

Was geschehen ist, ist geschehen, mann musz (Bl. 42 b) es gehen lassenn, es kan nit anders werden, der aber soliches verwirckt hat, dem ist es ein trost, das er erfare wie noch lewtte sein, die sich seines falsz annemen.

497. Wenn ein ding geschehen ist, so soll mann das beste darzu reden.

Geschehen ding leiden keynen radt, von den dingen aber die noch geschehen sollen, kan mann radtschlagen, darumb soll mann das beste reden wenn etwas geschehen ist.

---

haben es, wollen es, yhnen, hueten (Fr. sich h.) dasz es nicht m. g. soll.

Spr. 496 = Agr. 582 mit den Formen wolt und nicht. Fr's. Erklärung ist den Anfangs- und Schlussworten Agr's. entnommen; dort die Abweichung nicht anderst; diese lauten vollständig: Der sachen halben hilfft es wol nicht, aber vnsors gemüts halben ist es dem gut, der etwas solchs verwirckt hat, dasz er erfare, wie noch leutte seyn die sich seines falls annemen, denn es ist yhm ein trost.

Bl. 42 b. Spr. 497 wörtlich = Agr. 583. Die Erklärung Agr's., die durch ihre praktischen Beziehungen anziehend und werthvoll ist, lautet vollständig: Geschehene ding leiden keinen radt oder radtschlag, von den dingen aber die noch geschehen sollen, kan man radtschlagen, darumb ist es ein torheyt, radtschlagen wenn ein ding geschehen ist, als, Es hat ein vater einen son odder ein tochter, son odder tochter thun etwas, das villeicht

498. Es ist ein vnschuldiger meyster.

Wenn einer zu einem ding nicht geschickt ist, vnd hat doch den namen, zu dem sagt mann, es ist ein vnschuldiger meyster.

499. Laszt ihn verzabeln.

Das sagt mann spotsweisz von einem zornigen.

---

vnehrlich ist, Der vater lebt vbel, vnd will weder son noch tochter horen, etliche leutte hetzen den vater wider son vnd tochter, vnd thun alle vnrecht, Denn was hilfft es sie, was richten sie mit aus? Darumb gehort disz wort zu einer regel ynn allen sachen auff erden, nemlich dasz wo etwas vbels geschehen ist, dahyn trachte wie man es widder zu recht bringe, vnd gut mache, Denn hyn ist hyn, es kan doch nicht anders werden, Es wirt auch hiemit geweret den boesen lestermeulern, welche alle ding erger machen, vnd kein gut wort zu keiner sachen reden, denn zu solchen soll man sagen, Ey was redet yhr, wenn ein ding geschehen ist, so soll man das beste darzu reden was hilfft es, wenn mann schon das ergste darzu redet, Es wirt nicht besser, sonder erger.

Spr. 498 wörtlich = Agr. 446. Fr's. Erklärung stimmt wesentlich nur der Sache nach mit Agr. zusammen. Die ganze Ausführung des Letzteren lautet: Wenn sich einer für etwas auszgibt, vnd kan yhm nicht genug thun, der ist sein wol wirdig, dasz man yhn vmb seiner torheyt willen spottet, denn von den selbigen sagt man, Es ist ein vnschuldiger Doctor, es ist ein vnschuldiger Prediger, Richter, Burgermeister, das ist, man nennet yhn mit dem namen, aber er ist nicht schuldig daran, man thut yhm vnrecht.

Spr. 499 = Agr. 448. Lasz yhn verzabbeln. Auch hier wiederholen wir aus sprachlichen und sachlichen Gründen Agr's. Worte in ihrem vollen Zusammenhang. Ein zorniger gebaret mit allen seinen geliedern zorniglich, die augen funckeln, das gantze angesicht ferbet sich, das maul henget vber, die zeene knirschen vnd griszgrammen, die zunge schillt vnd flucht, die handt will zum schwerdt greyffen, vnd sich rechen, die fuesse regen vnd erheben sich ꝛc. Wenn nun ein zorniger etwas von einem foddert, das yhm nicht also bald wirt, so gebaret er gewiszlich also, Der aber, davon etwas gefoddert wirt, wo er des zornigen zorn verachtet, sagt mit leichtem mut, Lasz yhn verzabbeln, es wirt yhm wol vergehen. Ich halt es sey von den hunern genommen, odder auch von andern

500. *Erfaren wirsz nit new, so erfarn wirsz doch alt.*

Wenn ein geschrey auszgehet von etwas, doch in geheym, vnd mann birgt es also, das es nit alle leut wissen sollen, so sagen die, vor denen mann es verbirgt, erfaren wirsz nicht new, so erfaren wirsz alt.

501. *Wie hoch ist der himel.*

Wer heysse speisz isset, der verbrennt die zung, die zehne vnd den gummen, wenn es widerferet, so sihet er über sich, vnnd wolt es gern laeschen, siehet solichen jemandt, der spottet sein, dieweil (Bl. 43 a. Sign. G 3) er also geeilet hat, vnd die speisz nicht zuuor hat lassen kuele werden, mitt den worten, wie hoch ist der himel, das ist du hast dich gebrennet, vnd es hilfft nit, das du über dich vnd gen himel siehest, es kumpt doch niemandt der dir helffe.

---

thieren, die fast sehr zabbeln, wenn man sie wurgt vnd sticht, Aber dieweil man es verachtet, sagt man, Lasz nur zabbeln, es wirt yhm wol vergehen.

Spr. 500 = Agr. 450 mit den Formen nicht und erfaren. In der Erklärung differieren die Formen birget, nicht (bis), verbirget, wir es. Hinter alt hat Fr. die Worte überschlagen: vnd ist gleich als ein verachtung, vnd nicht wissen wollen, was man vns nicht will wissen lassen.

Spr. 501 wörtlich = Agr. 505. Fr's. Erklärung giebt die erste Hälfte von Agr's. Worten wieder mit den Varianten verbrennet, zungen, wem, der s. vber sich, solchs, speise, nicht und vber. In der zweiten Hälfte erzählt Agr. von drei Tischgenossen, die sich insgesammt an einer heissen Mahlzeit verbrannt haben, und theilt ihre bezüglichen Aeusserungen mit, s. meinen Agr. S. 102. Der niederl. Compilator oder Epitomator Campen 1550 hat auch diesen Abschnitt berücksichtigt. Bl. 65 finden sich bei ihm hintereinander die Aussprüche (in der heutigen Orthographie). Hoe hoog is de hemel? Ei, ei, hoe wijd is de wereld! O, wat zijn daar veel schalken.

502. Vnd wenn mann einer saw ein guelden stueck an zuege, so legt sie sich doch mit inn dreck.

Einn vnlustigen vnfletigen menschen, heyssen wir ein saw, wenn die saw vffs huebscht gewaschen, weisz vnd reyn, so ist das jr lust, das sie sich in kot leget, also ꝛc.

503. Geschichts, mann sichts.

Also reden wir von vnmoeglichen dingen inn vnsern augen, dauon mann vns vil sagt, Der soliche grosse dinge von vns sagt, würdt von vns nit lügen gestrafft als künde es nit geschehenn, sonder wir sagenn vnser düncken, geschichts so werden wirs auch sehen.

504. Wagen gewindt, wagen verlewert.

Wer was thun wil, der musz es Gott lassenn walten, geret es wol, so gewint wagenn, geret es übel, so verlewert es, darumb ist vnser handel vnd wandel, gewinnen vnd verlieren, nichts sonder gottes gnad.

Bl. 43 a. Spr. 502 = Agr. 621 mit den Formen guldin stucke anzuge. Die Erkl. Fr's. ist aus dem Anfang und der Mitte entnommen mit den Varianten einen vnl.; eine saw; auff das hubschte; yhr beste lust; leget, da er am tiefsten ist. Hieran schliesst sich bei Agr.: Sanct Peter deuttet disz wort von denen, die durch das verdienst Jesu Christi sind gereynigt vnd gewaschen worden, vnd vergessen des selbigen, vnd keren widder zu yhrem vorigen wandel, vnd legen sich ynn den dreck, davon sie newlich sind reyn worden, Sonst heyszt es auch, Canis ad vomitum. S. darüber 2. Petri 2, 22 und Schulze's Nachweisungen in den bibl. Sprchw. S. 187 und 71.

Spr. 503 wörtlich = Agr. 465. Daselbst die Erklärung Fr's. am Anfang mit den Varianten: vnmuglichen, solche gr. ding (Fr. fügt von vns hinzu) sagt, wirt, nicht (bis), lugen, kunde, duncken, auch etwan sehen. Die vollständige Erklärung s. in meinem Agr. S. 118 und 119.

Spr. 504 = Agr. 466; das zweite Ver[h]. verleurt. Die Erklärung Fr's. bietet einen Auszug aus der ersten grösseren Hälfte Agr's.: Wer was anfehet, es sey ynn was sachen, handel odder

505. Kumpts so kumpts, kumpts aber nit, so kumme vns ein gut iar.

Das ist, ich sorge nit fast darnach, soll ichs habenn, so überkum ichs, hat mirs Gott beschert, Sanct Peter würdt mirsz nit nemen. (Bl. 43 b). Kumpts so nim ichs an, kumpts nit, so walte sein ein gut jar.

506. Ein yeder fuer sich, Gott fuer vns alle.

Wenn mann von iemandt etwas boeses sagt, so sollen wir sagen, ey was redet mann daruon, Ey (l. Eyn) jeder für sich, Gott für vns alle, last es geen, redet nit also, Gott ist für vns alle, wenn der wider vns, vnnd nimer für vns ist, so ligen wir als tieff als diser, vnd was er heüt ist, seindt wir villeicht morgen, vnd woellen von uns selbsz, odder von andern dingen reden, mann brauchts auch vnchristlich vnd heydnisch, ein jeder für sich, Gott sorget für vns alle.

---

wandel es wolle, so musz er es Gott walten lassen, vnd musz es wagen wie es geradten wolle, Gerett es wol, so gewint wagen, Gerett es vbel, so verleuret es, darumb ist es nichts vnser thun, handeln vnd wandeln, gewinnen vnd verlieren, sondern Gottis, der es nach seinem willen ordnet, itzt zum gewin, itzt zum verlust. Dazu die Randangabe Fortuna vtramque paginam facit. Oben Fr. 232 dasselbe Sprichwort, dort aber dem Commentar von Agr's. Spr. 120 entlehnt.

Spr. 505 = Agr. 467 mit den Formen kompts und nicht (überall; auch in der Erklärung); komme, iare nach dem andern. Die Erklärung ist den Schlussworten Agr's. entnommen. Dort die Formen sorg, nicht (bis), vberkom, S. Peter nimpt m. n.; wallt.

Bl. 43 b. Spr. 506 = Agr. 571; die Praepos. fur (bis). Die umfangreiche Erklärung Agr's. zu diesem Ausspruch s. vollständig in meinem Agr. Sr. 133. Hier notieren wir folgende Abweichungen: boses, so sollen wir vnsern alteltern hieryhne folgen vnd sagen, fur (regelmässig), nicht, so tieff als d., heutte, sind, wollen. Man brauchet dises wortts auch vnchr.

507. *Sie seindt noch nit alle schlaffen, die heindt ein boese nacht sollen haben.*

Es gehet manchem einen gantzen tag wol, also, das er in freuden vnd lust den tag zubringt, vff den abent aber begegnet jm ein vnfall, vnd musz den tag mit trawren enden.

Der Keyser Julius hett einen warsager, der sagte jm, Er solte sich Kalendis Januarijs, am ersten tag des Jenners, fursehen, es würde ihn ein vnglück übergehen, Schier vmb vesper zeit spottet der Keyser Julius des warsagers, siehe siehe, was ist mir widerfarenn? Antwortet der warsager, Es ist noch nit abent, Denn des selbigen tags, ja inn der stunde, wardt er imm rade erstochen, vnd hatte ettlich vnd zwentzig wun- (Bl. 44 a. Sign. S 4) den, da warenn sie noch nit alle schlaffen, die ein boese nacht solten haben.

Wir brauchen dises worts auch zu trost vnser selbs, als, ich bin betruebt, vil seindt froelich, aber sie werden villeicht heindt ettwas erfaren, dardurch jr schlaff moecht gebrochen werden, vnnd ein boese nacht haben.

Spr. 507 = Agr. 471 mit den Formen sind, nicht und bose. Fr. hat fast die vollständige Erklärung Agr's. und ebenso den Irrthum wiederholt, wonach bei Caesar's Tod von den Kalenden des Januar statt von „des Märzes Idus" die Rede ist, s. meinen Agr. S. 77. Hinter dem ersten Absatz folgen bei Agr. die Worte: Denn wir mussen auff erden alle augenblick gleich des vnfalls wartten, wenn er kompt. Dazu die lat. Randangabe A solis occasu describe diem, non solis ab ortu, eine Wendung, die Binder's thesaur. erst aus dem 17. Jahrh. belegt. Ich kenne das Original nicht, vermuthe aber aus dem Hexameter-Ausgang, dass Agr. falsch citiert hat; auch bei Binder fehlt die rhythmische Form (Nr. 15). — In dem gemeinsamen Stoffe finden sich folgende Varianten: tage (als Accus.; bis), auff, Caesar (Fr. Keyser), hette (bis), solt, tage (als Dat.), fursehen, wurde, vnguck, vbergehen, Antwortt, nicht,

508. Trewme seindt luegen.
Es trewmet manchen er finde einen schatz, so
seindt es kolen.
Darnach wardts tag.
509. Vnd mit dem erwachte ich.
Wir brauchen disz wort, wenn wir jemandts hoeflich lügen straffen, als es sagt einer ein hystorien, vonn

---

Radt (als Dat.), etliche, noch nicht schl. alle, bose, zum trost (auch fehlt bei Agr.), sind frolich, mochte und bose.

Bl. 44 a. Spr. 508 und 509 = Agr. 623, 625 und 624; im ersten die Formen sind lugen. Die Erklärung beider, resp. der drei Sprichwörter, lehnt sich an Agr's. Worte zu 624 an. Für 508 vgl. den Anfang: Wem da treumet wie er geldt finde, oder etwas der gleichen, der frolich, aber als bald er erwachet, so findet er nichts. Wenn er aber den traum nachsagen will, so spricht er, Mich dauchte wie ich hette ꝛc. vnd mit dem erwachte ich. Das Folgende kehrt zu Spr. 509 meist wörtlich wieder mit nachstehenden Abweichungen yemand h. luge str., hist. odder geschichte von wilden, seltz. d., geticht. Hinter erwachte ich folgt unmittelbar: als sprech, w. Es hat dir getreumet, es ist eine lugen. — Hieran schliesst sich bei Agr. eine umfangreiche Erzählung, wie „yun einer stadt Deutsches landes" ein junger Mann heimlich eine geraume Frist die Gunst einer Ehefrau in Abwesenheit ihres Mannes genossen; wie er später zu Venedig in dem „Deutschen hausz" dies Abenteuer bei einem Gespräch über Buhlschaften halb widerwillig berichtet. Der zufällig anwesende Ehemann hätte ihn dann unerkannt mit schlauer Zurückhaltung in seine Dienste genommen und veranlasst, nach der Rückkehr in die Heimath abermals über Tische sein Erlebniss mitzutheilen. Dies habe der Diener getreulich gethan, aber um seine und seiner Herrin Ehre zu retten hinzugefügt: Und eben als ich also gedachte, erwachte ich. Der so „einer grossen sorge" entledigte Kaufmann habe ihm zum Abschied „ein rittæzerung" verehrt. — Auch zu Spr. 623 giebt Agr. eine äusserst umfangreiche Erklärung. Um die physische Veranlassung der Träume zu begründen, berichtet Agr. zunächst von den fünf, resp. drei Kammern, die nach Ansicht der Naturkundigen und der Aerzte in des Menschen Haupte seien; sensus communis, Imaginativa,

seltzamen dingen, Vnd die weil vns dunckt, es sei ein gedicht, lassen wir jn reden bisz an das ende, darnach sagen wir, vnnd mit dem erwachte ich, darnach wardts tag, als sprechen wir, Es ist dir imm schlaff fürkommen, odder getrewmet, es ist ein lügen.

Phantasia (von den Aerzten unter dem einen Namen sensus communis oder Imaginatio einheitlich zusammengefasst und in „den ersten ventriculum des Gehirns" versetzt); „die vierte kammer ist des verstandts vnd der vernunfft kammer mit dem willen"; „die funffte kammer ist der memorien". Die Träume seien, führt Agr. dann weiter aus, ein Gegenbild des am Tage Erlebten und Wahrgenommenen; denn wenn auch der Leib im Schlafe ruhe, so habe die Seele doch „ein ewigs schaffen vnd wircken odder leben". So sage Virgil: Amantes sibi somnia fingunt. wer etwas lieb hat, der gedenckt offt daran, darumb kompt yhm das selbige des nachts ym traume fur. Nun folgen Berichte über vorbedeutende und durch die That bewährte Träume aus der Bibel, aus dem classischen Alterthum und der Gegenwart oder nahen Vergangenheit von einem Schatz auf oder unweit „der brucken zu Regenspurg"; das habe ich offt mals von meinem lieben vater gehoret. Nachdem dann noch des Unterschieds zwischen den Pforten von Elfenbein und Horn bei Homer und Virgil gedacht und die Erzählungen des Ulysses und Aeneas von der Unterwelt im Anschluss hieran als Lug und Traum bezeichnet sind: schliesst Agr. mit der Bemerkung, dass aus der Beschaffenheit des Schlafes und der Träume sich erkennen lasse, „welcher aus den vier humoribus die vberhandt habe; „gebluet, Cholera, Malancholia (sic), Phlegma," darumb sind treume etwas, Aber zukunfftige ding daraus zuerlernen, das ist allein ein Gottis gab, wie droben gesagt ist, der sich niemand leichtlich vnterstehen soll, er habe sie denn. Oben hatte er nämlich Thomas Muntzer und andere seiner Zeitgenossen als „Teuffels Propheten" bezeichnet. — Dies der gedrängte Inhalt der über 6 Seiten füllenden Erklärung; ebenso umfangreich Agr's. Worte zu Spr. 624, während er für Spr. 625, das „den vorigen zweyen gleich" sei, mit ebenso viel Zeilen ausreicht. Hier heisst es am Schluss: wenn der schlaff auffhoret, so horen die treume auch auff, das ist mit dem tage, wenn der anbricht.

Spr. 510 und 511 = Agr. 445. Für beide Sprichwörter vgl. den Anfang der Erklärung: Ein gerader, vngestummelter leib hat sein

510. Es hat hende vnd fuesse was der man redet.

Das ist, er ist rechtschaffen, es hat einen bestandt, ist wolgestalt, vnd wolgethan.

511. Es hat weder hende noch fuesse.

Desz fürgehenden worts widerspil.

512. Er ist zum fuchs worden.

(Bl. 44 b). Füchs haben gruben, wie Christus spricht, darinne sie sich verbergen, also hat der mensch auch sein grab, darinnen er kreucht, wenn er gestorben ist, also spricht mann nun, Er ist zum fuchs worden, das ist, er ist gestorben.

513. Er hat sich verkrochen, er laszt sich nimmer sehen.

Das ist dem fürgehenden gleich, in die erde gehoeren wir, da lassen wir vns nymmer sehen, das ist, vnser leben hat ein end, wir seindt todt.

art an henden vnd an fuessen, Mit den henden richtet er aus was er zuschaffen vnd zuhandeln hat, Die fuesse tragen den leib vnd hende, wo der leib hyn wil, dasz hende vnd fuesse souil geldte bey vns Deutschen, als wolgestalt, wolgezirt, vnd wolgethan, volkommen, vnd da kein mangel an ist. Spr. 511 und ebenso die Erklärung zu Spr. 510 sind direct den Schlussworten entnommen: Also brauchen wir nun disz wort zum lobe vnd zur schande, Zum lobe, Es hat hende vnd fuesse was der thut vnd redet, das ist, er ist rechtschaffen, es hat einen bestandt, es ist wolgestalt vnd wolgethan, Zur schande, Es hat weder hende noch fuesse, es ist vnuolkommen, es hat kein art noch bestandt, es ist flickwerck vnd gestummelt ding.

Spr. 512 = Agr. 510 mit der Dativform fuchse. Die Schlussworte also spricht mann ff. sind ein eigener Zusatz Fr's., in dem gemeinsamen Stoffe differieren die Formen Fuchse und dareyn (sc. an der zweiten Stelle; zuerst auch Agr. darynne). Statt der Erwähnung Christi heisst es bei Agr. wie auch das Euangelion sagt.

Bl. 44 b. Spr. 513 = Agr. 511 mit der Form leszt. Den ersten Satz das — — gleich hat Fr. hinzugefügt; die weiteren Worte bilden auch schon den Schluss bei Agr.; dort die Formen gehoren, ende, sind.

514. Er wuerdt schier wider vffstehen.

Wenn jemandt gestorben ist, das sich ein ander wundert, vnd fragt, wie geet es dem? ist er gestorben? so sagt der gefragt würdt, neyn er ist nit gestorben, er würt aber schier wider vff stehen, das ist, er ist langest todt gewesen, er wartet jetzundt der auffstehung, vnnd des jüngsten tags, vnd da mit bekennen wir die vfferstehung der todten.

515. Gott gnad seiner seel, hab gott die seele.

Also klagen wir das sterben eines menschen.

516. Es kommenn eben als vil kelber hewt zum markt, als ochssen hewt.

517. Es ist vff eins andern todt nit gut hoffen, denn es stirbt einer ia so bald als der ander.

Spr. 514 = Agr. 512; dort wirt, widder, auffst. Die Sätze der Erklärung bietet Fr. wieder in veränderter Reihenfolge. Seine Worte am Schluss vnd damit bekennen ff. erinnern an den Anfang bei Agr.: Disz wort meldet von der aufferstehung der todten an dem iungsten tage, daraus ich schliesse, dasz etwan die Deutschen ein liecht des glaubens gehabt haben, es sey new oder alt. Das Folgende kehrt weiter unten wörtlich bei Agr. wieder mit den Varianten des sich e. a. w., gehet, wirt (bis), nicht, widder auffst., ist vor langest t. g., itzund, aufferstehung, iungsten tages.

Spr. 515 = Agr. 513; das erste Verb. genad. Fr's. Erklärung ist den Anfangsworten Agr's. entnommen; dort das Compos. beklagen.

Spr. 516, 517 und 518 = Agr. 514, 515 und 527; in Spr. 514 souil (Fr. als vil) und heutte (bis); Spr. 515 Es ist nicht gut auff eines a. tode zuh.; Spr. 527 Agr. auch den Gen. niemands. Der Anfang der Erklärung Fr's. schliesst sich an die Worte Agr's. zu 514. Hiedurch wirt bekennet, dasz der tode nicht ansihet die iugent odder das alter, Es gillt yhm alles gleich, vnd die erfarung gibt es, dasz der iungen leutte ia souil, ia mehr sterben, denn der

518. *Der todt schonet niemandts.*

Der todt sihet nit an die jugent, oder das alter, es gilt jm alles gleich, es sterben der jungen (Bl. 45 a. Sign. G 5) so vil als der alten, ja mehr.

Der todt nimpt weder schenck noch gab,
Das er für den reichen übertrab,
Künig, Keyser, arm reich jung alt,
Weib, mann, grosz, kleyn frist der todt kalt.

519. *Es ist ein gut ding vmb den todt, er hilfft vns ausz aller not.*

Der todt nimpt vns allen jamer, elend, kranckheyt ab.

520. *Ist er todt, so isset er nymer brodt.*

Also reden wir schimpfflich von denen, deren todt vns nit vast angelegen ist.

alten. Die Dichterstelle leitet Agr's. Erklärung zu 527 ein; dazu der Spruch aus Horaz (Od. I 4) am Rande: Pallida mors aequo pulsat pede pauperum tabernas regumque turres. In den Versen die Varianten: gifft noch gabe, fur, vberdrabe, Konig.

Bl. 45 a. Spr. 519 wörtlich = Agr. 516. Die Erklärung Fr's. stimmt nur sachlich mit den Anfangsworten Agr's. zusammen. Trostlose, bettreisige, elende, betruebte leutte wundschen nichts, denn dasz der todt komme, vnd hole sie hyn, auff dasz sie yhres iamers abkommen mugen. Im Weiteren giebt Agr. wesentlich historische Beispiele für die Wahrheit des Satzes, dasz das Leben nicht „der Güter höchstes" ist, so den tragischen Ausgang der Lucretia, „ehe sie wolt ynn schande leben, ehe ermordet sie sich selbs"; so gegen den Schluss das Urtheil Caesars in Betreff der Catilinarier: „die schande solt yhnen wirser thun, denn der todt den sie leiden wurden. Vnd es ist war, Einem erbarn manne thut schande wirser, denn der todt, Der todt aber endet das vnglück vnd die schande. Die Christen haben erlanget durch yhren meister Christum, dasz yhnen der todt, welcher stipendium peccati war, nun hynfurter sey transitus in vitam, et remedium peccati."

Spr. 520 = Agr. 517 mit der Verbalform iszt. Die Erklärung Fr's. ist den Anfangsworten Agr's. entnommen; dort redet man

521. Die todten soll mann rugen lassen.
522. Er ist an der warheyt, wir seindt an der luegen.
523. Er hats lang befundenn, Gott vergeb es ihm.

Wer gestorben ist, der ist inn Gottes handt, darumb sollenn wir sie nit richten, wir sollen sie rhugen lassen, vnd nichts boeses von jnen sagen.

524. Es ist keyn Euangelion.

Gott ist die warheyt, vnnd was er redet, das soll mann glauben, denn er kan nicht liegen, was aber menschn reden, kan wol erlogen sein, Darumb so etwas geredt würdt, dem mann nit aller ding glauben gibt, sagen wir, es ist keyn Euangelion, es kan wol erlogen sein. Ausz disem wort erkennet mann, das mann dem Euangelio einen glauben geben soll, vnd nit daran zweiffeln.

---

und nicht. Agr. fügt u. a. hinzu: Alles dings kan ein mensch basz geradten denn des brodts, vnd wie man sagt, Wer brot hat der stirbt nicht hungers.

Spr. 521, 522 und 523 = Agr. 524, 518 und 523 mit den abweichenden Formen rwen (524); sind und lugen (518). Für die gemeinsame Erklärung Fr's. zu diesen drei Aussprüchen vgl. Agr. am Anfang zur Spr. 518: Wer gestorben ist, der ist ynn Gottis handt vnd wir sollen von den todten weder boses noch guts reden. Dazu die Randangabe: De mortuis nil nisi bonum.

Spr. 524 wörtlich = Agr. 367. Auch die Erklärung Agr's. giebt Fr. im Auszug meist wörtlich wieder; nur tritt die reformatorische Tendenz in Agr's. Worten noch klarer hervor. Wir wiederholen sie demnach, da sie auch für unsere Zeit, die ausgehende zweite Hälfte des 19. Jahrh. denselben und vielleicht (leider) noch höheren Werth haben, als für die ausgehende erste Hälfte des 16. Jahrh. Was Gott redet, das soll man glauben, Denn er kan nicht liegen, sonder ist eyttel warheyt, was aber menschen reden, kan wol erlogen seyn, Darumb so etwas geredt wirt, dem man nicht aller ding glauben gibt, sagen wir, Es ist kein Euangelion, was der vnd

(Bl. 45 b). *525. Ein yglich ding hat seine zeit.*

Rechte zeit halten, ist ehrlich, rechte zeit nicht halten ist vnehrlich.

526. Zeit entdeckt all ding.

527. Zeit bringt Rosen.

Das ist die zeit bringts mit sich, sie bringet rosen, nimpt sie auch hin.

528. Mann musz der zeit ihr rechte thun.

529. Die zeit gibts.

Wenn jemant gefragt würt, wie bistu so gutter ding? wie singestu vnd springst hewt also? so antwort

---

der redet, es kan wol gelogen seyn, Disz wort bezeuget, wie vnsere vorfaren allein Gott die ehre gegeben haben, dasz er warhafftig sey, vnd man soll seinen wortten glauben, Herwidderrumb, dasz alle menschen lugner sind, vnd kunnen yrren, noch sind wir geblendet worden, vnd haben menschen gepot vnd gesetze vber Gottis gepot vnnd Euangelion gesetzet vnd angebett, so wir doch allein glauben sollen, was vns Gott gebeutt, vnd aller menschen lere meyden, wie den leydigen Teuffel.

Bl. 45 b. Spr. 525 = Agr. 394 mit der Form ygkl. d. h. sein. Die Erklärung Fr's. berührt sich nur äusserlich mit den Anfangsworten Agr's.: Disz sprichwort hat Salomon ym Prediger reichlich auszgelegt, Vnd wenn ein yglichs geschicht, do es geschehen soll, so ist es ehrlich vnd nutzlich, wo nicht, so ist es vnnutz.

Spr. 526 hat Fr. unabhängig von Agr. hinzugefügt. Nahe liegt die Erinnerung an Sophocles' Worte im Ajax:

Ἅπανθ' ὁ μακρὸς κἀναρίθμητος χρόνος
ἄδηλα δηλοῖ (lapsus memoriae st. φύει τ' ἄδηλα) καὶ
φανέντα κρύπτεται.

Dazu Horaz in den Episteln I 6 24 quidqvid sub terra est, in apricum proferet aetas, defodiet condetque nitentia.

Spr. 527 wörtlich = Agr. 395. Die Erklärung Fr's. ist von Agr. unabhängig.

Spr. 528 und 529 = Agr. 400 und 399; dort yhre recht. Fr's. Erklärung ist ein Auszug aus Agr's. Worten zu 399. Diese lauten vollständig: Wenn wir yemand fragen, Wie hast du dich

er, die zeit gibts, die zeit bringts, als ob er spreche, es ist jetzundt gelegen vnnd rechte zeit darzu.

530. *Ich kam nie recht denn ein mal, da warff mann mich die stegen ein.*

Mancher ist so vnglückselig, das er die rechte zeit nimmer mer treffen kan, der sagt denn billich, ich kam nie recht, denn ein mal ꝛc.

531. *Wo ich hyn kum, da ist es gut gewesen, oder wil bald boesz werden.*

532. *Wo ich hinkum da schlecht der hagel, oder hat geschlagen.*

Das redet mann von dem vnzeitigen kummen.

---

heutte also geschmucket? Item, Wie bist du so guter ding? Wie singest du vnnd springest du heutte also? So antwort er, Die zeyt gibts, die zeyt bringts, Ich bin ein hochzeyt man, ich wil gefattern stehen, ich thue es den frommen leutten zu gefallen, vnd fueret die zeyt zur entschuldigung. Also were es recht gethan, zu gelegner zeyt singen, springen, schmucken, kleyden, vnd alles was man thut, welchs sich zu einer andern zeyt nicht wol leiden mochte. Damit vgl. noch den Anfang zu Spr. 400: Zur hochzeyt vnd kindertauffe, vnd andern freuntlichen vnd zymlichen frewden, will auch Gott selbs, dasz man sich seiner gnaden frewen soll. Schlieszlich erhärtet Agr. die Wahrheit des Satzes durch das Beispiel Christi, der auf der Hochzeit zu Cana „frolich"; im Tempel gegen Käufer und Verkäufer „eyfferig vnd zornig" gewesen; mit Martha und Magdalena aber (statt Maria von Bethanien; denselben Irrthum auch spätere Ausgg., z. B. die von 1548) um ihren Bruder geweint habe.

Spr. 530 = Agr. 410 mit der Substantivform stiegen. In der gemeinsamen Erklärung differieren die Formen vnglucksellig, rechten und saget. Die bei Fr. durch ꝛc. angedeutete Fortsetzung Agr's. lautet: vnd da ich meynte ich were recht kommen, wolt es dannoch nicht geradten, sonder ich ward die stiegen hineyn geworffen, Es muste on vnglucke nicht abgehen.

Spr. 531 und 532 = Agr. 411 mit der Form bosz. Spr. 532 nebst der gemeinsamen Erklärung hat Fr. selbstständig hinzugefügt. Wander, der unter hinkommen 10 Agr. 411 erwähnt, hat das

533. Er ist wol (l. uebel) darzu verraten worden.

Wenn das glück jemandts erhebet zu einem (Bl. 46 a) grossen ampt, zum regiment, oder andern grossen wirden, vnd er ist doch vntüchtig darzu, von dem sagt mann, er sei übel zu dem ampt verraten.

534. Es ist roszarbeyt.

Wenn mann von grosser arbeit sagt, die schier über menschen kreffte ist, so spricht mann, es sei rosse arbeyt.

535. Auff den ermel malen.

536. Er machet ihm einen bart von stro.

Das ist, er überredet jn eines dings, das offentlich erlogen ist.

---

zweite Sprichwort noch nicht gekannt, und demnach auch nicht verzeichnen können. Agr's. kurze Erklärung zu Spr. 411 lautet vollständig: Das ist, Ich kan die rechten zeyt vnd stunde des glucks nicht treffen, Ich kum entweder zulangsam odder zubezeytte, vnd ist disz sprichwort eine querela, vnd klage vber das glucke, das sich nicht will von yederman finden lassen.

Spr. 533 = Agr. 434. Fr's. Erklärung wiederholt den Anfang von Agr's. Worten. Folgende Formen differieren gluck, yemand, erhebt, vntuchtig und vbel.

Bl. 46 a. Spr. 534 = Agr. 690 vgl oben Spr. 397, wo eben dasselbe Sprichwort mit einer eigenen Erklärung Fr's. begegnet. Hier hat er die oben mitgetheilte Erklärung Agr's. beibehalten; bei diesem (Agr.) vber eines mensch. kr.

Spr. 535 unabhängig von Agr. vgl. indessen die grössere Sammlung 1541 II 11 b, wo zu dem lateinischen os sublinere (Tapp. 14 a) unter zahlreichen deutschen Parallelen die Wendung Eins auff den aermel machen den Schluss bildet s. Thl. II c. IV. Wander s. v. Ärmel 7 hat Fr. nicht erwähnt, bietet überhaupt keinen älteren Beleg.

Spr. 536 = Agr. 691 mit der Verbalform macht. Der Commentar Fr's. ist den Anfangsworten Agr's. entnommen; dort die Formen vberredet und eins. Hinter ist folgt bei Agr.: dasz man es auch greyffen mochte, Denn ein bart von stroe ist ein grober,

537. Er schmiert ihm das maul, vnd gibt ihm einen dreck drein.

Das ist, er betreugt jn, er sagt es jm gut für, vnd meynet es nit.

*538. Hette er sollen an der ersten luegen sterben, er were lang todt.
Er leugt, wenn er das maul vff thut.*

Das brauchet mann von einem lügener.

539. Wem ein ding angelegen vnnd ernst ist, der darff fuer wort nit sorgen.

Not lernet rueffen, Rueffen musz wort haben, welche wort die not herausz drucket von jr selbs.

---

vngeschaffener bart, also dasz man hare vnd stroe wol vnterscheyden kan.

Spr. 537 wörtlich = Agr. 692. Ebendaher die Erklärung mit den Abweichungen **fur**, **meynt** und **nicht**. Dahinter noch die Worte: Das schmieren das sind gute wort, hoch vnd vil zusagen, Das ander ist, dasz nach disen hohen zusagen nichts folget.

Spr. 538 = Agr. 696 und 697 mit den Formen **lugen** und **auff th**. Die kurzen erklärenden Worte Fr's. finden sich bei Agr. nicht. Letzterer beginnt Spr. 696: Warheyt heysset das, das die natur vnd vernunfft fur recht billigen musz, Vnwarheyt ist, das die natur vnd vernunfft nicht billigen kan. Weiter unten: Dieweil nun natur warheyt liebt, vnd vnwarheyt odder lugen strafft, so musz der widder natur vnd vernunfft thun, vnd zum vihe werden, welcher lugen vnd unwarheyt redet, sonderlich ander leutte damit zubetriegen. Das wird dann noch speciell mit Bezug auf Handel und Wandel „mit kauffen vnd verkauffen vnter den leutten" und unter Anführung von Stellen aus Freidank erörtert. — Zu Spr. 697 bemerkt Agr. in der Kürze. Das ist ein boss lob von einem menschen, denn ein solcher ist niemand nutz auff erden, ia aller welt schedlich, vnd ist nicht eins menschen werdt, wie itzt gesagt ist.

Spr. 539 = Agr. 380 mit den Formen **bedarff fur w. nicht s.** Die Erklärung Fr's. ist den Schlussworten Agr's. entnommen. Dort **ruffen** (bis) und **druckt**.

540. Er kan nichts denn frumb sein.

Zuuil Frumb, dienet nicht in die Welt, mann musz leckerisch darneben sein.

(Bl. 46 b). 541. Wo mann isset, da soll mann zu geen, wo mann gelt zelet, da soll mann von geen.

Mit gelt mag mann einem vntrew beweisen, mehr denn mit essen, wo mann gelt zelet, da soll mann daruon geen, als gib dich nit in die fahr gehe der fahr muessig.

Spr. 540 = Agr. 431; das Adject. from. Die Erklärung Fr's. ist umfassender und stimmt mit Agr. nur in dem Verb. dienet zusammen; Agr. beschränkt die Anwendung auf das regiment. Er sagt nämlich vollständig: Frumckeyt ist ein edles kleynod, nemlich dasz niemand von einem frommen manne beleidigt wirt, weder mit wortten noch mit wercken, Aber zu einem regiment dienet sie nicht, da man mit schelcken vnd bosen buben, vil musz zuschaffen haben, denn ym regiment gillt es nicht, from seyn allein fur sich, sonder auch andere straffen vnd zuregiren wissen, sonst wo man aus frumckeyt nachlesst einem yeden zuthun was er will, so heyszt es, Deteriores omnes sumus licentia, Cicero sagt, wie die Romer zween Burgermeister verloren haben, Hircium vnd Pansam, die nichts kundt haben, denn from seyn.

Bl. 46 b. Spr. 541 = Agr. 694; der Infin. gehen (bis). Agr's. Erklärung bezieht sich im Eingang auf die in Spr. 78 „das bier vnd der wein folget dem zapffen" geschilderte deutsche Gastlichkeit s. die vollständige Mittheilung in meinem Passavant S. 32. Darnach heisst es: Denn wo sechs essen, do isset auch einer, daher das sprichwort kommen ist, Wo man isset, do soll man hynzugehen, Essen ist ehrlich, vnd machet niemand weder arm noch reich, Der wirt nicht arm vmb ein malzoyt, der essen gibt, Der wirt auch nicht reych mit einer malzeyt, dem zu essen geben wirt, Herwidderumb so ist vntrew vnd diebstal vnehrlich vnd vnmenschlich bey den Deutschen allzeyt gehalten worden, darumb soll man daruon gehen, wo man geldt zelet, dieweil man mit geldt vntrew einem beweysen mag, mehr denn mit essen, Zu dem, ob des gelds zu wenig were, mocht man ein arckwon schopffen, der frembde hette etwas ent-

*542. Wenn kinder nit so lieb weren, so wuerden sie
langsam erzogen.*

Solte mann ein kindt nicht ehe lieben es verdiente es denn, so mueste das kindt verfaulen vnd erstincken, Dieweil aber die lieb vorhanden ist, so ist die schwacheyt vnnd vnflat des kindes nit so grosz, mann fegt, vnd tregt sie gern, vnd also werden die kinder erzogen ausz lieb, nit ausz verdienst.

*543. Es mag leicht das einen menschen zieret, ein
rotz auff einem ermel.*

Unflat schmückt nit, wenn aber einem weibe oder manne etwas widerferet, oder was newes vffbringt, vnd wir spotten sein, sagen wir, Es mag leicht, das einen menschen ziert, ja ein rotz auff einem ermel.

*544. Es ist ein hundt, wenn er nur einen schwantz
hette.*

Einen eygennützigen nennet mann einn hundt, der niemandt guts günnet, denn jm selbs, beist vmb sich bescheiszt vnd betreugt jederman.

wendet, dasz es also vil sey, Wo man geldt zelet, da soll man von gehen, als gib dich nicht ynn fahr, gehe der fahr muszig.

Spr. 542 = Agr. 695 mit den Formen nicht und wurden. Die Erklärung Fr's. findet sich bei Agr. in der Mitte; dort die Varianten solt, ehr, muste, liebe (ebenso unten als Dat.), der schw. vnd des vnfl. d. k. nicht s. gr., tregt vnd fegt (in dieser Reihenf.), nicht aus verd.

Spr. 543 wörtlich = Agr. 370. Fr's. Erklärung findet sich in den Schlussworten Agr's. in veränderter Gedankenfolge. Ausserdem differieren die Formen schmuckt, nicht, auffbringt, auff eim erm. (im Text wie bei Fr. einem). Die vollständige Erklärung Agr's. s. in meinem Agr. S. 8. Agr. schildert darin die Uebereinstimmung und die Abweichungen in der deutschen Kleidung um das Jahr 1528.

Spr. 544 wörtlich = Agr. 403. Die Erklärung Fr's. ist ein Auszug aus der ersten grösseren Hälfte Agr's.: Eines hundss geneuszt

545. Ich hette mich ehe des hymelfalsz versehen.

Dises worts brauchen wir zu den dingen die (Bl. 47a) jemandt widerfaren, on alle seine vordancken, vnd die er für vnmoeglich geachtet hette, das sie geschehen solten.

546. Die langsamen maerckt werden gern gut.

Mann soll an keynem ding verzagen, denn es lest sich offt ettwas an, als wolte nichts darausz werden, vnd würdt darnach besser, denn jemant gemeynet hette.

547. Das groeste stuck gildt.

Das braucht mann zu etlichen spielen, gewalt gehet für.

---

niemand, denn sein herre, zu dem so beiszt er alles was frembd ist, wie droben auch gesagt ist ynn dem wortt, Schwager hundt, (348) Darumb nennet man einen eygennutzigen, der niemand guts gunnet, denn yhm selbs, beiszt vmb sich, bescheiszt vnd betreugt yederman, vnd leszt yhm niemand zulieb seyn, vnd niemand geneuszt sein, einen hund, also dasz er ein rechter hund sey, allein er hat kein schwantz, dabey man yhn kennen mochte, vnd ist nichts an yhm, denn dasz er eines menschen gestalt hat, sonst wo er einem menschen nicht ehnlich were, vnd hette einen schwantz, so were es rechtschaffen ein hundt. — In der zweiten Hälfte bezieht sich Agr. auf antike Mythen „der weisen Heyden", wie Tyrannen in Wölfe und Bären, Finanzer und Betrüger in Füchse verwandelt worden.

Spr. 545 wörtlich = Agr. 436. Die Erklärung Fr's. steht bei Agr. in der Mitte; dort die Formen furdancken und vumuglich.

Bl. 47 b. Spr. 546 = Agr. 693; dort das Subj. die tregen merckte. Die Erklärung Fr's. wiederholt die Anfangsworte Agr's., folgende Formen differieren wolt, wirt, hernach und gemeynt.

Spr. 547 = Agr. 702; das Adject. ohne Umlaut groste. Fr's. kurze Erklärung ist durch den Schlusssatz nicht nur unabhängig von Agr., sondern auch umfassender als dieser. Der Anfang Fr's. gab den Sinn Agr's. für seine Zeitgenossen ausreichend wieder; für unsere Zeit wiederholen wir die vollständige Erklärung. Ynn etlichen spielen, als mit den steynen zum pflocke schiessen, wenn schon ein steyn zurschossen odder zurworffen ist, so gillt doch das groste stuck vom

548. Die meysten stimmen beschliessen.

Es ist ein grosser schad, dardurch landt vnnd lewt verderbt werden, wo eygennützige vnuerstendige lewt in ein regiment kommen, Denn wiewol sie der sachen keynen verstandt haben, so ist der groeste hauffe auff der selbigen seitten, dardurch sie jr fürnemen erlangen.

549. Er kan sich des hungers kaum erweren.
550. Er hat weder zu beissen, noch zu brockenn.
551. Er hat nit das liebe brodt zuessen.

Das ist, er ist gar arm.

---

steyn, es sey nahend odder weyt vom pflocke gelegen, zu gewinn vnnd verlust.

Spr. 548 = Agr. 703; der Plur. stimme. Die Erklärung Fr's. schliesst sich an die erste grössere Hälfte Agr's. an, hat aber ausser sonstigen Abweichungen durch Umwandlung des dritten Wortes kein in ein und durch den davon bedingten Wegfall des ersten denn eine stilistische Härte Agr's. überaus glücklich und geschickt beseitigt. Der betreffende Abschnitt Agr's. lautet: Es ist kein grosser schade, dadurch land vnd leutte verderbet werden, Denn wo vnuerstendige vnd eygennutzige leutte ynn ein regiment kommen, Denn, wiewol sie der sachen keinen verstandt haben, so ist der groste hauffe auff der selben seytten, dadurch sie yhr furnemen durchbringen vnd erlangen, Dieweil es nun dahyn kommen ist, quod numerantur, non ponderantur sententiae, Dasz man nicht achtet wie gut eins rede sey, sonder wie vil der sind, die auff ein ding schliessen, Darumb sind vil Jaherren auff erden, die vmb gunst vnnd freundtschafft willen reden was ein ander gern horet. — In der weiteren Ausführung berichtet Agr. nach Livius von den Parteikämpfen in Carthago, und wie der Sieg der Barciner und die Ernennung Hannibals „zum haubtman an seines vaters stadt" alles Elend über Carthago gebracht habe.

Spr. 549, 550 und 551 = Agr. 705, 706 und 707; nur in dem letzten die herkömmliche Abweichung nicht. Fr's. Erklärung wiederholt die Anfangsworte Agr's. zu Spr. 705. Die vollständige Erklärung lautet: Das ist, er ist gar arm, dasz er weder zu beissen noch zubrocken hat, das wir sonst sagen von der eussersten not vnd

552. Ein kindt kan ehe was vertragen, denn ein altes.

Einem kinde gehet jmmer zu, an stercke vnnd krefften, einem alten ab, darumb kan ein kindt eine kranckheyt eher übertragen denn ein altes.

(Bl. 47 b). *553. Jung, schoen genug.*

Was Jung ist, das ist lieblich, vnd stehet der jugent wol an, alles was sie thut, mit allenn geberden, darumb ist sie huebsch genug.

---

armut, er hat nicht das liebe brodt zuessen, vnd ist ein Hyperbole des armuts.

Spr. 552 wörtlich = Agr. 397. Die Erklärung Fr's. wiederholt die Anfangsworte Agr's.; stimmt aber sonst nur sachlich mit Agr. zusammen. Die vollständige Erklärung des Letzteren lautet: Einem kinde gehet ymmer zu, an stercke vnd krefften, Einem alten gehet ab, Ein kind ist voller feuchtickeyt, hat ein feuchtes hirn, vnd wenn es schon ein hitze, Feber odder andere kranckheyt kriegt, so schadet es yhm nicht leichtlich, denn da ist zuzusetzen, vnd ist vbrige feuchtickeyt vorhanden, welche durch die kranckheyt offt verzeret wirt, vnd dienet iungen leuten zu yhrer gesundtheyt, Aber alte leutte haben nicht zuzusetzen, es ist weder hitze noch feuchtickeyt da, darumb schliessen auch die Ertzte, dasz ein hitziges Feber an einem alten manne sein tod sey.

Bl. 47 b. Spr. 553 = Agr. 398. Jung, schon gnung. Zahlreiche sonstige Belege, s. bei Wander s. v. jung 33; bei dem ersten Citat aus S. Franck I 144 a ist die Rückseite 144 b gemeint und zu setzen. Die Erklärung Fr's. entspricht den Anfangsworten Agr's. mit den Varianten das sie th. und hubsch gen. Daran schliesst sich folgende anziehende Mittheilung. Er Philippi Melanchthons mutter hat dises wortts vil vnd offt gebrauchet, wenn man gesagt hat, wie es offt geschicht, dasz ein meydlin odder weiblin sich schmucken soll, sonst werde sie derhalben keinen man vberkommen, Jung, schon genung, Was iung ist, ist auch schon, vnd schon genug, Man flicke ein altes ledder, vnd schmucke einen alten esel wie man wolle, so bleibt es doch alt ledder, vnd die ohren ragen yhm herfur. Aus dem Schlusse ergiebt sich nicht mit voller Sicherheit, ob die drastische Vergleichung mit dem alten Leder und dem alten Esel

554. Du bedarffest fuer vnnuetze wort nit sorgen.
Das ist es werden dir vnnütze wort nit mangeln.
555. Mann erferet alle wege mehr boeses, denn guts.
Der boesen ist allweg mer, denn der frummen, darumb musz auch auff erden mehr übelthat sein denn frumbkeyt.

---

schon von Melanchthon's Mutter herrührt, oder ob die Worte erst von Agr. hinzugesetzt sind. Materialien zur zuversichtlichen Entscheidung, vor allem die herrliche Ausg. des Corpus Reff., die ich vordem in meiner Vaterstadt Neustrelitz auf der an litter. Schätzen reichen Grossherz. Bibliothek nicht selten vergleichen durfte, stehn mir augenblicklich nicht zu Gebote. Wie hoch aber Melanchthon in kindlicher Pietät die Worte seiner Mutter gehalten, zeigt der von seinem Schüler J. Major ausdrücklich aus seinem Munde als dictum matris Philippi angeführte Reimspruch, den als solchen auch das Zeugniss Zinkgref's I (Straszbg. 1628) S. 259 bestätigt: Wer da wil mehr verzehren etc. s. meine Ausgabe Neanders S. 30. Ueber Melanchthons lebhaftes Interesse für das deutsche Sprichwort s. meine Ausführung ebendaselbst S. 52 ff. Dasz aber Agricola sich auch sonst gern auf persönliche Mittheilungen Melanchthons bezogen, beweist u. a. Spr. 284 s. Passavant S. 25 meiner Ausg.

Spr. 554 = Agr. 428 mit den Formen fur, vnnutze und nicht. Die Erklärung Fr's. ist ohne die Vergleichung Agr's. nicht recht verständlich. Die ganze Ausführung des Letzteren lautet: Mancher mensch ist also gifftig, das er seinem maule nicht steuren kan, vnd speyet vil boser wortt ausz, offt auch vmb einer geringen sache willen, Wenn nun einem solchen etwas von eim andern widderferet odder geschicht, so sagen wir zu dem thetter, Du darffest fur vnnutze wortt nicht sorgen, es werden dir vnnutze wortt nicht mangeln, es ist sonst ein vnnutzer man, Es heyssen aber vnnutze wortt, die vergebens geschehen, vnd dienen nyrgent zu, Ein vnnutzer man, den man nyrgent zu gebrauchen kan, er verderbt es alles mit seinem maule vnd gewesche.

Spr. 555 = Agr. 704 mit der Form boses. Die Erklärung ist den Anfangsworten Agr's. entnommen; vorher geht der Ausspruch des Cicero: deteriorum semper major pars. Folgende Formen differieren: bosen, alleweg, frommen, vbelthat und fromckeyt.

556. *Es ist ein lebendiger, belebter, froelicher mensch.*

Das sagt mann von denen, die froelich vnd guttes muts seindt.

557. *An anderer lewt kindern, vnd fremden hunden, hat mann das brodt verloren.*

Ein fremder hundt leufft entlich wider zu seinem herrn, vnd veracht den, der jn gespeist hat. also ist es auch vmb anderer leut kinder gethan, die dancken denen, die sie von jugent erziehen, eben als wenig als der hundt, mann musz aber darumb nicht vffhoeren guts zuthun, was sie nit vergelten, das vergilt Gott.

558. *Wenn die kremer (l. narren) zum marckt gehen, so loesen die kremer gelt.*

Wenn die Narren kommen so haben die kremer jre rechte kauffleut, die sie betriegen koennen.

Spr. 556 = Agr. 407; das Adj. frolicher. Die Erklärung Fr's. bildet bei Agr. den Anfang; dort die frolich vnd leichts muts sind.

Spr. 557 = Agr. 377 mit den Abweichungen leutte, vnd an fr. h. Die Erklärung Fr's. findet sich bei Agr. am Anfang und gegen den Schluss; dort mit den Varianten laufft, herren, verachtet, gespeiset, leutte, dancken es denen. Hier heisst es ohne wörtliche Uebereinstimmung: man musz gleichwol yederman wohlthun, ob sie vns schon vbel thun, denn Gott thut vns also, vnd was die leutte nicht bezalen, das bezalt er.

Spr. 558 = Agr. 698 mit den Formen zu marckte, kauffen und kramer. Vgl. oben Spr. 150, wo dasselbe Sprichwort aus dem Commentar zu Agr. 226 nachgewiesen ist; ebendaselbst über das S. Fr. eigenthümliche Verb. loesen. Die jetzige Erklärung Fr's. findet sich bei Agr. zu 698; hier die Formen kauffleute und kunnen; aber zugleich wie bei Fr. kremer; ähnlich in der vorausgehenden Stelle aus Freidank:

— wenn thoren zu marckt thun lauffen,
So thun die kremer bald verkauffen.

(Bl. 48 a). *559. Ein brieflin were gut darbei.*

Brieffen vnd sigeln glaubt mann gern, darumb wenn ich einen wil heymlich lügen straffen, sag ich, wo er ettwas sagt, das ich nit glaub, ein brieflin were gut darbei.

560. Der Teuffel leszt stetz einen gestanck hinder ihm.
561. Der teuffel stelle sich wie er woelle, so ragenn ihm die fuesz her fuer.

Das ist, was der teuffel für nimpt, das hat imm anfang einen huebschenn schein, aber imm ende ist es giffte, Er stelle sich wie er woelle, so kennet mann doch seine tücke.

Bl. 48 a. Spr. 559 wörtlich = Agr. 369. Fr's. Erklärung modificiert wiederum die Gedankenfolge bei Agr. Die vollständige Erklärung des Letzteren lautet: Wenn wir einen heymlich lugen straffen, sagen wir, wo er etwas saget, das wir nicht glauben, Ein brieflin were gut darbey, damit man solchs beweysen vnd warmachen mochte, Denn brieffe vnd sigil glaubt man gern, denn es sind viler leutte zeugnis vnd kundtschafft darynnen.

Spr. 560 und 561 = Agr. 382 und 383; in dem zweiten die Formen wolle, doch die fusse herfur. Die Erklärung Fr's. hat ihre grössere Hälfte aus Agr's. Worten zu Spr. 382 entlehnt; der Schluss ist formell unabhängig. Agr's. Erklärung zu Spr. 382 theilen wir der Zeitgeschichte wegen vollständig mit; aus einem culturgeschichtlichen Grunde wiederholen wir die Schlussworte ebendesselben zu Spr. 383. Das ist, was der Teuffel furnimpt, das hat ym anfang einen hubschen scheyn, aber ym ende ist es gifft, Salomon sagt, Es ist ein weg, der scheynet richtig ynn der menschen augen, vnd sein auszgang ist doch die ban zu dem tode, Man nennet einen bosen geruch, ein stinckend Gummi, Teuffels dreck, zum zeichen, als sey des Teuffels auszfart vnd abscheyden nicht gut. Zu vnsern zeytten betrog der Teuffel die bauren durch den Muntzer, als solten sie die auszerwelten allein seyn, die auff erden allein regiren, vnd alle andere auszrotten solten, Es gieng wol an, es machte ein grosz schrecken aller wellte, Aber do er sie ynn das bade gefueret hette, liesz er sie darynne ersticken vnd ersauffen, da gieng der gestanck

562. Wie leszt der einen gestanck hinder ihm.

Wenn sich jemandt vnerlich bei lewtten, die jn für frumb gehalten, beweiset vnnd abscheydet, sagen wir, wie hat der einen gestanck hinder jm gelassen, Der gestanck ist ein boesz gerüchte.

563. Er ist vnschuldig darzu kommen.

Disz ist ein klagrede über einenn, der vnuerwarter sache, vnd on sein schuldt, zu einem schaden kumpt.

564. Er hat lang darnach gerungen.

Also sagt mann von denen, welche nach vnglück stehen, vnd entlich triffet sie der vnfall.

---

an, den er hynder yhm liesz. — Spr. 383 Schluss: Es gefellt mir wol, dasz die maler den Teuffel malen vnterweilen wie einen Engel, wie ein weib, wie einen man ꝛc. vnd dasz yhm alle wege vnten die faesse grewlich, vnd wie ein Greyffenklaw sind.

Spr. 562 wörtlich = Agr. 384. Fr's. Erklärung giebt die Schlussworte Agr's. im Auszug wieder. Wenn sich yemand vnerbarlich bey leutten, die yhn fur from gehalten haben, beweyset, vnd abscheydet, sagen wir, Wie hat er einen gstanck hynder yhm gelassen, wir haben noch alle zuriechen daran, vnd auff dasz er yhn nicht ruche, ist er dauor geflohen, er mochte yhn selbs nicht erleiden, Das gestanck heysset ein bosz geruchte, das einer hynder yhm leszt.

Spr. 563 wörtlich = Agr. 432. Die vollständige Erklärung Agr's., die Fr. excerpiert hat, lautet: Disz ist ein klagrede vber einen, der vnuerwarnter sache, (s Spr. 488) vnd on sein schuld zu einem schaden kompt, vnd musz doch halten, so doch dieweil ein ander der recht schuldig daruon kompt, wie es denn gemeyniglich geschicht.

Spr. 564 wörtlich = Agr. 433. Für die Erklärung Fr's. vgl. den Anfang bei Agr.: Also vrteylt man von denen, welche vil vnglucks vnd schande brawen, vnd endtlich triffet sie auch selbs der vnfal. Die Schlussworte Agr's. beziehen sich auf 432 zurück. Darumb eben wie disz wort vrteyl fellet, vnd sagt, Es sey billich vnd recht, dasz das bose gestrafft werde, also hat das vorige beklagt die denen es on yhre schuld vbel gehet, vnd es sey vnrecht, dasz man einen vnschuldigen verdammen soll.

(Bl. 48 b). *565. Wenn ich das schon nit glaub, bin ich darumb keyn ketzer nit.*
566. Wer es nicht glaubt, der thut darumb keyn todtsuende.

Was in Gottes worten gründet ist, dem soll mann glauben, oder mann ist ein ketzer, wo mann aber keynen grundt hat Goetliches worts, so ist mann darumb keyn ketzer, wenn mans nit glaubt.

Bl. 48 a. Spr. 565 und 566 = Agr. 368 und 402. In dem ersten Spr. bei Agr. zweimal nicht; in dem zweiten hat auch Fr. diese Form der Negation. Spr. 368 beginnt: Ob es einer schon nicht glaubt, so ist er ff., in 402 das Subst. todsunde. Fr's. Erklärung stimmt nur sachlich mit Agr. 368 überein. Wegen der Wichtigkeit dieser Fragen aber theils für die historische Erkenntniss des Reformationszeitalters, theils für die heilsame Entwicklung, Neu- und Umgestaltung unserer an religiösen Wirren nicht minder schweren und schwangeren Zeit wiederholen wir Agr's. Worte zu beiden Sprichwörtern in ihrem vollen Zusammenhang.

Die Aposteln, odder were es gethan hat haben den glauben an Gott ynn zwelff artickel gefasset, darynne wir gnugsam bekennen alles was Gott wil von yhm bekennet haben, nemlich von yhm als einem vater, Von dem sone vnd vom heiligen geyste, Disen artickeln folgen alle wortt, werck vnd ordnung Gottis vnd Christi, wie denn geschriben stehet, Der mensch lebt ynn allem wortte, das da gehet aus dem munde Gottis vnd allen wortten Gottis musz ich glauben, Vnd wer disen stucken, wie der glaube meldet, odder Gottis wortten vnd wercken nicht glaubt noch bekennet, der ist ein ketzer vnd abtrunniger von der einickeyt der Christlichen Kirchen, Christus ist ein haubt der Kirchen vnd sonst niemand, das musz ich bekennen, Wenn ich aber nu nicht glauben wil, dasz der Bapst mit den Bischoffen das haubt der kirchen sey, so bin ich drumb kein ketzer, denn es ist kein Gottis wort da, Christus hat das Sacrament seines leibs vnd bluts eyngesetzet also zugebrauchen, das musz ich bekennen, odder bin ein Ketzer, Wenn ich aber schon nicht glaub, dasz der Bapst macht habe, eine gestalt allein zugeben, so bin ich darumb kein Ketzer, Gott hat den menschen geschaffen, dasz er mendlin vnd weiblin seyn soll, Wenn nun der Bapst ein sonderlich volck, Pfaffen,

Munch vnd Nonnen machet, vnd verbeutt yhnen die ehe, auff das sie ia vnkeusch genug seyn mugen, vnd ich wil nicht glauben, dasz sie Gottis volck seyn, so bin ich darumb kein Ketzer, denn es ist widder Gottis wort, Wachset vnd mehret euch, sonderlich wo ich mit der hohen gabe der keuscheyt nicht begabt bin, Wir brauchen dises wortts auch ynn geringen sachen, als, Wenn ich schon nicht glaube, was der vnd der sagt, so bin ich darumb kein Ketzer, denn es ist kein artickel des glaubens, noch Euangelion.

Des gleichen ist droben angezeygt ym wortt, Ob ichs schon nicht glaube, so bin ich darumb kein ketzer, Sanct Johannes ynn seiner Epistel sagt von zweyen sunden, Eine ist zum tode, ein todsunde, Die ander ist nicht zum tode, Fur die sunde zum tode soll man nicht bitten, als fur die, die ynn den heiligen geist sundigen, Solche sind alle, die offentlich wider die warheyt handeln, als nemlich, die da wissen, dasz Christus beyde gestalt des Sacraments eyngesetzt hat, vnd die erste Kirchen vnd Vetter haben es also gebrauoht, wie Cyprianus selbs schreibt, dasz man auch den kindern das blut geben hat, Item, dasz der ehestandt von Gott den Priestern nicht verpotten ist, vnd warten doch, bisz es menschen beschliessen vnd ordnen, fur solche soll man nicht bitten, sonder widder sie bitten, wie Moyses thette widder Dathan vnd Abyron, Vnd eben das ist die sunde, darwidder itzt das Euangelion so fast schreibet vnd fichtet, nemlich die lere, dadurch die leutte verfueret werden, vnd dise gehet stracks widder die ersten drey gebot der ersten Taffel, welche forddert allein die ehre des vertrawens, namens, odder wortts vnd wercks Gottis, da widder keines menschen gesetze odder wort etwas geldten soll. Die ander sunde ist nicht zum tode, vnd fur solche mag man bitten als die sind, welche widder die ander Taffel sundigen ausz schwacheyt, Fur einen morder vnd ehebrecher soll ich bitten, fur einen hurer vnd wucherer auch, Vnd also hat das Euangelion sein lebenlang noch nie der geistlichen leben vnd werck angefochten, Denn wo sie widder die lere Gottis nicht handelten, sonder allein vbel lebten, muste mans yhnen fur gut halten, Ja hetten sie an einer huren nicht genug, so mochten sie yhr zehen nemen, vnd wolten dennoch fur sie bitten, Aber dasz sie eygene gesetze vnd ordnung machen, die Gott nicht gebotten hat, da musz ein yeder der Gottis ehre lieb hat, sagen, Sie schmehen vnd lestern Gott, vnd sundigen zum tode vnd musz widder sie bitten, Gott wolte dem Teuffel weren, vnd yhre (l. yhrer) lere nicht anhang geben.

567. *Er ist seiner kunst meyster, was soll mann vil sagen.*

Wer seine kunst mit der that beweiset, der ist meyster.

568. *Er ist ein huempler, ein huempelman.*

Ein rechter künstner, machet sein werck der massen, das es einen bestandt hat, Ein hümpler aber hümpelt vnd machet nichts rechtschaffens oder bestendigs.

569. *Er wirfft das hundert ins tausent.*

Er mengt es in einander, weise vernünfftige lewtte reden ordenlich, vnd fuegen eines vff das ander, aber narren reden was jnen einfelt.

Spr. 567 wörtlich = Agr. 385. Ebenso beginnt Agr's. Erklärung. Wer sein kunst mit der that beweyset, der ist meister, vnd wirt darumb gelobt, Denn die that vnd das werck zeuget von yhm sein meisterschafft.

Spr. 568 = Agr. 386 mit den Formen humpeler und humpelman. Fr's. Erklärung wiederholt die Schlussworte Agr's., folgende Formen differieren: kunstner, humpler, humpelt. Voraus geht bei Agr. noch der kurze Satz: Wer sich einer kunst ausz thut, vnd kan sie mit der that nicht beweysen, der soll sein billich schande vnd schaden haben.

Spr. 569 wörtlich = Agr. 429. Mit den Worten Er — einander beginnt auch Agr. seine Erklärung und fügt am Rande sermo sine capite hinzu; dem zweiten Satze weise vern. l. u. s. w. geht noch die praktische Erörterung voraus. Hundert sind das zehend teyl von tausent, vnd tausent ist ein grossere zal denn hundert, Wer nun hundert zu tausent wirfft, vnd rechnet nicht darzwischen die andern hundert, als zwey, drey, vier, funff, sechsz, sieben, acht, neun hundert vnd als denn tausent, der macht es also, dasz niemand weysz was er rechnet adder (l. odd.) redet, Darumb wirt disz wort gebrauchet widder die, welche vil gewesch machen, vnd sagen vil, sie aber selbs wissen nicht wo es hat angefangen, odder wo sichs endet, die es horen, auch nicht. Hernach differieren die Formen: vernunfftige, auff das ander, eynfellet.

570. Das ist ein narr, der da redt was ihm einfelt.

Ein weiser vnderscheidt weysz, masz, ort, stund vnd person, er schweiget zu rechter zeit, er redet zu rechter zeit, er redet auch darnoch die lewtte seint, offt vil, offt wenig, darnoch es sich schickt, Ein narr aber redet on vnderscheyt was ihm zu felt, es diene oder schade.

(Bl. 49 a. Sign. H). *571. Ein mueck fueret es vf dem schwantz hinweg.*

Das ist ein verkleynung eins dings, als wenn ich sprich, deine kunst, fueret ein mücke auff dem schwantz hinweg 2c.

572. Vrlaub hindert hie niemandt.

Also reden die wirt imm schertze zu jren gesten, Es mag ein jeder geen wenn er wil, vrlaub hindert hie niemandt.

Spr. 570 = Agr. 430; do, redet, eynfellet. Die Erklärung findet sich meist wörtlich bei Agr. in der Mitte mit folgenden Abweichungen: vntercheydet, weyse, stunde, darnach die leutte sind, darnach es sich fueget, zufellet. — Bei Agr. 220 dasselbe Spr., nur lautet der Anfang: Der ist ein narre.

Bl. 49 a. Spr. 571 = Agr. 404 mit den Formen mucke, auff dem schwantze weg. Fr. deutet sein Excerpt selbst ausreichend durch das Zeichen 2c an. Agr's. etwas redselige, aber treffende Erklärung lautet vollständig: Disz wort ist weytleufftig, vnd kan mancherley weyse gebrauchet werden, Es ist aber ein verkleinung eines dings, als wenn ich spreche, Des ehre, witz, verstandt furete ein muck auff dem schwantze hynweg. Nun ist ein muck ein clein, ein schwach thierlin, kan nicht vil fueren, Darumb ist es ein Deutsche Metaphora, als welt ich sagen, Es ist weder witz, noch ehre, noch verstandt da, Der hat gehandlet, aber den gewin fueret ein muck auff dem schwantze hynweg, das ist, Er hat nichts gewunnen.

Spr. 572 wörtlich = Agr. 435. Nur der Schluss von Agr's. Worten bezieht sich auf deutsche Sitte, weshalb auch nur dieser Theil der Erklärung von Fr. im Auszuge ist berücksichtigt worden.

573. Wer dich vff dem ruck gen Rom truege, vnnd herwider, vnnd setzte dich on gefer ein mal vnsanfft nider, so wer es alls verlorn.

Das redet mann von vndanckbarn lewtten, die trewe vnnd wolthat leichtlich vergessen, wo jnen vff ein zeit ein krummes wort oder sawr ansehen begegnet.

Im Eingang knüpft Agr. an die Grundsätze edler Gastlichkeit an, die Menelaus bei Homer gegenüber dem zum Scheiden bereiten Telemach ausspricht (Odyss. XV 68 ff.). Die vollständige Erklärung Agr's. s. in meinem Agr. S. 157; daselbst gehen und schertz.

Spr. 573 = Agr. 374 mit den Formen erschlich, (Fr. vff dem ruck), trüg, were, alles. Fr. hat seine Erklärung in ihrem Hauptsatz aus den Anfangsworten Agr's., in ihren Nebensätzen aus den Schlussworten entlehnt. Letztere s. in meinem Agr. S. 131 Gehen ist etc. Daselbst die Formen auff ein zeyt und sawer ans. Der Anfang Agr's. lautet: Das ist von vndanckbarn leutten geredet welche nur darauff sehen, was yhnen leydsz geschicht, auch ynn dem aller geringsten stucke, vnd vergessen alle des guten, das yhnen sonst heuffig vnd vil widderferet von yemand, Die Oberckeyt u. s. w. s. meinen Agr. a. a. O. Aus historischen Gründen heben wir weiter folgenden Abschnitt bei Agr. heraus: Der arme Kontze Anno M. D. xiij. wolt nicht am pfunde etwas nachlassen vmb friedes willen, darumb muszt er vmb leib, leben, vnd alles kommen. Die bawren Anno M. D. xxv. wolten frey seyn, vnd sind nie hertter beschwert worden, Sie haben vberkommen solche freyheyt ynn welden zuiagen, zufischen ynn teichen, vnd zinsze zugeben, dasz sie schlaffen mugen vnter welchem bawme sie wollen, So durffen sie auch kein zinsze odder zehenden geben, man heysse sie es denn, So mugen sie auch fischen, wenn mans yhnen erlaubet, Vnd wiewol die Fursten vnd herren villeicht vnrecht hierynne thun, so geschicht doch vns recht, dasz wir alles verlieren, Wenn wir der grossen guetter vergessen, vnd fechten einen geringen schaden an. — Ueber das Sprichwort selbst bemerken wir noch, dass auch Tappius an dem Ausdruck erschlich Anstoss nahm und dafür erstlich setzte s. Wander u. Rom 71. Wie S. Franck den „Rücken" dafür nennt, so auch Luther in seiner Erläuterung zur Genesis c. 20. Wander s. v. Rücken 35. Weitere Belege aus dem 16. Jahrh. fehlen mir zur

574. *Wer einem anderen dienet, der gedenck nit das mans ihm dancken werde.*

Das hat Christus vnser heyland wol erfarn, er kam der welt zuhelffenn, so schlug sie jnen an das crewtz.

575. *Der wolthat ist balde vergessenn, aber der uebelthat gedenckt mann lang.*

Also vergifft vnd boesz ist vnser natur.

576. *Lasz einen hundt sorgenn, der bedarff vier schuch.*

Wider die bauch sorge. Ein hundt hat vier fuesse, vnnd wenn er schuch truege, mueste er zwey par schuch haben, noch sorget er nit, warumb sor (Bl. 49 b) get dann ein mensch, der nur ein par schuch bedarff, vnnd ist vil besser, Gott hat auch vil mer acht vff jn, denn vff einen hundt.

Zeit. Die niederl. Uebersetzung Campens (1550) lautet im Original: Datmen y achterwerts hen te Roemen droeghe, ende wederomme: ende settede v eenmael onsachte neder, soe weeret alles verloren. Harreb. III 153 a.

Spr. 574 = Agr. 375 mit den Formen andern, gedencke nicht, man yhms. Die Erklärung Fr's. ist formell unabhängig, schliesst sich aber sachlich an die Anfangsworte Agr's. Den spruch hat die lang erfarung gefunden, dafur auch vnser Herr gott nicht sicher ist, Denn er thette der welt das beste, so thet sie yhm das ergste, Er schickte zu den Juden Propheten, die erwurgten sie, Er schickte zu Juden vnd Heyden seinen sone, den schlugen sie yhm an ein creutze.

Spr. 575 = Agr. 376; wirt bald, vbelthat. Fr's. Erklärung wiederholt die ersten Worte Agr's.: Also vergifft vnd bosz ist vnser natur, dass sie sich nur spiegelt ynn eines andern miszhandlung, Vnd ym fall, dasz einer sein leben lang, ehrlich vnd wol hette zugebracht, vnd miszhandelt eyn mal, so wirt der vbelthat ewig gedacht, vnd der wolthat vergessen.

Spr. 576 wörtlich = Agr. 405. Die drei ersten Worte Fr's. entsprechen dem Schlusse bei Agr.: Es ist disz sprichwort nicht allein ein weise rede, sonder auch ein Christlicher, ja des heiligen

577. Der Teuffel ist arm, der hat weder leib noch sele.

Das ist ein wort des glaubens, welchs verwirfft die sorge, was mann essen vnd trincken vnd wo mit mann sich bekleyden soll, gibt Gott leib vnd seel, das groeszt, so würt er auch darzu geben das sie beyde erhalten werden.

578. Hette ich den steyn nit gezogen, so hette ich das spil verloren.

Das brauchet mann zumm spil, auch sunst in schertz weise, hette ich den steyn nicht gezogenn, so hette ich das spil verlorenn, das ist, es war zeit, das ichs thette, es were sunst ein ander kommen.

579. Ich hab einen gutten steyn im brette.

Das ist, ich hab einn gutten bunt imm bret, oder wer etwas zu hoff zu schaffen hat, vnd hat gutte freunde

---

geistes trost, widder die bauchsorge, Lasz einen hund sorgen, der bedarff zwey par schuch, du bedarffest nur eyn par. Unmittelbar vorher geht der Satz: Ein hundt hat vier fuesz etc.; weiter die Varianten truge, muste, nicht, denn, auch m. a. (Fr. vil m. a.) auff yhn, d. auff e. hunde.

Bl. 49 b. Spr. 577 wörtlich = Agr. 409. Fr. hat die Anfangsworte Agr's. theils ausgezogen, theils leicht umgestaltet. Das ist ein recht glauben wort, welches da verwirffet die sorge für hulle vnd fulle, was wir anziehen, vnd wamit wir vns kleyden, vnd versihet sich zu Gott, der das groste den leib vnd die seele odder das leben gegeben hat, der werde das kleinste, damit der leib vnd das leben erhalten, vnd bekleydet wirt, auch geben.

Spr. 578 = Agr. 417 mit der Negation nicht. Die Erklärung Fr's. wiederholt die Schlussworte Agr's.; dort das Adverb. sonst. Die vollständige, in culturhistorischer Beziehung überaus wichtige, aber auch zugleich nicht wenig dunkle Erklärung Agr's. s. in meinem Agr. S. 156.

Spr. 579 = Agr. 418 mit der Accusativform ein. Die vollständige Erklärung Agr's. lautet: Das ist aber ein Deutsche Meta-

zu hoff, der spricht, ich hab einen gutten steyn imm brette.

580. *Er ist nahe am brette, Er ist hoch am brette.*

Das ist, Er ist lieb vnd werdt gehalten, vnd hat genedige herren.

581. *Tawsz es, hast du mein pferdt nit gesehen.*

Tawsz es in primis, est signum perditionis.

(Bl. 50 a. Sign. § 2). **582. *Wersz kan, dem kumpt es.***

Disz wort kumpt vonn eim schneider, der sein handtwerck nit wol kunde, dem wardt in einem gantzen

---

phora, Wer auff dem spiel einen guten bundt, ym brett hat, daruber ein ander sein steine spielen musz; der hat das spiel halber gewunnen, Also auch, wer vor grossen herren vnd Redten zuschaffen hat, vnd hat yemand, der sein sache trewlich fordert vnd treibt, der hat einen guten stein ym brette, einen guten freunde, der yhm zu seiner sachen redt vnd hilfft.

Spr. 580 = Agr. 419 mit der Dativform brett (bis). Agr's. Erklärung ist wenig wortreicher. Das ist, er ist lieb vnd werdt gehalten, vnd hat gnedige herren, Wir sagen auch, Er sitzt oben am brett, das ist, hoch erhaben, Er ist zu hohen wirden vnd regiment komen.

Spr. 581 bis auf die Negation nicht (Fr. nit) wörtlich = Agr. 420. Fr's. Erklärung giebt die erste Zeile Agr's. getreu wieder; wir theilen im culturhistorischen Interesse auch das Weitere mit. Wenn man wirfft der meysten augen auff dem wurffel, so ist Tausz Esz der geringste wurff, darumb bedeut der wurff das verlieren, Gillt es nun ein pferd, so hat der, der Tausz Esz wirfft, sein pferd am letzten gesehen, darumb spricht er, Tausz esz, hastu mein pferd nicht gesehen? als sprech er, Damit wird ich mein pferd nicht gewinnen, vnd hettestu mein pferd gesehen, wie gut es ist, du wurdest nicht kommen seyn, denn du tausz esz machest dasz ichs verliere.

Bl. 50 a. Spr. 582 = Agr. 373; das Verb. des Hauptsatzes kompt. Die vollständige Erklärung Agr's., deren thatsächlichen Inhalt Fr. wiedergiebt, lautet: Deutsche sprach ist voller spotts, vnd sind schier die meysten wortter dahyn gerichtet, als denn disz auch ist, Es ist, wie man sagt, dises sprichwortt aus der that erwachsen,

jar keyn arbeyt gebenn, alleyn auff den Osterabent wardt ihm ein par hosen zu flicken bracht, da sagt er, wersz kan dem kumpts.

583. *Ich wuste nit wie mir geschahe.*

Wem onmacht zukumbt, oder sunst in todes far kumpt, so weysz er nicht wie jm gschicht, vnd so mann einen solichen fragt, wie es jm gangen sei, so spricht er, ich wuste nit wie mir geschahe.

Einem Schneyder, der sein hantwerck nicht wol kundt hat, ist ynn einem gantzen iare kein arbeyt geben worden, allein auff den Osterabent ward yhm ein par hosen zuflicken bracht, da sagt er, Wers kan dem kompts. Wem nun ein gluck auffstehet on alles gefehr, des er sich nicht versehen hat, der sagt von yhm selbs, sonderlich wenn sichs andere verwundern, Ey laszt es euch nicht seltzam seyn, Wer es kan, dem kompt es.

Spr. 583 = Agr. 381 mit den Formen nicht und geschach. Für die Erklärung Fr's. vgl. den Anfang bei Agr. Wem ein ammacht zustosset, odder kompt sonst ynn todes fahr, es sey wenn er ynn wassers noeten ist, odder sonst fellet von einem hause, von einem gawl, odder stortzt mit einem wagen, so weysz er nicht wie yhm geschicht, er schlummert eyn, vnd ist yhm, wie er ynn einem galm odder trawm lege, dasz wenn er erwacht vnd widder zu yhm selbs kompt, vnd gefraget wirt, wie yhm geschehen sey, so weysz er nichts zusagen, denn, ich weysz nicht wie mir geschach, es geschach also bald ehe ichs gewar ward. Hieran schliesst Agr. die Erzählung von zwei Missethätern, die zum Tode verurtheilt und zu guter letzt begnadigt worden. Im Augenblick der bevorstehenden Execution seien ihnen „witz, vernunft vnd alle synne hynweg" gewesen. Das erste Factum habe sich im Lande „zu Wirttemberg", das andere zu „Erffurd ynn Doringen" zugetragen; für jenes beruft er sich auf die mündliche Mittheilung seines Freundes Phil. Melanchthon. Der Schluss alsdann ist theils für die deutsche Sagengeschichte, theils für die Sittengeschichte des 16. Jahrh. und den Aberglauten selbst der gebildeten und gelehrten Kreise nicht ohne Werth. Er finde hier also vollständig seinen Platz. Vor diser zeyt, da die Walfartten, Feldteuffel vnd holttergeister die leutte an des teuffels stadt iemmerlich betrogen, fand man leutte, die da entpretten waren,

584. Ich wil ihn heindt vmb keyne tochter bitten.
Das sagt mann von einem zornigen menschen.
585. Er vattert sich, er muttert sich.
586. War nach solt er gerathen?

---

das ist, entzuckt ym geiste, die seltzame gesicht sahen, die ynn der helle, ym Hoselberge, ym Venus berge gewesen waren, dise alle redeten nicht vil daruon, ia sie kunden nicht, denn yhr keiner hat gewuszt wie yhm geschehen sey, Die auff dem manttel, bocke, rocken, bachtrogen vnd ofengabbeln zu frawen Vnhulden faren, die wissen auch nicht, wie yhnen geschicht, darzu so kompt keine dahyn do sie meynt. Ynn der Schlesien ist ein hausz gewesen ynn einer stadt, do des nachtes vil katzen pflagen eynzukommen, Nun war da ein kuner heldt, der wolt es wagen, wie es yhm auch ergienge mit den katzen, Zu mitternacht wirt das hause voller katzen, die bissen sich so kleglich, dasz der heldt vor forcht vnd erschrecken vnter die katzen springt, vnd hawet vnter sie eine gute lange weile, Des morgens sagte er andern, wie es yhm die nacht ergangen were, vnd sonderlich wie er einer ein forderbeyn vnd kopff, der andern ein hynderbeyn abgehawen, vnd den rucken verwundet hette, Nun waren vil weiber des ortts beruchtiget der zaubereyen, vnd eben die, daruon man denn argwon hette, waren verwundet, vnd eine hett ein handt, die ander einen arm, die dritte ein beyn verloren, die vierdte war wund ym rucken, die funffte ym kopffe ꝛc. Die hat gewiszlich der Teuffel ym schlaff verwundet, vnd yhr keine hat nie gewuszt, wie yhr geschehen sey. Die Sybillen bey den heyden sind auch von dem Teuffel besessen worden, vnd haben geweissagt, aber sie haben nicht gewuszt, wie yhnen geschehen ist.

Spr. 584 = Agr. 391 mit den Formen heindtnacht, kein t. Fr. ist formell unabhängig von Agr.; die vollständige Erklärung des Letzteren lautet: Mit erzurnten leutten ist nicht gut handeln, denn was man yhnen sagt, das nemen sie nicht an, sonder suchen nur rach, vnd gedencken, wie sie yhren zorn buessen, drumb ist es verloren, was man mit yhnen anfehet, Ein tochter ist dem vater lieb, die kunde man villeicht von yhm erlangen, wenn er guter ding were, aber ym zorn nicht, Wenn nun yemand sich vber etwas erzurnt hat, vnd gibt niemand kein gut wort, von dem sagt man, Ich wil yhn heynt vmb nichts bitten, er mochte mirs versagen, Ich wil wartten bisz der zorn furuber gehet, heyntnacht wirt nichts daraus.

587. *Er ist der recht vatter.*

Wenn ein vatter oder ein mutter über jr kindt klaget, wie es verwendt, erzogen (l. verz.) vnd boszhafftig ist, so antworten wir, warnach solt es gerathen? es gerett nach vatter vnnd mutter, Es ist der recht vatter, vnd brauchen das zum ernst vnd zum schimpff.

588. *Mann findet manch seltzams mutter kindt auff erden.*

In der welt sind die leut seltzam vnd wunderlich, (Bl. 50 b) vnd ein jeder hat seinen kopff.

Spr. 585, 586 und 587 = Agr. 645 vetert, 631 und 638 es i. d. rechte v. Fr. hat seine Erkl. aus der Mitte Agr's. 631 entnommen. Voraus geht: Die kinder geradten gemeyniglich nach den eltern, Denn was sie von yhnen horen vnd sehen, das lernen sie, darumb wenn etc. Die Schlussworte hat Fr. verkürzt. Also brauchen wir disz wortts zum schimpff vnd zum ernst, Zum schimpff, wenn wir also schertzen mit den eltern, Zum ernst, wenn wir ein bosz geschrey horen von kindern, welcher eltern auch nicht faszt ehrlich yhr leben herbracht haben, Ist es ein wunder, dasz die kinder also seyn? Nach wem solten sie geradten? vater vnd mutter waren auch also. In dem gemeinsamen Stoffe differiert bei Agr. einzig die Praeposition vber.

Spr. 588 = Agr. 632; das Pronom. manchs. Fr's. Erklärung wiederholt die Anfangsworte Agr's.; dort die Formen leutte und yglicher. Als charakteristische Proben einer absonderlichen Denkweise führt Agr. u. a. das Beispiel des Herostrat an. Vorher geht, was für uns noch wichtiger ist, folgende Aeusserung eines Strauchritters. Es sagt mir der gestreng vnd ehrnfest Caspar von watzdorff, dasz er einen Edelman kenne, guts geschlechts, der wolle vnserm Herrgott gern seinen hymel lassen, allein dasz er yhm vergunnen wolt, stets einem nachzudraben, der einen wetzker voll guldin vnter dem arm vor yhm hyn fuerete, vnd er yhm auff der versen were, vnd wolt yhm itzt den wetzker mit den guldin nemen, er begerte yhn nicht zuhaben, allein dasz er die lust haben mocht, als kunde er yhn haben, vnd geylete also darnach, ob er yhn schon nicht vberkeme.

Bl. 50 b. Spr. 589 = Agr. 456 mit der Form ehestandt. Fr's. Erklärung wiederholt die Anfangsworte Agr's.; dort die Ab-

589. Der Eestandt ist der heyligste orden, sintemal er alle andere orden inn sich hat.

Der Eestandt ist von Gott alleyn eingesetzt, vnnd sunst keyn ander standt mehr, vnd wo ein ander standt disem stande nit dienet, so ist es vngoetlich.

---

weichungen: ehestandt, sunst k. st. m., nicht d., so ist er vngottlich. Gegen den Schluss seiner Ausführung nennt und charakterisiert Agr. in humoristischer Weise die sechs in einem unchristlichen Ehestande herkömmlichen Orden: Benedicter-, Prediger, der Deutschen herren, Cartheuser, Barfusser und zuletzt der willigen armen, s. die vollständige Mittheilung in meinem Agr. S. 99 und 100. Nach den oben erwähnten Anfangsworten folgt eine längere auf das Wort der Bibel gestützte Auseinandersetzung über die Pflichten der Ehegatten gegen einander. Die Ausführung ist für das 16. Jahrh. charakteristisch, vielleicht auch für Agr., insofern er Adams Einsicht weit über die von Eva stellt. Wir wiederholen den ganzen Abschnitt. Der ehestand wirt vollzogen, durch gemeynschafft mannes vnd weibs, Dem manne ist auffgelegt von Gott, arbeyt vnd muheselickeyt, auch dasz er sein weib lieben soll, vnd yhr als dem schwechsten gefesse ehre thun, Vnd dieweil hie vnterscheyden wirt die arbeyt, vnd liebe vnd ehre thun, so wirt ehre thun vnd liebe nicht heyssen, narung allein schaffen, vnd sie versorgen, sonder sich mit wortten vnd wercken, geberden vnd zeichen, ynn all seinem wandel also halten, dasz das weib sagen musz, yhr man habe sie lieb. Sanct Paul sagt, Yhr menner solt nicht bitter seyn gegen ewre weiber, Ein man wirt finden, dasz das weib leichtlich zurnet, es ist vngedultig, vnd kan yhrem schwachen mut nicht steuren, hie sol nun der man liebe erzeygen, solche schwacheyt tragen, vnd yhr zugut halten, vnd mit vernunfft bey yhr wonen, das ist, dieweil er ein man ist, so soll er wissen, dasz disz ein weib ist, ein schwach, arm, gebrechlich, weich vnd wanckelmutig gefesse, vnd dasz er die vernunfft habe, yhr solches alles zugut zubalten vnd zutragen, Denn ein man soll sein weib lieben, sagt Sanct Paul, wie Christus sein gemeyne geliebet hat, Herwidderumb so ist den weibern auffgelegt, sie sollen yhre menner ehren, yhnen gehorsam seyn vnd vnterthan, ia sie herren heyssen, wie Sara dem Abraham thette, Nun heyszt gehorsam seyn vnd vnterthan nicht allein, ein kraut dem manne kochen, vnd das haus versorgen, sonder dasz sie yhre menner haben, als die yhnen Gott

590. Schlechstu einen teuffel herausz, so solstu ihr zehen hinein schlagen.

Das ist der boesen vnd vngehorsamen weiber sprichwort.

---

geben hat, sie seyen weise odder narren arm odder reich, vnd ym fall, dasz offt ein weib etwas besser wuste, kluger were, vnd ein sache basz verstunde, so soll sie doch gehorsam seyn yhrem manne, vnd yhren dunckel fallen lassen, vnd dem manne folgen, sonst wollen die weiber des Teuffels namen alle ding besser wissen, vnd sie sollen doch ynn Gottis namen nerryn seyn, vnd den mennern vnterthan. Hette Heua Adam gefragt, oder zur schlangen gesagt, Sie wolt Adam ynn der sache vom baum des bosen vnd guten radsfragen, so hette sie einen solchen iamer nicht angericht. Der Heua mut hengt den weibern noch an, vnd kunnen sein nicht losz werden, Den weibern wirt zugesagt, sie sollen selig werden durch kinder geberen wo sie bleiben ym glauben vnd gehorsam yhrer menner. Renner sagt von weibern, Dem aber ein gute wirt beschert u. s. w. (folgen noch 11 Reimverse).

Spr. 590 wörtlich = Agr. 457. Die Erklärung Fr's. stimmt sachlich mit den Anfangsworten Agr's. zusammen. Man findet manch vbel weib, das mit schlagen nicht besser, sonder halszstarriger vnd erger wirt, also auch, dasz sie sich gegen yhre menner horen lassen on schew, Schlechstu einen etc. Ueber die Anwendung des Sprichwortes bemerkt Agr. am Schluss: Wir mugen dises worts gebrauchen zum trotz widder vnsere feinde, denen wir nicht zuweichen gedencken, sonder wir wollen, yhe mehr sie vns beschedigen, ymmer erger vnd erger werden, auch vns nichts vor yhnen furchten odder entsetzen. Als Beispiele, wie die körperliche Züchtigung Seitens des Mannes doch zuweilen die Frau bessere, theilt Agr. aus eigener Erfahrung folgende Facta mit. Ein böhmischer Diener des Churfürsten Friedrich des Weisen habe ein weib gehabt „der ehren from, aber des mauls bose". Er habe sie also zu schlagen sich veranlasst gesehn und dabei jenes Wort aus ihrem Munde gehört: Schlägst du etc. „Nun kunde der Behem wenig Deutsch, darumb do er horet das vngeschickte wortt vom Teuffel, spricht er, Harre harre, Isz sich Teuffelichen drynne, ich will sich Teuffelichen wol heraus bringen, vnd gebaret mit der frawen der massen, das er fragt, Isz sich Teuffelichen noch drynnen? vnd sie zuletzt antwortt, Es sey kein Teuffel mehr drynnen, er hab sie alle

591. *Vngeschlagen am aller besten.*

Also sagen die frummen vnd züchtigen weiber, wenn sie hoeren, das sich andere weiber mit jren mennern zancken.

592. *Du wirdest nit ehe ablassen, du gehest dann vff dem rucke zur kirchen.*

---

heraus geschlagen, Vnd sieder der zeyt hat er ein gehorsam weib gehabt, dieweil er die Teuffelichen ausz yhrer haut weg geschlagen hat. Es war ein erbarer burger zu Eiszleben, diser war selten mit seinem weibe eynig, vnd yhe mehr er vbel mit yhr lebt, yhe erger es vmb sie ward, also auch, dasz sie yhm weder kochen noch braten, noch kein gut thun wolte, Zuletzt, wenn sie sich verbarg vnd verschlosz, erdacht er einen solchen list, Wenn er gewisz war wo sie lag, so gieng er vber alle andere bette, da er wuste dasz die fraw nicht drynnen lag, vnd stach etliche mal mit einem dreyecker durch die bette gar hyndurch, Zu letzt sihet die fraw den ernst, vnd sagt, das ist zuuil, Er solt mich wol ein mal treffen, vnnd mich erstechen, ich will nun thun was er will, Also vertrieb der dreyecker auch den Teuffel, Denn solche Teuffel furchten sich feindtlich vor helleparten vnd dreyeckern."

Spr. 591 wörtlich = Agr. 458. Fr's. Erklärung giebt die Anfangsworte Agr's. im Auszug wieder; s. den betr. Abschnitt in meinem Agricola S. 132; dort die Formen frommen, zuchtigen und horen. Daran knüpft Agr. zwei historisch schätzbare Parallelen. Es ist ein gesprech von zweyen frawen gemachet von Erasmo von Roterodam, darynne die eine, als Eulalia, ein spiegel vnd exempel ist einer erbaren frawen. Sanct Augustinus schreibt von seiner mutter, wie sie Patricium seinen vater, der so einen zornigen bosen synn hette, dasz er wuettet, wenn yhn sein zorn ankam, also wol gehalten habe, dasz er dadurch zum Christen glauben bekeret ward, des sich die andern weiber sehr wunderten, syntemal sie von yhren mennern, die nicht halber so bose waren, als der Monica man, offt geschlagen wurden, vnd Monica noch nie.

Spr. 592 und 593. Nur das erste Sprichwort fand Fr. bei Agr. 530 vor; das zweite knüpfte seine Erinnerung an; vgl. bei Luther vom Begräbniss mit der Schaufel jem. nachschlagen s. Sanders s. v. Bei Agr. die Formen wirst nicht (beides auch in der Erklärung),

593. Du wirdest nit ehe voll, mann werffe dir dann mit schauffeln nach.

Das sagt mann von den geitzigen, das ist, du wirdest nicht ehe ablassen, oder voll, du sterbest dann.

594. Es wuerde dem seinen guten halsz kosten, solte es geschehen.

Vil sachen seindt so gethan, das sie nit geschehen künnen, es sterbe denn ein mensch, der es vff disz mal hindert.

(Bl. 51 a. Sign. § 3). *595. Du hast einen gutten Engel gehabt.*

Wer in einem vnglück vnd schwinden vnfall gewent ist, vnd jm würt geholffen, do all menschen verzagten, von dem sagt mann, Der hat einn gutten Engel gehabt, der jm geholffen hat.

---

denn auf d. r. Fr. hat hier ausnahmsweise seine Erklärung auf die Geizigen beschränkt; Agr., dem sich Wander s. v. ablassen anschliesst, ist umfassender. Seine vollständige Erklärung lautet: Auff dem rucke zu kirchen gehen, ist sterben, Denn die todten tregt man also zum begrebniss, wir brauchen es also, Du wirst nicht auff horen zu geitzen, zu vnzeyten vnd zuuil essen vnd trincken, du gehest denn auff dem rucke zu kirchen, das ist, dieweil du lebst vnd dir geschehe denn ein vngemach daruon, vnd werdest kranck daruon, oder sterbest gar.

Spr. 594 = Agr. 531 mit den Formen wurde, sein, nur im Text; (als accus. masc.) und solt. Fr's. Erklärung wiederholt die Anfangsworte Agr's. mit den Formen sind, nicht, kunnen, auff d. m. Daran schliesst Agr. die Beispiele: als, Solt die frawe den man vberkommen, der geselle des mannes gut, so wurde es des mannes frawen, vnd dem manne seinen guten halsz kosten, das ist, so muste des mannes fraw, vnd der man, der itzt das gut ynnd hat, sterben.

Bl. 51 a. Spr. 595 wörtlich = Agr. 555. Die Erklärung Fr's. findet sich bei Agr. in der Mitte; dort die Formen vnglucke, gewesen ist, wirt geh., alle m., einen g. E.

596. Er ist ihm wie ein spiesz hinder der thuer.
Er hat einen gutten freundt an der handt.

Er mag sich sein gebrauchen wenn er wil, er ist jm bereydt zu dienen.

597. Er ist frumb, er thette nit einem kinde leydt.

Kinder seindt mutwillig, vnd verdienten es offt, das mann sie vmb jrer übertrettung willen, straffen vnd beleydigen soll, noch kan diser, den wir frumb heyssen, den kindern das zu gut halten, vnd vergeben, vff das ja niemants von jm leydes geschehe.

Spr. 596 = Agr. 563 und 564 mit den Formen thur und freunde. Fr's. Erklärung bildet bei Agr. 563 den Schluss, nur dasz gebrauchen ohne sich, also nicht als reflexivum steht. Voraus geht: Ein spiesz ist ein bereyte wehre, vnd bald zugebrauchen, Auff dasz man yhn aber finde wenn man sein bedarff, so setzt man yhn hynder die thure, als an den ortt, da man stetts aus vnd eyngehet, darumb ist es also vil gesagt, Er ist yhm wie ein spiesz hynder der thure, als, Er u. s. w. Auch die Erklärung zu 564 beweist das sinnige Sprachgefühl Agr's.; sie lautet vollständig: Wer gefallen ist vnd ligt, dem reychet man die handt, dasz er sich daran auffrichte, vnd stehe, Daher es kompt, dasz wir sagen, Er hat einen guten freunde bey der handt, der yhm hilffe thut, vnd seine sachen schutzen vnd ferttigen hilfft, Mit den henden schaffen wir, wer nun vnsere sachen furdert, den haben wir an der handt zur bereyttschafft.

Spr. 597 = Agr. 566; das Adject. from (auch in der Erkl.); die Negation nicht. Die Erklärung wiederholt den mittleren Kern oder richtiger den Körper von Agr's. Ausdeutung. Vorher gehen die Worte: Hiedurch wirt das vorige auszgeleget, nemlich was da heysse from seyn, niemand beleydigen, auch kein kindt nicht. Agr. bezieht sich damit auf Spr. 565 Ich hab einen frommen man bey der handt, einen Ausspruch, den er ironisch deutet: „— wirt das widderspiel gemeynet seyn". Am Schluss (von 566) heisst es: Gott ist from, dieweil er yederman hilffet, vnd niemand schadet. In der gemeinsamen Erklärung differieren die Formen sind, verdienen (ohne es), vbertrettung, auff, niemand (als Dativ). Wichtig ist noch die Definition der Frömmigkeit am Schluss von 365. Die heilige schrifft

598. *Ich wolt das es euch wol gieng.*
  Wo es euch wol gehet, so hoere ichs gern.

Wenn wir nach jmandt fragen, sagen wir, wie gehet es jm, ist er auch noch frisch vnd gesundt? hat er auch gunst vnder den lewten? hat er auch ein narung? vnd mann antwort vns, Es geet jm wol, er hat keynenn mangel, er hat eine zimliche narung, Die lewt moegen jn wol leiden, vff die weise wünschen wir nun alles guts, denen wir guts günnen, mit solichen worten, ich wolt das es euch wol ginge, wo es euch wol gehet, so hoere ichs gern.

599. *Er ist lieb vnd werdt gehalten.*

(Bl. 51 b). Da mit würdt eines menschen wolfart angezeygt.

---

heysset die gerechtickeyt, die vor Gott gillt, Justitiam, das wir Deutschen frumckeyt nennen.

Spr. 598 = Agr. 556 mit der Form gienge. Die zweite Zeile entnahm Fr. den Schlussworten der Erklärung, hinter denen (also hinter gern) bei Agr. noch ein ɔc. folget. Fr. hat nur die sprachlich anziehende Deutung im Anfang fortgelassen. Das wolgehen begreyffet das gut, ehre vnd die gesuntheyt, als wenn wir u. s. w. In dem gemeinsamen Stoffe differieren die Formen yemand, antworttet, gehet, ein z. n., leutte, mugen, auff, wundschen, gunnen, solchen, hore.

Spr. 599 wörtlich = Agr. 557. Die Erklärung Fr's. knüpft an die Anfangsworte Agr's. an. Das ist ein figur, damit eines menschen wolfart angezeygt wirt, Lieb gehalten werden kompt daher, dasz sich yemand also helt, dasz yhm yederman seines ehrlichen wandels halben holdt ist, vnd liebet yhn, Er dienet villeicht yederman gern mit wortten vnd wercken, wo aber die liebe ist, da musz auch ehre vnd wirdickeyt folgen, nemlich, dasz man den, dem wir hold sind, hoch halten, loben vnd ehrlich halten, Ehre wechset aus der tugent vnd ehrlichem handel vnd wandel vnter den leutten. Weiter unten: Herwidderumb vnehre wechset aus der vntugent.

600. Wens euch wol geet, so gdenckt vnser auch.

Wir brauchen diser rede, wenn ein freunt von dem andern vrlaub nimpt, vnnd jrgent von jm hinweg scheydet.

601. Ich wil thun alles was ihr woellet, ist mirsz anders mueglich.

602. Schaffet vnd gebietet.

603. Ihr habt mich zu ewerem gefallen.

604. Wo ich euch, vnnd den eweren wiste zu dienen, so were ichs willig.

Das seindt freundtliche erbietungen.

605. Der hat ein scharpff gesichte, er sihet durch einen wetzker, das nichts drinnen bleibt.

Das ist, Er ist ein rauber, ein diep.

Bl. 51 b. Spr. 600 = Agr. 558 mit den Abweichungen wenn es, gehet, gedencket. Die Erklärung Fr's. findet sich bei Agr. am Schlusse; dort die Form freunde.

Spr. 601, 602, 603 und 604 = Agr. 559, 560, 561 und 562. In Spr. 559 die Abweichungen wollet, anderst muglich zuthun, 561 und 562 ewrem und ewren. Für die Erklärung vgl. Agr. zu 559 vollständig. Das ist eine formula officij, eines guten willens vnd erbietens gegen einem andern alles zuthun was ein ander will, so doch, dasz nichts begert werde das vnmuglich sey, Wir brauchens zur antwort, wenn wir vmb etwas ersucht vnd angesprochen werden. Ebenso den Anfang zu 561 und 562: Das sind auch zwey freuntliche erbieten deren wir brauchen zur dancksagung dem, der vns guten willen vnd freundtschafft beweyset hat, also, Yhr habt mir gedienet, des ich mich bedancke, vnd kunde ichs vmb euch vnnd die ewren widderumb verdienen, so were ichs willig, vnd yhr habt mich widerumb zu ewrem gefallen.

Spr. 605 wörtlich = Agr. 622. Die Erklärung Fr's. bildet geradezu den Schluss bei Agr.; der betreffende Abschnitt lautet: Wir brauchen des sehens auch zum bosen, als ynn disem wortt, nemlich von den strauch dieben, die durch einen wetzker hyndurch sehen, dasz nichts drynnen bleibt, das ist, die darauff gerichtet sind, dasz sie den leutten das yhre nemen auff der strassen, Vnd ist ein

***606.** Ich hab es mit meinen ohren gehoert.*
***607.** Ich habs mit meinen leiblichen augen geseen.*

Dise wort brauchen wir, zur sterck vnserer rede, die mann nit wil lassen gut sein.

***608.** Es ist die lauttere warheyt.*

Wenn etwas gesagt würt, vnd wir künnen nit fürüber, es ist zu starck, wir werden überzeugt, so sagen wir, Es ist die lauttere warheyt ꝛc.

***609.** Es ist also hyn.*

Mann lobet hie mit ein ding nit feintlich, mann (Bl. 52 a. Sign. H 4) schilt es auch nicht fast, aber

---

Periphrasis der rauberey, Er hat ein scharffes gesichte ꝛc. das ist, Er ist ein rauber, ein dieb. Agr's. Erklärung schildert im Eingang die Gesichtsschärfe des Adlers, der seine eben ausgebrüteten oder ausgekrochenen Jungen am Licht der Sonne prüfe, welches aber die sonne nicht ynn seinen augen erleiden kan, das wirfft er hyn, die andern behelt er. Auch Lynkeus habe von Sicilien bis nach Carthago sehen können.

Spr. 606 und 607 = Agr. 628 und 627; die partic. gehort und gesehen. Fr's. Erklärung ist aus Agr's. Worten zu Spr. 627 entlehnt. Dort heisst es: Darumb brauchen wir disz wortts zur stercke vnser r, d. m. nicht w. l. g. s. Vorher geht: Die Griechen vnd Romer heyssen solche weyse zureden, Pleonasmum, das ein vbriger zusatz da sey, denn es were gnug, wenn ich spreche, Ich hab es gesehen, Denn soll yemand sehen, so wirt ers mit dem maule nicht thun, odder mit den fuessen, er musz es mit den augen thun, also auch, Ich habs mit meinen ohren gehort, Es dient aber zu einer bestettigung der ding, die wir gesehen vnd gehort haben.

Spr. 608 wörtlich = Agr. 629. Die Erklärung Fr's. bildet den Schluss bei Agr. mit den Formen wirt, kunnen, nicht furuber, vberzeuget. Für ꝛc. bei Agr. noch die Worte: es ist die gantze warheyt. Den Anfang hat Fr. überschlagen. Die warheyt ist fur sich selbs lauter vnd reyn, vnd bedarff keines schmucks odder mantels, wie die lugen, wie auch die weisen Heyden gesagt haben, Veritatis simplex oratio. (Euripides in den Phoenissen u. s. w.)

Spr. 609 = Agr. 509 Er u. s. w. Agr's. Erklärung beginnt: Disz wort ist weytleufftig, vnd mag gebraucht werden zu allen den

doch ist es mehr gerichtet zur schmach, denn zum lob eines dings.

610. *Das dir nimmer mehr keyn gut geschehe.*

In disem fluch, seint alle flüch kurtz gefasset, wem nimmer mehr keyn guts geschehen soll, dem ist genug gefluchet.

611. *Wer ihm selbs nit guts thut, wie solt der einem andern guts thun?*

Wenn wir faule, lose, vnlustige leut sehen, die jnen selbs keyn guts thun, sonder stincken vonn faul keyt vnd vnlust, Von denen sagen wir, das sie nit

---

dingen, damit wir vmbgehen. Als Beispiele nennt er dann den Menschen, (ob er fromm, weise u. s. w.), die Waare (saffran, ingwer, negelin, muscat), Thiere (ob der Ochse feist), die Münze (ob sie gut) u. a. Mit den Worten Summa, man lobet etc. folgt die von Fr. herübergenommene generelle Erläuterung; von Differenzen findet sich nur nicht und lobe (als Dativ). — Für das Sprichwort ist zu Wander u. hin 20. (anhin fehlt) nachzutragen Franck 1541. I, 10 b. Es ist also anhin. Es ist weder zu geuden noch zu klagen.

Bl. 52 a. Spr. 610 wörtlich = Agr. 626. Fr's. Erklärung giebt einen Auszug aus Agr. s. die vollstnädige Mittheilung in meinem Agr. S. 176; dort die Form sind.

Spr. 611 = Agr. 630 mit den Abweichungen nichts g., solt er denn. Agr's. Erklärung beginnt: Natur lernet, dasz ein yeder yhm selbs alles guts gand, ia das allerbeste gedenckt vnd thut, darumb wenn wir so f u. s. w. Das Folgende zumeist wörtlich bei Fr., bei Agr. differieren die Formen leutte, vor f., mussen wir schliessen (Fr. sagen wir), nicht, nutze, sind. In dem weiteren Verlauf seiner Erklärung bezieht sich Agr. auf die von Hesiod Opp. 293 ff. nach dem Massstab ihrer Erkenntniss gegebene Dreitheilung der Menschen; er führt alsdann das griechische Sprichwort an: Wer in seinem Haus beregnet u. s. w. (Agr. 708; mein früheres Buch S. 219, dies jetzige S. 156 No. 461), und schliesst mit dem lateinischen Spruche: Qui sibi ipsi sapiens prodesse nequit, nequicquam sapit.

werdt sein, das mann sie menschen nennen soll, die weil sie weder ihnen selbs, noch andern lewtten nütz seindt, dar zu doch der mensch geschaffen ist.

612. Der Freunde radt ist gut.

Ein rechter freunt, raedt was er wolt das jm selbs geschehen solte, darumb ist eines freunds radt gut, vnd in keynen weg zuuerachten.

613. Es ist kinder spil.

Es ist narrenwerck vnd thorheyt, darmit die kinder vmbgeen, darumb sagt mann von einem ding, das zuuerachten ist, vnnd nichts darauff zu bawen, es sei kinder spil, was aber hoch ist, was vil mühe, sorg vnd arbeyt kostet, das ist nit kinder spil.

614. Wer seinen feindt spart, vnd seinen freundt erzuernet, der kumpt in vngemach.

(Bl. 52 b). Ein Feindt hat nichts guts imm sinne, darumb soll mann eines feindts nit verschonen, denn

---

Spr. 612 wörtlich = Agr. 725. Fr. hat die vollständige Erklärung Agr's. beibehalten, mit Ausnahme zweier Strophen aus dem Heldenbuch über einen dem Könige Ottnit gegebenen Rath. Folgende Formen differieren: freunde (nom. singul.), radtet, wolte, solt (bei Fr. gerade umgekehrt wolt, solte) und freundes.

Spr. 613 gebildet nach Agr. 726. E. i. nicht k. Fr's. Erklärung schliesst sich an den ersten Abschnitt Agr's. an mit den Formen vmbgehen, darauff, muhe und nicht. Es folgt dann eine Strophe aus dem Heldenbuche, wiederum auf Ottnit bezüglich, und eine anziehende Parallele zwischen den Vorzügen verschiedener Landschaften Deutschlands und einzelner grosser Emporien, s. die vollständige Mittheilung in meinem Agr. S. 125.

Bl. 52 b. Spr. 614 = Agr. 729 mit den Formen freunde, erzurnet und kompt. Fr's. Erklärung ist aus den Anfangs- und Schlussworten Agr's. zusammengestellt. Vorher geht eine Stelle der Aeneis (II 390). Dolus an virtus quis in hoste requirat, sagt Virgilius. In der Mitte giebt Agr. zwei Beispiele, eins aus der alten Geschichte, das andere aus der deutschen Heldensage, eine Strophe,

wo mann verzeucht, vnd den feindt sparet, so kumpt der feindt wider zu krefften, vnd geschicht dem vngemach, Wer seinen freunt erzürnet, der hat hernachmals niemandts, der jn für schade warnet, darausz folget denn vngemach.

615. *Wer sich an Gott leszt, des ende würdt gut raht.*

Wer Gott trawet, der hat wol gebawet.

Disz wort ist die deuttung, des ersten gepots Gottes, Du solt nit fremde goetter haben neben mir, du solt

---

die sich auf den Kampf des Königs Ottnit und des Zwergs Elberich bezieht. Das historische Beispiel wiederholen wir auch aus sprachlichen Gründen. Julius Caesar ward von dem Senat zu Rom vnd der stadt fur einen feinde geschetzt, derhalben wolt er nicht feyren, sonder sagt, Tolle moras, nocuit differre paratis, Etliche leutte rieten yhm, er solt schon faren, er kem sein noch wol, er hette auch noch zeyt genug, aber er sagt, Es gillt hie nicht harrens, wer seinen feindt spart, der kompt ynn vngemach, vnd greyfft frisch zu, vnd richtet aus was er wolt. In dem gemeinsamen Stoffe differieren die Formen eins feinds nicht versch., kompt, freunde (acc.), erzurnt, niemand (als accus.), vor schade. In dem ersten Satze lautet bei Agr. der Schluss: vnd dem geschicht vngemach, der nicht nachgedrungen hat. Durch den Wegfall dieses Relativsatzes ist Fr's. Darstellung unklar und doppelsinnig geworden. Hinter verschonen fehlen die Worte: sonder yhn beschedigen, vnd abbrechen wo man kan. Ganz am Schlusse hinter warnet: daraus denn folget, dasz er musz yhn (Zwick. Ausg. richtiger ynn) vngemach kommen.

Spr. 615 = Agr. 736 mit der Form wirt und 745 ohne das Pronomen der. Fr's. Erklärung ist aus der Mitte von 736 entnommen. Vorher geht: Es ist vor offt gesagt, wie vnsere alte Deutschen besser Christen gewesen sind vor Keyser Carls vnd Bonifacij zeytten, denn sie hernach worden sind, Denn disz wort u. s. w. Hinter mangel lassen folgt noch die kräftige Betonung des reformatorischen Standpunctes: vnd wolt Gott, wir bleiben hie bey vnser vorfarn glauben, dadurch sie allein bey Gott vnd seinem son Jesu Christo hilffe gesuchet haben, der vns helffen will aus gnaden, on

dich gantz an mich lassen, ich wil dich schützen vnd
handthaben, Vnd dir wedder an leib oder an seel
mangel lassen.

616. Alle menschen sein luegenhafftig. Psalm. 115.

zuthun vnserer werck oder verdiensts vnd on furbit der heiligen;
daran schliesst sich eine längere Anführung aus dem Heldenbuche,
wie „Wolff Dietrich mit den Teuffeln vnd hellhunden gestritten
vnd Gott yhm ynn der not geholffen" habe. In dem gemeinsamen
Stoffe die Abweichungen nicht fr. gotter haben vor mir, schutzen,
leibe noch an seele keinen m. l.

Die vollständige Wiederholung der Erklärung zu Spr. 745 halten
wir durch die gegenwärtige Zeitlage und bei dem lebhaften Kampfe
des Fortschritts und der Dunkelmänner geboten. Disz wort ist freylich aus der parabel erwachsen, da Christus sagt ym Euangelio,
Wer dise meine rede horet vnd thut sie, den vergleich ich einem
klugen manne, der sein hausz auff einen felse bawet, da nun ein
platzregen kam, vnd ein gewesser, vnd webeten die winde, vnd
stiessen an das hausz, fiel es doch nicht, denn es war auff einen
felsen gegrundet, Hie sollen abermals gebetten seyn alle Deutschen,
dasz sie fleiszig acht wollen nemen, was yhre voreltern glaubt haben,
nemlich, dasz nichts bestendigs sey, darauff wir vns mugen verlassen
ynn allen noeten vnd anfechtungen, denn Gott vnd sein wort, Da ist
auszgeschlossen der heiligen hilffe, vnsere wercke vnd gnugthun, Noch
musz dise lere ein newe lere seyn, so doch vnsere voreltern auch
also gelert haben, Die welt hellt die leutte selig, wie ym Psalm
stehet, welcher kinder sind wie die iungen pflantzen, vnd geschmuckt
wie die zinnen ynn Salomons tempel, ynn welcher bodem vnd allen
winckeln die fulle ist, Yhre schaffe sind trechtig, vnd yhr ochsen vnd
kwe sind feyst, Sie haben schone wolgebawte heuser, vnd ist gar
kein klag da, da ist wolgebawet, Aber Gott vnd dise erfarung lernen
dawider, dasz das volck seilig sey, welches Gott zum herren hat,
Denn es beweyset sich selbs ynn der that wie solche guetter selten
an den dritten erben kommen. Suche, Ein sparer will einen ꝛc.

Spr. 616 ist an dieser Stelle wohl von Agr. unabhängig. Oben
zu Spr. 254 wurde der Bibelspruch aus dem Commentar zu Agr. 18
nachgewiesen. Hier wie dort ein falsches Citat; es muss an beiden
Stellen Ps. 116 heissen.

617. Wir sein alle gebrechlich.

Es ist keyn mensch vff erden, er hat einen gebrechen, vnnd Gott alleyn hat keynen mangel an jm.

618. Fallen ist keyn schand, aber lang ligen vnnd nit woellen wider vffstehen, ist schande.

Disz sprichwort entschüldiget den fall, als etwas dem mann nit moege entlauffen, vnd beschuldiget das lang ligen.

Spr. 617 = Agr. 743; die Verbalform (1. Pers. plur.) synd. Fr's. Erklärung wiederholt die Anfangsworte Agr's. mit der Abweichung auff erden. Die vollständige Erklärung, die u. a. auch ein sehr bekanntes unzüchtiges Factum aus dem Klosterleben und eine beschönigende Aeusserung der betr. Aebtissin „Wir sind etc." mittheilt, s. in meinem Agr. S. 247.

Spr. 618 = Agr. 744 mit den Formen schande, nicht wollen wider auff st. Fr's. Erklärung wiederholt die Anfangsworte Agr's.; folgende Abweichungen entschuldigt, nicht muge. Vorher geht: Dieweil wir alle gebrechlich sind, so werden wir offt fallen mussen, aber disz spr. u. s. w. Die weitere Ausführung ist für Agr's. religiöse Anschauung wichtig genug, um eine vollständige Anführung zu verdienen. Die heilig schrifft sagt, Der gerechte fellet alle tag sieben mal, das ist, offt, vnd stehet doch allweg widder auff, Es ist ein feyne Metaphora, wenn man sie auff geistliche ding zeucht, Wer da fellt vnd sundigt, vnd bleibt ligen, der musz verzweyffeln, Also fiel Judas vnd Chayn, denn sie liessen sich von yhren sunden gar nidder drucken, vnd meynten yhre sunde weren grosser denn Gottis barmhertzickeyt, Denn einem menschen, das ynn noeten ligt, fellt nichts guts zu, vnd gedenckt ymmer mehr vnd mehr, womit er solchs verdient habe gegen Gott, vnd Gott habe lust daran, dasz er vns straffe vnd vbel handele, Aber gegen solches still ligen vnd bose gedancken gebeut Gott dasz man ynn allen noeten zu yhm vmb hilffe schreye, vnd man kan Gott kein grossere ehre noch dienst thun, denn ynn noeten sich vil guts zu yhm versehen, syntemal er bereytter ist zu geben, denn wir zubitten, Gott hat alle wege gestrafft, vnd will noch straffen die morder, ehebrecher vnd diebe, aber vil mehr will er straffen die, so yhn nicht anruffen ynn yhren noeten, S. Johannes sagt, Wenn vns vnser hertz verklagt, so ist Gott grosser

619. Gottes will hat keyn warumb.

Got thut alles nach seinem wolgefallen, vnd sein wille hat keyne vrsach noch frage, warumb (Bl. 53 a. Sign. H 5) er disz vnd das thue, denn wer ist sein radtgeber gewesen?

denn vnser hertz, Grosser, das ist, sein gnad ist grosser, darumb soll niemand an Gottis gnade verzagen, Ist nun yemand gefallen, der schreye zu Gott vmb gnade, vnd richte sich also widderauff, wie denn S. Peter vnd Dauid gethan haben, Darumb ist fallen nicht sunde, aber lang ligen ist sunde, Aus schwacheyt sundigen ist nicht sunde, die da verdammet, aber nicht wollen zu Gott vmb barmhertzickeyt ruffen, das ist ein sunde zum tode vnd zur verdamnis.

Bl. 53 a. Spr. 619 = Agr. 722; das subst. wille. Fr's. Erklärung wiederholt die Anfangsworte Agr's. mit den Formen kein und radtgebe. Die folgende Ausführung zeigt Agr's. heftige Antipathie gegen jede Werkgerechtigkeit; sie ist somit für ihn persönlich und seinen späteren Antinomismus, zugleich aber auch für die Stellung bezeichnend, mit der die Reformatoren in aller Strenge das Princip der Prädestination aufgenommen und festgehalten haben. Vnd gleich wie der topfer, als die Propheten sagen, macht hat, aus einem erden klumpen zumachen ein gefesz zun ehren, odder ein gefesz zun schanden, also stehet zu Gott, dasz er vns selige odder verdamme, Wir sind alle ynn sunden geboren vnd wirdig des ewigen zorns vnd der hellen, Wenn vns nun Gott die helle gibt, so thut ers nach allem rechte, vnd gebaret mit vns wie wir verdienet haben, Gibt er vns aber den hymel, vnd ist vns gnedig, so haben wirs yhm zudancken, Darumb soll man sagen zu denen, die die praedestination forschen wollen warumb Judas verdampt sey, vnd Petrus nicht? Warumb Pharao verstockt sey, vnd Dauid nicht? Du solt kein warumb haben, Gott hat auch kein warumb, Du solt kein warumb fragen, Gott will dich auff dein warumb nicht berichten. Christus schillt seine iunger, da sie ein warumb hetten vber dem blindt gebornen, vnd spricht, Weder er noch seine eltern haben gesundiget, sonder er ist blindt geboren, auff dasz an yhm gepreyset wurde die herlickeit Gottis. Natur vnd der eusserlich mensch sihet auff die sunde, vnd auff Gottis gericht, auff Gottis willen, der auch seinen gang hat, on vorgehende werck, sie seyen gut odder bosz, sihet sie

620. Bidermans erbe ligt in allen landen.

An allen orten ist es gut lebenn, wo nur der mut recht, vnd mit jm selbst eynig ist.

621. Er hat gehandelt als ein biderman.

Das ist, Er hat gethan, als einem frummen ehrlichen, vffrichtigen mann zustehet.

622. Gereden vnd halten ist zweyerley.

Dieweil sie bei der welt selten nacheinander folgen, so es doch ein ding sein solte.

---

nicht. Sie meynet, wer nicht boses thut, den straffe Gott nicht, Sie meynet, wer nicht guts thut, den straffe Gott, vnd yrret ynn beyden stucken, Denn Gottis wille ist am blinden, yhn zustraffen on schuld, zur ehre Gottis, Zu dem so will Gott seligen, die an yhn glauben, vnangesehen yhre werck, sie seyen gut odder bose, Die Jungern meynen, dasz alle die verloren sind, welche der thurn zu Siloha erschlagen hat, aber Christus sagt, Neyn, sondern es sey geschehen andern zur warnung.

Spr. 620 wörtlich = Agr. 723. Die Erklärung Fr's. findet sich ebenfalls wörtlich bei Agr. im Anfang. Die Schlussworte der Erklärung lauten: Ein redlicher man, der widder ehre sein lebenlang nie gehandelt hat, der ist seiner ehren halben an allen ortten daheymen, vnd wo er zuuor gewesen ist, da mag er mit ehren widder hyn kommen, Ein vnehrlicher man, der nie kein trewe yemand beweyset hat, hat vor seinem gewissen nyrgent rwe, er darff auch nicht widder kommen, wo er zuuor gewesen ist, denn er hat nicht gehandelt als ein biderman. Suche, Trewe hant gehet durch alle land, vntrewe handt gehet hyn ꝛc. In der Mitte wiederholt Agr. zwei Strophen des Heldenliedes, an deren Schluss dem Könige Ottnit das Sprichwort in den Mund gelegt wird.

Spr. 621 wörtlich = Agr. 724. Agr's. Erklärung giebt zu Anfang eine sachlich wie sprachlich treffende Deutung des Wortes Biedermann, s. J. Grimm s. v. und meinen Agr. S. 112. Dem Sinne nach stimmt Fr. hiermit überein; bei Agr. das Adject. auffrichtig.

Spr. 622 wörtlich = Agr. 731. Die Erklärung Fr's. ist formell unabhängig. S. grössere Abschnitte aus Agr's. Erklärung in meinem Agr. S. 122 und 123. Hier fügen wir aus leicht erkennbaren

623. Vor zeitten gab mann kurtze brieff, vnd war vil glaubens, ietzt gibt mann lange brieff, vnd ist wenig glaubens.

Das weisen vsz der alten Keyser Priuilegien vnd brieff, da mit sie stette vnd merckte begabet vnnd gefreiet haben, Wenig wort machen vnd vil halten, ist ehrlich.

Gründen die Worte Agr's. am Anfang und in der Mitte hinzu. Agr. beginnt mit dem Distichon:
Promittas facile, quid enim promittere laedit?
Pollicitis dives quilibet esse potest.
Der Pentameter findet sich auch in der alphabetischen Reihenfolge in Binder's thesaur., aber erst aus dem vor. Jahrh. nachgewiesen. — Hinter kunne a. a. O. steht bei Agr. noch folgende Ausführung: wie Salomon sagt, Wer schnell ist zureden, von einem narren soltu mehr hoffnung haben, denn von yhm, Ein weyser redet wenig, vnd weysz was er redet, er gedenckt auch zuhalten was er redet, Aber ein nar redet was yhm eynfellt, vnd gedenckt es nicht zuhalten, darumb sagt man von narren vnd losen leutten, Gereden vnd halten ist zweyerley, Es gehoren auch yhr zwen darzu, das ist, er helt nicht was er zusagt, Einer geredet, der ander hellt, Er ist milt mit wortten vnd gereden, aber karg mit halten.

Spr. 623 = Agr. 733 mit den Formen itzt g. m. l. brieffe (vorher auch Agr. brieff). Fr's. Erklärung ist nach den Anfangsworten Agr's. gebildet. Dise erfarung lobt die alten, aber vns lobt sie nicht sehr fast, vnd es ist war, wie auch auszweysen der alten Keyser priuilegien vnd brieff, damit sie die stedte vnd merckte begabet vnd gefreyet haben, dasz vnsere alte Deutschen wenig wortt gemachet haben, vnd vil gehalten. Nach Erwähnung der zu Spr. 731 angezogenen Dichterstelle gedenkt Agr. weiter der Treue, mit der Kaiser Rothbart „zu ende bracht hat", was er nur bei seinem Barte gelobt. Den Schluss bildet eine harte, eigenthümlich eingekleidete Beschuldigung der eigenen Zeit. Itzt aber mussen die brieffe also vil clauseln haben und auszzuge, dasz ein gantze haut schier zuklein ist zu einem brieffe, vnd man helt nichts dester mehr, ia offt gar nichts.

*624. Es gehet selten wol ausz, was on radt wuerdt
angefangen.*

Grosse sachen, woellen ein grosz bedencken haben,
sie bedürffen es auch wol, Denn wo fürwitz vnd vnbedacht regieren, da würdt das ende nit gut künden sein,
aber der schade grosz.

*625. Im anfang der Christlichen kirchen, seindt
wenig Stifft, Kloester vnd Klausen gewesen, vnd vil
Christen. Ietzt seindt vil kirch* (Bl. 53 b) *en, kloester,
stifft, vnd klausen, iā alle winckel voll, vnd seindt
wenig Christen.*

Da die Apostel predigten inn hewsern, vnnd auff
dem marckt, da waren wenig kirchen, vnd vil Christen,

Spr. 624 = Agr. 728 mit der Form wirt (auch in der Erkl.).
Fr's. Erklärung wiederholt die Anfangsworte mit den Abweichungen
sache (als plur.; auch in der Zwickauer Ausg, aber z. B. 1548
sachen), wollen, bedurffen, furwitz, ende yhe n. g. kunnen
seyn. Darauf führt Agr. sinnverwandte, schon oben erklärte Sprichwörter an und schliesst mit einer Strophe des Heldenbuches, worin
„Keyser" Otnit's Mutter ihren Sohn in ähnlichem Sinne beräth.
Bl. 53 b. Spr. 625 = 734 mit den Formen synd (ter; in der
Mitte sind), und beidemal im Plur. stiffte und kloster. Agr's.
Erklärung geht davon aus, wie Reinheit der Sitten und eine geringe
Anzahl der Gesetze mit einander überall zusammenhangen, wie deshalb auch Solon den Vatermord nicht ausdrücklich verpoent habe;
eine Ausführung, wie Agr. sie bereits ähnlich in der Einleitung seiner
Sprichwörter gegeben hatte, s. Thl. II C. II A. Darauf heisst es:
Ynn der geistlickeyt ist es auch also Da die Apostel u. s. w. itzt
henckt alle welt, Gottis, tr. das ynnerlich (so auch die Zwickauer
Ausg. 1529; in der Ausg. 1548 daneben auch das eusserlich).
Der folgende Abschnitt soll wieder der Erkenntniss des Reformationszeitalters und zugleich zur Mitwirkung in dem heutigen traurigen
und doch willkommenen Kampfe der Geister dienen. Gottis heuser
sind alle ortter, da man predigt vnd bett, wie S. Paul zun Corinth,
lernt, Da aber die Bischoffe mit yhrer affensalbe die steyne vnd
das holtz geweyhet haben, vnd ein hausz heiliger geschetzt denn das

denn da hieng niemand am eusserlichen, sonder alleyn am wort Gottes, jetzt hengt mann zuuil am eusserlichen, vnd das eusserliche treibt das jnnerliche, den glauben ansz wort hindan.

626. *Es ist erarnet gut.*

Das ist, Es ist erkaufft oder erarbeyt.

627. *Die stillen wasser fressen gern den staden.*

Das braucht mann von denen, die mit ihrem stilschweigen frumb geacht woellen sein.

---

ander, da ist die affensalbe thewer worden, vnd hat vil affen gemacht, Die Ertzuetter, Nohe vnd Isaac haben sich, an einem hauffen steyn, mit ole begossen, genugen lassen, Aber yhre kinder wollten es besser machen, vnd richteten abgotterey an. Gott hiesz yhm durch Salomon ein hausz bawen, dem folgten die Konige zu Israhel, wie die affen, vnd baweten ein yglicher ein excelsum, eine hohe, das doch Gott nicht haben wolt, Ja Salomons son gab vrsach, dasz zwey kelber ynn Israhel auffgerichtet wurden, zur schmehung des rechten tempels in Judaea zu Hierusalem. Wer zu vnsern zeytten rechnet der Fursten schlosser vnd herrnheuser, der wirt finden, dasz mehr kloster, stiffte, kirchen vnd klausen sind, denn herrnheuser, Es ist kein grosse stadt, es sind etliche vil kirchen, klosterfrawen vnd manne darynnen, vnd sind sehr wenig Christen, Man sagt, dasz zu Kollen am Reyn bey funfftausent Pfaffen vnd Munche seyn, also vil kirchen vnd capellen sind drynnen, Was haben denn andere stedt?

Spr. 626 wörtlich = Agr. 735. Agr's. Erklärung weist das Verb. erarnen als einen Bergmannsausdruck nach. Diese specielle Beziehung hat Fr. nicht berücksichtigt, s. die vollständige Mittheilung in meinem Agr. S. 167.

Spr. 627 von Agr. unabhängig; auch sonst meines Wissens weder aus classischen noch aus deutschen Schriftstellern bezeugt. Belege und Nachweise für die alterthümliche Form stade = Gestade s. bei Sanders s. v. Die aus Eppendorf's Plutarch (oder etwa Plinius u. a.?) daselbst gegebenen Citate passen nicht auf die Ausg. von 1534, von der ein hiesiger Privatmann, Architect G. Stern ein Exemplar besitzt und mir zur Benutzung gütig anvertraut hat. Im Quellenverzeichnisz des S.'schen Wörterbuchs fehlt Eppendorf's Name völlig.

628. *Ein blindt man, ein arm mann, noch ist das vil ein aermer man, der sein weib nit zwingen kan.*

Ein blinder kan den tag vnd das liecht nit sehen, darumb ist er arm, noch hat er mehr fride, denn ein man der ein vngehorsam weib hat, der keyn gutte stund haben kan.

629. *Den spott zum schaden haben.*

Das ist, schaden leiden, vnd darzu gespottet werden.

630. *Der waldt hat oren, vnd das feldt augen.*

Das ist, halt dich an allen orten recht, dann ob du schon wenest, mann sehe oder hoere dich nit, so bistu doch des nit gewisz.

Spr. 628 = Agr. 748; die Negation natürlich nicht (ebenso in der Erkl.). Fr. giebt einen Auszug von Agr's. Worten. Diese lauten vollständig: Ein blinder kan den tag vnd das liecht nicht sehen, Darumb gleich wie kein subtiler noch edler gelied ist am leibe des menschen, also ist auch kein grosser schade, denn dises gelieds wirckung beraubt vnd blindt seyn. Christus sagt ym Euangelio zum blinden, was er wolt dasz er yhm thun solt? Der blinde antworttet, Herr dasz ich das licht sehen muge. Da zum Thobia der Engel sagt, Freude sey dir allwege, spricht Thobias, Was freude kan ich armer haben, die weil ich ym finstern sitze, vnd kan das liecht des hymels nicht anschawen, Vnd wiewol ein blinder arm ist vnd elendt, so hat er doch mehr friede, denn ein man der ein vbel vnd vngehorsam weib hat, der kein gute stunde haben kan.

Spr. 629 und 630 von Agr. unabhängig; beide auch sonst mehrfach bei Fr. und seinen Zeitgenossen nachweisbar. Vgl. z. B. für 629 Franck 1541 I 111 b. Hier räth Fr., wir sollten „nit yederman vnsere geheym eroeffnen, das wir nit veruntrewt, zuletzst den spot zum schaden haben muessen." Luther bei Heuseler 180, Waldis bei Sandvoss u. schade. Weitere Nachweisungen erwarten wir von Wander u. schade und spott.

Mit Spr. 630 vgl. zunächst Franck 1541 II 20 b. Der wald hat ohrn, das feld augen. Seine Vorlage Tappius 29 a bietet für wald den busch. Ebenso Franck I 79 b: Das feld hat augen, Die winckel vnd waeld orn. Hier schliesst er sich an Bebel an,

(Bl. 54a). *631. Verlasse dich druff vnd bache nit. Harr bisz dir ein gebratne taub ins maul fliege.*

Dise sprichwoerter braucht mann gegen denen, die nichts thun woellen, vnd meynen Got soll jn geben vnd thun was sie begeren, on arbeyt vnd fleisz, Gott wil keyn faule muessig genger haben.

---

dessen Worte er auch bei dieser ersten anonymen Sammlung mag mitberücksichtigt haben. Bebel sagt nämlich: Campus habet oculos, sylua aures dicitur, quod nihil faciamus in syluis et campo (vbi homines esse possunt) quod occultum esse volumus. Im Uebrigen vgl. Wander u. Feld 5 und demnächst im vierten Bande unter Wald.

Bl. 54a. 631—33. Diese nächsten vier Sprichwörter mit ihrer Erklärung hat Fr. aus Luther entlehnt, eine Entdeckung oder Wahrnehmung, die ich Wander u. d. W. harren 9 und dem daselbst citierten Heuseler, Luther's Sprichw. 1824 No. 256 ff. verdanke. Unter Leute 781 ist Heuseler 258 nachzutragen. Daran schliesst sich die zweite, einigermassen beschämende Entdeckung, dass auch oben Spr. 424—427 mit auf Luther hätte verwiesen werden müssen. Ich fasse also nunmehr die Bemerkungen zu den acht genannten Sprichwörtern zusammen. Fr. benutzt die kurz vorher erschienene Erklärung des 147. Psalms lauda Jerusalem. Hier sagt Luther zu Vers 2 (Erlang. Ausg. 41, S. 159): Das ist nu alles gesagt wider die, so Gott versuchen, und Nichts thun wöllen, und meinen, Gott solle ihn geben und thun, was sie begeren, ohn Aerbeit und Fleisz; zu welchen billig disz Sprüchwort gesagt wird: Verlasse dich drauf, und backe nicht. Item: Harre, bis dir ein gebraten Huhn ins Maul fliege. Denn Gott will keine faule Müssiggänger haben; sondern man soll treulich und fleiszig arbeiten, ein Jglicher nach seinem Beruf und Ampt, so will er den Segen und das Gedeihen dazu geben. Ueber die Variante Huhn für Taube bedarf es weiter keiner Bemerkung, als dass der heutige Sprachgebrauch mehr auf Fr's. als auf Luthers Seiten steht; ähnlich schon B. Waldis s. Sandvoss u. Taube. Für die Form backen neben bachen ist es geradezu umgekehrt. Nach Grimm s. v. backen hat erst Luther diese „unhochdeutsche" Form durchgesetzt; in Schwaben heisse es noch heute bachen; und ebenso immer bei älteren süddeutschen Schriftstellern; Belege aus S. Franck bietet Grimm so wenig wie

632. Je mehr lewt, je mehr glueck.
Es ist Gottes segen wo vil lewt sindt, spricht Dauid im Lauda Hierusalem.

633. Gott gebe dir einen boesen nachbawr.
Das ist ein fluch der Juden.

Sanders. — Auch für Spr. 632 liegen Luther's Erörterungen zu Vers 2 zu Grunde; Fr. giebt die Bibelworte nicht ihrem Laute, sondern nur ihrem Sinne nach wieder. Luther a. a. O. bietet eine werthvolle politische Erörterung über den Segen einer zahlreichen Bevölkerung; die Gegner derselben seien Egoisten. Denn, sagt er S. 161, sie wollten lieber, dasz die Stadt dünne und leer bliebe, auf dasz sie allein drinnen möchten fett, dick und grosz werden; besorgen, wo viel Leute drinnen sind, so gehe ihn an ihrem Geiz und Hoffart abe, und Andere werden auch mit essen und sich neben ihn nähren. Diese rechen und messen die Sachen gnau abe nach den Personen und Gütern, denken nicht, dasz die Güter aller Städte auf Erden viel, viel zu geringe sind für ihre Personen, so drinnen sind; sondern Gottes Segen, (spricht hie David,) der thuts; wie auch das Sprüchwort lehret: Je mehr Leute, je mehr Glück. — Für Spr. 633 vgl. Luther zum nächsten Verse S. 162 über den Segen einer guten und den Unsegen einer bösen Nachbarschaft. Es ist furwahr nicht der kleinesten Unglück eines auf Erden, untreue, böse Nachtbar haben. Denn rechene von den Baurn an bis an den Kaiser, was ein Baur dem andern, ein Burger dem andern, ein Herr und Furst dem andern, ein König dem andern Schaden, Tück, Hindernisz, Hohn, und alles Herzenleid thun kann; dasz auch bei den Jüden ein Fluch ist: Gott gebe dir einen bösen Nachbar. Dasselbe Sprichwort verwendet, was beachtenswerth und von Wander u. Nachbar 37 übersehn ist, S. Franck 1541 I 28 a Ein boeser nachbaur ist der juden fluch.

Die Fortsetzung dieser Erörterung lag nun auch als Quelle für Spr. 424 ff. vor Der ganze betreffende Abschnitt lautet: Wiederumb ists auch nicht der geringsten Gnade eine auf Erden, fromme, treue Nachbar haben; denn die konnen alles Gutes thun, und damit ist der Friede besser bestätigt, denn ob eine Stadt aller Welt Macht umb sich hätte, und mit eitel eisern Mauren verwahret wäre. Das sagen auch die Heiden, als Terentius: Wer da meinet, dasz eine Herrschaft

634. Es ist der Herren gebott.
Das ist, es geschicht nit.
635. Es werte bisz die sonne wolt zu gnaden geen.
Es bleyb nit übernacht, Strafft vnbestendigkeyt.

---

beständiger sei, die mit Gewalt erhalten werden musz, denn die durch Freundschafft bei einander bleibt, das halt ich für eitel Irrthum. Und Aristoteles: Was mit Gewalt erhalten wird, das hat die Währe nicht. Ursache, man spricht: Es ward nie Keiner so böse, es kam noch ein Böser uber ihn. Und abermal: C u r t ist auch böse; und: J e n s i t d e s B e r g e s sind auch Leute. Das Kaiserthum zu Babel war böse; aber die Perser waren noch böser, und zurissens. Das Kaiserthum der Perser war böse, aber Alexander war noch böser, und frasz die Perser. Die Römer waren auch böse, aber die L i t t e n, W e n d e n und T ü r k e n waren noch böser, und habens redlich zuplundert. Der Türk ist itzt böse, aber wo die Welt länger stehen wird, musz er auch einem Bösern herhalten. — Von den gesperrten Stellen zeigen die erste und dritte die Übereinstimmung, die zweite und vierte die Abweichungen Fr's. an. Die letzte Variante S c i t h e n statt L i t t e n ist jedenfalls in Fr's. Sinne und wohl auch thatsächlich als eine Verbesserung anzusehen. Im Zusammenhalt mit dem oben Bemerkten ergiebt sich weiter, dass wahrscheinlich auch Luther auf Agr's. Worte a. a. O. Bezug genommen hat. Für Spr. 426 bleibt Fr. zunächst die einzige und älteste Quelle; für Spr. 427 ist bei W a n d e r s. v. Berg a. a. O. Luthers Name nachzutragen.

Spr. 634 bei W a n d e r u. Herrengebot nicht verzeichnet. Die humoristische Deutung Fr's. wird Jeder bestätigen, der je nach den Umständen in der Lage war, gehorchen oder befehlen zu müssen. Einem mecklenburgischen Herausgeber unserer Zeit ist dabei die Erinnerung gestattet, wie in Reuters Franzosentid Friedrich Schult auf den Ruf seines Herrn, des Müllers Voss, erst gerade recht ausbleibt. (Cap. IV.) Will man weitere Parallelen, so denke man etwa an den Rath, den Oranien bei Goethe seinem Freunde Egmont gegenüber den Befehlen Herzogs Alba ertheilt.

Spr. 635 = Agr. 737 mit den Formen wereto und gehon. Fr's. Erklärung greift weiter als Agr., der nur die Wortbedeutung, nicht die ironische Anwendung des Sprichwortes ins Auge fasst, s. meinen Agr. S. 168.

636. Iung gewont, alt gethon.
Was die alten sungen, pipten die Iungen.
Wesz mann in der jugent gewont, das kan mann imm alter.
637. Ich hab einen boesen bauch darzu.
Ich kans vorm bart nit gesehen.
Das ist, ich hab keynen grossen lust vnd gefallen darzu, Es gefelt mir nit.
638. Es were schad, das zwey hewser mit ihnenn beschissen weren.
(Bl. 54b). Gleich vnd gleich gesellet sich gern.
639. Faul eyer, vnd stinckende butter.
640. Gaul als gurr.
641. Siben elen eines tuchs.
Das sagt mann von denen, wo zwey zusamen kommen, vnd beyde keyn nütz sein.

Spr. 636 unabhängig von Agr. Für die erste Zeile vgl. Wander u. jung 25, zu dem ersten Citate daselbst Franck II 43 b ist dessen Vorlage Tapp. I 171 b nachzutragen. Ebenso ist zu dem zweiten Sprichwort s. v. Alten 77 aus dem 16. Jahrh. u. a. nachzutragen Tapp. 225 a. A vicinis exemplum habent. Was die alten sungen, das pfiffen die jungen. Danach S. Franck II 130 b Wie die alten sungen, so zwitzeren die jungen; ebenso Gruter I 84 mit der verkürzten Form zwitzern. Weitere Belege aus B. Waldis, Neander u. a. s. Sandvoss s. v. alt S. 6. Aus Fr. vgl. noch I 47a und Last. d. Tr. (1531) 29 b.

Spr. 637 wie alle folgenden von Agr. unabhängig. Spr. 637 selbst wie 638 sind anderweitig, wenigstens nach Wander, unbezeugt, waren also bisher unbekannt.

Bl. 54b. Spr. 639, 640 und 641 finden sich u. a. ähnlich zusammen bei Franck II 10 a (Wander u. Ei 110 irrthümlich II 60 a) in dieser Fassung: Faule eyr vnd stinckend butter gehoeren zusamen. Es ist eben gurr als gaul. Zwo hosen eines tuchs. Von diesen hat Francks Vorlage Tappius 13 a zu dem lateinischen similes habent labra lactucas das zweite nicht dargeboten; das erste aber kehrt auch zu dem Spruche simile gaudet simili Tapp. 67 a wieder, und hiernach gleichfalls bei Franck II 60 b (Wander u. Ei 111) mit der geringfügigen Modification: Faule eyr vnd stinckend butter gehorn in ein eyr vnd schmaltz, vgl. Thl. II C. IV.

Für das zweite Sprichwort bietet Wander sowohl unter Gaul 93, 94 als unter Gurr 2—5 manche anziehende Belege. Beachtenswerth ist insbesondere auch, was mein zu früh der Wissenschaft und seinen Freunden entrissener lieber College K. Schiller Thier- und Kräuterb. III 6 b mittheilt. Aus Franck trage ich zu Wander nach II 86 b Krot als edex, Vih als stal, Gurr als Gaul; das erste wie das dritte hier nach Tapp. 116 a. Das Citat bei Wander I 57 b beruht auf einem Irrthum; sonst findet sich die Wendung noch II 154 a (es ist eben) gurr als gaul, mutter als tochter. Für die Bedeutung von Gurr als elende Mähre vgl. Franck II 174 b. Da vil auffgeht vnd koestlich gelebt wirt, musz man vil haben, vnd gehoern vil ackergürren dazu, bisz sie einn solchen reysigen gaul am baren erhalten. Für Gaul als edles Rosz braucht Fr. kurz vorher das lat. caballus in der Form cabal. Die rosz so den habern bawen, fressen am wenigsten, sonder die reiszigen faulen vnnützen cabal, die allein ein bürd der erden zum bracht dienen, eine Stelle, die Grimm s. v. cabal aus den späteren Klugreden belegt. Der ganze Abschnitt ist als Probe der volksthümlichen Redegewalt Francks von Döring in dem biographischen Artikel der hall. Encykl. mitgetheilt nach der Zürcher Ausg. 1545, dieselbe Stelle im correcteren Abdruck nach dem Greifswalder Universitätsexemplar in meinen krit. Bemerkungen zur hall. Encykl. Intellig.-Bl. zum Serap. 1866 S. 67 u. 68. Cabal mit dem Druckfehler cabalb bietet Fr. nochmals I 80 a hat einer ein jar tausent gulden auffzuheben, so legt er jm souil bar, vnd hat souil cabalb, brachts vnd hoffgesinds, das er etwa darbey schuldig worden. Eine dritte Stelle bietet sein Lob des Esels (Ulm s. a.) bl. 86 a sein Reich ist Gnad, Fried, Stille, Sanftmut etc. Also hat er vns desselben ain muster vorgetragen inn seinem Christo, der must auff ainem Esel, vnd auff kainem Cabal einreitten, Grob ainfaeltig Esel zu Jungern annemen, vnd nit nassweysz, spitzig, gelert, Rabin der Juden. — Wie hier caball für Gaul die bis jetzt älteste nachgewiesene Stelle, ebenso das gleichlautende cabal = Kabbala s. unten zu Spr. 643.

Das dritte Sprichwort endlich siben elen eines tuches vermag ich weder aus Franck, noch sonst her zu belegen; verwandt inzwischen das obenstehende zwo hosen eines tuches.

642. Huet dich, glaub ist miszlich.
643. Hertz von Trewen ist wilpret.

Ausz verderbter art der welt kumpt disz her, dann die liebe allenthalben erloschen, der eygennutz erstanden.

Spr. 642 in dieser Form unbezeugt; vgl. indessen oben Spr. 251.

Spr. 643. Mit diesem Anfang nicht weiter nachweisbar. Die drei letzten Worte als Gedenkspruch nicht selten; so u. a. der Wahlspruch des Königs Friedrich II. von Dänemark und seiner Gemahlin Herzogin Sophie von Mecklenburg, s. meine Mittheilung über Reusner's Porträtbuch in dem Archiv f. die zeichn. Künste 1857 S. 166 und die Aufzeichnung der Königin-Wittwe Sophie v. D. in einem Stammbuch: treuw ist wilttbrett, aber gott verlest die seinen nicht. (Mekl. Jahrb. 1856 S. 137). Nach einer brieflichen Mittheilung von Sanders hat M. Hartmann gelegentlich, unbekannt mit der metaphorischen Anwendung des subst. Wildbret, in jenem obigen Wahlspruch den Sinn gefunden, dass der Hund des Königs, Namens Wildbret, ihm allein für treu gegolten, die Menschen aber nicht. In dem Ausspruch selbst ist Treu natürlich subst. und nicht adject. Für Wildbret in diesem übertragenen Sinne vgl. oben Spr. 376. — Tapp. s. v. rara avis 52 a Es ist eyn seltzam willprett und ebendaselbst mit Anschluss an Agr. 263 Es ist eyn Fürst wol so seltzam wilpret im hymel, als eyn hirsch inn eyns armen mans kuchen. Diesen Abschnitt hat Fr. im zweiten Theil seiner Sprichwörter nicht mit berücksichtigt; dass ihm gleichwohl die bildliche Anwendung des Subst. nicht fremd gewesen, zeigen folgende Belege. Theophrast, berichtet Fr. in der Geschichtbibel 1531 bl. 93 b und ebenso in dem Auszug Siben Weisen (1532) bl. 24 a, urtheile in seinem Ehobuche über die Frage, ob ein Weiser ein Weib nehmen solle, also. Ist sie schoen, reich, gesund, guter sitten, guts geschlechts, ey so gezimpt einem weisenn zu der Ee zu greyffen, weil aber disc ding alle wilpret seind, vnd gar selten bei einander, darumb ist dem weisen keyn weib zu nemen. In diesem Abschnitte ist Fr. von seiner Quelle, der lateinischen Weltchronik Schedels und der deutschen Uebersetzung derselben durch Alt völlig unabhängig; er hat das Leben des Theophrast viel eingehender dargestellt, und fand schwerlich sonst in einer Uebersetzung aus dem Alterthum das Wort wil-

644. Ein fraw soll der schnecken art haben.

Wann die selbige jr hausz verleuert, stirbt sie, also soll ein fraw stets hauszsorg tragen, vnd daheym bleiben.

---

prot vor. Evident ist aber die ursprüngliche Verwendung des Wortes in einem anziehenden Abschnitt seiner Sprichwörter 1541 I 111 a und b. Von dem lob warer freundtschafft vnd dem seltzamen vogel: Amicus, freund genant, ist anderswo etwas angeregt. Nun wie keyn **thewrer wilpret** auff erden ist, dann ein new fromm gborn mensch, also seind warlich fromme weiber vnd gut freund gar dünn gesaehet, wer ein fromm weib vnd einn guten freund funden hat, mag wol sagen, er hab einn schatz vnd guten fund thon, wie auch vnsere vorfarn haben erkennt, vnnd dauon Sprichwoerter als ein Cabala hinder jn gelassen, vnd in vnser münder gelegt. Nemlich, Es ist der best hauszrath der ein fromm weib hat. Ein guter freund ist vber silber vnd gold, vnd dem nicht zu vergleichen. — Weil sie nun bede so theur vnnd **seltzam wilpret** sindt, hat mann got, von dem alle gute gaben vnnd auch ein fromm weib der best freund kompt, wol zu bitten, vnnd gewert, ewig drumb zu dancken, vnd als ein gefunden schatz nit leicht achten, sonder wol bewaren. Mann sol auch fürsichtig eben auffsehen weil die voegel so seltzam sind, Das wir nit **conterfey vnd abentheur** für gold vnd silber erwischen, dann es sihet offt heuchlerey der freundtschafft im schein gar gleich. Hie gilt es augen vffsetzen vnd Argus zu sein. Für den in sich selbst so geschlossenen und mit sich einigen Charakter Fr's. ist dieses warme Lob treuer Freundschaft überaus bezeichnend und vielfach wiederkehrend. Im Interesse der deutschen Lexikographie (vgl. oben 640) darf ich hinzufügen, dass es auch bl. 94 a in ähnlichem Sinne heisst: so erfinden sich die sprichwoerter, so die erfarung gleich als ein Cabal, ye einem nach dem andern in den mundt gelegt hat.

Spr. 644 sonst unbezeugt; auch die umfassenden Abschnitte über die Frauen in Francks grösserer Sammlung bieten keine Parallele.

Spr. 645 ff. Dieser ganze Abschnitt von den Sprichwörtern des Pythagoras ist bereits vor Jahren nach einer ungenauen oder undeutlichen Abschrift in Herrig's Archiv 1859 S. 474, 5 von mir mitgetheilt worden, ohne dass ich damals eine Ahnung von S. Franck's

𝕮 Pithagore Sprichwoerter.

645. Spring nit ueber die wag.

Haw nitt über die stang, überfar die gerechtig-keyt nit.

Autorschaft hatte; ich habe nur, vielleicht mit Unterschätzung der wissenschaftlichen Bildung Francks, aber sachlich mit vollem Rechte hin und wieder hervorgehoben, wie das richtige Gefühl des volksthümlichen Sammlers ihn vor den gelehrten Missgriffen geschützt habe, die u. a. bei Göttling in der Ausdeutung der bezüglichen Sprüche nicht eben selten sind. Fast zehn Jahre später hat mir gerade dieser Schlusstheil, wie die bezüglichen Worte der Einleitung die Vermuthung einer Abfassung durch S. Franck nahe gelegt; die Vergleichung mit dem betreffenden Abschnitt der Geschichtbibel gewährte mir eine wohlthuende Bestätigung meiner Ahnung, die sich durch eindringliche Studien weiter zur Gewissheit erhob, vgl. Thl. II C. III. Eine Andeutung meines Resultates gab ich zuerst im Januarheft des Nürnberger Anzeigers 1868 und kam im Herbste desselben Jahres in der Gratulationsschrift zum Jubiläum meines Lehrers Füldner S. Franci de Pythagorae ejusque symbolis disputatio commentario illustrata darauf zurück. Auf den hier gegebenen Abdruck und die beigefügten Nummern der Symbole darf ich mich jetzt in der Kürze beziehen; ich bemerke also nur die erheblichen Abweichungen; bei Fr. 1. 1. ist fast überall noch ein erklärendes **das ist** hinzugefügt. Ein persönlicher Irrthum, den mir die Güte meines Freundes und Lehrers brieflich berichtet und berichtigt hat, ist es, wenn ich auf Grund einer unnöthigen Berechnung der Zuverlässigkeit meines Gedächtnisses misstraute. Ich habe in der Dedication jener Schrift behauptet; ich sei am Dienstag, den 3., und Füldner den Montag darauf, am 9. Oct. 1843 bez. Schüler und Lehrer des Strelitzer Carolinums geworden. Für uns beide, den zwölfjährigen Knaben, wie den 25jährigen Mann, öffneten sich an demselben Tage, eben am 9. Oct., die Pforten der Anstalt. Das Winterhalbjahr der Schule fing nämlich 1843 ausnahmsweise gleich am Montag und nicht wie gewöhnlich erst am Dienstag an.

Spr. 645 = Symb. 1. Vorher geht noch in der Erklärung: trit nit vber das zil. Statt **stang** das subst. **schnur**. Alles Übrige in wörtlicher Übereinstimmung. In der grösseren Sammlung 1541

646. Grab nit fewer mit dem schwerd.
Lasz den hunt schlaffen, schüt nit oel ins fewr, richt keynn hader an, erzürne keynen boesen.

647. Schwalben halt nit im hausz.
Bescheisser, vndanckbare schwetzer.

648. Zerbrich nit die kron.
Halt landt vnd stattrecht.

(Bl. 55 a). *649. Hab morgens des abents acht.*
Der zeit nimm war, vnd des künfftigen.

650. Wander nit den gemeynen weg.
Der fueret zur hell Math. 7.

651. Was krumme klaen hat, nere nit.
Es gibt boesen lohn.

---

gleichfalls ähnlich I 74 b. Stateram ne transgrediaris. Vbermachs nit, haw nit über die schnur, lasz bey eim beylichen bleiben. Trit nit über das zil.

Spr. 646 = Symb. 2. Im Text nach feür, in der Erklärung wirff nit oel zum feür.

Spr. 647 = Symb. 5. Die schw. h. n. in deinem h., das ist, huet dich vor den vndanckbarn vnd schwetzern, halt nit klaffer in deinem hausz.

Spr. 648 im Text gleichlautend mit Symb. 12. Die Erklärung dort etwas vollständiger: halt dich nach dem landsbrauch, statrecht, vnd brauchs wo du bist.

Bl. 55 a. Spr. 649 wörtlich = Symb. 13 (vgl. daselbst die krit. Anm.). In der Erklärung hier der Zusatz: vnd des künfftigen.

Spr. 650 = Symb. 4. Weitter, du solt durch keyn gemeynen weg wandern, oder gee nit die wol gepant strasz, das ist, lauff nit den weitten weg der welt vnnd des boesen zu der hell. Math. VII. Dieses Symbol bei Franck besonders beliebt; vgl. meinen Commentar S. 12 und 13.

Spr. 651 = Symb. 22. Was krumm finger hat, das nere nit, das ist, was krappen vnd greiffen pflaten hat, das an sich zeücht das sein nit ist, des gee muessig.

652. Brich nit das brodt.

Trenn keyn freundtschafft, dann rechte freund sein ein brodt. 1. Cor. 10.

653. Setz saltz vff.

In allen hendlen, lasz einn ernst vnd scherpffe neben der freundtlicheyt sehen ꝛc.

654. Frisz dein hertz nit.
655. Trag keyn eng fingerlin.

Lasz dir keynn vnmut über die knie zum hertzen kommen.

656. Isz nit mit Herren kirschen.
657. Bruntz nit gegen die Sonnen.

Leg dich an keynen gewaltigen.

Spr. 652 = Symb. 28 bis auf das Citat genau übereinstimmend; abweichend nur die Formen zertrenn und recht fr. Eine eingehende Erörterung gerade dieses Symbols giebt Fr. auch in seiner grösseren Sammlung II 190, s. meinen Comm. S. 13.

Spr. 653 = Symb. 29. Setz saltz auff, das ist, lasz in all deinen worten vnnd wercken ein ernst vnd scherpff neben der freüntlicheyt sehen, dann saltz musz immer neben der speisz sein, sawr neben siesz.

Spr. 654 und 655 = Symb. 7, 8 in etwas erweiterter Fassung. Frisz dein hertz nit, oder trag keyn eng fingerlin, das ist, lasz dich nit bekümmern, bisz leichtsinnig, lasz dir kein vnmut über die knie zum hertzen geen. In seiner grösseren Sammlung fügt Fr. unter der lateinischen Fassung cor ne edito. Annulum angustum ne portato II 86 a die bezeichnenden Worte hinzu: Sihe anderswo: Frisz dein hertz nit. Trag kein engs fingerlin. Das Citat steht bei Wander u. Herz 184, fehlt aber u. Fingerlein.

Spr. 656 und 657 = Symb. 9. Bruntz nit wider die sunnen, das ist, leyne dich an keynen gewaltigen. Jsz nit mit herrn kirschen. Lauff nit wider die wandt, das du nit daran zu trümmern geest. In verwandter Weise stellt Fr. in der grösseren Sammlung die Scheu vor der Sonne und vor dem Kirschenessen mit grossen Herren zusammen. I 3 a contra solem ne loquitor. Red nicht wider die Sonne. Ebendaselbst am Schluss des Abschnitts. Es ist gut grosser herrn

658. End des zorns, ist der rewe anfang.
659. Ie weniger du den zorn truckst, ie mer trucket er dich.

Dann so heben wir an mit vns selbs zu zürnen, so wir von andern vffhoeren.

660. Versuch keyn schwartz geschwentzts.

(Bl. 55 b). Huet dich vor boeser geselschafft, vnd schmeichlern, Es gewinnet boesz ende.

661. Beut niemandt bald die handt.

Mach dich nicht zu gemeyn, Nimm vnerkandt keynen zumm freunde.

662. Richt nit an in ein bruntzkachel.

Schütt keyn Perlin für die sew. Matt. 17.

---

müssig gehn, aber boesz mit jn kirszen zu essen, sie werffen einem die stil am kopff.

Spr. 658 und 659 = Symb. 15; nur die Ordnung umgekehrt. Die Worte: Das end d. z. i. d. rew a. bilden hier den Schluss. Die vorangehenden Worte in völliger Übereinstimmung; abweichend die Form truckt; hinter vffhoeren noch; vns selbs zu hassen, wann wir vns lieben, vnd widerumb.

Spr. 660 = Symb. 17 in erweiterter Fassung. Versuche nit das einn schwartzen schwantz hat, das ist, huet dich vor boeser gesellschafft, die ein traurigs end machen, oder huet dich vor dem schmeychler, derenn schwantz, das ist, end vnd auszgang schwartz ist. Die Bildung des Adject. schwartzgeschwentzt zeigt ein in kurzer Zeit hervorgetretenes sprachliches Wachsthum, ein Bedürfniss nach gedrängter Zusammenfassung.

Bl. 55 b. Spr. 661 = Symb. 19. In dem ersten Satz der Erklärung die Negation nit. Der zweite Satz etwas modificiert. Nimm den freünt nit bald vnerkant auff.

Spr. 662 = Symb. 21. Die Erklärung etwas vollständiger, trag nit guts in einn boesen menschen. Entpfilch nit weiszheyt dem thoren, vnd wirff das berlin. ꝛc. Math. VII. Matt. 17 ist natürlich ein Druckfehler; der Spruch steht VII 6. Fr. schliesst sich in der Erklärung des Symbolums der antiken Überlieferung an; Göttling hat davon in räthselhafter Weise völlig abgesehen, s. meinen Comm. S. 21.

663. Wirff den brochen hafen zum fenster ausz.
Lasz von zorn.
664. In deinem ring trag nit Gottes bild.
Miszbrauch den namen Gottes nicht zu ieder sachen.
¶ *Zu Franckfurt, bei Christian Egenolph.*
Anno M. D. XXXII.
Im Hewmon.

Spr. 663 = Symb. 23 mit dem Zusatz: oder deck den flosz mit eschen zu, das ist, lasz den zorn ausz sein, es ist gnug gezürnet. Grimm s. v. flosz hat an die Bergmannssprache gedacht, in der, wie ich u. a. einer gütigen brieflichen Mittheilung Ottow's — Landshut entnehme, floss und asche allerdings termini technici sind. Der Zusammenhang der Stelle und die Überlieferung aus dem Alterthum sprechen aber gegen diese Deutung, s. meinen Comm. S. 22 und die erwünschte Bestätigung meiner Erklärung durch Dan. Sanders in Herrig's Arch. 1869 Bd. 44 S. 95, auf dessen Urtheil ich ausdrücklich provociert hatte. Mir standen allerdings ausser der Sache noch drei gewaltige Eideshelfer zur Seite: Plutarch, Erasmus und — last, not least — Sebast. Franck.

Spr. 664 = Symb. 25 mit der Form bildnus. Die Erklärung etwas vollständiger: miszbrauch dich Gottes namen nicht leichtfertig zu alle deinen sachen. Göttling giebt auch hier eine ganz äusserliche Erklärung, die ich, unbekannt mit Francks Deutung, bereits vor 18 Jahren durch die Beziehung auf Trendelenburg Raphaels Schule von Athen 1843 S. 14 zurückgewiesen habe in den Jahnschen Jahrb. 1855 S. 268. Diese sinnige Deutung: „der Spruch rügt die Frömmigkeit, die nur gefallen will und den Besitz Gottes, der in der tiefen Stille der Seele wohnen soll, wie den prunkenden Stein des Ringes zur Schau trägt" hätte auch Franck sicher gut geheissen, wie Tr. andererseits auch Fr's. Erklärung nicht würde verschmäht haben. Dem reinen Wahrheitssinne des Sammlers aber, der ungeschminkten Frömmigkeit desselben, die Schein und Wesen überall streng zu scheiden suchte und das Äussere dem innern Worte allzeit unterordnete, stand es wohl an, gerade mit einem solchen frommen Spruche sein Werk zu schliessen und vom Leser Abschied zu nehmen.

II. Theil.

Sachliche, sprachliche und literärgeschichtliche Erörterungen.

Durch die genaue und vollständige Wiedergabe der vorstehenden Sprichwörtersammlung und die gleichzeitige fortlaufende Erläuterung derselben hoffe ich sowohl dem Vaterlande wie der Wissenschaft einen nicht unwesentlichen Dienst geleistet zu haben. Zunächst schon wegen der Seltenheit des Werkes. Aber hätte meine Arbeit weiter keinen Werth, als dass sie dem nicht selten müssigen und unfruchtbaren Interesse eines Bibliophilen neue Nahrung zuführte, so hätte sich dieser Aufgabe auch auf einem andern Wege, durch eingehende Beschreibung und Heraushebung einer beliebigen charakteristischen, grösseren oder kleineren Stelle vollauf genügen lassen. Auch für das Bedürfniss unserer heutigen Sprichwörterkunde war die Wiederholung nicht eben geboten, noch weniger nothwendig; da die Sammlung sichtlich zu gut drei Vierteln ihres Inhalts von fremden Vorlagen abhängt, so lag einem heutigen Sprichwörtersammler zunächst nur die Aufgabe ob, das neue, theils im Text, theils in den Erörterungen desselben gebotene Material übersichtlich zusammenzustellen; und wollte er ein Übriges thun, so hätte ein sorgfältiges Register über die Entlehnungen jedes stoffliche Verlangen mehr als genug gestillt und gesättigt. Der Werth des Büchleins greift aber weit über den Raritätenkram eines Bibliophilen oder Bibliomanen und ebenso über das stoffliche Interesse eines Paroemiographen hinaus. Auch diese beiden Gesichtspunkte, deren relative Berechtigung wir nicht verkennen, hat unsere Darstellung bisher schon festgehalten, und wird sie auch weiter nicht ausser Acht lassen. Höher aber steht das literärgeschichtliche Interesse. Die Sammlung hat, wiewohl materiell von aussen abhängig, schon in der Auswahl des entnommenen wie des verschmähten Stoffes ein eigenthümlich individuelles Gepräge; noch schärfer tritt dies in der Gruppirung der Sprichwörter und in den freilich seltenen eigenen Bemerkungen und Erläuterungen des Sammlers hervor. So würde dieses anscheinende Plagiat unter allen Umständen der Beachtung werth erscheinen; diese Forderung aber wird um so gebieterischer, wenn die glänzendsten Namen, die das Gebiet der deutschen Sprichwörterkunde überall, nicht bloss im Reformationszeitalter aufweist, wenn Seb. Franck und Joh. Agricola als Ent- und Darleiher in Frage stehn. Dass das rasch hingeworfene Werkchen zugleich für das Verhältniss der gemeinsamen hochdeutschen Schriftsprache zum Norden wie zum Süden unseres Vaterlandes in Luthers Tagen eine Reihe erwünschter neuer Aufschlüsse bietet, ist ein neben unseren literarischen Forschungen erwachsener Gewinn, den wir als solchen dankbar geborgen haben. Wir schlagen auch noch weiter einen Seitenpfad ein, wenn wir gelegentliche Beobachtungen über Franck's Stellung zum deutschen Sprichwort und kritische Beiträge über sein Leben und Wirken dieser unserer Arbeit in gedrängter Kürze anschliessen. Wir glauben das vor der deutschen Wissenschaft verantworten zu können, wenn auch die innere Durchreifung dieses Theiles unserer Arbeit und die formelle Abrundung desselben bei einer durch amtliche und ausseramtliche Pflichten stark beschränkten wissenschaftlichen Musse nur in geringem Grade möglich war. Der Hoffnung indessen auf eine an freier und voller Arbeit gesegnete Zukunft darf sich ein Mensch ohne Vermessenheit getrösten.

Cap. I.

Bibliographisches. Geschichtliche Kenntniss der Sammlung.

Dem sorgsam hergestellten und überwachten Abdruck dieser Sprichwörter liegt meine Abschrift vom Jahre 1869 zu Grunde, in der ich das Münchener Exemplar unter genauer Beobachtung der Compendien und sonstiger Eigenthümlichkeiten des Originaldruckes, und unter Verzeichnung aller wahrgenommenen Fehler und Irrungen nach Zeilen- und Seitenausgängen treu wiederzugebeu mich bemüht habe. Diese Abschrift habe ich abermals im Mai d. J. mit demselben Exemplar sorgsam collationiert, und alsdann der grossen Vergünstigung mich erfreut, auch noch weiter während der vollen Dauer des Druckes über vier Monate hindurch die gesammte wiederholte Correctur nach dem Original beschaffen zu können. Den innigen Dank für diese der Sache selbst mehr noch als mir persönlich förderliche Güte habe ich geglaubt dadurch am besten zu bethätigen, dass ich nach Abschluss des Druckes das ganze Werk noch einmal von $\mathfrak{A} - \mathfrak{Z}$ genau und so gewissenhaft als möglich mit dem Original zusammenhielt. So hoffe ich dem Leser wenn auch keine absolute Garantie — denn kein Mensch ist unfehlbar —, so doch die Gewähr zu bieten, dass uncontrollierbare Irrthümer nach Kräften vermieden sind.

Auf den ersten zwei Bogen dieser Ausgabe sind die wesentlichsten äusseren Eigenthümlichkeiten des Originals an verschiedenen Stellen theils einzeln, theils im Zusammenhang besprochen; hieran knüpfe ich die etwa sonst noch wünschenswerthen oder nothwendigen Zusätze. Titel und Schlussschrift wie Umfang des Buches sind an ihrer Stelle richtig angegeben; ebenso dass am Schluss der Vorrede wie des ganzen Werkes drei Laubblätter sich finden (s. Anm. S. 2). Noch charakteristischer für Egenolph mag die Holzschnitteinfassung des Titels sein, für deren Würdigung mir weitere Materialien gebrechen. Den durch das ganze Werk hindurchgehenden Wechsel der Lettern erwähnen wir S. 1; die lateinischen Sprüche in No. 215 u. 284 stehen im Original mit lat. Lettern, waren also auch bei uns cursiv zu setzen. Bezügliche Fehler des Originals s. S. 28 und 29 oben. Fehler in den Initialen s. S. 28. Wir fügen hinzu, dass am Anfang der Erklärung von 131 der Custos das richtige Wer, der fortlaufende Text dagegen wer bietet. In unserem Abdruck ist in der Erklärung von No. 21 antwort st. Antw. und zu No. 25 und 104 Das und Denn st.

das u. denn zu lesen. Über Custoden findet sich das Nöthige zu Bl. 3 a und zusammenfassend zu Bl. 8 a; über Signaturen zu Bl. 8 a bemerkt. Über die Ungenauigkeit der Zählung handelt die Anm. zu Bl. 7 b; falsche Zahlen sind Bl. 3 a, 4 a und 7 b; falsche Interpunktionen zu Bl. 3 a, 4 b und 5 a besprochen worden. Das für Spr. 358 daselbst erwähnte Fehlen eines Punktes gilt nur von der ersten, nicht von der zweiten Zeile des Spruches. In unserem Abdruck hat sich fälschlich in Spr. 419 hinter mann und Spr. 493 Erkl. Zeil. 3 hinter leydt ein Comma eingeschlichen. Von Compendien des Druckes und den Lettern ? und r, von ů ist zu Bl. 2 a, von k und W ist zu Bl. 4 b, 5 a und Bl. 9 a die Rede.

Hinsichtlich der Compendien ist in unserm Abdruck eine vereinzelte Inconsequenz eingetreten, ohne Schuld des überaus sorgsamen und gewissenhaften Setzers. Durch die jetzige Angabe wird übrigens der scheinbare Mangel nicht bloss getilgt, sondern mehr als ausgeglichen werden. Das Compendium m̄ ist gewöhnlich durch mm aufgelöst worden: hiervon macht das Wort reichthumb eine Ausnahme, das ausgedruckt in dem Register und der Erklärung zu 309, mit dem Compendium aber sich im Original 322 in der Mitte und 319 am Zeilenende findet. Nach dieser Analogie hätte auch drum̄ 38 am Zeilenende durch drumb und nicht durch drumm gegeben werden sollen, zumal sonst überall die Form drumb und darumb sich findet; jenes z. B. 89 und 350 und in der Erklärung zu 316; dieses 90, 330 und in der Erklärung zu 254, 279, 351 etc. Ähnlich steht überall frumb z. B. 319, 348 und 597 im Text wie in der Erklärung, und bloss in der Erklärung u. a. 562 und 627; einmal daneben ohne Compendium bloss frum 130 und from 348 Erkl. Dass auch sonst die Form frumm gelegentlich sich findet, selbst bei S. Franck, beweist noch nichts für die Schreibung von drumb; vgl. übrigens für frumm Grimm u. fromm u. S. Franck Parad. Ulm. s. a. No. 18 s. f. Er kan nichts dann frum̄ sein; vorher und nachher stehn Sprichwörter über das scheinbare äussere Unglück der Frömmigkeit; dort dreimal das Compendium m̄ in eben diesem Worte.

Über die Letter ů ist zunächst zu bemerken, dass dieselbe mit gleicher Consequenz in den Sprichwörtern wie in ihrer Erläuterung, ebensowohl also in dem lateinischen wie in dem deutschen Satze wiederkehrt. Die Anwendung derselben in den Vorstücken haben wir bereits berührt; wir wiederholen diese Mittheilung jetzt und vervollständigen sie dahin, dass im Titel kein einziges, in der Schlussschrift nur ein ů und zwar in der Präposition zu sich findet. Die Vorrede hat diese Letter in den Worten gut, abschlug, das Register in Armut, Betrug und (was oben übersehen) in Vnmut. Über die sonstige Anwendung ist zu bemerken, dass die Letter hin und wieder fehlt, wo sie zu erwarten war, z. B. in den subst. fug, stube und dem verb. muttern Spr. 368, 235 und 585.

Bei andern Worten wechselt sie mit u; nur selten, was z. B. bei einem andern Schwaben L. v. Passavant so oft der Fall ist, mit ü und ue, s. meine Ausgabe Passavant's S. 19 und unten C. III B. Am häufigsten zeigt sich dieser Wechsel bei der Präposition zu und den damit gebildeten Wörtern; weiter habe ich ihn wahrgenommen bei nun, fluch, fluchen, verfluchen und wuchern. Alle übrigen Wörter haben die einmal verwendete Letter consequent festgehalten. Hier die nöthigen Nachweise.

Für zu bemerke ich zunächst, dass u. a. Alzu ohne Dehnung 266, dazu mit Dehnung in der Erklärung von 96 erscheint, ebenso darzu in der Erklärung von 136, 138, 181; zuuor steht mit dem Zeichen der Länge in der Erklärung von 142; ohne dasselbe zugleich mit zuuil in der Erklärung von 252. In der Vorrede fällt überall die Dehnung fort, obgleich sonst doch im Verlaufe des ganzen Büchleins die gedehnte Form überwiegen mag. Für die ersten 100 Sprichwörter ergiebt sich nämlich folgendes Verhältniss. Die Dehnung erscheint in Spr. 14, 79 im Text und in der Erklärung; bloss in der Erklärung Spr. 1, 9, 16, 21, 52, 81, 90, 96; sie fehlt Spr. 25 (bis), 73 und in der Erklärung zu Spr. 2 und 88 (bis); zum und zur sind nie gedehnt. Einmal steht ohne weitere Analogien z ů 404 Erkl.; fluchen mit Dehnung 433 und in der Erklärung zu 610; ohne Dehnung in der Erklärung zu 432,

433; ebenso das Compos. verfluchen in der Erklärung von 454 und das subst. fluch gleichfalls in der Erklärung von 610 und 633; — nun, natürlich nur in der Erklärung, gedehnt 309, 598; ungedehnt 512; — wuchern mit Dehnung im Text und in der Erklärung von Spr. 106, ohne diese Bezeichnung in der Erklärung zu Spr. 105.

Folgende Formen sind stets gedehnt: armut 48, 56 und 106 Erkl.; blut 355, blutfreund 68, blutgeirig 234 E.; bruder 197, 219 E., 277 E.; bub 27, 130, bubenstuck 102 E., 333 E.; buch 257 E., 265 E.; sintflut 296 E.; fustapffen 147 E.; gruben 512 E.; grusz 87; gut 32, 33, 41 etc., in den Erklärungen von 9, 49 u. s. w.; gutlosz 322; hur 418; hust 306 und E., husten 306 E.; filtzhut 191; klug 216, 229, 236 und Erkl. von 25 und 235, klugheyt 216 E., kue 294, 371; mussen dat. subst. 209, musz praes. 3 sing. 35, 65, 84, 37 E., 87 E. etc.; vereinzelt muest 458 und im Conj. mueste 542 E., dagegen im Ind. muste 134 E., musten 112 E.; mut 33, 107 und Erkl. von 116, 381, 556, 620; mutwillig 597 E., vnmut 363 E., 655 E., mutter 146, 588, 112 E., 587 E. (bis); genaturt 361 E.; genug 14, 60, 352, 388, 553 und Erkl. 48, 149, 308, 316, 353, 387; gnug 322 E., 423 E.; beruffs gen. 274 E., beruff nom. und acc. 461 E. (bis), beruffen 138 E., rügen verb. 441, 521; ebenso rhugen 523 E., rhu 135 E., ruhe 178 E., 211 E., vnrhu 141 E.; rutte 404 und E.; ruthen dat. und accus. singl. 66 E., 404 E., 409 E.; schuch singul. und plur. 40, 56, 192, 576 u. E., schuhe 136 und E., studt 284, stude 284 E. (bis); suchen 378, 466 und E.; ebenso in den Erklärungen von 305, 309, 315 (bis), 398 (bis); versuchen 377 E. (bis), 485 und E. (quater), 660, versuchung 320 E., vnuersucht in der Erkl. von 121, 260 und 377, thun 22, 68, 98 etc., Erkl. von 13, 30 etc., ebenso nachthun 20 E., 341 E.; betrug imperf. 359 E., tuch 355, 641 und schliesslich wust 361 E., ein Wort übler Vorbedeutung. Uns aber will es doch bedünken, als ob diese unsere Beobachtungen nicht sowohl in eine Wüste hinein, als aus derselben heraus zu führen geeignet sind.

Hinsichtlich der Druckfehler des Originals unterscheidet man leicht solche, wo das Verständniss des Sinns getrübt erscheint, und andere, wo vereinzelte unrichtige Lettern gesetzt sind. Die ersten sind theils im Zusammenhang zu Bl. 6a, theils zu den betreffenden Stellen selbst angegeben und berichtigt worden. Über die Druckfehler der zweiten Klasse handelt unsere Bemerkung zu Bl. 9a S. 29. In dieselbe Klasse dürfen wir die Fehler einreihen, die in unserm Abdruck neu hinzugekommen sind; kein einziger derselben stört den Zusammenhang, und fast alle erklären sich aus der heutigen Gewöhnung unserer Augen, sind also an dem wackern Setzer entschuldbarer als bei dem Corrector, eben dem Verfasser dieser Zeilen. Nach einer wiederholten und sorgfältigen Schlussrevision habe ich folgende Irrthümer wahrgenommen, um deren Berichtigung ich hier bitte.

Um ein Plus handelt es sich Spr. 180 und 279; dort ist im Text der Artikel dem, hier in der Erklärung die Conj. aber doppelt gesetzt. S. 29 Z. 15 v. ob. ist das Wort leben und in der nächsten Zeile die Worte 367 — — Textes zu tilgen, lehen nämlich ist in dem Original und dem Neudruck die echte und richtige Form. Das erste e ist zu tilgen in dem Worte dieses in der Überschrift des Registers und in dem vorletzten Wort der Erklärung zu 138 diesem, ebenso das letzte e in dem ersten Wort von Spr. 373 Alte; im Commentar bleibt diese Form; Spr. 179 ist in dem letzten Worte zusammen ein m und 274 med. in wartten ein t zu viel gesetzt.

Bei dem Minus sind nicht ganze Wörter, sondern nur einzelne Lettern hinzuzufügen. Ich substituiere hier gleich die richtigen Formen. Ein e ist ausgefallen in den Worten liesz, Spr. 83, willen 218, herren 310; ein n in sollenn 258, mann, resp. Mann 216 und 448, vnnd 274; ein c in marckt 516; ein t in mitt Spr. 1 Erkl. Z. 3 v. u., Z. 1 v. ob. bleibt mit; grundtlosz Spr. 109 Erkl., im Text selbst richtig daneben gruntlosz und endlich ein z in Spr. 285 Erkl. Z. 1 gezwang.

Falsche Lettern sind gewählt i für y, n für u u. dgl., um auch hier gleich das Richtige zu geben, in unserer Bemerkung S. 29 Z. 17 in dem Worte Keyser, in dem Texte ferner Spr. 35 und 181 Erkl. Z. 2 musz, 142 theuer, 143 Erkl. Z. 4 wolthat, 144 Erkl. Z. 1 in dem drittletzten Wort keyn, 150 kauffmann in der Erkl. Z. 2, 293a thurn, ebenso bei Agricola 366, 315 Erkl. Z. 1 jn, 351 streych und 361 vnreynigkeyt.

Zu den sachlichen Fehlern des Originals übergehend, verweisen wir noch auf unsere Bemerkungen zu Spr. 151, 506, 533, 558, 587. Die hier theils in Parenthese, theils in der Anmerkung gegebenen Berichtigungen hätten gleichfalls nach summarischer Angabe schweigend in den Text gesetzt werden können, ebenso die zu Spr. 254, 616, 662 berichtigten Bibelcitate. Im Register war in gleicher Weise s. v. Mass für 277 das richtige 267, und unter Reichthumb 320 für 370 zu setzen. Wir haben beide Fehler des Originals im Anfang übersehn. Somit bleiben für die Anmerkungen nur zurück die zu Spr. 125 und 134 beregten Eigenthümlichkeiten; in zwei anderen Fällen ist unsere Kritik zu Bl. 6a wohl zu rasch vorgegangen. Hier wäre eher eine Anmerkung erwünscht gewesen.

Spr. 443 lautet in unserm Text: Es ist also, oder Gott toedte mich; im Original dagegen aber, was ich, Agricola's Text vor Augen, als blossen Druckfehler betrachtete. Indessen heisst es doch auch Spr. 483 ich soll einem dienen, odder nit on gelt, wo Agr. seinerseits aber nicht bietet. Den Text demnach zu ändern war übereilt, wenn mir auch weder bei Grimm noch bei Sanders eine sichere Stelle begegnet ist, in der ein aber für oder steht. Die einzige Stelle, die O. Schade Satiren und Pasquille aus der Reformationszeit anführt (I, 1. 34),

O ir christen, weinet und vergieszet blutige zern
   Dasz die heilige schrift ist undergedruckt mit gefern!
Denn der Antichrist und groszer anhank
   Die heilige gschrift han gestoszen under die bank,
Ire gesetze und heidenisch kunst hervor gezogen:
   Da mit sie lant und leute haben betrogen,
Dasz vil menschen durch ire werk selig hoffen zu werden,
   So doch aleine durch Christum muessen hie auf erden
Mit heiligen glauben hoffnung und rechter liebe
   Seligkeit erlangen, aber komen zun hellischen dieben,

lässt wenigstens die bei einem formlosen Dichter gestattete Deutung zu, dass die Schlussworte ihren Gegensatz bereits drei Zeilen zurück „hoffen selig zu werden" zu suchen haben. Dann aber steht auch dieses aber in seinem ursprünglichen Sinne.

Spr. 501 Z. 2 der Erkl. habe ich ebenso mit raschem und vielleicht irrigem Entschlusse zehne für zehen in den Text gesetzt. Dass es sich um die Zähne handelt, ist auch sonnenklar; aber wenn Franck unmittelbar nebeneinander die Formen geen und gehen gebraucht, z. B. Spr. 316 und 386, so ist die Möglichkeit nicht ausgeschlossen, dass er für unsere Kauwerkzeuge gelegentlich ein zehen neben zeen anwendete. Diese letztere Form aber kann ich u. a. nachweisen. Last. d. Trunk. (1528) Bl. 12a vber die zeen schwayssen, wie die Rayger, das eyner saw zuuil wer. Sprichw. 1541. I. 13a das glück hat sie (vberausz weisz gelert leut) all gewalckt vnd die zeen so offt in hals geschlagen. Auch diese Textesänderung war also nicht mit Evidenz geboten.

So viel zur Bibliographie. Ich bemerke nur noch, dass das Hannoversche Exemplar mit dem von mir zu Grunde gelegten Münchener genau übereinstimmt, eine Behauptung, die ich ohne alle und jede Vergleichung schon deshalb wagen kann, weil in dem von mir im Jahre 1857 genommenen Sprichwörter-Auszuge dieselben Zahlenfehler und dieselbe falsche Signatur des fünften Bogens verzeichnet sind, die ich ein dutzend Jahre später an dem Münchener Exemplar wahrnahm. Diese beiden Exemplare sind aber die einzigen, die sich in der Zeiten Flucht auf unsere Tage gerettet haben. So darf ich mit ziemlicher Sicherheit schliessen, da eine von mir in dem Liter. Centralbl. No. 17 d. J. gestellte Anfrage bisher ohne alle Erwiederung geblieben ist. Aber sollte selbst noch ein und das andere Exemplar aus jahrhundertelanger Verborgenheit ans Licht treten, vielleicht grade in Folge meiner Ausgabe: so erhöht sich der Nutzen derselben dadurch noch eher, als dass er sich verminderte; meine Hauptabsicht ist und bleibt, einem genialen, viel verkannten Manne unserer Vorzeit sein Eigenthum in ehrenhafter Weise zu restituieren. Den oben erwähnten Artikel des Centralblatts wiederhole ich hier der Sache wegen:

Anfrage und Bitte.

Für den Abschluss einer bereits im Druck befindlichen und demnächst erscheinenden selbstständigen Schrift über S. Francks erste Sprichwörter-Arbeiten gestatte ich mir hierdurch an Literaturfreunde und Bibliothekare die ergebenste Anfrage zu richten, ob von der sogen. ersten Egenolffischen Sammlung von 1532, als deren Herausgeber ich im Anzeiger für Kunde der deutschen Vorzeit 1868 Sp. 5 fg. S. Franck erwiesen zu haben glaube, noch andere Exemplare vorhanden und bekannt sind, als die beiden, resp. zu Hannover und München befindlichen. Diese beiden Exemplare habe ich bereits für jenen Artikel mit Dank benutzt; sie stimmen bis auf die Druckfehler genau überein.

Schwerin i. M., 15. 4. 73.

Friedr. Latendorf.

Die geschichtliche Kenntniss dieser Sammlung geht unseres Wissens nicht über drei Menschenalter zurück. Koch im vorigen Jahrhundert hat zuerst des Büchleins flüchtig erwähnt; ein Menschenalter später Nopitsch; im jüngsten Geschlecht hat vor und ausser mir nur noch Goedeke nach Autopsie die Sammlung beschrieben; alle weiteren Angaben lassen sich direct auf eine oder die andere dieser Mittheilungen zurückführen. Das setze ich auch bei C. Schulze voraus, wenn er in Herrig's Archiv 1862 S. 155 so sich äussert: „dasz die bei Egenolff 1532 erschienene ausgabe ein unvollständiger nachdruck von Agricola's 750 sprichwörtern sei, darüber ist kein zweifel." Dass dies Urtheil einer Einschränkung bedarf, erhellt wie aus unserer vorstehenden Ausgabe, so aus den unten folgenden Ausführungen. Die übrigen auf Autopsie beruhenden Mittheilungen verzeichnen wir nun in chronologischer Reihenfolge.

Zunächst also sagt E. J. Koch in seinem Grundriss I 77: Ein Auszug (sc. aus Agricola's Sprichwörtern) erschien Frankfurt 1532. 8. Auf diese kurze Mittheilung beschränkt sich auch, was Kordes in seinem mit liter. Umsicht und reicher Belesenheit, aber formlos verfassten Werke über

Agricola's Schriften Altona 1817 S. 176 über die Ausgabe zu berichten weiss.

Etwas mehr bietet Nopitsch Lit. der Sprichwörter 1822 S. 20 und 255. Ausser einer ziemlich genauen Titelangabe fügt N. hinzu: Der Verfasser sagt: „er habe diese Sprichwörter aus einer vorher ausgegangenen Sammlung gezogen", welches keine andere, als des Agricola seyn kann, dessen Ordnung auch fast völlig beibehalten ist. Die Sprichwörter selbst sind mit lateinischen Lettern gedruckt. Viele haben gar keine und die übrigen nur eine kurze Erläuterung. — Ist eine der seltensten Sammlungen, wovon sich ein Exemplar in der Univ.-Bibl. zu Landshut befindet. Er giebt alsdann die Zahl der Sprichwörter richtig mit 664, aber den Umfang des Buches unrichtig auf 8 statt 7 Bogen an. Ebenso erweist sich seine Bemerkung über die in den Sprichwörtern beibehaltene Ordnung Agricola's nach den Ausführungen unseres Neudrucks als irrthümlich. Ausser Koch und Nopitsch hat auch Zacher die deutschen Sprichwörtersammlungen 1852 S. 11 keine directen Zeugen namhaft zu machen gewusst.

In unserem Zeitalter giebt eine zuverlässige bibliographische Beschreibung zuerst Goedeke Grundriss I 111. Die hinzugefügten Worte „diese Sammlung wurde in der Folge mit Agricola's und Franck's Sprichw. verarbeitet und ist als Egenolph's Sammlung bekannt" wird der Verf. selbst nach unseren Ausführungen nicht mehr aufrecht halten wollen. Seine bezüglichen Irrthümer hat Graesse trésor VI. 474 getreulich nachgeschrieben. Er sagt u. a.: Cette collection a été depuis réunie avec les collections d'Agricola et de S. Franck et publiée sous le titre de: Sprichwoerter, schoene, weise Klugreden etc. Dass Gr. auch den Umfang fälschlich auf 64 statt 56 Blätter angiebt, ist fast selbstverständlich.

Ausser den genannten drei Männern Koch, Nopitsch, Goedeke und ihren Entlehnern hat bis 1860 etwa weder ein Literarhistoriker, noch ein Biblio- oder Paroemiograph der Sammlung irgendwie flüchtig oder eingehend gedacht; seit 1860 schliesst sich dieser Zahl in wiederholten Mittheilungen ein auf dem Boden der volksthümlichen Literatur mit Vorliebe arbeitender deutscher Landsmann an, eben der jetzige Herausgeber der Sammlung. Seine Untersuchungen sind, je mehr sie extensiv und intensiv einzudringen sich bemühten, auch von irrthümlichen Anschauungen und Voraussetzungen mehr und mehr zurückgetreten.

Nachdem ich 1859 in Herrig's Archiv mehr als Curiosum die Sprichwörter des Pythagoras aus der Sammlung mitgetheilt, s. oben S. 230, charakterisierte ich die Sammlung in ihrem Verhältniss zu Agricola näher in meiner Schrift über diesen Sammler 1862 S. 76, wusste aber, das Auge auf die Quelle gerichtet, für den selbstständigen Werth der abgeleiteten Arbeit kein rechtes Wort der Anerkennung zu finden. Statt der planvollen Gedrängtheit das gebührende Lob zu spenden, fand ich die Erklärungen Agr's. auf ein „dürftiges Mass zurückgeführt" u. dgl. Nur den eigenthümlichen Werth des Abschnittes über Pythagoras habe ich zu meiner Freude auch in jener Erstlingsarbeit nicht verkannt.

Ich begnügte mich dann Jahre lang, eine Abschrift der Sprichwörter, d. h. des Textes allein, zu besitzen, deren Beziehung zu Agr. ja klar genug vor Augen lag. Die Beziehung im Einzelnen nachzuweisen oder auch nur nachzusuchen lag mir fern. Erst im Jahre 1866 suchte ich in der Ferienmusse des Sommers zu jedem Sprichwort seine Quelle bei Agr. nach, und fand mich freudig überrascht, als ich mit Sicherheit ein gut Theil eigener Arbeit in dem Werk entdeckte; gleichzeitig prüfte ich, Schulze's treffliche Mittheilungen zu Grunde legend, das Verhältniss der Klugreden von 1548 ff. zu Agricola s. Cap. II B. Ich gewann so ein von Goedeke völlig differierendes Resultat, das ich alsbald in einem Aufsatz des Serapeums 1866 No. 21 „die Ausgaben der Klugreden 1548—1691" zu veröffentlichen eine directe Veranlassung fand. Diesen Abschnitt wiederhole ich seines sachlichen Werthes wegen auch hier fast unverändert.

Goedeke ist der Meinung, dass die vorzugsweise unter dem Namen der Egenolffischen Sammlung bekannten Klugreden 1548 ff. zum Theil aus der Egenolffischen Sammlung von 1532 compiliert seien. Diese Ansicht beruht auf einem bei der Gemeinsamkeit des Verlegers allerdings naheliegenden, nichts desto weniger aber entschiedenen Irrthume. Indem ich mir vorbehalte, in Bälde, sei es im Serapeum, sei es in einer ausschliesslich germanistischen Zeitschrift eine eingehende Untersuchung über die Quellen der beiden Egenolffischen Sammlungen, der 650 oder 644 Sprichwörter von 1532 und der Klugreden von 1548 ff., so wie über das Verhältniss der Originalausgabe von Franck 1541 zu den älteren namentlich in ihr aufgeführten deutschen und lateinischen Sammlungen zu veröffentlichen, wird es für den gegenwärtigen Zweck nicht unstatthaft sein, einige der Hauptresultate, wenn auch ohne nähere Begründung, bereits in gedrängter Kürze zusammenzustellen.

I. Die erste Egenolffische Sammlung von 1532, die wesentlich auf Agricola's 750 Sprichwörter zurückgeht, steht mit den Klugreden 1548 ff. in durchaus keiner Beziehung. Sie hat erstlich vielen Stoff aus Agricola aufgenommen, den die Klugreden principiell ausschliessen; auch in dem von beiden aus Agricola entlehnten gemeinsamen Stoffe findet eine durchaus verschiedene Ordnung und theilweise sogar eine veränderte Fassung Statt; endlich hat die Sammlung von 1532 ein nicht unbeträchtliches selbstständiges Material von Sprichwörtern, das der zweiten Egenolffischen Sammlung, den Klugreden, und geradezu unserer heutigen Sprichwörterkunde, soweit sie litterarisch begründet ist, fast völlig abgeht. Gerade diesen Stoff werde ich demnächst vollständig zu verzeichnen haben.

II. Über die zweite Egenolffische Sammlung, die Klugreden 1548 ff., hat im Wesentlichen schon der Verfasser der „Untersuchung der vornehmsten Teutschen Sprichwörter. Leipzig 1725" das Richtige getroffen. Er sagt in der Vorrede über die Ausgabe von 1555: „Es stehet kein Wort darinnen, welches nicht in einem von den beiden (Agricola und Franck) stehet, oft aber ist das beste weggelassen und taugt also nicht viel." Sieht man von dem Schluss der Klugreden ab, den gereimten Sprüchen der sieben Weisen, und fasst man das obige Urtheil nicht in dem engen buchstäblichen Sinn: so ist allerdings der ganze übrige Inhalt der Klugreden aus Agricola und S. Franck compiliert. Die weiter aufgeführten Männer Vives, Bebelius u. s. w. sind nicht directe Quellen der Klugreden, sondern nur indirecte; bereits S. Franck hatte sich 1541 eingestandenermassen an ihre Vorlagen angeschlossen. Am eingehendsten hat unter unsern Zeitgenossen C. Schulze von den Quellen der Klugreden gehandelt in Herrig's Archiv 1862 S. 156. Seine Darlegung, der wir zu lebhaftem Danke verpflichtet sind, ist aber theils zu äusserlich, theils in ihrer äusseren Aufzählung unvollständig.

III. Die Quellen, die S. Franck bei seinen Sprichwörtern benutzte, werden von ihm selbst überall mit freier Offenheit angegeben. Er hat ihren dürftigen Stoff durch eine Fülle verwandten Materials erweitert und durch mehr oder weniger eingehende Erörterungen vertieft. So ist seine Sammlung nach Inhalt wie Umfang die gediegenste des 16. Jahrh.; und dieser Werth ist schon früh allgemein anerkannt worden. Leider geht mit dieser Hochschätzung auch der Umstand Hand in Hand, dass seine gesammten Angaben auf Treu und Glauben unbedingt weiter getragen werden. Wir halten es darum nicht für verdienstlos, eine Reihe von **unechten und untergeschobenen Sprichwörtern**, die in unsern Sammlungen figurieren, und die in letzter Linie auf ein Missverständniss von S. Franck zurückgehen, zusammenzustellen, um sie der künftigen Vergessenheit preiszugeben.

So hoffen wir als Resultat dieser unserer Forschungen neben der Förderung unserer litterarischen Kenntniss zugleich einen doppelten praktischen Gewinn zu erzielen, die Vermehrung unseres Sprichwörter-Materials aus der ersten Egenolffischen Sammlung und die Verminderung ebendesselben durch genaue Musterung der von S. Franck gesammelten Schätze.

Die Mittheilung ist ganz und völlig im Ton und Sinn eines Paroemiographen gehalten; diesen Gesichtspunkt hatte ich auch zunächst und ausschliesslich vor Augen, als ich des Werkes selber nochmals habhaft zu werden wünschte, um auch das in den Erläuterungen etwa noch versteckte Sprichwörter-Material für das Bedürfniss unserer Zeit, speciell also für Wander's Lexikon ans Licht zu fördern.

Dem treuen Eintreten eines Freundes, dessen Namen dankbar zu nennen ich meinem Buche wie mir selber zur Ehre rechne, den rastlosen Bemühungen J. Franck's gelang es, mir das ehemalige Landshuter Exemplar aus München zu verschaffen. Auch er fand seine Güte belohnt, als er mir so die Möglichkeit gewährt sah, in dem Sammler keine geringere Persönlichkeit zu entdecken und nachzuweisen, als einen von uns beiden seit Jahren hochgeschätzten und bewunderten Genossen der Reformationszeit, Seb. Franck. Dass Franck meiner Entdeckung, die ich ihm zuerst mit reichem Beweismaterial vorzulegen als Pflicht empfand, rückhaltslos zustimmte, that mir überaus wohl und stärkte meine schon vorher begründete Überzeugung. Ich veröffentlichte demnach in aller Kürze, aber so, dass ich den Gang des Beweises ausreichend andeutete, das Resultat meiner Forschung oder Wahrnehmung im Januarheft des Anz. f. Kunde der d. Vorzeit 1868 Sp. 5 ff. unter dem Titel: Ein unbekanntes Werk Sebastian Franck's. Ein Beitrag oder Zusatz zur Geschichte seines Lebens und Wirkens. Damit glaubte ich der nächsten literarischen Pflicht genügt zu haben, und wartete nun ab, ob ich selbst, ob ein anderer gelegentlich zur Herausgabe schreiten werde. Nur dem Wunsche und der Hoffnung auf eine solche Veröffentlichung gab ich noch im Herbste desselben Jahres Raum, als ich in meiner Gratulationsschrift über Franck's Pythagoras S. 14 diese Worte niederschrieb: Ceterum speramus fore ut haec proverbiorum collectio nostris hominibus fere ignota et specie honesta et accurata annotatione ornata in aequalium manus perveniat. Et profuturam eam esse et delectaturam persuasum nobis est. — Nun bin ich selber, zunächst durch eine äussere Veranlassung, das Jubiläum meines Lehrers Bergfeld, bestimmt, zur Herausgabe geschritten, und in derselben von vielen Seiten, zumeist aber von der Güte des Vorstandes der Staatsbibliothek zu München, Herrn Dr. Halm, und gleichzeitig von der Verwaltung der dortigen Universitäts-Bibliothek auf das liberalste gefördert worden. Ob meine Leistung diesem Vertrauen entsprechen werde, darüber steht mir kein offenes Urtheil zu; wenn aber der gute Wille und ein hingebender Eifer die Bürgschaft des

Gelingens in sich tragen, so darf ich auch von meiner Arbeit, die an Umfang wie an Inhalt weit über mein Erwarten hinausgewachsen ist, eine fruchtbare Wirkung ohne Selbstüberhebung hoffen. Auf jeder redlichen und gesunden Arbeit ruht ein sichtlicher Segen Gottes; und wie das Werk unserer Hände, so lässt er uns auch selber äusserlich wie innerlich mit demselben wachsen, reifen und gedeihen.

Cap. II.
Die Bedeutung der Sammlung für unsere heutige Sprichwörterkunde.

Die Abhängigkeit Franck's von der Sammlung Agricola's legt unser Commentar jedem prüfenden Leser genau und vollständig vor Augen. Dies Verhältniss veranschaulichen wir jetzt in einem gedrängten Überblick, dem wir durch Heranziehung neuerer Schriften über Agricola zugleich einen weiteren Werth zu sichern bemüht sind. Unsere Absicht richtet sich nämlich dahin, zunächst einem jeden Besitzer einer Einzelausgabe Agricola's eine wesentliche Ergänzung derselben zu bieten, sodann das Verhältniss zu erläutern, in dem namhafte Sammlungen des 16. Jahrh. zu diesem ihrem Vorgänger stehn. Damit werden eine Reihe Irrthümer und Ungenauigkeiten, wie sie u. a. wissentlich und ohne Wissen in den Sprichwörtersammlungen von Eiselein, Hoefer und theilweise auch Wander, in den Wörterbüchern von Grimm und Sanders wiederkehren, mit einem Schlage beseitigt sein. Wir hoffen ferner, mit wenigen Zeilen den religiösen und ethischen, den cultur- und literargeschichtlichen, den sprachlichen Gehalt Agricola's zu eigener fruchtbarer Ausbeutung dem Leser nachweisen zu können; und denken gerade durch die Selbstbethätigung und Heranziehung des Lesers unserer Aufgabe am sichersten zu genügen. Nur ein feiler und gemeiner Schriftsteller schmeichelt den Launen und Grillen des Publikums und fröhnt seiner Bequemlichkeit; der allein verdient den Namen eines echten Schriftstellers, eines Schriftstellers von Gottes Gnaden, oder wird seiner allmählich werth, der unter Entäusserung seines eigenen Ich den sittlichen und intellectuellen Bedürfnissen seiner Nation hingebend zu dienen sich unterfängt, der, ohne der Würde und der Wahrheit einer wissenschaftlichen Forschung das geringste zu vergeben, die Früchte derselben einem redlichen Eifer in wachsenden Kreisen zugänglich macht.

Die eben angedeuteten Resultate und Ausführungen wird der zweite Abschnitt dieses Capitels bringen; in dem dritten verzeichnen wir das von Agricola unabhängige Sprichwörter-Material der Sammlung; zunächst aber veranschaulichen wir unter

A.

Das Verhältniss der Sammlung zu Agricola.

Zur Erklärung der durch die sieben Rubriken Agr. F. C. A. N. P. W. fortgeführten Übersicht diene das Nachstehende.

Mit **Agr.** bezeichnen wir die fortlaufenden Nummern der Sprichwörter Agricola's, wie sie gleichlautend in sämmtlichen Ausgaben von 1529 — 1592 wiederkehren; nur in zwei Ausgaben ist scheinbar an einer Stelle davon abgewichen; darüber s. unter B. Eben so bezeichnen wir mit F. die Nummern der in unserem ersten Theile reproducierten Sammlung von 1532; mit C. die Stellen, wo in unserem Commentar gelegentlich Sprichwörter Agricola's angezogen werden. Diesen drei Abschnitten ist also die Zählung nach Nummern gemeinsam.

Eben so gemeinsam ist den drei nächsten Rubriken die Angabe nach Seitenzahlen; unter A. verstehen wir unsere erste Schrift über Agricola's Sprichwörter, Schwerin 1862; unter N. die ebendaselbst 1864 erschienene Ausgabe der Sprichwörter Neander's; mit P. ist die von mir im Frühling dieses Jahres reproducierte Vertheidigungsschrift L. v. Passavant's gegen Agricola gemeint. Die Zahlen bezeichnen überall, dass auf den betreffenden Seiten das in der ersten Rubrik stehende Sprichwort Agricola's theils im Text allein, theils mit vollständigem oder abgekürztem Commentar wiederholt ist.

Dasselbe gilt endlich auch von den unter W. aufgeführten Stichwörtern mit und ohne Hinzufügung von Nummern. Sie beziehen sich auf die theils schon vorhandenen, theils noch ausstehenden Artikel des bis jetzt in drei stattlichen Bänden vorliegenden Sprichwörter-Lexikons von Wander. Hier ist die Angabe von Band und Seitenzahl entbehrlich und demnach als störender Ballast fern gehalten. Über sämmtliche vier Werke gestatte ich mir noch einige erläuternde Bemerkungen.

In meiner Arbeit über Agricola 1862 war der wissenschaftliche Zweck derselben darauf gerichtet, zu erweisen, dass Agricola's Sammlung ursprünglich hochdeutsch abgefasst, und erst von einem Fremden nach 1529 und vor 1534 ins Niederdeutsche übertragen sei, dass eben diese Sammlung zugleich in Deutschland wie in den Niederlanden eine einflussreiche Wirkung ausgeübt habe; die volksthümliche Aufgabe meiner Arbeit aber bestand darin, wie den hohen Werth der Sprichwörter überhaupt mit zwingender Anschaulichkeit, so die Bedeutung Agricola's speciell in ethischer, culturgeschichtlicher, mit einem Worte patriotischer Beziehung darzulegen. Dem ersten dieser Gesichtspunkte darf ich glauben genügt zu haben, da die öffentliche Kritik ausnahmslos meine Resultate als begründet anerkannt hat; noch zuletzt hat Suringar meiner Arbeit in der ehrendsten und zugleich beschämendsten Weise an mehr als einer Stelle seines Werkes über Erasmus gedacht. Meiner zweiten, ich darf wohl sagen höheren Aufgabe habe ich nicht genügt; es ist mir nicht gelungen, den wissenschaftlichen Kern durch die gelehrte Hülle, den Zweck vor seinem Mittel in das gebührende Licht zu stellen. Was ich damals versäumt, will ich, so viel an mir ist, durch die gegenwärtige Arbeit auszugleichen versuchen.

Über meine Ausgabe Neander's ist das öffentliche Urtheil darin ebenfalls in Übereinstimmung, dass die kleine Sammlung einer sorgfältigen Reproduction werth gewesen. Was meine eigenen Zuthaten anlangt, erwähne ich drei mit Recht oder grossentheils mit Recht gegen mich erhobene Ausstellungen. Es ist ein Fehler meiner Ausgabe, auf den Sandvoss in den Bl. f. lit. Unterh. 1864 No. 49 mit der schonenden Milde eines Freundes hindeutet, wenn Lessing unerwähnt geblieben, der in seinen Collectaneen hin und wieder auf Neander's Sprichwörter und ebenso auf seine anziehende autobiographische Mittheilung hinweist. Dass auch K. v. Raumer und Havemann, die Neander's ganze Wirksamkeit darzustellen suchten, vor mir in denselben Fehler des Übersehens verfallen, ist für mich keine Entschuldigung, und ist für Niemand eine, der auf eigenen Füssen zu stehen gewohnt ist. Ich meinestheils will lieber von dem unwissendsten Hirtenknaben eine unscheinbare Wahrheit mit dankbarem Gemüthe, als von einem Gauss oder Humboldt, einem Strauss oder Ranke einen bestechenden Irrthum mit blindem Vertrauen hinnehmen.

Einen zweiten Vorwurf hat das Lit. Centralbl. 1866 No. 5 gegen mich erhoben. Der Rec. findet es „komisch", dass ich zu behaupten wage: die Sprichwörter Neander's fänden sich ebenso gut und vollständig in der Ausgabe von 1590 wie in irgend einer früheren, ohne dass ich doch eine frühere Ausgabe verglichen. Dass die Äusserung komisch klingt, räume ich ein; aber nicht, dass sie es ist. Wer an rasches Forschen und Denken gewöhnt ist, überspringt nicht selten auch in der äusseren Darstellung einige Glieder in der Gedankenkette, mitunter selbst zum Schaden der Deutlichkeit. So hatte ich einige Seiten vorher erwähnt, dass von den 3 Theilen der von mir benutzten Ausgabe von Neander's ethice vetus et sapiens Lips. 1590 die beiden ersten mit einer Ausgabe von 1581 genau übereinstimmten. Der dritte Theil mit den deutschen Sprichwörtern war nun zuerst 1585 hinzugekommen und 1590 wiederholt worden. Wie für den Anfang, so setzte ich auch für den Schluss des Buches eine Übereinstimmung mit früheren Ausgaben voraus, und hielt mich zu der Annahme berechtigt, dass die Sprichwörter eventuell eher eine Vermehrung als eine Verminderung, eher eine Verbesserung der Fassung, als eine Verschlimmerung würden erfahren haben. Dass der Schluss nicht unfehlbar ist, liegt auf der Hand; aber ebenso spricht ein hoher Grad von Wahrscheinlichkeit für denselben. Ich werde übrigens bei nächster Veranlassung die damals versäumte Vergleichung nachholen, selbst in Aussicht eines völlig negativen Resultates.

Einen dritten erheblicheren Irrthum weist Suringar über Erasmus S. LXXI nach mit Bezug auf Neander und seine Abhängigkeit von neulateinischen Vorgängern.

Für meinen Neudruck der Passavant'schen Defensionsschrift erwähne ich die anerkennende Anzeige meines Freundes D. Sanders in dem Mag. f. Lit. des Ausl. Nr. 33 d. J. hauptsächlich deshalb, weil sie für die Kritik des Textes einige schätzbare Berichtigungen bietet. In sachlicher Beziehung hat mich die Verlagshandlung S. Calvary und Co. in Berlin gütig darauf verwiesen, dass die von mir S. 28 und 29 besprochenen apologischen Sprichwörter für das classische Alterthum Gegenstand einer besonderen Untersuchung von Moritz Haupt in dem Vorlesungs-Verzeichniss der Berliner Universität 18^{68}/$_{69}$ geworden sind. Mir ist die Schrift in geschichtlicher Hinsicht sehr werthvoll geworden; was sie aber als Hauptsache bezweckt, eine neue Erklärung einer vielbesprochenen schönen Stelle des Theocrit, darin greift Haupt's Urtheil eben so sicher und eben so geschmacklos irre, als er absprechend und anmassend über alle Vorgänger sich hinwegsetzt.[*]

Zur Würdigung des Wander'schen Lexikons endlich, dem diese meine Arbeit mehr verdankt, als sie ausspricht, und dem sie ihrerseits einen vollen thätigen Dank abstatten

---

[*] Anm. Für das grosse Publikum, dem Namen zu leicht imponieren, stehe hier nur die kurze Inhaltsangabe von Haupt's Deutung. Eine Frau, die mit ihrer Begleitung unter Mühe und Noth durch ein starkes Gedränge zu einem ersehnten Schauspiel sich hindurchgeschlagen, lässt H. ausrufen:

Alle drinnen, so rief der Bräut'gam und sperrte die Braut aus.

Wir anderen gewöhnlichen Menschenkinder schliessen uns selbander im Brautgemach ein. Aber die ehrbare Frau bei Theocrit muss nach H. durchaus einen dummen oder boshaften Bräutigam im Sinne haben, der seine Schöne aussperrt. Bei Theocrit selbst steht davon keine Silbe. Eine nähere Erörterung behalte ich mir für eine gelehrte Zeitschrift vor.

möchte, wiederhole ich gern das warme und wohlwollende Urtheil, das Suringar S. CI über unsern Landsmann gefällt hat. Er nennt zunächst, unter Hervorhebung des gleichen und mit gleicher Hingebung geförderten Zweckes, einige äussere Vorzüge, die Wander vor der unlängst vollendeten grossen niederländischen Sammlung Harrebomée's voraus hat, und schliesst mit dem innigen Wunsche, in den wir von Herzen einstimmen: Den ijverigen bewerker, die reeds zeer hooge jaren telt, wenschen wij van harte toe, dat hij het genot moge smaken, zijnen arbeid voltooid te zien, die niet slechts voor hem zelven, maar evenzeer voor de Duitsche literatuur een onvergankelijk gedenkteeken zijn zal.

Dieses Urtheil eines seit einem Menschenalter in Literatur und Leben bewährten Forschers des Auslandes mag Wander beruhigen und trösten, wenn Unverstand und böser Wille gelegentlich in seiner eigenen Heimath zufällige Irrthümer seines Werkes zur Verunglimpfung des wesentlichen Gehaltes, wirkliche oder vermeinte kleine Inconsequenzen zur Verdächtigung eines planvoll durchgeführten Ganzen benutzen. Unüberlegter und — das Wort sagt nicht zu viel — schamloser ist das nie versucht worden, als in einem mit durchschaubarer Anonymität geschriebenen Artikel der Grenzboten No. 3 dieses Jahres, zu dessen Widerlegung Wander mehr Worte in der Vorrede des dritten Bandes verwendet, als jenes schwache Produkt erforderte oder verdiente. Zur Signatur unserer Zeit aber, um darzuthun, welche Kritiklosigkeit noch in den Tagen des neuerstandenen deutschen Reiches geachtete und einflussreiche Blätter unter ihre Fittiche zu nehmen unbesonnen genug waren, wiederholen wir hier die Schlussworte: „So sehen wir denn in dem als deutsches Sprichwörter-Lexikon angekündigten Werke, welches „ein Hausschatz für das deutsche Volk" werden sollte, einen sich in's Unendliche ausdehnenden Schatz Wander'scher Sprichwörter aus allen Sprachen entstehen, der durch seine völlige Unzuverlässigkeit des Inhalts trotz des trefflichen Materials, das er enthalten mag, für die Wissenschaft leider ohne Nutzen und nur geeignet ist, dem Rufe deutscher Gründlichkeit im Ausland zu schaden."

Dem gegenüber stehe hier das Wort eines Mannes, dessen wissenschaftliche Thätigkeit mit Vorliebe, wenn auch nicht ausschliesslich dem deutschen Sprichworte in Geschichte und Leben zugewendet war, und der daher die Berechtigung ableitet, ein sachgemässes Urtheil mitten in dem Gewirr der Meinungen auszusprechen. Wander's Wörterbuch ist für jede wissenschaftliche Arbeit auf dem Gebiet der deutschen Sprichwörter geradezu unentbehrlich; die Mängel, die demselben anhaften, und die allerdings theils in dem unterlaufenden fremdartigen Stoffe, theils in einzelnen Wiederholungen und in Ungenauigkeiten, zumal bei den aus fremden Sprachen beigefügten Parallelen, ersichtlich sind, treten vor den Vorzügen und der Gediegenheit des Ganzen völlig in den Hintergrund. Auch diese meine gegenwärtige Arbeit weist Wander eine Reihe kleinerer und grösserer Irrungen und Lücken nach; ebenso reiches oder noch reicheres Material hoffe ich bei grösserer Musse ihm privatim bieten zu können; mein Dankgefühl gegen das Geleistete, meine Überzeugung von der Wirkungsfähigkeit seiner Arbeit und meine Hoffnung von dem wachsenden Einfluss derselben wird dadurch in keiner Weise herabgestimmt. Wäre Wander jünger als er ist, und stände ihm die Sache nicht höher als seine Person, ich würde ihm sagen: sieh, Freund, was Du als Fehler hie und da zugestehn musst und gerne thust, das hat mit vollem Bewusstsein vor 300 Jahren ein Mann, dem Deine Recensenten die Schuhriemen aufzulösen nicht würdig sind, zu thun versucht, Seb. Franck. Er hat es nicht für Raub gehalten, unsere holde Muttersprache, deren Ehre und Ruhm ihm vor Tausenden am Herzen lag, und in deren Tiefen sein liebevolles Gemüth eingedrungen wie kein Zweiter neben ihm, mit fremdem Eigenthum zu bereichern; er hat das in der unbefangensten Weise und nicht ohne kleinere und grössere Irrthümer gethan, die wir Spätgebornen jetzt erst entdecken, während das literarische Material Deines Werkes jeden Leser direct in den Stand setzt, etwaige Irrthümer auf der Stelle zu berichtigen. So spräche ich, wenn am Abend des Lebens ein Blendwerk des Ruhmes noch unser Urtheil berücken könnte. Dem

wahren Verdienste des Werkes aber hoffe ich durch ein
Gleichniss nahezukommen. Ich vergleiche Wander's Lexikon
einem frischen grünen Walde, in dem ein Geschlecht nach
dem andern und Tausende auf Tausende Labung und Stär-
kung für Geist und Sinn suchen und zu finden wissen;
manch sinniges Gemüth denkt dann auch wohl des natio-
nalen Reichthums, den solche Waldung in sich birgt, für
Hütte und Pallast, für stolze Hallen und geräumige Meer-
schiffe, denkt der trüben Zeit des Winters, wo milde
Wärme aus manchem alten und absterbenden Stamme gewonnen wird. Vielleicht tritt auch vor seine Seele der
Gedanke an eine ferne, ferne Zeit, wo der Strom des
deutschen Lebens ebbet, wo vielleicht nach dem Laufe
alles Irdischen die Geschicke unserer Nation erfüllt sind.
Er gedenkt, wie dankbar das Greisenleben unseres Volkes
nach Jahrhunderten oder Jahrtausenden, oder wie späte
Nationen, die nach dem Rathe der Vorsehung unsere Geschicke dereinst fortzuführen bestimmt sind, an dem Werke
eines Greises sich erfreuen und stärken werden, der die
Schätze des Gemüthslebens unserer Nation mit Mannes-
arbeit und Jugendfeuer zu bergen bedacht war.

Agr.*	F.	A.	N.	P.	W.
1	1	85	15	20	Gott 248.
2	2	85	15	20	Gott 617.
3	4	85		20	Gott 2209.
4	6	85	15	20	Gott 1224.
5	7	85		20	Gott 656.
6	8	146		20	Himmel 119.

* Der Raumersparniss wegen fällt für Spr. 1—200 excl., wo
unter C zum ersten Male Agricola genannt wird, diese Columne fort;
ebenso für Spr. 250—300, 350—600 und für 650—749; die Rubrik P
gilt nur für die ersten 300 Sprichwörter. Der beigesetzte Stern bezeichnet die Auslassung von Agricola's Namen° oder ein falsches
Citat bei Wander; gesperrter Druck den völligen Ausfall eines Sprichworts.

Agr.	F.	A.	N.	P.	W.
7	3	138		20	Gott 1651.
8	11			20	gedenken 5. *
9	12	165		20	Ding 783.
10	13	114	19	20	bescheren 7.
1	14	151			Lust 89.
2	248		15		Glaube 70.
3	249	146	16		Gott 281.
4	250		26		Trauwohl 4.
5	251	246			sehen 114.
6	252	114			glauben 96.
7	254				Mensch 890.
8	253	86			Treue 19.
9	256	129			Untreu 22.
20	257	86			Untreu 28.
1	258	14. 86 u. 138	26		Hand 353.
2	17	126			Geist 14.
3	19	146			Gott 2344. *
4	20	146			Teufel 416.
5	18	126	11		Gold 47.
6	24				Koch 51.
7	23			22	halten 4].
8	262	151			Seele 16.
9	263a	86			Gott 738.
30	25	114	31		rathen 61.
1		151	11		Mann 656.
2	26	147			Mann 988.
3	27	86			Bube 43.
4	263b				Narr 45.
5	264	151			Narr 829.
6	265	135			Weib.
7	268 u. 340	129	5 u. 33		Allzuviel 2.
8	270 u. 377				Masz 54.
9	271	126			Scherz 39.
40	269 u. 399	114			Zuviel.
1	273	114			Zuviel.
2	182	86			wischen.
3	30	114			Wort.
4	28	114 u. 248			Wort.
5	29	114 u. 248			Wort.
6	31	86			Wort.
7	184	114			spotten 4.
8	183	86			Brief 10.
9	185	86			Spötter 7.
50	32				Hoffart 89.
1	33			24	Gut 144.
2	64	129	22		hüten 123.
3	37	151			Rabe 77.
4	38				wissen.

Agr.	F.	A.	N.	P.	W.
55	186	170			Rabe 95.
6	187	87 u. 170		22	Galgen 51.
7	39	114		23	gewissen.
8	188	160		22	Lepsch 2.
9	189	126	21		Landsmann 3.
60	191				Ohr 26.
1	40	14 u. 126			Schuh 67.
2	220	87			verdammen 1.
3	221	87			Jahr 165.
4	222	87			Recht 375.
5	224		24		Recht 200.
6	194		23		Geld 840.
7	47				Tod 210.
8	41		14		Freund 273.
9	42	129	25		selbst 22.
70	195	87			Pfenning 214.
1	197	147			Pfenning 171.
2	198	87	5		Beutel 10.
3	199	87			Beutel 61.
4	200	115	11		hüten 3.
5	496	135	15		Bürde 15.
6	43	87			Gulden 19.
7	44	87			Pfenning 282.
8	46			21 u. 32	Bier 25.
9	201	87			Mahlzeit 24.
80	203		11		Bein 22.
1	204	129			Esel 400.
2	205	88			Eis 2.
3	206	88			gewiss 12.
4	207	88	11		Sperling 27.
5	208				wissen.
6	209	13 u. 147			Musze 1.
7	214	129	25	32	Rath 292.
8	215				beschlafen 4.
9	216				klug 1.
90	211	138			heute 39.
1	210				morgen 22.
2	212	88	11		Eile 18.
3	213	88		27	eilen 39.
4	65	88			Eltern 40.*
5	66	88			Kind 1031.
6	223				recht 113.*
7	48				Faulheit 29.
8	49	138			Christ 31.
9	67	88			Gott 1096.
100	225	115			bald 12.*
1	51	89			Dienst 25.
2	50	135			Diener 76.

Agr.	F.	A.	N.	P.	W.
103	52	89			Gesinde 15.
4	53	89			finden 58.
5	226	160			grauen 1.
6	54				liegen 10.
7	255	89			Schalk 166.
8	228	89			Pferd 678.
9	227	89			Löffel 48.
110	57				liegen 46.
1	58	115			liegen 47.
2	56	19			Armuth 1.*
3	59			22	haben 249.
4	60	13			reich 25.
5	229	89		23 u. 33	Gott 1982.
6	61	110			Schalk 11.*
7	62	89			Geizhals 51.
8	63				Hand 336.*
9	230	165			Spiel 288.*
120	231	115			kegeln 3.
1	233		27		versehen.
2	234	147			gelten.
3	241		6		bekennen 1.
4	236				reich 148.
5	235	89			Narr 1251.*
6	242				herkommen 6.
7	321	138	6		besser 51.*
8	243				kommen 37.
9	237				fürchten 73.
130	244	147	26		trinken 65.
1	239		5	21	Art 6.
2	240		8		Krähe 34.
3	245	129			Auge 91.
4	217	165	13		Kind 209.
5		115			Weib.
6	218		6		Bürge 4.
7	219	89			Nachbar 45.
8	260	115 u. 248			Freund 95.
9	261	90			Freund 153.
140	68	90			Leute 587.
1	71				jeder 16.*
2	69	129	27		Handwerk 97.
3	70	90			Handwerk 135.
4	73				Handwerk 119.
5	259	115 u. 248			Freund 7.
6	247		28		Maus 195.
7	74	129	17		Hunger 18.
8	75				schmecken 23.
9	76	115			nass 16.
150	9	90			Liebesschlag 4.

Agr.	F.	A.	N.	P.	W.
151	77	115 u. 248			warnen.
2	79				Ohr 215.
3	80	19 u. 160			Gebarsch.
4	81	90			Kuh 553.
5	82	129	15		Gedanke 44.
6	83	90		26	Zunge.
7	87	127			Grusz 9.
8	86	129			Wort.
9	84	115			reden 222.
160	88	15. 90 u. 220			Abt 19.
1	89	90			Bart 93.
2	91	90			Bart 50.
3	90	151			Haar 265.
4	92	115 u. 246			gemein 30.*
5	93	138			Kind 1200.
6	94	13 u. 138			Zeitung.
7	96	135			Bauch 149.
8	95	90			Rücken 54.
9	22	15 u. 91			Rücken 55.
170	118	104			Rücken 70.
1	119				Rock 80.
2	153	91			Haus 632.*
3	123				bekommen 10.
4	154	23		27	Finger 4.
5	155	91			Ei 41.
6	157	139			Ohr 127.
7	156	91			hören 9.
8	125	135	29		Auge 215.
9	127	15 u. 115			Hörensagen 17.
180	124	127	29		Auge 214.
1	126				sehen 284.
2	159				sehen 286.
3	158	91			Flugrede 2.
4	128				bauen 69.
5	424	135			stark 7.
6	160	166			Oelgötze 3.
7	129	248			Zunge.
8	121			22	gerathen 12.
9	120	91			glücken 6.
190	161	115			fangen 16.
1	162				Maul 99.
2	163	130			schweigen 158.
3	165	115			stillschweigen 2.
4	168				wissen.
5	169	147	31		wissen.
6	122	91			Herz 328.
7	130	91			loben 21.
8	131				Richter 125.

Agr.	F.	C.	A.	N.	P.	W.
199	170		151			stark 30.
200	132	37	124	14		Tod 268.
1	171		116 u. 248			Weib.
2	143		139			Galgen 46.
3	172		147			Kleid 164.
4	110		136			geschehen 27.*
5	133		127			Steiger 1.
6	135		91			Hausgemach 2.
7	111		127 u. 187	7		Weg.
8	144		110			Ans 5.
9	117		130	8		Werk.
210	112		127			Prophet 11.
1			116	28		reden 272.
2	164		130	13		Frage 18.*
3	167		91	31		Ding 1283.
4	173		130	9		Lob 27.
5	174					loben 60.
6	175					loben 150.
7	104				33	obenaus 4.
8	176					Gott 713.
9	166		130			Narr 361.
220	177		152			Narr 155.
1	97					folgen 10.
2	98					wissen.
3	99					helfen.
4	105					Leute 542.*
5	106		151			wuchern.
6		145 u. 150	139			hingehen 9.
7	100		92			Tag 354.
8	102					Lehrgeld 8.
9	107		92			Gut 391.
230	109					grundlos.
1	108					bodenlos 2.
2	103					finden 49.
3	146	147	152			glauben 157.
4	148		152	20	33	glauben 156.
5	266			5		allzuscharf 2.
6	267		127			Sehne 7.
7						Schimpf 2.
8			92			Lust 47.
9	151		92	8		Welt.
240			139			Jahr 184.
1	178			10 u. 20		Friede 42.
2	179		92			Nachbar 114.
3	180		92	11		Nachbar 65.
4	152		92			Bürger 2.
5			161			Bürger 15.
6	113		136	15		Geld 597.

Agr.	F.	A.	N.	P.	W.
247	114	92			Markt 95.
8	115				loben 15.
9	181	127	11		Sparer 13.
250	116	92			Tanz 37.
1	136	130	12 u. 41		gehören 12.*
2	137	136			Laszdünkel 4.
3	142	23 u. 152			Fürwitz 15.*
4	138		28		brennen 9.
5	140				schaffen 23.
6	139	116			schaffen 22.
7	72	92			Haus 104.
8	141	140			regieren 56.
9	274				Stand 21.
260	275	92			Ding 804.
1	362				Gesunde 14.
2	374	153	21	24	Hof 86.
3	375	153	11		Fürst 83.
4	276	128	8		Adam 17.
5	277	136			Leute 1079.
6	309	92			wärmen.
7	310	92			Herr 123.
8	311	136			Gnade 40.
9	313	153			Herrendienst 6.
270	315	153			Herr 843.
1	316	153			Hofleben 14.
2	381	154			Glaube 93.
3	317	154			Hof 142.
4	312	93			Ring 39.*
5	314	19 u. 93			erleben 5.
6		93			Gutedel 1.
7		147			Hof 170.
8		154			Bein 7.
9		93			Tugend 124.
280		93			offenstehen 1.
1		140			Weib.
2		154			Petrus 2.
3		162			Bruder 20.
4		93		23	Stein 179.
5		94	22		Herr 577.
6		116			geben 142.
7		116 u. 246			Verstand.
8		166			schiessen 38.°
9		154	15		Grusz 5.
290		147			Amt 46.
1		154		22	Geld 1175.
2		130	24		Rom 52.
3		154			Stadt 65.
4		162			Fisch 183.

Agr.	F.	C.	A.	N.	W.
295			19 u. 94	24	Predigt 16.
6			94		Jahr 204.
7			154		Jahr 204.
8			148		Winter.
9			155		hüten 24.
300	380		94		Hund 1135.
1	278		162		geschehen 74.
2	282		116		Salz 27.
3	319				reich 95.*
4	320	321 u. 322	140		reich 149.
5	289				Gulden 14.
6	285		140		regieren 40.
7	279		95		schweigen 185.
8	280		136		vertrauen.
9			116 u. 248		untreu 4.*
310	330				reden 71.*
1	323				können 27.
2	324				sauersehen 2.
3	325		95		können 28.
4	284				Studt (Gestüt*).
5	283		155		Einigkeit 21.
6	428		95		zugreifen.
7	331		95		hängen 9.
8	332		141		Dieb 85.
9	333		136		Mönch 111.
320	361		124	10	Haus 511.
1	363		124		Vater 72.
2	286				Geschlecht 8.
3	301		95		Maul 646.
4	290				feiern 2.
5	291				glauben 128.
6			163		S. Gertrud 21.
7	334		116	11	fliegen 5.
8	327		116		gewinnen 132.
9	336		117		gewinnen 134.
330	326		104		gewinnen 133.
1	335		95		Laus 76.
2	336				wissen.
3	369		110		Kind 1025.
4			110		Liebe 74.
5	362			22	Böses 57.
6			124		Wort.
7	342		136		Wirth.
8	370		141		Herr 325.
9	371		95		schreiben 9.
340	292				vergeben.
1	338				einmal 12.
2	365		128		Dörflein 1.

Agr.	F.	A.	N.	W.
343		155		Pfaff 183.
4	367	155		Leben 115.
5	368	95		Nürnberg 12.
6	287	247	22	befreunden 4.
7	283	96	25	Schwager 19.
8		96		Schwager 18.
9	318	117		aber 12.*
350	398	141		Thür 156.
1	398	96		Zeit.
2	399	96		Masze 90.
3	417	148		Fuchs 186.
4		155		ungleicher 2.
5	302	117		Wort.
6		96		spotten 1.
7	343			sehen 200.
8				Knie 6.
9	401	136	22	sagen 71.
360	422			helfen 23.*
1	377	117		helfen 54.
2	378			helfen 32.
3	379	156		Lust 76.
4	381			tänzerlich.
5	381	156		Maid 14.*
6	293a	97		thun 499.*
7	524	141		Evangelium 16.
8	565	141		glauben 66.
9	559	97		Brieflein 1.
370	543	8 u. 156		Mensch 521.
1	411	117	23	naheschieszen.*
2	412			fehlen 33.*
3	582		28 u. 29	können 116 u. 117.
4	573	131		Rom 71.
5	574			dienen 44.
6	575	117 u. 247		Wohlthat.
7	557	132		Leute 82.
8	344	97		Liedlein 26.
9	389			können 58.
380	539	97		Ding 1256.
1	583			wissen.
2	560			Teufel 425.
3	561			Teufel 442.
4	562			Gestank 13.
5	567	97		Kunst 313.
6	568			Humpler 5.
7	293b	117		handeln 17.
8	294	128		Kuh 260.
9	295	132	11	Gerücht 19.
390	296	136		sagen 69.

Agr.	F.	A.	N.	W.
391	584	97		Tochter 118.
2	413	97		hintenein.
3		98	33	Zeit.
4	525	134		Ding 742.
5	527	132		Zeit.
6		98		Kraut 71.
7	552	98		Kind 229.
8	553		18	jung 33.
9	529	98		Zeit.
400	528	98		Zeit.
1	347			kennen 63.
2	566	98		glauben 80.
3	544			Hund 1631.
4	571	98		Mücke 119.
5	341	148		Meisterstück 5.
6	345		10	Handwerk 31.
7	556			Mensch 939.
8	576	141		Hund 823.
9	577	149		Teufel 387.
410	530			recht 137.
1	531			hinkommen 10.
2	348	98		böse 46.
3	349	98		Mann 696.
4		98		Weib.
5	350	141		Weib.
6	351	99		Mann 1577.
7	578	156		Stein 86.
8	579	156		Stein 298.
9	580	156		Brett 29.
420	581	156		Dausz-Esz 1.
1				geschehen 67.
2	414	141		Lukas 8.
3	415	117 u. 249		sparen 99.*
4	416	99		Lüge 11.
5	297	141 u. 251		Edelleute 10.*
6	298			Dorf 7.
7	299	136		Bauer 202.
8	554	117 u. 249		Wort.
9	569			hundert 4.*
430	570	157		Narr 62.
1	540	249		fromm 104.
2	563			unschuldig 13.*
3	564			ringen 18.
4	533			verrathen.
5	572	157		Urlaub 2.
6	545	99		Himmel 251.
7	390	117		Wort.
8	353	99		Handwerk 41.

Agr.	F.	A.	N.	W.
439	352			genug 54.
440	419	99		aufgehen 1.
1				Gott 1781.
2	384			geschehen 79.
3	300			angreifen 16.
4	429	99		Stunde 38.*
5	510	124		Hand 740.
6	498	166		Meister 134.
7		118		Zigeuner.
8	499			verzappeln.
9		99		Sporn 31.
450	500	118		erfahren 4.
1	488			zugehn.
2	489			gefallen 55.
3	490			gefallen 54.
4	484			gewesen 13.*
5	485			versuchen.
6	589	99		Ehestand 1.
7	590	100		Teufel 718.
8	591	132		ungeschlagen 1.
9	430	136	22	mummeln 1.
460	446	100		gleich 19.
1	447	118		wohl.
2	448		22	Zeit.
3	449	100		Glück 588.*
4	450			kommen 227.
5	503	118	15	geschehen 37.
6	504	119	29	wagen.
7	505	101		kommen 94.
8	431	141		Haut 157.
9	491	101 u. 176		Gott 424.
470	492	101 u. 176		Gott 423.
1	507	141		schlafen 64.
2		101 u. 170		Jahr 215.
3		101 u. 170		Unglück 467.*
4		170		Herzeleid 1.
5		170		Falbel 1.*
6		170		Pestilenz 5.
7		170		Franzosen 4.
8		171		Ritten 4.
9		171		Parle.
480		171		Tropf 11.
1		172		Feuer 344.
2		172		Drüse 2.
3		172		Teufel 1155.
4		172		Teufel 1282.
5		172		toll 7.
6		172		Plage 13.

Agr.	F.	A.	N.	W.
487	432	101 u. 173		Bein 106.
8		173		gedenken 16.
9	433	101 u. 173		fluchen 11.
490		173		Gott 2431.
1		173		Gott 2428.
2		173		Gott 2432.
3		173		elementen.
4		174		Gott 2425.
5		174		Gott 2430.
6		174		Teufel 1148.
7		174		Veit.
8		174		Urban 35.
9		174		Antonius 2.
500		174		Velten 7.
1		174		Gott 2544.
2		174		Quirin.
3		101		Himmel 3.
4				Gaul 65.
5	501	102		Himmel 280.
6	452	142		sterben 125.
7		102		reich 135.
8		102		Kind 793.
9	609			hin 20.
510	512			Fuchs 402.
1	513			verkriechen
2	514	103		aufstehen 55.
3	515	103 u. 176		Gott 2553.
4	516	128		Kälberhäute.
5	517	137		Tod 256.
6	519	103		Ding 772.
7	520	103		todt 68.
8	522	142		Wahrheit.
9		175		Gott 2501.*
520		175		Donner 30.
1		115		Wetter.
2		166		Blanes 2.
3	523	103 u. 176		befinden 1.
4	521			Todte 44.
5		119		sterben 61.
6		103		Kraut 26.
7	516	149		Tod 216.
8		175		Botschaft 10.
9		175		Gott 2427.
530	592	142		ablassen.
1	594			Hals 90.
2		175		Sucht 3.
3	434	124		Geduld 158.
4	451	103		Schade 214.

Agr.	F.	A.	N.	W.
535	458	119		beschreien.
6	435	176		Gott 2565.
7	436	176		Gott 2554.
8		178		Gott 2558.
9		177		Gott 2555.
540	437	177		Gott 2639.
1	438	177		Gott 2549.
2	453	175		fressen 22.
3	454	176		feist 8.
4	486	177		Glück 1007.*
5	487	149		Glück 309.
6	440	177		Gott 2512.
7	441	178		Gott 2533.
8	441	179		Gott 2573.
9		179		leben.
550	442	142 u. 169		Gott 2566.
1	443	103 u. 170		Gott 2498.
2		170		Gott 2499.
3	444	103		Gott 774.
4	445	103 u. 170		Gott 2575.
5	595			Engel 39.
6	598	120 u. 179		wollen.
7	599	166		lieb 17.
8	600	120		wohl.
9	601	120		thun 550.
560	602	120		schaffen 37.
1	603	120		Gefallen 6.
2	604	120		dienen 59.
3	596	103		Spiess 34.
4	596	104		Freund 564.
5		104		Mann 1863.
6	597	142		fromm 95.
7	439	179		Gott 2584.
8	455	179		gesund 17.
9	456	179		gesund 16.
570	457	179		fahren 48.
1	506	132 u. 179		ieder 17.
2	479	104 u. 179		Gott 2537.
3	471	120		gehen 481.
4	472	120		recht 30.
5	473	120 u. 179		gehen 32.
6	474	120		regnen 22.
7	477	121 u. 179		danken 6.
8	478	121 u. 179		Gott 2539.
9	493	104 u. 170		leid 2.
580	494			hören 115.
1	495			geschehen 92.
2	496			wollen.

Agr.	F.	C.	A.	N.	W.
583	497		133	31	Ding 1267.
4	459		104 u. 179		Gott 2540.
5	460		104 u. 179		Gott 2518.
6	480		104		gestern 12.
7			104		gut 257.
8			104		gut.
9	477		157		Nachbar 99.
590	483		149	27	Essen 35.
1	478		121		Steinweg 2.
2	469		121		entgelten.
3	467		124		Kind 27.
4	468		157		Kind 12.
5	303		121		mild 11.
6	346		105 u. 179		Gott 2420.
7			179		Gott 103.
8	354		105		bleich.
9	355		142		weisz.
600	355		157		schwarz 72.
1	355		142		blau 3.
2	355		142 u. 247		gelb 5.
3	355		143		weisz.
4	355		143		schwarz 74.
5	355		143		schwarz 73.
6	355		143		schwarz 84.
7	355		105		feuerroth.
8	355		105		roth 35.
9	355		143		braun 1.
610		355	157		erdfalb.
1	355		143		grün 22.*
2		355	105		grau 10.
3	355		105		roth 43.
4		355	105		Messing 2.
5	355		105		Blut 66.
6	355		105		leberfarb.
7	355		105		blau 5.
8	355		143		grau 11.
9	355		143		schwarz 76.
620	372		121		hossen.
1	502		106		Sau 187.
2	605		106		Gesicht 105.
3	508				Traum 42.
4	509				erwachen 2.
5	509		106		Tag 551.
6	610		176		Gutes 169.
7	607		106		Auge 401.
8	606		106		Ohr 236.
9	608		121 u. 249		Wahrheit.
630	611				Gutes 142.*

Agr.	F.	A.	N.	W.
631	586			gerathen 35.
2	588	106		Mutterkind.
3	304	149		gedenken 21.
4	305	106		Maul 514.
5	402	106		Kind 1191.
6	403	128		Kind 293.
7	103			gerathen 20.
8	587	249		Vater 265.
9	408	243		ähnlich 3.
640		249		Frau 367.*
1	420	144		zugreifen.
2	385		29	dienen 34.
3		176		Gott 2426.
4		176		Gott 2429.
5	645	121 u. 249		vatern 2.
6		121		muttern 2.
7		166		Schlump 4.
8				verlassen.
9	404	137		Kind 373.
650				Vater 242.
1	403	128		Kind 299.
2	409		11	Wille.
3	410	107		Wort.
4		134		Ding 743.
5	405	149		Tag 202.
6	421	134	15	Ding 866.
7	391			Gott 1880.
8	387			machen 78.
9	388			machen 139.
660	400	128		Geld 573.
1		110		Zaun.
2				Sinn 56.
3	306	124		Ding 1110.*
4	307	158		Jungfrau 102.
5	308	107		Nest 46.
6		107		loben 110.
7	356	163		Eckart.
8		164		zugehen.
9	363	107		vergehen.
670		167		Schickelmann 2.
1	364	107		alt 21.
2	357	144	11	Mann 475.
3		107		Mann 1086.
4		107	5	Alter 20.
5	358	144		lieb 6.
6	359	111		Weib.
7		167		Schild 29.
8	360	107		Junge 64.

18

Agr.	F.	A.	N.	W.
679	373	107		Leute 61.
680		158		Fürst 136.
1	386	158		Seite 8.
2	392	137		Weib.
3	394	137		Weib.
4	395	107		Thier 68.*
5	396	107		Pferd 694.
6		107		Pferd 296.
7		108		Thier 55.*
8		108		Thier 41.
9		144	11	Weib.
690	307 u. 534	149		Roszarbeit 3.
1	536			Bart 92.
2	537	137		Maul 495.
3	546			Markt 32.
4	541	158	31	essen 203.
5	542	111		Kind 860.
6	538			Lüge 256.
7	538	108		lügen 186.
8	558	124	29	Narr 1009.
9		108		Haupt 72.
700		122		brauen 14.
1	481	122	29	Sackpfeife 4.
2	547			Stück 6.
3	548	150		Stimme 1.
4	555			erfahren 11.
5	549	108		Hunger 194.
6	550	122		beiszen 29.
7	551	108		Brod 348.
8	461	218		Haus 513.
9	462			Gott 1059.
710	470			Tag 211.
1				Tag 435.
2				Arbeit 130.
3				ziehen.
4	463	109		Leute 1393.
5	464	134	7	kommen 20.*
6				hassen 1.
7		109		Schuld 12.
8	465	137		Gans 47.
9	466	150		Rom 72.
720			5	ausgehen 1.
1				Mensch 89.
2	619			Gott 1323.
3	620	150	6	Biedermann 9.
4	621	112		handeln 21.
5	612	109		Freund 77.
6	613	125		Kinderspiel 8.

Agr.	F.	A.	N.	W.
727		125		Kinderspiel 5.
8	624	109		ausgehen 3.
9	614	109		Feind 193.
730		109		Vater 214.
1	622	122		gereden 2.
2		179		Gott 2515.
3	623	109		Brief 17.
4	625			Kirche 151.
4	626	167		Gut 402.
6	615	125		Gott 2260.
7	635	168		währen.
8		109		Stegreif 13.
9		109		Hagel 5.
740		168		Blut 67.
1		144		bitten 36.
2		158		Buchstabe 4.
3	617	247		gebrechlich 4.
4	618	145	14	fallen 22.
5	615	125		Gott 2200.
6	-.			Adam 3.
7				Haus 514.
8	628	109	9	Mann 542.
9		168		Mann 147.

Die so gewonnene, praktisch brauchbare und wie ich hoffe, auch historisch werthvolle Übersicht (vgl. Abschn. B.) dient mir nun zugleich zur Herstellung eines alphabetischen Registers über Agricola's sämmtliche Sprichwörter. Indem ich dafür selbstverständlich das Wander'sche Princip der Anordnung zu Grunde lege — auch in den Fällen, wo ich einer anderen Praxis gefolgt wäre — glaube ich für unsere Zeit denselben Gewinn zu erzielen, den der Annaburger Sammler von 1577 erreichte, als er Agricola's Sprichwörter nach dem jedesmaligen Anfangs-, nicht Stichworte entlehnte.* Die von mir bei Wander völlig vermissten Sprich-

---

* s. C. Schulze's werthvolle Mittheilung in Herrig's Archiv XXXII (1862) S. 157. Mir drängt sich dabei die Vermuthung auf, der Compilator werde einfach ein Register Agricola's zu Grunde gelegt haben, ohne es durch eigene Arbeit zu kontrolieren. Entscheiden liesse sich diese Frage durch die Sprichw. No. 86 und 114, die unter M und D in den hochd. Registern fehlen, s. meinen Agricola von 1862, S. 13 und vgl. ausserd. Ottow im Anz. f. K. d. d. Vorz. 1865, S. 14.

wörter bezeichne ich auch hier wie oben durch gesperrten Druck; fehlende oder falsche Citate aus Agricola machte oben ein beigesetzter Stern kenntlich; ich stelle hier noch einmal die Nummern übersichtlich zusammen Spr. 8, 23, 94, 96, 100, 112, 116, 118, 119, 125, 127, 141, 164, 172, 204, 212, 224, 251, 253, 274, 288, 303, 310, 314, 349, 360, 365, 366, 371, 372, 423, 425, 429, 444, 454, 463, 475, 519, 544, 611, 630, 640, 663, 684, 687, 715. Wenn bei einzelnen Wörtern keine Zahlen beigesetzt sind, so ist von den bis „verdienen" reichenden Sprichwörtern damit angezeigt, dass bei Wander sich nur das einzige Allegat aus Agricola findet; für den Rest des Alphabets bleiben die noch ausstehenden Lieferungen Wander's abzuwarten.

Wander.	Agr.	Wander.	Agr.
A. 25 Sprichw.		Bart 93	No. 161
Aas 5	No. 208	Bauch 149	167
Aber 12	349	bauen 69	184
ablassen	530	Bauer 202	427
Abt 19	160	befinden 1	523
Adam 3	746	befreunden 4	346
— 17	264	Bein 7	278
ähnlich 3	639	— 22	80
allzuscharf 2	236	— 106	487
allzuviel 2	37	beiszen 29	706
alt 21	671	bekennen 1	123
Alter 20	674	bekommen 10	173
Amt 46	290	bescheren 7	10
angreifen 16	443	beschlafen 4	88
Antonius 2	499	beschreien	535
Arbeit 130	712	besser 51	127
Armuth 1	112	Beutel 10	72
Art 6	131	— 61	73
aufgeben 1	440	Biedermann 9	723
aufstehen 55	512	Bier 25	78
Auge 91	133	bitten 36	741
— 214	180	blau 3	601
— 215	178	— 5	617
— 401	627	Blaues 2	522
ausgehen 1	720	bleich	598
— 3	728	Blut 66	615
B. 49 Sprichw.		— 67	740
bald 12	No. 100	bodenlos 2	231
Bart 50	162	böse 46	412
— 92	691	Böses 57	335
		Botschaft 10	528

Wander.	Agr.	Wander.	Agr.
brauen 14	No. 700	eilen 11	No. 92
braun 1	609	— 39	93
brennen 9	254	Einigkeit 21	315
Brett 29	419	einmal 12	341
Brief 10	48	Eis 2	82
— 17	733	elementen	493
Brieflein 1	369	Eltern 40	94
Brot 348	707	Engel 39	555
Bruder 20	283	entgelten	592
Bube 48	33	erdfalb	610
Buchstabe 4	742	erfahren 4	450
Bürde 15	75	— 11	704
Bürge 4	136	erleben 5	275
Bürger 2	244	erwachen 2	624
— 15	245	Esel 400	81
		essen 203	694
C. 1 Sprichw.		Essen 35	590
Christ 31	No. 98	Evangelium 16	367

D. 22 Sprichw.

F. 38 Sprichw.

Wander.	Agr.	Wander.	Agr.
danken 6	No. 577	fahren 48	No. 570
Dausz-Esz 1	420	Falbel 1	475
Dieb 85	318	fallen 22	744
dienen 34	642	fangen 16	190
— 44	375	Faulheit 29	97
— 59	562	fehlen 33	372
Diener 76	102	feiern 2	324
Dienst 25	101	Feind 193	729
Ding 742	394	feist 8	543
— 743	654	Feuer 344	481
— 772	516	feuerroth	607
— 783	9	finden 49	232
— 804	260	— 58	104
— 866	656	Finger 4	174
— 1110	663	Fisch 183	294
— 1256	380	fliegen 5	327
— 1267	583	Flugrede 2	183
— 1283	213	fluchen 11	489
Donner 30	520	folgen 10	221
Dorf 7	426	Frage 18	212
Dörflein 1	342	Franzosen 4	477
Drüse 2	482	Frau 367	640
		fressen 22	542
E. 22 Sprichw.		Freund 7	145
Eckart	No. 667	— 77	725
Edelleute 10	415	— 95	138
Ehestand 1	456	— 153	139
Ei 41	175	— 273	68

Wander.	Agr.	Wander.	Agr.
Freund 564	No. 564	geschehn 27	No. 204
Friede 42	241	— 37	465
fromm 95	566	— 67	421
— 104	431	— 74	301
Fuchs 186	353	— 79	442
— 402	510	— 92	581
fürchten 73	129	Geschlecht 8	322
Fürst 83	283	Gesicht 105	622
— 136	680	Gesinde 15	103
Fürwitz 15	253	Gestank 13	384
		gestern 12	586
G. 139 Sprichw., darunter		gesund 16	569
unter. Gott 53.		— 17	568
		Gesunde 14	261
Galgen 46	No. 202	gewesen 13	454
— 51	56	gewinnen 132	328
Gans 47	718	— 133	330
Gaul 65	504	— 134	329
Gebarsch	153	gewisz 12	83
geben 142	286	gewissen	57
gebrechlich 4	743	Glaube 70	12
Gedanke 44	155	— 93	272
gedenken 5	8	glauben 66	368
— 16	488	— 80	402
— 21	633	— 96	16
Geduld 156	533	— 128	325
Gefallen 6	561	— 156	234
gefallen 54	453	— 157	233
— 55	452	gleich 19	460
gehen 32	575	Glück 309	545
— 481	573	— 588	463
gehören 12	251	— 1007	544
Geist 14	22	glücken 6	189
Geizhals 51	117	Gnade 40	268
gelb 5	602	Gold 47	25
Geld 573	666	Gott 103	597
— 597	246	— 248	1
— 840	66	— 281	13
— 1175	291	— 423	470
gelten	122	— 424	469
gemein 30	164	— 617	2
genug 54	439	— 656	5
gerathen 12	188	— 713	218
— 20	637	— 738	29
— 35	631	— 774	553
gereden 2	731	— 1059	709
Gertrud 21	326	— 1096	99
Gerücht 19	389	— 1224	4

Wander.	Agr.	Wander.	Agr.
Gott 1323	No. 722	Gulden 19	No. 76
— 1651	7	gut 257	578
— 1781	441	gut	588
— 1880	657	Gut 144	51
— 1982	115	— 391	229
— 2200	745	— 402	735
— 2209	3	Gutedel 1	276
— 2260	736	Gutes 1+2	630
— 2344	23	— 169	626
— 2420	596		
— 2425	494	H. 65 Sprichw.	
— 2426	643	Haar 265	No. 163
— 2427	529	haben 249	113
— 2428	491	Hagel 5	739
— 2429	644	Hals 90	531
— 2430	495	halten 41	27
— 2431	490	Hand 336	118
— 2432	492	— 353	21
— 2498	551	— 740	445
— 2499	552	handeln 17	387
— 2501	519	— 21	724
— 2512	546	Handwerk 31	406
— 2515	732	— 41	438
— 2518	585	— 97	142
— 2533	547	— 119	144
— 2537	572	— 135	143
— 2539	578	hängen 9	317
— 2540	584	Hans 104	257
— 2544	501	hassen 1	716
— 2549	541	Haupt 72	699
— 2553	513	Haus 511	320
— 2554	537	— 513	708
— 2555	439	— 514	747
— 2558	538	— 632	172
— 2565	536	Hausgemach 2	206
— 2566	550	Haut 157	468
— 2573	548	helfen	223
— 2575	554	helfen 23	360
— 2584	567	— 5?	362
— 2639	540	— 54	361
grau 10	612	herkommen 6	126
— 11	618	Herr 123	267
grauen 1	105	— 325	338
grün 22	611	— 577	285
grundlos	230	— 643	270
Grusz 5	289	Herrendienst 6	269
— 9	157	Herz 328	196
Gulden 14	305	Herzeleid 1	474

Wander.	Agr.	Wander.	Agr.
heute 39	No. 90	Kind 229	No. 397
Himmel 3	503	— 793	636
— 119	6	— 299	651
— 251	436	— 373	649
— 260	505	— 793	508
hin 20	509	— 860	695
hingehen 9	226	— 1025	333
hinkommen 10	411	— 1031	95
hintenein	392	— 1191	635
Hof 86	262	— 1200	165
— 142	273	Kinderspiel 5	727
— 170	277	— 8	726
Hoffart 89	50	Kirche 151	734
Hofleben 14	271	Kleid 164	203
hören 9	177	klug 1	89
— 115	580	Knie 6	358
Hörensagen 17	179	Koch 51	26
hossen	620	kommen 20	715
Humpler 5	386	— 37	128
Hund 823	408	— 94	467
— 1135	300	— 227	464
— 1631	403	können 27	311
hundert 4	429	— 28	313
Hunger 18	147	— 58	379
— 194	705	— 116 u. 117	373
hüten 3	74	Krähe 34	132
— 24	299	Kraut 26	526
— 123	52	— 71	396
J. 10 Sprichw.		Kuh 260	388
		— 553	154
Jahr 165	No. 63	Kunst 313	385
— 184	240	L. 37 Sprichw.	
— 198	296		
— 204	297	Landsmann 3	No. 59
— 215	472	Laszdünkel 4	252
jeder 16	141	Laus 76	331
— 17	571	Leben 115	344
jung 33	398	leben	549
Junge 64	678	leberfarb	616
Jungfrau 102	664	Lehrgeld 8	228
K. 37 Sprichw.		leid 2	579
		Lepsch 2	58
Kälberhäute	No. 514	Leute 61	679
kegeln 3	120	— 82	377
kennen 63	401	— 542	224
Kind 12	594	— 587	140
— 27	593	— 1079	265
— 209	134	— 1393	714

Wander.	Agr.	Wander.	Agr.
lieb 6	No. 675	Mensch 89	No. 721
— 17	557	— 521	370
Liebe 74	334	— 890	17
Liebesschlag 4	150	— 939	407
Liedlein 26	378	Messing 2	614
liegen 10	106	mild 11	595
— 46	110	Mönch 111	319
— 47	111	morgen 22	91
Lob 27	214	Mücke 119	404
loben 15	248	mummeln 1	459
— 21	197	Musze 1	86
— 60	215	Mutterkind	632
— 110	666	muttern 2	646
— 150	216	**N.** 15 Sprichw.	
Löffel 48	109		
Lüge 11	424	Nachbar 45	No. 137
— 186	697	— 65	243
— 256	696	— 99	589
Lukas 8	422	— 114	242
Lust 47	238	naheschiessen	371
— 76	363	Narr 45	34
— 89	11	— 62	430
M. 37 Sprichw.		— 155	220
		— 361	219
machen 78	No. 658	— 829	35
— 139	659	— 1009	698
Mahlzeit 24	79	— 1251	125
Maid 14	365	nasz 16	149
Mann 147	749	Nest 46	665
— 475	672	Nürnberg 12	345
— 542	748	**O.** 7 Sprichw.	
— 656	31		
— 696	413	obenaus 4	No. 217
— 988	32	offenstehen 1	280
— 1086	673	Ohr 26	60
— 1577	416	— 127	176
— 1863	565	— 215	152
Markt 32	693	— 236	628
— 95	247	Oelgötze 3	186
Masz 54	38	**P.** 13 Sprichw.	
— 90	352		
Maul 99	191	Parle 1	No. 479
— 495	692	Pestilenz 5	476
— 514	634	Petrus 2	282
— 646	323	Pfaff 183	343
Maus 195	146	Pfennig 171	71
Meister 134	446	— 214	70
Meisterstück 5	405	— 282	77

Wander.	Agr.	Wander.	Agr.
Pferd 296	No. 686	sagen 69	No. 390
— 678	108	— 71	359
— 694	685	Salz 27	302
Plage 13	486	Sau 187	621
Predigt 16	295	sauersehen 2	312
Prophet 11	210	Schade 214	534
		schaffen 22	256
Q. 1 Sprichw.		— 23	255
Quirin	No. 502	— 37	560
		Schalk 11	116
R. 34 Sprichw.		— 166	107
Rabe 77	No. 53	Scherz 39	39
— 95	55	Schickelmann 2	670
Rath 292	87	schieszen 38	288
rathen 61	30	Schild 29	677
Recht 200	65	Schimpf 2	237
— 375	64	schlafen 64	471
recht 30	574	Schlump 4	647
— 113	96	schnecken 23	148
— 137	410	schreiben 9	339
reden 71	310	Schuh 67	61
— 222	159	Schuld 12	717
— 272	211	Schwager 18	348
regieren 40	306	— 19	347
— 56	258	schwarz 72	600
regnen 22	576	— 73	605
reich 25	114	— 74	604
— 95	303	— 76	619
— 135	507	— 84	606
— 148	124	schweigen 158	192
— 149	304	— 185	307
Richter 125	198	Seele 16	28
Ring 39	274	sehen 114	15
ringen 18	433	— 200	357
Ritten 4	478	— 284	181
Rock 80	171	— 286	182
Rom 52	292	Sehne 7	236
— 71	374	Seide 8	681
— 72	719	selbst 22	69
Roszarbeit 3	690	Sinn 56	662
roth 35	608	sparen 99	423
— 43	613	Sparer 13	249
Rücken 54	168	Sperling 27	84
— 55	169	Spiel 238	119
— 70	170	Spiesz 34	563
		Sporn 31	449
S. 68 Sprichw.		spotten 1	356
Sackpfeife 4	No. 701	— 4	47

Wander.	Agr.	Wander.	Agr.
Spötter 7	No. 49	Urban 35	No. 498
		Urlaub 2	435

T. 35 Sprichw.

		V. 18 Sprichw.	
Tag 202	No. 655	Vater 72	No. 321
— 211	710	— 265	638
— 354	227	— 242	650
— 435	711	— 214	730
— 551	625	vatern 2	645
Tanz 37	250	Veit	497
tänzerlich	364	Velten 7	500
Teufel 387	409	verdammen 1	62
— 416	24	vergeben	340
— 425	382	vergehen	669
— 442	383	verkriechen	511
— 718	457	verlassen	648
— 1148	496	verrathen	434
— 1155	483	versehen	121
— 1282	484	Verstand	287
Thier 41	688	versuchen	455
— 55	687	vertrauen	308
— 68	684	verzappeln	448
thun 499	366		
— 550	559	**W. 49 Sprichw.**	
Thür 156	350	wagen	No. 466
Tochter 118	391	Wahrheit	518
Tod 210	67	—	629
— 216	527	wähnen	737
— 256	515	wärmen	206
— 268	200	warnen	151
todt 68	517	Weg	207
Todte 44	524	Weib	36
toll 7	485	—	135
Tropf 11	480	—	201
Traum 42	623	—	281
trauwohl 4	14	—	414
Treue 19	18	—	415
trinken 65	130	—	676
Tugend 124	279	—	682
			683
U. 9 Sprichw.			689
umgeschlagen 1	No. 458	weisz	599
ungleicher 2	354	—	603
Unglück 467	473	Welt	239
unschuldig 13	432	Werk	209
untreu 4	309	Wetter	521
Untreu 22	19	Wille	652
— 28	20	Winter	298

Wander.	Agr.	Wander.	Agr.
Wirth	No. 337	Wort	No. 653
wischen	42	wuchern	225
wissen	54		
—	85	**Z. 18 Sprichw.**	
—	194	Zaun	No. 661
—	195	Zeit	351
—	222	—	393
—	332	—	395
—	381	—	399
wohl	461	—	400
—	558	—	462
Wohlthat	376	Zeitung	166
wollen	556	Zigeuner	447
—	582	ziehen	713
Wort	43	zugehen	451
—	44	—	668
—	45	zugreifen	316
—	46	—	641
—	158	Zunge	156
—	336	—	167
—	355	zuviel	40
—	428	—	41
—	437	Summa 749 Sprichw.	

B.

Agricola's eigene Sammlung; ihre äussere Geschichte; der Einfluss auf das 16te und ihre Bedeutung für unser Jahrhundert.

Über den patriotischen Werth von Agricola's Sprichwörtern habe ich in meinen früheren Arbeiten bereits so eingehend gehandelt, dass ich auf die Wiederholung billig verzichte, zumal ich wesentlich Neues nicht zu bieten wüsste. Ich beschränke mich also auf die Bemerkung, dass Agricola's schriftstellerische Thätigkeit für das deutsche Sprichwort von einem doppelten ethischen Motive geleitet wurde, dem Eifer für heimische Sitte und für die Sprache des Vaterlandes. Diesen doppelten Zweck spricht er in der Widmung seiner ersten Sprichwörterarbeit an den Fürsten Johann Friedrich von Sachsen vom 24. August 1528 offen aus. Die Widmung findet sich in sämmtlichen Einzelausgaben der 300 Sprichwörter vom Jahre 1529, 1530 und einer späteren fast verschollenen vom Jahre 1539, zu deren äusseren Charakteristik meine bibliographische Beschreibung Agricola 1862, S. 235 ff., völlig ausreicht. Die Gesammtausgaben, die den 2ten Theil von 450 Sprichwörtern (oder genauer 449) schon auf dem Titel mit dem ersten zu einer Summe von achthalbhundert Sprichwörtern verbinden, entbehren sämmtlich dieser Dedication. Besitzer eines solchen späteren Exemplars aus den Jahren 1534—1592 finden die Dedication vollständig abgedruckt in meiner Ausgabe Passavant's S. 20. In dieser selben Ausgabe habe ich die Stellen vollständig mitgetheilt, die gleichfalls in den späteren Ausgaben gekürzt sind, soweit sie sich auf den Herzog Ulrich von Würtemberg beziehn. Grade diese gelegentlichen Ausfälle Agricola's — man könnte auch wohl von blossen Einfällen reden — hatten Passavant's beissende Gegenschrift hervorgerufen. Was sonst von 1534 ab in den Ausgaben geändert ist, findet der Leser übersichtlich zusammengestellt in meinem Agricola S. 49 f.* Agricola motivirt diese Änderungen in einer kurzen neuen Vorrede, die ich S. 46 und 47 meines Buches mitgetheilt habe; sie findet sich in sämmtlichen Ausgaben von 1534—1592. Jedes Exemplar der Sprichwörter Agricola's erhält also durch Hinzunahme der wenigen Blätter meiner Erörterungen oder Mittheilungen in materieller Hinsicht Alles, was für den äusseren Verlauf von Agricola's proverbieller Schriftstellerei von Belang ist; für jedes defecte Exemplar lässt sich danach zugleich die Zeit des Druckes, ob vor 1534, ob später, mit Sicherheit bestimmen.

Von untergeordnetem literarischen Werthe ist an sich die Notiz, dass unter den Drucken von 1529 und 1530

---

* Unbeachtet habe ich gelassen, dass in den Ausgaben Agricola's von 1534 und 1537 zwei Nummern zusammengezogen sind, die kurze Vergleichungen enthalten, und dass diese Ausgaben also scheinbar nur 748 Nummern zählen, s. J. Franck im Anz. f. K. d. d. Vorz. 1868, S. 48 ff., durch dessen sorgsame Ausführung Hasenow's und meine eigenen früheren Mittheilungen ergänzt und abgeschlossen werden.

die Ausgaben Zwickau Gabriel Kantz 1529 und Leipzig Mich. Blum 1530 eine schlechtere Classe repräsentiren; diese ist aber insofern wichtig, als ihr schlechterer Text der niederdeutschen Übersetzung Magdeburg s. a. zu Grunde liegt. Inzwischen sind diese Textes-Verschlimmerungen doch nur sehr vereinzelt und an sich unerheblich; der Leser findet sie übersichtlich zusammengestellt S. 54 u. 55 meines Buches. Für irgendwie defecte Exemplare mache ich auf zwei Stellen aufmerksam, die die zweite Textesclasse des Agricola ausreichend charakterisieren: 1) im Titel die Worte: Sprichwörter — klerlich ausgelegt; die andern Ausgg. eygentlich ausgelegt. 2) in Sprichw. 252 Lasz eynem yglichen seine briue statt des aus Cicero entnommenen richtigen braut. Den Werth, den Agricola's Zeitgenossen seiner Sprichwörtersammlung beilegten, erkennen wir noch heute aus den zahlreichen Drucken innerhalb der Jahre 1529—1592; er erhellt aber auch aus der mehr oder minder umfangreichen Art, in der Agricola's Werk als ein gemeinsames vaterländisches Gut angesehn und wacker ausgebeutet wurde. Für diese Abhängigkeit von Agricola habe ich bereits in meinem früheren Buche einige Nachweisungen gegeben; treffender und eingehender ist derselbe Gegenstand von C. Schulze und Suringar erwogen und erörtert worden, s. weiter unten. Hier zeige ich den Einfluss Agricola's an 6 Werken, deren 3 erste in einem andern Dialect, resp. in einer andern Sprache abgefasst sind; die letzten drei sind gleichfalls hochdeutsche Sprichwörtersammlungen. Die erste Erwähnung gebührt sicher

1. der niederdeutschen Magdeburger Übersetzung, von der, da sie undatirt ist, nur so viel mit Sicherheit sich sagen lässt, dass sie nach 1529 und vor 1534 gedruckt sein muss. Dass aber jene niederdeutsche Abfassung nur eine im Ganzen gelungene, von Missverständnissen und einzelnen Lücken nicht freie Übersetzung ist — Sprichwort 169 fehlt sogar mit der Erklärung völlig —, habe ich in meinem früheren Buche bis zur Evidenz dargethan und von keiner einzigen öffentlichen Stimme Widerspruch erfahren. Es ziemt aber unserm Zeitalter im Grossen, wie im Kleinen gesicherte Erkenntnisse dem nach-

wachsenden Geschlechte zu überliefern; ich kann es also nur wissenschaftliche Leichtfertigkeit nennen, wenn sowohl in der allgemeinen Biographie der Deutschen, wie in dem Meyer'schen Conversationslexikon und bei Brockhaus die schale abgestandene Tradition von einer niederdeutschen Originalausgabe 1528 wieder aufgetischt wird. Wissenschaftlicher Eigensinn aber oder Rechthaberei ist es, wenn Hoefer in lexik. Arbeiten noch neuerdings in der Germania diese niederdeutsche Übersetzung nach dem Stichwort der Columnen als „Uthlegginge" citiert. Ein solches Verfahren war in seiner eigenen Zeitschrift gerechtfertigt, so lange das von ihm benutzte defecte Greifswalder Exemplar als ein niederdeutscher Agricola unbekannt war. Nachdem aber der Nachweis des Ursprunges geliefert, war Hoefer es dem leichteren Verständniss einer jüngeren Generation schuldig, gleichsam umzulernen und seine Citierweise zu ändern.

Zweitens ist von Agricola abhängig die niederländ. Sprichwörtersammlung, die um 1550 zu Campen bei P. Warnersen erschien und nach Suringar's ansprechender Vermuthung von dem Drucker selbst zusammengestellt wurde. Da eine genaue Titelangabe in meinem Buche über Agricola S. 83, und in den grösseren Werken Harrebomée's und Suringar's sich findet: begnüge ich mich mit folgenden Bemerkungen hinsichtlich des Inhalts. Es ist mir aus den Citaten bei Harrebomée gelungen, einerseits die genaue Abhängigkeit Campen's von Agricola, andererseits zugleich darzuthun, dass diese niederl. Sammlung auch einen hohen selbstständigen Werth beanspruchen kann. Genaueres Detail wünschte und erbat ich von den niederl. Forschern. Dieser Bitte ist bereits zum grösseren Theile Genüge gethan, einerseits in den umfangreichen Mittheilungen, die Harrebomée Spreekwoordenb. III, S. XCVI ff. über Campen gegeben hat, andererseits in der schätzbaren Auswahl in dem schönen, unter No. 3 sogleich zu erwähnenden Werke Suringar's. Dem Patriotismus dieses letzteren Forschers, der seiner eignen und fremden Nationen billig und gerecht zu werden vermag, hoffen wir bald den vollständigen Campen zu danken, in urkundlicher Treue, wie ihn die Vorfahren lasen, und in gewissenhafter Erläuterung, wie sie unsere Unkunde und Wissbegier zugleich erheischt. — In Harrebomée's Spreekw. sind die Materialien aus Campen in die heutige Sprache umgewandelt; hin und wieder in irrthümlicher Weise, wie aus der Vergleichung mit Agricola sicher hervorgeht. Die Irrthümer, die in dieser Beziehung in den Niederlanden stattfanden, ehe auf Agricola hingewiesen war, haben eine gewisse innere Berechtigung für sich; später wurde die Vergleichung Pflicht, ohne dass sie jedoch immer geübt wurde. Drei Beispiele aus Harrebomée mögen genügen, die ich sämmtlich dem dritten Theile entnehme, wo die urkundlichen Lesarten verzeichnet sind.

Agricola Spr. 121. **Versehen ist das beste auffm spiel** lautet bei Campen Bl. 17 Versien isset beste oppet spoel. Harrebomée deutet das Verbum irrthümlich durch Voraussicht und Vorsorge (voorzorg gebruiken of vooruitzien).

Agricola Spr. 510. **Er ist zum fuchse worden** lautet bei Campen Bl. 67 Hy is tot een vos geworden. Harreb. bringt dieses Citat unter dem Spruche: Hij is zoo slim (listig, of: loos) als een vos. Die Worte beziehn sich aber bei Campen wie bei Agricola auf den Tod; Ersterer hat aus dem Commentar Agricola's auch die nachstehenden, die Sache entscheidenden Worte entlehnt: Hy heft sich versteken, hi laet sich nummer sien. Endlich, was oben im Text noch nicht verzeichnet:

In der Erklärung zu Agricola No. 455 redet ein alter kriegserfahrener Mann: **Lieber versuche es so lang als ich, denn sag mir widder.** Das Sprichwort nebst der bezüglichen Stelle der Erklärung kehrt bei Campen Bl. 61 wieder; es lautet gegen den Schluss: Lieuer, versoecktet so lange, drijftet so lange als ick et versocht ende gedreuen hebbe, dan seydet my weder. Harreb. findet hier irrthümlich einen Lieverd angeredet.

3) Umfangreiche Übersetzungen von Agricola's Sprichwörtern in lateinischen Distichen von Joh. Glandorp. Ich habe bereits oben S. 99, ohne Nennung des Verfassers eine Probe aus dieser Übersetzung geben dürfen, die sich auf eine Erklärung Agricola's bezieht; ein zweites der-

artiges Beispiel sei das nachstehende. In der Erklärung zu Agricola 459 finden sich die Worte: denn es ward noch nie so klein gesponnen, es kam an die Sunnen. Diese überträgt Glandorp I 245

    Nihil tam occultum quod non proferatur.
    Nulla adeo tenui coierunt stamina filo;
    Sol pater et quae non viderit orta dies.

Die Rücksicht aber, die mich vor zwei Jahren verhinderte, anders als andeutungsweise von dieser Übersetzung zu reden, fällt nun fort, seit dem mein Freund Suringar seine schöne Schrift publiziert hat Joannes Glandorpius in zijne Latijnsche disticha als vertaler van Agricola's Sprichwörter aangewezen. Leiden. E. J. Brill 1874. In diesem meiner Empfehlung nicht bedürfenden Werke hat Suringar nach einer ansprechenden Schilderung der Lebensverhältnisse und der schriftstellerischen Thätigkeit der beiden Männer, Agricola's und Glandorp's die Disticha veröffentlicht, die der Sohn des Letzteren unter dem Titel distichorum variarum rerum et sententiarum liber secundus vereinigt hat. Er weist ihre Vorlagen zumeist in Agricola mit dessen eigenen Worten nach, bietet schätzbare Parallelen aus gleichzeitigen und früheren Sammlern, und nach werthvollen kritischen Erörterungen, die auch der Beachtung Seitens der classischen Philologen gewiss sind, folgt ein exactes Register über die von Glandorp und andern Humanisten latein'sch übersetzten Sprichwörter Agricola's. Da unser Verzeichniss unter A die Sprichwörter Agricola's von mehr als einer Seite aus unsern Zeitgenossen zugänglich macht, nehmen wir des Vortheils wahr, auch auf die in dem Werk des Freundes rein und lauter strömende Quelle dankbar hiermit hinzuweisen. Es finden sich bei Glandorp-Suringar folgende Sprichwörter Agricola's mitgetheilt: 1, 2, 3, 4, 5, 6, 8, 9, 10, 11, 12, 16, 20, 21, 22, 23, 26, 27, 28, 30, 31, 32, 33, 34, 36, 37, 38, 40, 44, 46, 48, 49, 51, 52, 53, 54, 55, 60, 61, 62, 64, 66, 67, 68, 69, 70, 74, 77, 79, 80, 82, 84, 85, 86, 87, 89, 91, 94, 96, 97, 98, 99, 100, 101, 102, 106, 108, 109, 110, 113, 114, 115, 118, 120, 124, 127, 128, 131, 133, 134, 135, 136, 137, 138, 139, 140, 141, 144, 145, 147,

150, 151, 155, 156, 157, 158, 159, 163, 164, 165, 167, 168, 169, 171, 172, 173, 176, 177, 178, 181, 185, 191, 192, 193, 195, 196, 197, 200, 201, 203, 204, 205, 207, 210, 211, 212, 214, 215, 216, 218, 219, 223, — 224, 232, 233, 234, 244, 245, 247, 249, 251, 255, 258, 259, 260, 262, 263, 264, 265, 266, 267, 268, 269, 270, 272, 276, 277, 280, 281, 284, 285, 287, 289, 290, 292, 293, 294, 295, 296, 297, 298, 301, 303, 304, 305, 311, 312, 316, 317, 318, 321, 327, 333, 334, 336, 338, 339, 340, 341, 343, 347, 350, 351, 352, 354, 355, 356, 357, 366, 367, 368, 372, 373, 374, 375, 376, 377, 380, 382, 384, 387, 394, 396, 397, 399, 400, 402, 404, 407, 408, 409, 411, 412, 413, 414, 415, 416, 418, 424, 425, 426, 427, 430, 437, 438, 440, 441, 446, 449, 454, 456, 457, 459, 466, 468, 503, 504, 506, 510, 511, 514, 515, 518, 525, 526, 527, 530, 553, 555, 556, 564, 592, 594, 595, 621, 623, 624, 625, 648, 649, 651, — 653, 654, 656, 661, 662, 663, 664, 666, 671, 673, 675, 676, 678, 679, 684, 685, 686, 687, 688, 690, 691, 692, 693, 694, 695, 697, 703, 705, 706, 707, 715, 717, 718, 720, 725, 728, 729, 731, 733, 739, 741, 743, 747, 748. Die Güte meines Freundes setzt mich zugleich in den Stand, einen Gewinn der jüngsten Vergangenheit für meine deutschen Landsleute rasch bergen zu können. Es ist Suringar durch gelegentliche Freundesvermittelung gelungen, auch des ersten Buches von Glandorp's Distichen, das er lange und überall vergebens gesucht hatte, habhaft zu werden. Auch von diesem Buche ist eine in gleicher Weise veranstaltete Publikation in demselben Verlage unlängst erschienen; ich theile hier mit seiner Genehmhaltung mit, dass in diesem distichorum liber primus folgende Nummern Agricola's übersetzt sind: 1, 2, 3, 6, 7, 13, 14, 17, 18, 19, 21, 22, 24, 25, 26, 29, 31, 35, 36, 38, 39, 42, 50, 51, 53, 54, 61, 66, 67, 69, 70, 71, 72, 73, 75, 78, 80, 81, 82, 84, 87, 88, 92, 93, 94, 95, 97, 98, 99, 100, 102, 103, 104, 107, 110, 112, 113, 115, 121, 123, 124, 125, 126, 127, 129, 130, 132, 133, 134, 135, 136, 137, 138, 142, 143, 145, 146, 147, 148, 149, 154, 155, 156, 158, 159, 161, 162, 180, 189, 193, 194, 195, 200, 202,

203, 205, 206, 208, 210, 211, 213, 214, 219, 223, 224,
225, 226, — 228, 229, 236, 237, 239, 241, 243, 246,
248, 249, 251, 253, 254, 257, 262, 263, 264, 265, 269,
270, 271, 273, 277, 278, 279, 281, 282, 287, 290, 291,
293, 298, 299, 300, 302, 303, 305, 306, 307, 310, 314,
315, 318, 319, 320, 321, 326, 335, 342, 343, 345, 346,
348, 350, 354, 359, 363, 371, 376, 380, 382, 383, 388,
389, 395, 398, 406, 424, 425, 427, 429, 459, 462, 463,
471, 487, 508, 514, 516, 524, 533, 553, 576, 589, 590,
591, 593, 621, 623, 627, 634, 648, 649, 653, 655, 657,
660, 661, 663, 665, 670, 672, 674, 677, 678, 680, 681,
682, 683, 689, 698, 701, 703, 704, 708, 712, 713, 714,
718, 720, 721, 723, 727, 733, 742, 743, 744, 745, 746.

4) Unter den hochdeutschen Sammlungen nenne ich wie Suringar, Glandorp S. 20, die von S. Franck im Jahre 1532 anonym veranstaltete zuerst, eben unsere oben sorgsam wiederholte Vorlage. Da es sich hier noch nicht um den selbstständigen Werth der Sammlung, sondern um ihre Abhängigkeit handelt: so füge ich zu den oben einzeln gegebenen Nachweisungen zusammenfassend Folgendes hinzu. Franck hat zumeist seine Sprichwörter aus dem Text, hin und wieder aber auch aus der Erklärung Agricola's entlehnt. In letzterer Beziehung würde auch Wander's Lexikon sowohl aus Agricola's Sprichwörtern als aus sonstigen Schriften desselben Verfassers manche Ergänzung zulassen; ich bemerke deshalb, dass die wenigen Sprichwörter, die Franck an verschiedenen Stellen wiederholt, einmal dem Text und sodann in der Regel dem Commentar Agricola's entnommen sind. Der Angabe im Einzelnen bin ich enthoben durch den Nachweis, dass Agricola's Erklärung für folgende Sprüche Franck's angezogen wurde: 5, 35, 78, 85, 101, 134, 145, 149, 150, 190, 232, 321, 322, 337, 339, 340, 380, 393, 407, 418, 482, 511. Jeder Besitzer des Wander'schen Lexikons kann danach selber die betroffenden Ergänzungen vornehmen.

Besondere Hervorhebung aber verdient es, dass S. Franck mehr proverbialen Gehalt entlehnt hat, als u. a. die unter No. 5 zu erwähnenden zahlreichen sogen. Egenolffischen Sammlungen oder Klugreden. S. Franck's kleine

Arbeit ist trotz ihrer Abhängigkeit eine in sich geschlossene schriftstellerische Leistung; die Klugreden sind eine stofflich werthvolle, dem Interesse und den Ansprüchen des Publikums dienende Compilation, deren Verfasser oder Veranstalter seine Individualität völlig zu verbergen oder zu unterdrücken gewusst hat. Wenigstens verrathen einzelne Zuthaten und Auslassungen keine hervorragende kritische Begabung. — Über den eigenthümlichen Charakter der Franck'schen Sammlung handelt Cap. III; über das Verhältniss zu Agricola bemerke ich hier nur noch, dass folgender Stoff Agricola's grundsätzlich ausgeschlossen scheint: zunächst fast alle sexuellen Zweideutigkeiten, s. unsere Bemerkung zu Spr. 160 = Franck 88, und vgl. u. a. die Sprichwörter unter Frau, Nonne, Schild; sodann der grössere Theil der „Hofsprichwörter", die Agricola's erste Sammlung von 300 Sprüchen abschliessen; der hier (1532) ausgeschlossene Theil ist von Franck in seiner grösseren Sammlung von 1541 scheinbar absichtlich gerade unter diesem Titel wieder zu Ehren gekommen. Über Agricola's Flüche oder Fluchsammlung hat Franck, wie Campen und Egenolff geurtheilt, dass sie zu den Sprichwörtern nicht zu zählen seien, ein Urtheil, das unter Luther's Namen am bekanntesten ist, und mit seinem scharfen Tadel nicht selten erwähnt wird. Sonst hat Franck noch ausgeschlossen die specifisch niedersächsische Wendung von Schickelmann Spr. 670 und einzelne Sätze, in denen man nur gezwungen Sprichwörter wiederfindet, s. unter Zaun und Thier. Harrebomée hat ähnlichen Stoff aus praktischen Gründen von einer Sprichwörtersammlung der Gegenwart mit Recht ausgeschlossen; Wander hat aber seinerseits nicht unrecht gehandelt, als er den sachlich unbrauchbaren Stoff aus Agricola in historischem Interesse verzeichnete.

5) Über die sogen. Egenolff'schen Klugreden von 1548 bis 1615 finden sich die sorgsamsten literarischen Nachweisungen in dem trefflichen Werke Suringar's Erasmus over nederl. Spreekwoorden Leiden 1873 Inleid. No. 55. Für unsern Zweck hebe ich daraus hervor, dass Suringar nach Schulze erwähnt, wie die Egenolff'sche

Sammlung ganz aus Agricola und S. Franck compilirt ist, und ausserdem die Nummern von 382 Sprichwörtern verzeichnet, die direct aus Agricola entlehnt sind. Diese Mittheilung ergänze ich dahin, dass Schulze folgende Nummern übersehen hat: 31, 80, 132, 143, 222, 384 (steht in der Erklärung zu 382) und 678 (in der Erklärung zu 677 einbegriffen). Hingegen nennt er mit Unrecht 298 (ist an der fraglichen Stelle aus S. Franck entlehnt), 381 und 405.

Für die Auslassungen lässt sich theilweise kein Grund ermitteln, z. B. gleich für die vier ersten, 4, 18, 22, 23; bei anderen scheinen Wiederholungen gemieden, z. B. 34, 231, 368, 394, 511—513, 682, 724, denen gleichartige Sprüche unmittelbar vorausgehen oder benachbart sind; andere waren schon aus S. Franck aufgenommen, z. B. 145, 335, 718. Mit bewusster Absicht ausgeschlossen wurden die Gleichnisse 598 — 619; die Flüche von 472 bis 502; die Segens- und Betheurungsformeln; dieser Abschnitt ist mit systematischer Vollständigkeit in meinem Buche über Agricola S. 169 ff. wiederholt worden. Eine Absicht ist weiter in der Weglassung des indecenten oder geradezu unzüchtigen Stoffes erkennbar; so in No. 93, 174, 208, 319, 320, 343 (in diesen drei Sprichwörtern verweist Agr. und ebenso in No. 358 auf ein muthmasslich nicht erschienenes, aber culturgeschichtlich werthvolles Werk Werk „von des Klosters Heimlichkeit"), 344, 357, 358, 362, 374, 392, 640, 650, 692. Die Entlehnung ist fast überall eine wörtliche; kleine Varianten finden sich u. a. bei Spr. 206, 220, 236, 259, 322, 423, 426 und 471. No. 195 steht vor 194, No. 332 vor 330 und 331.

Von unmittelbarer praktischer Brauchbarkeit oder Wichtigkeit ist das Nachstehende.

Jacob Franck hat im Serapeum 1866, No. 12, sämmtliche nachweisbare Ausgaben mit bibliographischer Sorgfalt beschrieben. Daraus ergiebt sich, dass der Titel überall an S. Franck sich anlehnt, die Einleitung direct aus seiner grossen Sammlung ebenso wie der grösste Theil des Inhalts entlehnt ist. Der Schluss, die gereimten Sprüche der sieben Weisen sind nach der eigenen Angabe des

Compilators „dem spil Casparis Bruschii" entnommen. Als „Autores und Ausleger etlicher (sic) Sprichwörter" nennt die editio princeps neben den sieben Weisen auch Franck und Agricola, ausserdem Tunicius, Murmelius, Bebelius, Seneca, Vives und Erasmus von Roterdam, verschweigt aber weislich, dass die sechs von uns zuletzt genannten nebst dem übergangenen Eberh. Tappius bereits Vorlagen für S. Franck waren. Die späteren Ausgaben von 1552 ab nennen nur noch, um dem Spürsinn ihrer Leser nicht vorzugreifen, die indirecten Quellen für das letzte Sechstel des Buches etwa, nämlich Vives, Seneca, Murmelius, Bebelius und die Namen der sieben Weisen; Agricola und Franck, die intellectuellen Urheber der ganzen Sammlung (die selbst die Form des Registers bestimmt haben, s. oben S. 4), werden nunmehr völlig übergangen. Wir gedenken, diese Ungerechtigkeit für unsere Zeit völlig durch die nachstehende Uebersicht auszugleichen. Da die Egenolffische Sammlung in zahlreichen Ausgaben verbreitet ist, aber nur die edit. princeps in Quart, sämmtliche anderen von 1552—1615 in Octav und zwar auf 390 Blättern erschienen — eine Ausnahme bildet einzig die Ausgabe von 1565 auf 374 Blättern: so genügen die nachstehenden Angaben aus drei mir zugänglichen Exemplaren. Die Besitzer einer Ausgabe von 1565 können die betr. Eintragungen hienach selbst mit Bequemlichkeit machen; eventuell bedarf es in jedem einzelnen Falle nur eines kleinen Rechenexempels, einer Proportion oder Multiplikation mit resp. 390|374 oder 374|390, um ein Citat aus einer der gewöhnlichen Ausgaben auf die von 1565 oder umgekehrt zurückführen.

Die Sprichwörter der Egenolffischen Sammlung vertheilen sich demnach so. Den Anfang machen, wie bei S. Franck in seinem zweiten Theile nach Eb. Tappius die Sprüche: Gott walts ist aller bit muter. In Gottes namen faren wir. Unmittelbar nach der Erklärung beginnen die Entlehnungen aus Agricola,

Ausg. 1548	1555.	1591.
(mein Expl.)	Expl. des wail.	Expl. des Herrn
	Archit. G. Stern.	Kaufmanns M. J. Jaffé
	(† 9. Mai 1876).	daselbst.

Agr. 1 Gott beschert — 17 Zu einem lebendigen Menschen
Bl. 1—4b col. 1.   Bl. 1—8b unt.   Bl. 3—11a.
S. Franck II 3b Ehr, glaub und augen — Bl. 25 Fleugt
    ein Gans über Meer
Bl. 4b—10b col. 6.   Bl. 8b—27a u.   Bl. 11a—29b.
Agr. 19 Untreue schlägt — 84 Es ist besser ein Sperling
Bl. 10b—15a.   Bl. 27a—38b u.   Bl. 29b—41a.
S. Franck II 26a Nimmer gelt — II 80b Gott gibt eim
    wol den Ochsen
Bl. 15a—29b.   Bl. 38b u.—72b u.   Bl. 41a—74a. u.
Agr. 85 Ich weisz wol, was ich habe — 179 Ich hab es
    von hören sagen
Bl. 29b—36b.   Bl. 72b u.—87b.   Bl. 74b—88b u.
S. Franck II 81b Den brei hast du dir selber — 116b
    Das woellen wir den gelerten befehlen
Bl. 36b—46a.   Bl. 87b—108b.   Bl. 89a—109b.
Agr. 182 Ich möcht gern — 247 der marckt wird dichs
Bl. 46a—56b.   Bl. 108b u.—131b.   Bl. 109b—132a.
S. Franck II 117a Wo forcht, da ehr — II 145a Doll
    ist glückhafftig
Bl. 56b—69a. Bl. 131b—158a (Druckf. 153). Bl. 132a u.
                                           — 158b.
Agr. 249 Ein sparer wil — 347 Schwäger sind nimmer
Bl. 69a—82b.   Bl. 158a—186b.   Bl. 158b—187a.
S. Franck II 145b Beschert ist vnerwort — 148b Du
    hast der flaschen auff den riemen getretten. (Schluss
    von Eb. Tappius Vorlagen.)
Bl. 82b—84a u.   Bl. 186b—190a.   Bl. 187a—190b.
Agr. 350 Er ist zur rechten thür eingangen — 471 Sie
    seind noch nicht alle schlaffen
Bl. 84b—93b.   Bl. 190a u.—206b.   Bl. 190b—207a.
S. Franck II 149a (Vorlage des Tunicius). Was mann
    (Gott) zu ehren — 168a Was schadt versuchen
Bl. 93b—101b.   Bl. 206b u.—225a.   Bl. 207a—225a.
Agr. 507 Ein reicher vnd geiziger ist Salomons esel —
    557 Er ist lieb vnnd werdt gehalten

Bl. 101b—102b.   Bl. 225a—226b.   Bl. 225a—226b.
S. Franck II 169a Klein gemach, gross gemach — 182b
    Wie das maul, also die speisz.
Bl. 102b—109a.   Bl. 226b—240b.   Bl. 226b—240b.
Agr. 563 Er ist jm, wie ein spiesz — 695 Wenn kinder
Bl. 109a—121a.   Bl. 240b—264b.   Bl. 240b—264b.
S. Franck II 183b Wer solch brigel oder bengel wil auff
    klauben — II 210a Gesellen sitten vnd rauden
    erben (Schluss der Entlehnungen aus Thl. II und
    der Vorlage des Tunicius).
Bl. 121a—132b.   Bl. 264b—288b u.   Bl. 264b—288b.
Agr. 701 Wenn die sackpfeiff nit voll ist — 749 Das
    ist ein weiser man. (Schluss der Entlehnungen
    aus Agricola.)
Bl. 132b—135b.   Bl. 289a—294a.   Bl. 288b—293b.
S. Franck I 1 Er verfehlt der thür — Bl. 53b Scham
    ist des bauchs oder armen vnglück. (Vorlage des
    Erasmus.)
Bl. 135b—150b.   Bl. 294a—323b.   Bl. 293b—323a.
S. Franck I 54b Vil haben zu vil, niemand genug — Bl. 63b
    wenig zu wenig gethon, macht zuletzt vil. (Vor-
    lage von Vives.)
Bl. 150b—153a.   Bl. 323b—329a u.   Bl. 323a—328b.
S. Franck I 636 Was du eim thust, das wart vom andern
    — Bl. 84a Ein ehrlicher tod ist ewig leben.
    (Vorlage aus Pseudo-Seneca oder Publ. Syrus.)
Bl. 153a—155a u.   Bl. 329b—334a.   Bl. 328—333a u.
S. Franck I 74a Mit wenig lebt mann wol — Bl. 75b
    Gleich bürd bricht gemeynen ruck nit. (Vorlage
    aus Murmelius.)
Bl. 155b.   Bl. 334a—335a.   Bl. 333b—334b.
S. Franck I 75b Wer gern leugt, der stilt gern — Bl.
    133a Das heyszt dein, das man dir nit nemen
    kan. (Vorlage Heinrich Bebels.)
Bl. 155b—175a.   Bl. 335a—375a.   Bl. 334b—374b.
S. Franck I 139b Der nit für sich geht, der geht hinder
    sich — Bl. I 156b Ein freund ist des andern
    spiegel. (Ohne nachweisbare Vorlage.)
Bl. 175a—180a.   Bl. 375a—385a.   Bl. 374b—384b.

So weit die Entlehnungen aus Franck und Agricola. Für den Schluss der Egenolff'schen Sammlung, die aus Casp. Bruschius entlehnten gereimten Sprüche der sieben Weisen gewährte S. Franck nur einen sachlichen Anhalt, insofern er Bl. I 157—158a gleichfalls Aussprüche der sieben Weisen in Prosa mittheilt; daran schliessen sich bis zum Ende der Sammlung Bl. 163a noch eine Reihe anderer, theilweise aus dem Alterthum entlehnter Sprichwörter. Für die Sprüche der sieben Weisen schloss sich Franck in seinen Sprichwörtern (1541) an Erasmus, in seiner Weltchronik (1531) aber an verschiedene Vorlagen, u. a. an Schedel an; darüber Nachweisungen in meiner Ausgabe von den Sprüchen des Pythagoras mit der Erklärung S. Francks 1868.

Mit dem vorstehenden Register ist die Aufgabe gelöst, die J. Grimm in dem Quellenverzeichniss seines Wörterbuchs unter Agricola bezeichnet, wenn er die einzelnen Entlehnungen der Egen. Sammlung einer näheren Untersuchung bedürftig nennt. Die praktische Probe dazu mag sein eignes Werk und daneben drei andere namhafte Zeitgenossen liefern.

J. Grimm hat zahlreiche Stellen direkt aus Agricola mit den betreffenden Nummern citirt; er gebraucht aber auch für Citate aus Egenolff 1570 denselben Namen; so für Kabal und Ackergurr Bl. 233a; für die letztere Stelle nach ihm auch Sanders s. v. Gurr. Das obige Verzeichniss weist als Quelle S. Franck nach, s. das genaue Allegat oben zu Spr. 640, S. 227. Für den Spruch „Es ist ein Fürst wohl so seltsam im Himmel ff." ist Agricola Bl. 162b citirt. Das obige Register weist in der That auf Agricola als Quelle hin, No. 375. Der Zusatz „Fürsten vnd Herren seind Wildpret im Himmel", steht noch nicht in der ed. princ. von 1548, wohl aber 1555 ff., vorher aber schon bei Franck und Luther, s. oben zu Spr. 376 unserer Sammlung.

Wander hat nach dem umfassenden Register unter A bei einigen vierzig Sprichwörtern sei es Agricola's Namen fortgelassen, sei es mit demselben falsch citirt. So wird unter helfen 23 — Egenolff 191b, unter hundert 4 —

Egenolff 201 a, unter sparen — Egenolff 200a als älteste Quelle citiert. Aus unserem Verzeichniss ergiebt sich, dass hier für Egenolff Agricola die Vorlage sein muss; die Stellen finden sich bei demselben unter No. 360, 429 und 423. — Wie dasselbe Verzeichniss dazu dienen kann, Citate aus Agricola und Franck auf ihre Echtheit zu prüfen, und im Fall des Irrthums sie annähernd oder völlig zu verificiren: das auszuführen wird mir der Leser erlassen. Es wäre ein beleidigender Zweifel an seiner Rechenfertigkeit und Combinationsgabe.

Edm. Hoefer hat in der siebenten Auflage seiner schönen Sammlung „Wie das Volk spricht" noch drei Sprichwörter aus der Egenolffischen Sammlung von 1552 beibehalten. No. 426 Laszt vns gehn, zeit hat ehr, sagt die gut dirn, da gieng sie zu Mettenzeit heym: (Ausg. 1555, Bl. 194a) ist ein selbstständiger Zusatz der Compilation zu Agr. 393; bei Wander u. gehn 84 nur aus Hoefer belegt; ein ähnlicher Spruch bei dem jüngeren Zeitgenossen Agricola's, bei Neander, s. Hoefer No. 1269.

No. 783 „Gehe hin, würd ein krämer, ein schalck, sagt der hencker zu seinem knecht" steht 1555 Bl. 124a. Quelle demnach Agricola 226; s. diese und weitere Nachweisungen bei Wander u. Krämer 29.

No. 784 „Solch volck musz solch pfaffen haben, sagt einmal ein hencker, der ward in Behem ein Priester". 1555 Bl. 103a; die Quelle demnach S. Franck II 107b. Weitere Nachweise wird vielleicht Wander unter Volk bieten.

Am schönsten aber lässt sich das Verhältniss in dem Egenolff zu Agricola und Franck steht, an dem inhaltreichen Werke Suringar's über Erasmus erkennen. Suringar hat nicht weniger als 62 Stellen aus Egenolff aufgenommen, die in letzter Linie, aber indirekt auf Erasmus zurückgehn. Die direkte Vorlage Egenolffs hingegen waren Franck und Agricola; an Stellen, wo beide Vorlagen ein entsprechendes Sprichwort bieten, ist doch nur die eine Sammlung als Grundlage anzusehn, z. B. Suringar No. 86 heroum filii noxae verzeichnet Agr. 265 Reicher, grosser, weiser leutte kinder geradten selten wol.

S. Franck I 129 weisz leut haben gemeynglich thoerechte kinder.

II 66 (nach Tappius) A viris egregiis improbi filii.

Herrn kinder gerathen selten wol.

Weise leut haben gemeynglich thorochte kinder.

Egenolff 1575 Bl. 165 Reicher, grosser, weiser leut kinder gerathen selten wol.

Unser obiges Register und die wörtliche Übereinstimmung zeigt, dass Agricola hier als Quelle anzusehn ist.

Nur an wenigen vereinzelten Stellen hat mein theurer Freund die Vorlagen Egenolffs unbeachtet gelassen; er gestatte mir, ihm als eine kleine Gegengabe die Ausfüllung dieser Lücke nach dem schönen Schlussworte aus Erasmus „cum publica studiosorum commoditate" vorzulegen. Auch zu diesem meinem Werke, si qua est utilitas, mein verehrungswürdiger Vorgänger „occasionem certe dedit, ut ad studiosos illa permanarit utilitas".

Suringar No. 61 dormienti rete trahit.

Egenolff Bl. 299 Je gröszer narr, je besser pfarr.

Fortuna ignavos fovet.

Je doller mensch, je besser glück. Wo wenig verstandt, da grosz glück.

Dazu als Vorlage S. Franck II 60 derselbe lat. Spruch Er hat mehr glücks, dann rechts. ff. — Unser Register weist auf eine übersehene Vorlage; die Stelle Egenolffs ist wörtlich entlehnt aus Franck I 12b, vgl. verwandte Sprichwörter in der Rubrik „des glücks veränderung" I 26a.

Suringar 63 Duplices viros.

Egenolff 100 Auff beden achseln tragen. Vir duplex animo. Ausz zwei muenden kallen. Warm vnd kalt ausz eimm mund blasen.

Nach unserm Register ergiebt sich als Quelle S. Franck II 102b.

Suringar 95 In senem ne quod collacaris beneficium.

Egenolff 90 Es ist alles verloren, wes mann in alt seck schütt. Ne bene mercare de sene. Diogenianus wil, man sol kein gutthat auff ein weib, auff einen alten, noch

auff ein kind, noch auf jemandts hundt, noch auff einn
geschwetzigen weiben, darumb, dasz wol halb verloren ist.
— Quelle nach unserm Register gleichfalls S. Franck II 83a.

Suringar 136 Nemini fidas, nisi cum quo prius modium salis consumpseris.

Egenolff 10 Sihe für dich. Trew ist miszlich. Cicero
sagt: Mann soll niemandt zum freund erwelen, mann hab
dann zuuor vil malter saltz mit jhm gessen. Vorher steht
eine ähnliche Stelle aus S. Franck II 16, wo aber Cicero's
Name nicht erwähnt ist. Nach dem Register über die
Ausg. von 1591 ist Agricola hier als Vorlage für Egenolff
anzusehn; der vollständige Spruch findet sich als Erläuterung unter No. 15; nur wird für Malter Salz der
noch heute üblichere Ausdruck Scheffel gebraucht. Wenn
S. Franck a. a. O. von einem saltzscheiben redet, so
hat er wohl nur die niederdeutsche Vorlage in Tappius
schepel saltz nach oberdeutscher Weise modificiert, s.
Schmeller-Frommann II 357, wonach eine Scheibe ungefähr eine Salzmasse im Gewicht von 1½ Centner ausmacht. Directe Missverständnisse des Niederdeutschen, das
im 16. Jahrh. dem Süden nicht minder fremdartig war,
als heutzutage s. in Cap. IV aus S. Franck nachgewiesen.

Suringar 206 Senis mutare linguam.

Egenolff 49 Alte heut doerffen vil gerben.

Senem erigere durum.

Alte hund seind boesz zu bannen.

Zu den von Suringar aus Franck I 44, II 7 angeführten
Stellen ist als directe Vorlage für Egenolff hinzuzufügen II 36 b.

Suringar 219 Suum cuique pulchrum.

Egenolff 63 Suum cuique pulchrum.

Si quis amat ranam, ranam putat esse Dianam.

Mann findt kein scheutzliche bulschaft.

Einn jeden dunckt sein Eul ein Falck sein.

Als Quelle ist nach dem Register S. Franck II 68 b angesehn. Den Spruch von der rana-Diana hat Egenolff hinzugefügt. Am Eingang hat er weiter die Worte Franck's:
„Suus rex reginae placet. Es geht eben so vil liebs ghenn
kirchen als schoens" bedeutungsvoll in „mehr liebs" umgeändert.

6) Die Sammlung Neander's vom Jahre 1585 und 1590 hat nach dem Register unter A etwa 100 Sprüche mit Agricola und mindestens das Dreifache mit Franck gemein. Dass Neander die Werke seiner beiden älteren Zeitgenossen gekannt und benutzt hat, ist schon an und für sich anzunehmen; die directe Entlehnung aus Agricola habe ich in meiner Ausgabe allein schon mit Hülfe des Registers nachweisen können. Die Sammlung Neanders hat aber nicht bloss als eine tactvolle Compilation einen Werth; sie ist zugleich von grosser selbstständiger Bedeutung und als solche zu meiner Freude u. a. auch von Edm. Hoefer gewürdigt und benutzt worden. Dass derselbe alte Stoff auch in heutigen Kalendern und Volksschriften eine treffliche, gelegentliche Verwendung findet, ist mir der schönste Lohn eines glücklichen und ausgebeuteten Fundes.

So viel über das Verhältniss Agricola's zu seinen Zeitgenossen und über die literarische Einwirkung auf dieselben. Sein Buch aber ist auch für unsere Zeit noch von Werth, und nicht bloss für unsere wissenschaftliche Erkenntniss, sondern auch für unser Leben; für letzteres in sofern, als die religiösen und politischen Gegensätze, die Agricola's Zeit bewegten, auch unsern Tagen nicht fremd sind. Wir gehen also in unsern Bemerkungen zunächst von diesen praktischen Fragen aus, um alsdann zu den nicht unwichtigen, aber doch untergeordneten des theoretischen Erkennens überzugehen.

Seine Anhänglichkeit an Kaiser und Reich zeigen 245 und 115; seine Liebe zur engeren Heimath, zur Vaterstadt und zu dem heimischen Fürstenhause 668; die Klage über deutsche Rechtsunsicherheit und Zersplitterung 318; über die Grenzen zwischen weltlicher und geistiger Macht handelt 217, wo neben der Glaubensfreiheit zugleich der Grundsatz betont wird: „Die obrickeyt sehe zu, wie friede vnd recht erhalten werde; die fursten sollen euszerlich regieren, friede vnd recht erhalten mit dem schwerdt."

Vor allem aber ist es die religiöse Bewegung, die Idee der kirchlichen Reformation, die sein Buch im Kleinen und Grossen beseelt. Das Auftreten Luther's und seine reformatorische Wirksamkeit feiern u. a. 87, 115, 233, 234; seine Bibelübersetzung 379; das Princip der Rechtfertigung durch den Glauben wird nachdrücklich betont 234, 547. Damit steht im Zusammenhang der lebhafte Widerspruch gegen alle Werkgerechtigkeit 302, 539, 572, gegen den Heiligencultus 290, 320, 324, gegen Seelmessen 710, gegen das Papstthum, dessen geschichtswidrige Anmassungen auch durch wissenschaftliche Erörterungen und Nachweisungen dargethan werden. In dem Text meiner Ausgabe sind diese Stellen mit besonderer Vorliebe berücksichtigt worden, vgl. u. a. 218, 223, 345, 367, 368, 734, 736, 745. Mit nicht geringerem Unwillen charakterisiert Agricola die Entartung des Mönchsstandes und geisselt, was er sonst zuweilen mit einer gewissen laxen Moral behandelt, mit besonderem Eingehen die in den Klöstern heimischen Vergehungen gegen das sechste Gebot, vgl. 160, 290, 298, 326, 343, 344, 543 und 743. Im Übrigen zeigt, was bei einem Freunde volksthümlicher Rede selbstverständlich ist, seine Darstellung ein offenes Auge für alle Beziehungen des öffentlichen und privaten Lebens, für Gewerbe, Kunst und Wissenschaft.

Das Hofleben schildern 262 ff.; Sitten des Adelstandes 127, 724, 738; das kaufmännische Treiben 226 ff.; die Verhältnisse des Geldmarktes und den Wucher 153, 225, 272; das Leben der kleinen Handwerker 141, 405; deutsche Wirthshäuser 78, 299; die Technik der Malerei 639. Glückliche und unglückliche Ehen charakterisieren 135, 412—416, 456; von Kindererziehung handeln 649 ff.; von den Pflichten der Dienstboten 21, 101—104. Die Spiele und ihre ebenso anziehende wie oft räthselhafte Terminologie berühren 119—121, 328—332, 371, 417—420, 702; auf die öffentliche Rechtspflege beziehn sich u. a. 56, 57, 63 ff.

In wissenschaftlicher Hinsicht zeigt Agricola an zahlreichen Stellen eine umfassende Belesenheit in den Klassikern des Alterthums und, was wohl selbstverständlich eine eingehende Kenntniss theologischer Controversen. Seinen offenen Sinn für das Studium der Natur, sein besonderes

Interesse für die Kunst des Arztes und die Geschichte seiner Wissenschaft zeigen u. a. 335, 361, 472, 477, 478, 480, 482.

Auf die Zeitgeschichte wird natürlich vielfach Rücksicht genommen; die Schlacht bei Pavia erwähnt 308; der Stellen gegen Herzog Ulrich ist bereits oben gedacht; des Bauernaufruhrs erwähnen u. a. noch 240 und 389; an beiden Stellen werden zugleich alte Prophezeiungen und Vorbedeutungen verzeichnet, wie Agricola überhaupt den Aberglauben seiner Zeit in mancher Beziehung theilt und so nicht wenige für deutsche Mythologie anziehende Thatsachen überliefert hat, vgl. u. a. 301, 381, 667. Die deutsche Ausländerei geisseln ausser der Vorrede u. a. 78 und 162; echt deutsche Moden verzeichnet 370.

Bei einem regen Sinn für geselliges Leben ist es zugleich erklärlich, dass Agricola vielfach auf Äusserungen von persönlichen Freunden und Bekannten eingeht oder manche ihm von denselben mitgetheilten Begebenheiten berichtet. Ausser gelegentlichen Erinnerungen an sein Elternhaus 519, 623 — in No. 623 fasst Grimm bei der Erzählung eines Traumes die Worte „das hab ich oftmals von meinem lieben Vater gehört" kleinere Schriften III 420 wohl mit Unrecht als herkömmliche Formel, auch fällt die Abfassung (S. 419) nicht in das Jahr 1537 — bezieht sich Agricola auf Äusserungen Luther's 130, 195, auf Worte Melanchthon's 284, 267, auf dessen Mutter 398, auf Aussprüche des Churfürsten von Sachsen 87, 116, des Erzbischofs von Mainz 278. In diesem Theil seiner Arbeit hat Agricola wesentlich als Quelle für Zinkgref's Apophthegmen gedient; einzelne wenige Nachweisungen füge ich noch hinzu. Auf seinen guten Freund „mein guter freunde" Georg Spalatin bezieht sich Agricola 308, auf Dr. Staupitz 220; auf Dr. Keyser zu Mansfeld 263; auf Hans Reineke ebendaher 515: auf den Mansfelder Kanzler Casp. Muller 273; auf Dr. Stibler (Stüdler) zu Zwickau 271; auf den Mathematikus des Kaiser Maximilian Dr. Stabius 270; auf den Juristen Henning Gode 390; auf den Vicar der Augustiner Dr. Proles 320. Eine Äusserung Albrecht Dürer's, „ein hoher kopf, burger zu Nurmberg" über Prädestination berichtet 379; ebendaselbst eine bezügliche Äusserang des Dr. Johann Faber von Kostnitz. Mit Luther anzubinden widerräth der „Propst von Aldenburg, Er Albrecht Megk von Aldenburg" 327. Über das gute Regiment zu Nürnberg erklärt sich eine Äusserung des Losungers Anthoni Tucher 217; aus demselben Orte wird eine scharfe Entgegnung Leonhard's von Plauen auf eine Bemerkung des Markgrafen Hans von Brandenburg über die Menge hübscher Bürger mitgetheilt 159. Ein Genoss des kühnen Springers Harras ist Thalmann von Lunderstedt 189. Über Raubritter spricht Caspar von Watzdorff 632, über Maulheldenthum Otto von Ebeleben 455. Äusserungen von Claus Narr endlich berichten 58 und 291.

Die Kenntniss der zeitgenössischen deutschen Literatur verräth Agricola nicht nur ausdrücklich in seiner Vorrede, sondern auch an vielen Stellen seiner in behaglicher Breite sich ergehenden Erörterungen. Namentlich finden sich oft Stellen aus dem Brant'schen Freidank, aus dem Renner — dieser noch mehr in den 500 Sprüchen von 1548 ausgezogen — und aus dem Heldenbuch in extenso mitgetheilt; aus dem letzteren u. a. 301, 725, 726, 728—732, 735, 737, 740, 741. Die Stellen aus dem Schweizer hat Goedeke in einer eigenen Publikation, die aus Morszheim zugleich Jacob Franck berücksichtigt. Ausser den öfter erwähnten Beispielen der alten Weisen, der Väter und ähnlicher Sammlungen nenne ich noch: das Sibyllenbüchlein 710, 711, den Ritter von Thurn 201, den Ritter Tundalum, Patricius Loch und Arnd ym Nydderland 22.

Über den eigentlichen Stoff seines Werkes, über den Gehalt der von ihm gesammelten Sprichwörter, über ihr Verhältniss zu dem Leben der Sprache im sechzehnten und im heutigen Jahrhundert erschöpfend oder auch nur treffend zu urtheilen liegen die bezüglichen Materialien theils überall wenig gehoben, theils ungesichtet und ungegliedert vor. Den sprachlichen Werth Agricola's hingegen hat man von jeher dankend gewürdigt; nicht wenige Stellen sind auch in dem Grimm'schen Wörterbuche berücksichtigt worden, vgl. z. B. die Artikel: Biedermann, erarnen, entpretten, galm. An andern Stellen fehlt theils der Beleg z. B. bei erschlich (ärschlich) 374, theils das Wort Buckelrucke z. B. 170 (Zwick. Ausg. 1529 buckelter ruecke, Ausg. 1548 s. l. buckelruck). In dem Text der Sprichwörter habe ich oben bei Agricola wie bei den Parallelen aus Franck die grammatisch oder lexikalisch wichtigen Formen vielfach im Druck hervorgehoben; ohne weitere Bezugnahme auf Grimm u. a. nenne ich noch Folgendes. Der Gegensatz der norddeutschen Vorlage Agricola's und der süddeutschen Umgestaltung durch S. Franck wird Cap. III B näher zur Sprache kommen. Als Norddeutschland, resp. dem niederdeutschen Sprachgebiet, angehörig verräth sich Agricola weiter an folgenden Stellen: Spr. 632 Zu Epheso ward — der gottin Diane einen tempel gebawet (Zwick. Ausg. ebenso; Ausg. 1548 s. l. ein temp.); bulge des meeres (Zw. buelge) 29 loesig vnd matt 679; schumpieren vnd verachten 727; ochsenpensel 168 „Bey allen nation (sic) hat man die eygenen leutte mit ochsenpenseln vnd riemen geschlagen"; in Mecklenburg heisst typha latifolia u. a. bullenpesel, pumpesel. Der Wechsel des Genus erklärt sich vielleicht gleichfalls aus niederd. Einflüssen z. B. gestank m. u. n. 384, gewalt m. u. f. 3, 51, 201 (Bl. 111b im Gen. nebeneinander seiner gewalt und seines gewalts) m. 56, 250, f. 62, 185, lust m. 24 f. 11, list m. 457, geschicht n. 29. Mann plur. Manne 734, Mensch neutr. 744, ebenso in einer Stelle aus dem Renner in den 500 Sprichw. No. 432; ungeessen act. 69 g. E. ungekaufft 246, ungesprochen 500 Spr. No. 440 aus dem Renner: „wer gerne klafft, dem ist es ain pein, soll er lange vngesprochen sein", herfurher 66 in einer Strophe des Schweizers, herfurer 719 „ym selben iare ist doctor Martinus Luther herfurer getreten"; wann er noch ein hoehers wuszte, das muszte herfürher 500 Spr. No. 488; hernacher Schluss der Vorrede 316; 516 und 528; aus dem Renner 500 Spr. No. 428 die alte Schlange mit seinen genossen vom himel ward heraber gestossen; hinfurter 516, sieder 457, halber adv. 458, 249, neben halb 250; an den beiden letzten Stellen S. Franck grade umgekehrt. Über die verschiedenen Arten von gelb (Agr. nd. geel), roth und grün handelt 602, 608, 611; ebenso unterscheidet 613 eiszgraw, moengraw, harengraw, „wir nennen es aber vnrecht herrengraw"; ober- und niederd. Ausdrücke für Gevatter bietet 641. Affensalbe 734, dreyecker von einem spitzigen Instrument 457, Enthalt — Unterhalt 154, fürwitzen 253, fuddern = fördern 200, furchtsam timendus 709 Bl. 217a, geschirr partes pudendae 253, in der niederd. Übersetzung toeucken, gefug exoneratio alvi vel vesicae 352, gelossen — los werden 85, 248, gezweygen eine bitte 623 Bl. 165a, gezwang 95, 306, geschrift 99, gezeiten 302, 342, 390, 516, gezeugnisz 571, Composita mit ge nach können, mögen, müssen, theilweise in Dichterstellen, so: gebinden 155, gefallen 153, gemehren 135, generen (nähren) 266, geschaden 129, gescheiden 156 und geteuschen 673, geschwinden von der Ohnmacht 62, gethar als Praes. 301, Bl. 8b er gethar die selickeyt ynn die tugent setzen; 346 fin. ich gethar nicht sagen 624 Bl. 164b dieweil er den eyngang nicht gethar sewlen nennen; in den 500 Spr. No. 295 Liebe, wann man sy nicht oeffnen gethar, ist ein grosz leyden; geschwirme (das g. der Munchen) 301 Bl. 9a; gewarten = warten, pflegen; das er der christlichen leere neben seiner arbeit gew. muge 24 Bl. 22b; dasselbe = erwarten 202 keines lohns gew. 295 was wir von Gott gew. sollen; 519, 655 v. f. des vbels sollen wir gew. geilen 632, gisten 301 Bl. 7b es scheumet vnd gistet; Schnarcher und Gruntzer 44, gumpen vom Esel 81; hand; die h. im sode haben 254; bei Wander, Frommann-Schmeller u. Sod erst aus jüngster Zeit belegt; bei Sanders aus Luther; ebenso bei Wander u. Hand 608, heint 88 (Franck hier heinacht) 89, 471, 547, 548, Humpler 386, Kaufmann — Käufer 698, Käufer und Verkäufer 226; kuppelich = emsig 624; die Stelle „der knecht zeucht dem herrn die stifel ab, macht sich kuppelich vnd nimpt sich keins dings an" wird von Hildebrand, der nach Frisch aus Egenolff citiert, mit seinem Gewährsmann fälschlich auf Verliebtheit gedeutet; der schlaue Diener thut im Gegentheil, als sei ihm die Frau des Hauses, deren Gunst er vordem heimlich genossen, völlig fremd und gleichgültig. Er achtet scheinbar nur auf seinen

Dienst; so beschwichtigt er später leicht den vor seinem Eintritt geweckten Argwohn. Kunstner 386; Kühlfasz in der Brauerei 700 (nebst weiterem Detail über dies Gewerbe) kulck, ein alter mann, der hette den kulck, die Colicam 516; lebnis 366, leyszt delectatio 301 Bl. 9b „was zur l. diser beyder (der Seele vnd des Leibes) gedienet hat"; magdthumb 253, 664, mummeln 430, miszhandeln — übelthun 376, thumkunheyt 87, ungenem 210, unschlachtig 94, verjehen = künden 664 Bl. 118 a, vgl. 500 Spr. No. 440 Was er hoer und was er sehe, das er das alles nicht verjaehe, wehtagen 60, 75, wirser, die schande solt yhnen wirser thun denn der todt, den sie leiden wurden. Einem erbarn manne thut schande wirser, denn der todt, cf. 500 Spr. No. 345. Die würser thun, dann ir vordern thaten. Zwei Stellen setze ich in vollem Zusammenhange her. Spr. 665. Man sagt, dasz vnter allen vogeln keiner ynn sein eygen nest thut, denn der widhopffe, darumb er auch ein verachter vogel ist, wie wol er ein kron vnd kamp tregt, vnd hat hubsche federn, denn er ist nicht ehren werdt. Spr. 673 es lassens die alten weiber nicht, sie zannen die jungen menner an (increpant), haben sorge, sie wenden yhre lieb anderszwo hyn, vnd wo sie ein wenig einen arckwon widder sie schopffen, mussen sie teglich auff dem brodt essen, wie sie von yhnen zu ehren vnd zu gut sind kommen. Darumb wer freyen will, der neme seinsgleichen, so hat keins dem andern nichts fürzuwerffen.

C.
Neuer proverbieller Gewinn aus der Sammlung von 1532.

Ausser den Symbolen des Pythagoras am Schlusse der Sammlung, die für die Kunde deutscher Sprichwörter zunächst ohne Werth, in anderem Betracht aber (c. III C.) von äusserster Wichtigkeit sind, und ausser den Entlehnungen aus Agricola's Commentar, die schon oben S. 291

— 308 —

zusammengestellt sind, bietet Franck inclusive der aus Luther entlehnten Stellen folgenden neuen Beitrag zum Sprichwörterlexikon: No. 10, 15, 16, 21, 34, 36, 45, 147, 192, 193, 202, 238, 282b, 309b, 328, 358b, 361b, 362 Erkl., 366, 376, 378 (im Commentar), 390b, 406b, 423, 425—427, 526, 532, 535, 593, 616, 623 Erkl., 627, 629—634, 636—644. Da bezügliche Nachweisungn bereits oben gegeben sind, halten wir es am Orte, dem alphabetischen Verzeichniss aus Agricola S. 276 ff. ein ähnliches kleineres über Frank folgen zu lassen; wir gestatten uns zugleich eine oben S. 283 von uns bei der Correctur übersehene Lücke hinter Spötter der Vollständigkeit wegen schon hier und nicht erst in einem etwaigen uns von Grund der Seele verhassten Druckfehlerverzeichniss auszufüllen.

Wander.	Agr.	Wander.	Agr.
Stadt 65	No. 293	Steinweg 2	No. 591
Stand 21	259	sterben 61	525
stark 7	185	— 125	506
— 30	199	stillschweigen 2	193
Stegreif 13	738	Stimme 1	703
Steiger 1	205	Stück 6	702
Stein 86	417	Studt (Gestüt*)	314
— 179	284	Stunde 38	444
— 298	418	Sucht 3	532

Daran schliesst sich aus Franck 1532.

Wander.	Franck.	Wander.	Franck.
Affe 14	No. 361b	gewinnen	No. 328
Alten 77	636b	glauben	147
Ärmel 7	535	Glück 899	10
Bart	637b	Gott (Nachbar 74)	633
Bauch	637a	Hans	425
Baum 109	406b	Herrengebot	634
Berg 50	427	Herz	643
Bissen	45	hinkommen	532
Ei 110	639	Hülfe	378 Erkl.
Elle	641	Hund	362 Erkl.
Finger	426	Hunger	282b
Frau	644	hüten	642
fürchten 74	238	jung 25	636
fürdersten	202	Leder 5	192
Fürst 119	376	Leute 781	632
Galgen	34	Lust	366
gatzen	390	Mensch 10	616
Gaul 93	640	Mensch 272	16

Wander.	Franck.	Wander.	Franck.
Panzer 2	No. 36	verlassen	No. 631
ringen 1	15	voll	593
Schade	638	Wald	630
schmecken	193	wärmen	309b
Spott 31	629	Wasser	627
Spötter 11	21	Wort	623 Erkl.
Taesch	358b	Zeit	526
Teufel 650	423		

Für einige dieser Sprichwörter geben wir noch als πάρεργον ältere Nachweisungen, die uns grade zur Hand sind.

Zu dem Spruch vom Spötter vgl. Hofmann deutsche Sprichw. des 14. Jahrh. in den Sitzungsber. der Münchener Akademie 1870 II 1 S. 27 Spotters haus wirt prant auss (bereits von Wander angeführt). Zu dem Teufel ebendas. S. 35 Man darff den teuffel nit an dy wannt molen, er kumpt wol selber jn das hauss. — Über Wald vgl. die Sprichwörter des 11. Jahrh. in der German. 1873, S. 318, No. 93 mit den Nachweisungen Rure valent oculi, densis in saltibus aures. Über Wasser ebend. No. 28 Qui fuerit lenis tamen haud bene creditur amni und ausserdem aus einer von Wattenbach im Nürnberger Anz. 1873, Heft 8 beschriebenen Sammlung des 12. Jahrhunderts Cod. lat. Monac. 17142, fol. 108 Mitis edit ripam, vehemens aqua transiet illam. fol. 110 qui tacite currit fluvius sua litora solvit. — Zu dem Spruch No. 630 verlasse ff. nenne ich sachliche und sprachliche Parallelen. Seb. Brandt Narrenschiff 57, 16 vgl. Zarncke zu der Stelle.

   Verlosz dich druff, vnd bach du nitt
   Vnd wart, wo dir von hymel kunt
   Ein brotten tub, ju dynen mundt.

Ein lustig Gespräch der Teufel und etlicher Kriegsleute 1542, v. 42 (Schade Pasquillen I, S. 55).

  Wir haben noch vil getreuer reicher genoszen —
  — — können im (dem Herzog Heinrich von Braun-
   schweig) noch wol hülf und rat zuschanzen.
Er verlasz sich nur darauf und backe nicht.
Vertrauet er uns, so wirts wol auszgericht.

Die irrthümliche Erklärung Schade's — er erinnert an

das Schlagen des Flachses und das Klopfen der Gerste —
bedarf nach R. Köhler keiner Widerlegung mehr. Leider
kenne ich zur Zeit die dritte Stelle Hans Sachs Dialog.
8, 20 nur aus der Anführung Köhler's in den deutsch.
Mundart VI, 62.

Für bachen, das Grimm im Präs. aus Luther nicht
belegt, stehe hier eine Stelle aus dem Eislebener jüngeren
Landsmann Agricola Spr. 634. Die weiber — lassen den
kindern yhren mutwillen, was sie wollen, das machen sie
yhn, da bachen sie yhnen kuchlin (auch Zwick. Ausg.)
— Spr. 264 (Erzählung von Eva's Kindern) Ihr sollet
Bawren bleiben — —, Etliche von euch sollen ynn stedten
handtwerck treyben, brewen, bachen (Zwick. Ausg. backen),
vnnd den ersten Herren dienen; im Sing. aber beckt s. ob. 342.
— Spr. 381. Die auff dem manttel, bocke, rocken, bachtrogen
(Zwick. Ausg. irrthümlich dachtrogen) vnd ofengabbeln zu
frawen Vnhulden faren. Spr. 406. Darumb sind aller der arbeyt von Gott gesegnet, die dem ackermanne dienen, alsz da
sind radmacher, schmiede, riemer, seyler, sattler, schneider,
kurszner, brawer, becken (Zwick. ebenso), zymmer leutte,
vnd allerley handtwercker. Spr. 623. Also kond Joseph
— den traum deutten dem becker (Zw. ebenso) vnd dem
schencken. Aus S. Franck mögen gleichfalls drei Stellen
folgen. Diallage 1528, No. 63, Bl. 150b spotten vnser,
sprechen wir haben ein broetin got oder ein gepacken,
was ist es, brodt baecht der peck, sacrament aber macht
das wort. — Weltbuch 1534, Bl. 50b. An der heiligen
drey Künig tag bacht ein yeder vatter ein gutten leck-
kuchen oder letzelten, darnach er vermag vnd ein hauszgesind hat grosz oder kleyn vnd knidt in dem knetten ein
pfenning darein, darnach schneidet er den gebachen leck-
kuchen in vil stuck, gibt yedem ausz seinem hauszgesind
eins. Sprichw. 1541, I 152b wann das glück eim koentzelt
vnd kuechlin bacht, so wil es jn fassen vnd zertrucken.

Zu Spr. 643 füge ich nach einer brieflichen Mittheilung
von J. Friedländer hinzu, dass in dem Museum zu Berlin
sich das Holzmodell zu einer Medaille mit den Bildnissen
eines Ehepaars findet, welches die Aufschriften hat: AS
DIR ZW GEFALEN. S. K. 1532 um den Kopf des Mannes,

und DREW VON HERZEN IST WILBRET. A. M. um den Kopf der Frau.

Sachliche und sprachliche Parallelen zu diesem und andern Sprichwörtern aus S. Franck in dem unmittelbar folgenden Abschnitt.

Cap. III.

Beweis, dass S. Franck der Veranstalter und Urheber dieser Sammlung.

Der anschaulichen Darlegung, die unser erster Theil, der Text der Sprichwörter mit unsern Anmerkungen in analytischer Weise geboten, folgt nunmehr eine gedrängte Synthesis, die das Wesentliche zusammenzufassen und dadurch zugleich den im Einzelnen gelieferten Nachweis im Ganzen zu vertiefen gestattet. Unser Beweis stützt sich erstens auf den Stoff des Buches und die Art seiner Zusammenstellung, sodann auf die Form der Sprichwörter und der ganzen Darstellung des Sammlers, zuletzt auf die Eigenthümlichkeit der schriftstellerischen Persönlichkeit S. Francks, wie sie in zahlreichen Werken erkennbar ist. Unsere Beweisführung gliedert sich demnach in einen materiellen, einen formellen und einen ideellen Theil.

A. Materielle Gründe.

Von dem eigenthümlichen Sprichwörtermaterial dieser Ausgabe haben nicht wenige Verbindungen bei S. Franck in besonderer Gunst gestanden vgl. mit Hülfe des Registers in cap. II C die betreffenden Angaben unter: Affe, Ärmel, Baum, fürchten, Fürst, gatzen, Gaul, Herz, Nachbar (Gott), Panzer und Teufel.

Dazu füge ich folgende wenige neue Belege:

Teufel. Laster der Trunk. Bl. 4a. (1531) Ist nit von wegen dz man leüsz an beltz setz, den teufel vber thür male, er kompt sonst zu bald ins hausz; ebenso: Man darff den teuffel nit vber thür malen — — — on ju ist kein spil gantz. Türkenchronik Bl. L. 111b. Franck im Anz. f. K. d. d. V. 1869, Sp. 44. — ibid. Bl. N. es ist nit alles **gold**, das do gleist noch tugent das do scheint. **Panzer.** Es lest sich wol ansehen, als widerstreben sie der warheit. Sie richten aber nichts aus, dann das sie darob zu schanden werden, den wind schlahen, vnd raben baden, dann es hilfft kein **pantzer** für ein galgen. Diallag. 159a. Zu **wilpret** in No. 376 und 643. Widmung des Dialogs von 1531. Derhalb man wol wie man etwo von fuersten ein sprichwort im brauch hat von einem seltzamen Phenix oder vogel im reich Gottes, sagen darff vmb einen Christlichen wirt der warlich **wildpret** im himel oder vnder den Christen ist, vnd dero angesicht man, wie man etwan von frommen fuersten gesagt hat, wol auff ein ring stechen moecht.

Zu dem Material des Sprichworts rechne ich auch die bei dem Volke beliebte Fassung im Reim. Diese findet sich insbesondere in den Sprüchen: **Affe, Alten, ringen, Hunger, Lust.** Namentlich die letzten beiden Sprüche bin ich geneigt, für Francks eigene Erfindung zu halten. In allen seinen Werken, zumal aber in der grossen Sprichwörtersammlung von 1541 zeigt Franck ein so lebhaftes Gefühl für den Wohllaut der Rede, für Anklang und Reim, für gleichen An- und Auslaut, dass er nicht nur den in der Sprache herrschenden Bildungstrieb klar erkannt und mit Liebe aufgefasst, sondern auch im Geiste des Volks nicht selten ähnliche Bildungen versucht hat. Hier der gedrängte Nachweis, den ich geflissentlich auf die Sprichwörter von 1541 beschränke.

Also bleibt ein Aff ein Aff, ob er gleich würt ein Künig oder Pfaff (fehlt bei Wander) I. 123a. — Er redt darnach man wedt d. h. weht oder wedelt II 33a (fehlt bei W.). — Was bald reiff, das helt nit steiff (Wander u. reif 14 nennt ausser Franck nur von ihm abhängige Quellen.) Fabius erlanget den Roemern sig, vnnd schlug Hannibalem hart, allein mit harren vnd wart II 14b. Was balt wirt, das bald verdirbt. Fruezeitig witz ist nit on litz. Frue sat, selten für sich gaht (Wander Saat 9 nennt ausser Franck nur die von ihm abhängigen Henisch und Lehmann). Eygner herd ist golds werdt. — Vnser kol schmeckt wol (Wander Kohl 45 nennt den von Franck abhängigen Lehmann zuerst). Ein leichtsinnig man, der gehet leicht der torheyt ban. Facilitas animi ad partem stulticiae sapit. I 68 b (bei Wander Mann 693 nur aus Franck belegt). Wo guter rath, da ist das glück mit that. Fortuna nulli plus quam consilium valet. II 69 a (Wander Rath 393 nennt ausser Franck nur von ihm abhängige Quellen). Allweg sol woellen mehr ein man, dann er mit der thate geleysten kan I 15 b (Wander Mann 11 zuerst aus Lehmann belegt). Diese wenigen Beispiele, die sich ohne Mühe verzehn-, ja vielleicht verhundertfachen liessen, zeigen zur Genüge, dass der sprachbildnerische Trieb Franck's den überkommenen Sprichwörterschatz mit eigenen werthvollen Zuthaten bereichert hat. Was er auf dem Titel des zweiten Theiles von sich bekennt, dass er die Vorlagen von Eberh. Tappius und Ant. Tunicius in „gute Germanismos" gewendet habe, das gilt auch von manchen Übertragungen aus dem Alterthum mit und ohne Angabe der Quelle. Ich nenne noch drei Beispiele. Semper tibi pendeat hamus. Quo minime credis gurgite piscis erit. Versuch vnd henck dein angel ein, Du fahest, wann du auffhebest alle stein. (Wander Angel 7 ohne Beleg, vgl. Wirff nur alzeit deinn angel ein, wo du nit hoffest gute fisch sein (fehlt bei Wander) II 68 a). — Injustum lucrum aequale dispendio. Vnrechter gewin ist schab vnd schin. I 67 b (bei Wander Gewinn 81 von älteren Quellen ausser Franck nur der von ihm abhängige Henisch). — Wer das Mein vnd Dein vff erden nitt, wol hetten wir so guten frid I 73 a bei Wander Mein 24 von älteren Quellen ausser Franck nur Lehmann. Franck überträgt frei den (wie oft im Original nicht hinzugesetzten) Spruch des Seneca oder Syrus: Quietissime viverent homines in terris, si duo verba tollerentur: meum et tuum.

Eine weitere Erörterung über Franck's reiche dichterische Gaben und ihre nicht misslungene Bethätigung ist hier nicht am Orte — die innere Harmonie seines Wesens verräth seine ganze Schriftstellerei —; für seine geistlichen Gedichte darf ich auf Wackernagels schöne Sammlung, für das weltliche Gedicht von dem grossen Nothhelfer und Weltheiligen S. Gelt oder S. Pfennig auf die längere Mittheilung verweisen, die Hase S. Franck von Wörd 1869, S. 119 und 120 gegeben hat. Zu diesem Gedicht scheint Franck nachträglich noch eine und die andere Strophe verfasst zu haben. Sp. I 119b lautet ein Abschnitt:

Aller gwin schmeckt wol:
Gelt bet ietz an, ia iedermann, vnd würt gotsdienst
   vertrieben.
Darzu der glaub, das Gold macht tawb, gelt thut ietz
   das recht lieben.
Das gsatz volgt nach, der scham ist gach, vnnd volgt
     alles dem gelte, was in der weiten welte 2c. (sic)

Die Strophe findet sich, wohin sie nach Form und Inhalt passen würde, nicht in dem gedruckten Gedichte (Berliner Exemplar; briefl. gütige Mittheilung von J. Schrader); ebenso wenig steht sie in den Sprüchen des Schweizers bei Goedeke. Zum Schluss dieser Ausführung diene eine Stelle aus Juvenal 15,159 ff. in Franck's Übersetzung II 19b.

Wo hat ein schlang ein schlangen toedt,
Ein Loew eim loewen anthon not?
In welchem wald hat ye ein Beer,
Ein schwein vnd Indisch Tigerthier
Getobt in sein gleich, warlich nie,
Schwein hat mit schwein stets friden hie.
Aber bei Gott ein mensch der thut
Vil leyds eim menschen, seinem blut.

Zum Material des Sprichwortes zähle ich in dritter Reihe die Häufung sinnverwandter Sprüche, wie sie in der Sammlung von 1532 in kleinem, in der von 1541 in umfassendstem Masse sich findet, wie sie aber ähnlich in fast allen Schriften Francks wiederkehrt. Die Verweisung auf einzelne, zumeist kleinere Schriften, und eine oder die andere Entlehnung daraus wird zum Beweise ausreichen.

Diallage 1528 (Ex. zu Wolfenbüttel) No. 2, Bl. 16b. Antwort dem narren nach seiner narheit 2c. das ist, eroeffnet dem narren sein narheit, zeyg jm sein kolben, für in gen schul, Lisz jm ein Text vnd latein, wie felschlich er die schrifft auff seynen kopff zieeh vnd ein wechsin nasen mach, das er sich nicht für weisz halt.

Bl. 83 b. Der gotlosz — maynt, alsbald jm das gesetz etwas biet, so stee es in seiner macht, das ers thu, greyfft in ein laere taschen, wil vil bezalen, thut wie ein narr, maynt, er sei ein doctor, wenn man jn heyst lesen, so nimpt er ein buch vnd list, kan doch kein buchstaben. Dise suchen gerechtickeyt im gesetz, ein knoden an einer pintzen.

No. 89, Bl. 190 b mus die frucht vor dem baum sein? vnd das werck den werckmeyster machen? Das heist, mayn ich, den wagen für die rosz gespant vnd das roeszlin beym ars anzaempt. Ein guter baum bringt gut frücht. ein boeser mensch ist zu allen guten wercken vntüchtig, wie ein Esel zu singen vnd ein Ku zum bretspil.

An den beiden folgenden Stellen ging das lat. Original mit sprichw. Wendungen voraus. No. 49, Bl. 118 a wie der laym, also der haff, wie das holtz also das bild, wie der mensch, also die werck, boesz ayr, boesz voegel. quale lutum, talis olla; quale lignum, talis statua; qualis est natura nostra, tales sunt operationes. No. 62, Bl. 148 b wie es vogelt also legt es ayr, ist eben der vogel als nest. Ähnlich Brentius: quales sunt, talia effutiunt; mali corvi malum ovum.

Laster der Trunkenh. (Ex. zu Nürnberg) 1528, Bl. 4 b. Wir sollen den faulen Adam mit sporen reitten, inn zaum halten, das futter hoeher schütten, daz er nit zu geil werde. Er wil on das vmb vnd ausz vnd nyendert an, denn als vil dem flaisch zugehet, so vyl gehet dem gayst ab. Bl. 7 b. Es will aber niemandts anfahen vnd der katzen die schellen anhenckenn. Wir fürchten der heüt, woellen ehe ewig kinder sein vnnd den dutten saugen. Bl. 9 a. Wir haben als wol eyn gepott zu schweygen als zu predigen. Laszt immer den todten schreyen, vnd den gemalten ahn der wandt predigenn, nur hinweck, wann mans gleych nicht verfolget, sonder inn luft laszt predigen. Aber man kan vns nicht von den poelstern bringen, predigen immer in haufen den Gensen vnnd plawenn aenten on alle frucht, die weyl es nur gehet, milch vnnd wolle vnd gelt gibt. Bl. 14b. Diser leügt nach dem fürgryff, dasz sich die balcken byegen moechtenn, ist reych doheym, hatt aber weyt zu der herberg, schencket geren einem ein gutt mal, der jn dahin fueret. Jhener ist vber jn, hat ein hausz, ist vnden laer, oben nichts drinn. Der ist ein narr vnd wil gelert sein.

Dialog 1531 (Exempl. zu Berlin). Der wirt — ist geleich als der gast, eben das vihe wie der stal, der haeler als der steler. Bl. 2a. Die lieb hat leyd erfunden. Bl. 5a. Beroaldus: amor amara dat.

Paradox. s. a. wie die folg. Werke, mein Eigenthum No. 39, Bl. 29b. Wer sich nun darein ergibt, vnd kurtzumb sein tail, vonn Gott hie haben wil, mit fug vnd vnfug, dem fahet sein netz schlaffendt, vnd wurffe er ain heller auff ainen dach, es fielen zween wider herab, Schlueg er dz glück vornen hinausz, etc. Daher spricht man, Der teüffel scheiszt nur auff den grossen hauffen, Wer hat, dem würt geben. Die Reichen mussen reich sein. Er hats überkommen. Ich hab nie kainen gesehen mit arbaiten reich werden. Dem feirenden gehört zwey brodt, dem arbaitenden nur ains, Jhe fauler saw, ihe groesser dreck, vnd der gleichen. No. 140, Bl. 98. Da zaigt das ampt den Man an, also das vil spruechwoerter dauon herkommenn, Demuettiger Moench, Hoffertiger Abt, Es ist kain kling der haerter schirt, dann so ain bettler ain herr, vnd kain hoffertiger thier, dann so ain magt ain fraw würt.

Moriae Encom. s. a. Bl. 23b (eigener Zusatz Franck's zu Erasmus und Listrius). Wo wenig verstand ist, da ist vil glücks. Die frawenn sindt kaim weysen holdt, Den kuenen ist die Venus günstig. Nit wigs, wags, wagen gewint, Bischoff oder Bader.

Weltbuch Ulm 1534, Vorr. Bl. 4b. Ich waysz wol dasz wir alle gleich Adams kinder seind ein verderbter batz, ja all wol wasser an einer stangen tragen, vnnd kein esel den andern ein sacktrager heyssen, vnd wie man spricht, es ist ein landt nit dreyer heller besser dann das ander, also ist auch ein mensch nit ein lot besser der natur halb dann der ander, vnd so vngleich wir einander sehen vnder augen, so seind vnd sehen wir in Adam all einander gleich, allenthalb seind frumm vnd boesz, der frummen wenig, der boesen vil.

Gebot der Juden 1537, No. 49. Gott achte billig das die einem zu vnern gefellt, dz sy im auch zu ern gefall, vnd ist ein rechter Salat für disz Vihe, oder wie man spricht ein recht pflaster auff disen aisz, ein sollich stürtz gehoert auff ein sollchen haffen.

Aus den Sprichwörtern von 1541 endlich sind bereits in unserm Commentar umfassende Mittheilungen erfolgt, u. a. zu Spr. 130, 149 und 233; der Plan unseres Werkes führt ausserdem in Cap. IV darauf zurück.

B. Formelle Gründe.

Sprichwörter scheinen als Eigenthum des Volksmundes, zumal wo sie rhythmisch sich ausgeprägt haben, der individuellen Willkühr entrückt zu sein. Ich habe deshalb geflissentlich, selbst bei den Reimsprüchen, die unwahrscheinliche Annahme offen gelassen, dass Franck auch diese überall als vorhandenes und überkommenes Sprachmaterial verwendet habe. Für die Sprichwörter, die ich jetzt verzeichne, und die gleichfalls wie die unter A eben hervorgehobenen mit dem innern Leben Franck's eng verwachsen sind, fällt diese Voraussetzung in gewissem Sinne fort. Franck hat hier bewusst oder unbewusst nicht neues Material geboten, sondern das vorgefundene umgestaltet; sicher in der Überzeugung, so erst dem Genius des Volkes sein Eigenthum in echter ursprünglicher Fassung zurückzuerstatten. Vgl. folgende Sprichwörter und unsere Bemerkungen dazu: No. 130 (loben — schelten), No. 145 (weiber weynen), 150 und 558 (loesen — kaufen), 163 (der — kan), 233 (vbersehen — versehen), 245 (nimmer satt), 250 (hinweg — weg, vgl. 467), 268 (Zuviel — allzuviel), 293 (Spiesz tragen), 372 (hotten — hossen), 373 (kante — kanne), 422 (basz thun). Dazu wenige neue Belege.

Spr. 145. Beachtung verdient, dass a. a. O. II (1541) 83b auch folgender Spruch sich findet: Hund hincken, weiber weynen, kraemer schweren, sol sich kein weiser ankeren.

Spr. 422, vgl. I (1541) 61b. Ein yeder kan so vil er thut, koende er basz, so thet er basz. — 104b. Nyemand trawen ist am sichersten, dann der man würdt von seinem weib, das kind von seinem eygen vater geleycht, vnnd wirfft ye einer den andern vber das seyl, wer basz mag, der thut basz.

Spr. 293. Verbüthsch. buch 1539, Bl. 429 a. s. f. Ein rechter taeuffer redt kaum mit einem der nit seines ordens ist. Also andere für sich nach dem Exempel Christi wie bauren die spiesz tragen. Der Sinn dieser Stelle ergiebt sich aus Franck's Erklärung des Sprichwortes „hinder sich".

Spr. 373. Diallage No. 4, Bl. 19b. Wie ein zyngieszer ein kanten vernewt vnd wider geust, ist eben die vorig kant vnd doch ein andere. — Dialog Bl. 8a darumb jm (dem Hercules) die maler oder bildmacher ein becher zumalen wie Bacho ein kanten.

In dem letzten Beispiel handelt es sich gradezu um einen speciellen Sprachgebrauch; dafür noch einige Beobachtungen über widersinnisch 293a, benuegen 59, ars 80, 380.

widersinn, widersinnisch, Parad. No. 17 med. Bl. 11b. Also kert es sich mit der verkerten Welt alles vmb, vnnd kompt jr alles widersins, das Juden beschnitten, Moench, Christ Gots volck nit sein, so die welt darfur helt. No. 146. fin. Disz kan niemant gnug auszsprechen noch gedencken, wie wunderbarlich Gott immerzu widersins mit der welt handel. No. 175 ff., Bl. 118b. Christus vnd Gott dem flaisch so wider sind, Ja so widersins mit dem faren, also das sein wort, so gaist ist, alles flaischs todt vnd Hell ist. No. 193, Bl. 181b. ob., No. 235 bis. Mor. encom. 23a der verkert vnd widersins handelt, der sich selbs nit schickt nach den gegenwertigen dingen; 169a (Lob des thörichten göttl. Worts) es sol dem Lincken alles lincks kommen vnd gotes widerfug, alles widersins. Verp.

Buch 426 b. u. wie frey vnd widersins die alten die schrift deüt vnd auszgelegt haben ein yeder nach der masz seines gaists, gab vnd glaubens, wissen die, so die vetter ein wenig gelesen.

benuegen. In Sp. 60, 134 und 492 hat Franck gleichfalls genuegen beibehalten, eine Form, die ihm auch sonst nicht fremd ist; die Belege für benuegen dürften inzwischen überwiegen, vgl. Diallag. No. 31, Bl. 71b. Daher kumpt es das sie mit disem wasser benuegt sunst keyns woellen. No. 36, Bl. 81b es mag gesein, das der betler reych sey, ein hertz hab, das sich wol lest benuegen. — Klagbr. 1529, Bl. 3a an dem nit benuegig, sonder auch die Zehend — — zugeaiget. — Sieben Weisen Bl. 37b. Niemand ist an seinem glück benuegig, der Burger begert ein Paur zu werden, der Paur Edel. Sprichw. 1541 II 186a. Armut ist benuegig gegenwertigem lust gnug zethun. 186b. Mit eim ieden ding ist die noturfft benuegig. Fast unmittelbar daneben Bl. 187a Welcher ye geboren ward, der liesz sich mitt brod vnd milch genuegen und wiederum Bl. II 151a — bei Grimm aus Agricola 209a d. h. aus Egenolff citiert — wie vil seliger ist das voeglin an seinem kleinen nestlin benuegt, dasz sich nach der deck streckt, das darff mit seinem kleinen arsz gar einer kleinen bruch; ebend. vorher 150b das klein voeglin an kleiner speis vnd nest vernuegt.

arsz s. oben unter A Diallag. Bl. 190b und so eben die Worte vom Vöglin. Dazu noch etwa: Verb. der Juden No. 365 die Weyszheyt doerft sich nit von jren Kindern rechtfoertigen lassen, noch die Henn von dem Ay, das Aug von dem Ars. Spr. II 119b. Der jm selbs den arsz nit wischt, wem wolt der denn hindern wischen. 157a. An armer leut hoffart wischt der teuffel den arsz. 200b. Es sind nit allein arszhurn, sondern auch maulhurn. Bei Agricola steht trotz seiner norddeutschen Abkunft immer Arsch; dagegen citiert er unter dem Spruch „rennen mit dem Judenspiesz" 500 Spr. No. 93 selber so: Hie ist der vmbschlag Mayster, wie im wort Nem arsz, geb arsz gemeldet ist.

Ich schliesse demnach Beispiele hier an, wo ein schwankender Gebrauch bei Agricola und Franck obwaltet, wo aber, so weit meine Beobachtungen ausreichen, von denen ich im Ganzen nur ¹/₁₀₀ etwa vorlege, die besprochenen Formen bei Franck überwiegen. Dahin rechne ich die Compositia mit **ge** und **be** und die überaus häufige Elision des **e**; sodann die häufige Verwendung von Infinitiv- und Substantivformen mit **ge**; die Formen **niemands** und **jemands** neben **niemand** und **jemand**; **Rathgebe** neben **Rathgeber**, **als — als** im Sinne des lat. **et — et**, neben **sowol — als** und endlich den medialen oder activischen Gebrauch der Participien der Vergangenheit. Für zwei vereinzelte Erscheinungen; das scheinbar pleonastische **als** (288 „es sorget als einer, der ander hab einen groeszern nutz"), das Grimm in manchen Fällen Wbch s. v. irrthümlich auf **alles** zurückführt — die nordd. Volkssprache kennt in diesem Sinne nur ein **as** d. h. das adverb. **als** z. B. he kêm as huet — und die Accusativform **inen** 254, 574 kann ich leider aus Franck bis jetzt keine weitern Belege bieten; ich sehe in **inen** eine ähnliche Verlängerung, wie in den nicht seltenen Adverbien **hoeflichen, jemerlichen** 479 u. a., und in den Präsensformen **ich glauben, fasten, scherzen** (147, 290, 452).

Für die erwähnten sprachlichen Formen und Verbindungen folgen nunmehr einige Nachweisungen und Parallelen.

1) Die Elision des **e** in zusammengesetzten Verbal- und Nominalformen ist so überaus häufig in allen Werken Francks, dass es der Beispiele kaum bedarf. Ich nenne allgemein Zugängliches. In seinem Vorpsalm (Wackernagel No. 963) finden sich in den drei ersten Strophen die Formen **gnug, gricht, gsell**; in dem Abschnitt der Geschichtbibel über Pythagoras bietet der Anfang die Nomina **gpurt, gnaw, gselschafft**.

2) Infinitive und ungewöhnliche Substantive mit **ge** sind aus Agricola am Schluss von Cap. II B. erwähnt worden. Unabhängig von Agricola bietet Franck u. a. **geborgen** und **gerathen** No. 342 und 410. Auch dieser

Gebrauch greift in alle Werke Franck's so entschieden ein, dass ein Aufhören mit Belegen schwerer ist als anzufangen; die Vergleichung der entsprechenden Artikel in dem Grimmschen Wörterbuch müsste zuvor noch zeigen, wie weit man der mechanischen und zeitraubenden Arbeit des Abschreibens entrathen könne oder nicht. Wir begnügen uns daher mit wenigen Beispielen: ges ehen, geschwellen, gestehen (überaus häufig), gehoeren (audire) Sprichw. II 170b u. a. Geschwell I 1b, II 179b, gerecht (dexter) u. a. Gott ainig Wort 5b, 8b, gelinck (sinister) Parad. 22 Bl. 15b sehen wir schelch nach im (Gott), so schilchet er wider gelincks nach vns, geschmagen u. a. Spr. I 37a, II 142b. Geschwey (Schwägerin). Geb. der Juden 51, 52.

3) niemants, jemants. Auch bei Franck wie bei Agricola überwiegt bei weitem die Form ohne s. Mit s gemeinsam die Formen jemants als Dat. No. 97; bei Franck allein im Nom. 106, 199, 308, 438, im Dat. 283, im Accus. 533; niemants bei Agricola allein No. 42 (Fr. hier niemant); bei Franck allein Nom. 145, 286, Dat. 597, Acc. 614. Hinsichtlich der weiteren Beispiele beschränke ich mich auf Franck's kleinere Schriften; sie sind nicht eben allzuhäufig. In dem Klagebrief von 1529 findet sich z. B. nicht ein einziges Mal die Form jemants oder niemants; das s fehlt hier stets oder ist niemals hinzugefügt. Die aus dem Laster der Trunkenh. 1528 Bl. 7b oben unter A angezogene Stelle bietet in dem Nachdruck von 1531 die Form niemant; aus derselben Ausgabe füge ich hinzu Bl. 8b es wirts niemants künden weeren vnd auszrotten. — Diallage Nr. 26 Bl. 57a Niemands wird sie aus meiner hand zucken. — Dialog Bl. 6a welchem spil so yemants verpflicht ist, der wirt allweg mit angst gequelt. — Türkenchr. Bl. 19a er benoet niemants zu seinem glauben. — Verb. der Ind. 109 die Praut schrey vnd nymants was der jr halff.

4) Rathgeber, Rathgebe. Die erste Form verwendet Franck 393 und 619; aber auch die zweite ist ihm nicht fremd; so in der Dedication der Diallage und Bl. 141a neben ratgeber Bl. 132b. — Klagbr. Bl. 8b u. Wie vil Bischoff, Abt, Prior werden fuer die tapfferosten

rathgeben in deinem Rath geacht? Spr. I 23a. Der bauch ist ein boeser rathgeb. 51a. Zeit ist der best rathgeb. 53a. Boeser rath ist des rathgeben tod. 89a. Es ist keyn volck das weniger gaest hat, dann wirt oder gastgeben. — Dialog. Dedic. Lieber vetter, diewail du, ich weisz nicht aus Gottes gnad oder vngnad eyn wirt oder gastgeb bist; daneb. Bl. 2a nun seind nit allein die thetter strefflich, sonder ja auch die henger, zuseher vnd statgeber. — Mit diesem letzten Beispiel verbinde ich das bei Franck so überaus häufige Subst. Anseher, namentlich in der Verbindung Ans. der Person No. 376 und knüpfe daran folgende Bemerkung. Diese Art der Substantivbildung lässt sich bei Franck in zahlreichen, überaus anziehenden Beispielen verfolgen. Da aber ein grosser Theil derselben sich an das Lateinische anlehnt, so in der Türkenchronik, Moriae Enkomium, Klagebrief, Diallage, Dialog, ein blosses Verzeichniss also ohne Bezugnahme auf die Originale und ohne die bisher in den Wörterbüchern geförderten Ergebnisse nur einen leblosen Mechanismus böte: beschränke ich mich auf wenige Beispiele aus den Paradoxen: Vorrede, lieber der menschen 2a, verkerer vnd ketzer 4a, erforscher No. 1 Bl. 1a, haefener 6b, gaenger 15a, zieher, fuerer, hawer, haefner 17a, toedter 21b, vrsacher No. 29 und 27a, mader (messor) 23b, saeger 31b.

Nicht minder anziehend sind die abstracten fem., so das überaus häufige vile (multitudo), bequeme Spr. I 99a, wolfeyle 97b, weinfeuchte 162b, finstere Verb. der Jud. 126, feiste ibid. 138, faiste vnd schwere des flaischs Türkenchr. 7b, lenge vnd boese der weg 8a, rauche der ort vnd gegend ib. weite (eines landes) 11b; die vberflüssig genuege vnd voelle, Laster der Trunk. (Ausg. 1531) Bl. 3a.

5) als-als, als-also. Gemeinsam mit Agricola findet sich diese Verbindung 33, 345, 557; bei Franck allein 324, 506, 516. Für diesen bei Franck anscheinend vorwiegenden, jedenfalls beliebten Gebrauch — entscheiden könnte nur eine genaue statistische Übersicht der Formen mit sowol-als neben als-als in einer oder mehreren sicheren Schriften Francks — zunächst einige Belege.

Laster der Trunk. (Ausg. 1531) Bl. 8a wir haben eben als wol ein gepot zu schweygen vnd nach her zu geen (1528 dafür das richtige „nach eher zu gehn") als zu predigen vnd herzugehen. Bl. 18a der glaublosz hat eben als wol das nit dass er hat, als das er nit hat. Bl. 28b (das trincken) ye ein offentlich, ergerlich schandtlich laster ist, als wol zu strafen, als diebstal vnd mord. — Türkenchron. Bl. 32a. Ewer gsatz ist eben so gut als das vnser. Bl. 43b. Calipha inn Egyptischer sprach ist als vil als einn kayser. — Gott ainig gut. 12a wir soellen Gott helffen sein eer behalten, als ferr, als es an vns ist. Bl. 13a man mag Gott als wenig von dannen abschaiden als von jm selber. — Daneben Bl. 19a. Also wey! der geytig desz gelts knecht vnd gefangner ist, vnd es nit darf brauchen, hat er nichts, ob er alles hett, vnd eben so wol disz nit das er hat als das er nit hat. Bl. 20b als vil ain mensch mer Gotes in im hat, dann der ander, so vil ist er weiser, edler vnd besser dann der annder. Verb. der Jud. 207. Das Recht ist Gottes der kein Person ansiehet, vnd vor dem eben ist Knecht als Herr, Fürst als Paur. Sprichw. I 47a. Wer einn Juden bescheiszt, ist als sünd, als der auff ein würffel hofieret.

6) Medial. Participia. ungekauft vgl. oben Cap. II B. s. f. hat Franck mit Agricola gemeinsam. Dazu füge ich noch ungedankt und unbezahlet 182 und vergleiche weiter Spr. 1541 I 4a Er kann nit vngestolen sein, er muszt ehe sand am meer oder jm selbs etwas stelen. II 199a. Christus — den concubinat, kebsweiber, kebsmenner abthut vnd eim weib einn mann anhenckt, in das band der Ehe zu einem ongeschiden weggeferten bis inn tod. 207a so das iar herumb ist (findt sich) dasz sie bede gleich gelebt, vnd der reich Meyer nicht vberig, vnd das arm bewrlin kein mangel hat gehabt, vnd hat dem Meyer zu seinem thun wol souil gefehlet vnd vngeschlaffen gelegt, als das arm bewrlin. Gott ainig gut 19b so ainer haimlich gelt in ainer taschen mit jm trueg, wiszte es aber nit, vnd wurde es auch nimmer gwar, der het bei habenden dingen nicht ainn haller.

Unter den formellen Gründen, die wir bisher behandelt haben, liefert die erste Klasse, die sich zumeist an den Text der Sprichwörter anschliesst, meines Erachtens einen entscheidenden, die zweite Gruppe (No. 1—6), die Text und Erklärung berücksichtigt, einen secundären, so zu sagen, einen Reservebeweis für die Autorschaft Francks; ich will inzwischen diese Hülfstruppen in ihrem inneren Werthe keineswegs mit einem solchen Urtheil zurückgestellt haben. Was uns nun noch in diesem Abschnitt zu behandeln bleibt, gilt mit vereinzelten Ausnahmen nicht von dem individuellen, sondern von dem landsmannschaftlichen Charakter des Sammlers, bezieht sich auf S. Franck als Schwaben, resp. Süddeutschen gegenüber den in Agricola's Sprichwörtern hervortretenden specifisch norddeutschen Wörtern und Lauten.

Von niederdeutschen Wörtern hat Franck folgende zu ändern für nöthig gehalten. Spr. 65, 154 lernen — lehren (auch die Zwick. Ausg. lehren); dagegen braucht Fr. lernen = docere ohne einen Vorgänger 233; Spr. 240 Krähe (krawe), sonst von Franck nicht verschmäht — Atzel; Spr. 331 hengen — hencken; dagegen ausser Henker bei Agr. 57, 335 auch das Verb. hencken, erhencken 56, 597, 734; Spr. 42 unehrlich — schewlich; 61 schureisen — faleisen. Wenn Franck an dieser Stelle de suo vierecket dreispitz hinzugefügt: so lagen beide Begriffe ihm nahe beisammen vgl. Diallage 199b Christ ist ein rechte trispitz oder legeisen, wie man sie wirfft, so keren sie ein spitz vber sich, die welt kan jr nicht losz werden; 207 sperling — spaetzlin, 298 sachte — sanffte, 306 schurf — grint, 320 rick — nagel, 355 geel — gelb; 368 schlucker — schlemmer, 419 hyndurchbringen — vffbeutlen, 521, 523 rwen — rugen vgl. truge für Truhe „den schluessel zur trugen" Spr. II 23b u.; 530 stiegen — stegen.

Von Consonantenveränderungen habe ich ausser der bei Franck vorwaltenden Form der Negation nit — nit und nicht nebeneinander u. a. 24, 134, 136, 138, 324, 388, 557, 593 — nur zwei Formen bemerkt: abschnide — abschnitte 280 und gezigen — geziehen 58.

Hinsichtlich der Vocale hat Franck den von Agricola in der Hagenauer Ausgabe grundsätzlich verschmähten Umlaut überall eingeführt; er findet sich aber auch schon in der Zwick. Ausg. von 1529; z. B. Spr. 13 (Fr. 249) lautet wie bei Franck: Gott begegnet manchem, wer yhn gruessen kuende; ebenso bietet in Spr. 235 auch die Zwick. Ausg. an der entsprechenden Stelle (Spr. 125) voller geldes. Ich habe die Spuren nicht weiter verfolgen wollen, die sich mir erst in diesen Tagen (Mitte Juli 1876) aufdrängten, ob Franck etwa direct von der Zwickauer Ausgabe abhängig sei. Für den Sprachgebrauch Agricola's normiert sicher die Hagenauer Ausgabe; und ebenso ist sie am wichtigsten für dialektische Vergleichungen. — Für die Formen vff und vsz, die sich zahlreich in Franck's Überarbeitung finden, wird man mit Recht auf seine süddeutsche Heimath zurückgehn. Es wird aber zugleich auf den unbewussten Einfluss seiner Vorlage zurückzuführen sein, wenn auf und vff 143, 170, 282, 286, 514. 543, ausz und vsz, 142 ausz fürwitz und vszzeucht, 450 darnach und darnoch u. dgl. neben einander stehn. Ein ähnliches Schwanken habe ich über den Doppellaut u° oder uo in Cap. I eingehend dargelegt; einschlagende Materialien bietet auch meine Ausgabe Passavant's, zu der ich kleine Nachträge inzwischen aus dem Dresdener Exemplar des so lange vergessenen Werkleins habe sammeln können, wie ich für denselben Zweck das bezügliche Material aus dem Steiner'schen Drucke der Türkenchronik von 1531 (gleichfalls in Dresden) vollständig zur Hand habe. Hier begnüge ich mich mit der Bemerkung, dass für Franck's Orthographie dieser Druck von äusserster Wichtigkeit ist, da er selbst nach den bei andern Drucken an seiner „boesen geschrift" gesammelten Erfahrungen die Correctur mit Gewissenhaftigkeit besorgt hat. Für denselben Zweck ist mir von besonderem Werthe mein Handexemplar der von Franck selber in Ulm 1537 gedruckten kleinen Schrift 613 Gebote und Verbote der Juden. Danach ergiebt sich z. B., dass, wenn in dem Klagebrief von 1529 sich der Doppellaut nnr vereinzelt bei Substantiven, nicht aber bei der Praeposition zu findet, dies von Franck

ursprünglich nicht beabsichtigt ist, so wenig wie in seinen
Frankfurter Sprichwörtern von 1532, wo übrigens die
Form zuo doch nicht gerade selten ist, s. S. 241. Eine
sichere Bestätigung dieses Schlusses gewähren neuerdings
die von Weinkauff in der Alemannia abgedruckten Briefe
S. Francks. Mir genügt es, die Frage angedeutet und
das zur Entscheidung geeignete Material mit gewissenhafter
Sorgfalt geboten zu haben. Zur Beruhigung des Lesers
theile ich weiter ausdrücklich mit, dass bei allen grösseren
Stellen aus Agricola und Franck, soweit die betreffenden
Drucke mir zugehören, die Originale, nicht eine Abschrift
regelmässig hin- und herwanderten, ein Entschluss, der
eines dreifachen Gewinnes wegen mir leicht fiel; ich er-
sparte mir die Last des Abschreibens; ich verminderte
wesentlich die Mühe des Setzers, und sicherte zugleich die
Zuverlässigkeit der Correctur. Dass die Wiedergabe des
Doppellautes uo, was Wackernagel anräth und befolgt, in
meiner Ausgabe und in sämmtlichen Allegaten unterblieben,
dafür werden mich die hier und oben (Cap. I, S. 241 und
242) gebotenen Ausführungen rechtfertigen oder entschuldigen.

C. Ideelle Gründe.

Ein Sprichwörtersammler, der seinen Stoff zum bei
weitem grössten Theile einem Vorsammler entlehnt hat,
kann seine schriftstellerische Eigenthümlichkeit im Grunde
nur nach zwei Seiten zeigen, in der Kritik, die er an dem
Werke seines Vorgängers in positiver und negativer Weise
übt, und in der selbständigen Erklärung des gemeinsamen
Spruchmaterials. In beiden Beziehungen bewährt sich
Franck als Meister. Wie er mit kritischem Scharfblick
den ungeeigneten Stoff ausgeschieden, darüber s. unsere
Bemerkungen auf S. 292; im Einzelnen erhellt ein takt-
volles Mass in allem, was Franck beibehalten und was er
ausgeschlossen; seiner Natur entsprechend ist sodann die
Verbindung gleichartigen Stoffes, mehrerer sinnverwandter
Sprüche durch eine einzige gemeinsame Erklärung. Am
entschiedensten aber finde ich den schriftstellerischen

Charakter Francks in dem Streben ausgeprägt, über den nächsten Wortlaut zu einem tieferen Verständniss hindurchzudringen, nicht an der Schale und dem Schein haften zu bleiben, sondern das Wesen, gleichsam das innere Wort des überlieferten Spruches aufzufassen und einem empfänglichen Verständniss nahe zu bringen. Ein solches Streben des Verfassers glaube ich von drei Seiten aus darlegen zu können, zunächst und am kürzesten an wenigen einzelnen Sprichwörtern, sodann an der besondern Vorliebe, mit der die sogen. Sprüche des Pythagoras mitgetheilt und warm empfohlen werden, am deutlichsten aber glaube ich Franck in der theologischen oder religiösen Haltung zu erkennen, die er in der Erklärung der Sprüche beobachtet. Den heitern Humor der deutschen Sprichwörter hat Franck in dieser seiner Sammlung im Ganzen nur wenig berücksichtigt. Die Gemüthstiefe Francks prägt sich vor allen in der Deutung aus, mit der er Spr. 82 das Wort „Gedanken sind zollfrei" begleitet: fuer der welt, aber nit fuer Gott. Eine ähnliche Zusammendrängung, resp. Vertiefung zeigt u. a. die Erklärung zu 122, 128, 397.

Die Vorliebe, mit der S. Franck sich auf die Aussprüche des Pythagoras bezieht, habe ich durch zahlreiche Nachweise in meiner Ausgabe des betreffenden Abschnitts der Geschichtbibel (1868) dargethan S. 12 ff. Damit verbinde ich zwei einzelne Stellen und eine grössere überaus anziehende und für Franck's Denkart bezeichnende Ausführung am Schluss der Ver- und Gebote der Juden. Mit Spr. 650 vgl. Türkenchronik Absch. 15, Bl. 18a Das der „weg zum leben eng, vnnd der wanderer darauff wenig seind. Mat. 7. Wie auch Catho, Socrates, Pythagoras vnd vil andere vnder den Heyden haben erkent. Derhalb der grosz hauff nit allein nit probiert, sonder vil mer yederman allermeyst die frommen abschrecken solt, Dann Herr omnes ist nie recht gangen, sonder allweg die weytenn wolgepantenn strasz zu in tod, verderben, hell vnd teuffel gefuert. Die in Spr. 662 ebenfalls angezogene Stelle hat Franck überaus oft im Munde geführt vgl. noch Diall. Bl. 87a das berle fuer die sew werffen, und den Schluss seines Briefes an Campanus vom 4. Febr. 1541 in der niederl. Übersetzung (Ex. zu Wolffenbüttel) verbergt den brief van den verckenen vnde honden vp dat gy my niet brijngt tot eyn ontydig cruce vnde als noch eyn onrijp grasz doet afsnyden. Want vile vntydige vnde vnbequame sprekers werpen sich vnbedacht in dat cruce. Daer beneuen verbiedet Christus dat wy dat heylichdom den veerckenen niet sollen voerwerpen. Matt. (sic) 7. — — Man moet wyselick vnde in bequamen tyde spreken. Want alle dijngen hebben hoeren tijt. Vaert wel.

Die vollständige Ausführung in dem jüdischen Ritualwerke lautet: Drum mueszen die Christen, woellen sy in der freyheit damit sy Christus begabt vnd ja gefreit hat, besteen, vnd nit Juden werden, dz si sich den buchstaben gfangen geben, Mosem durchausz per allegoriam, dz ist durch ein verwendten red, anders dann es laut im geist versten, Nit and's dann wie die Junger Pithagore pithagoram, wann er zu in sagt, sy solten kein Bonen od' visch eszen, auch nicht versüchen das ein schwartzen schwantz het, Kein engs fingerlin tragen. Dz hertz nit essen, Nit wid' die Sonnen pruntzen. Man sol den gmeinen weg nit geen, Der tregt dem lad noch mer auff, vnd der nit tragen will, entlad. Kein schwalben hab vnder deim dach. Gang nit von stat, es haiszt dichs dann der Keiser. In deinem ring soltu Gotes bildnusz nit tragen, Brich dz prot nit. Hut dich vor weissen hanen. Wz dir entpfelt dz heb nit wid' auff, Vnderwegen solt nit holtz scheitten. Dein Deck od' bedtgwand sey allzeit zamen glegt. Setz saltz auff. Opfer nicht on mel vnd der gleichen, vil ein anders verstanden, dann hie geschriben vnd er mit in redet, deren vil wir noch nit auszlegen vnd wissen künden, wie sich Eras. klagt, wie ers gemeint hab, vnd etwa nun raten muessen. Also blib sein geheimnusz vnd' der Allegori bey den seinen in der schul. Bey dem Brichs brot nit, Rat Eras. hab er gewolt, man sol gut freünd, so ein leib vnd prot seind, nit brechen vnd verwirren. Also ist den Christen durchausz Moses zu versten, per Allegoriam im geist, dann der buchstab so sy Juden machet, geet sy nicht an. Darumb soll mans Origeni nit so für übel haben, dz er durchausz also in Mose allegorisiert. Er kan als

Christ bey d' figur vnd buechstaben so da toedt, vnd der sinn Christi nit ist, nit bliben vnd so mein vrteil etwz gelten solt, so wolt ich sagen, dz vnd' den alten, so vil ich glesen hab, keiner basz dann Origenes vber Penthateu. gschriben hat, wiewol er etlichen nit will gfallen, dz er so vil allegorisieret, so doch Moses Ja die gantz heilig schrifft in Christo nicht dann ein ewig allegori ist, die man allzeit anders, dann sy laut versteen muesz, nemlich nach dem geist vnd sinn Christi, der allein lebendig macht. 2. Cor. 3. Wie nun Pitha: mit sein Allegorien vnd leren. Du solt kein Hertz essen. Nit vber die schnur schreitten. Nit auff dem scheffel oder metzen sitzen 2c. vil ein anders maint dann er redt. Also Moses durch sein figurlich gsatz. Als das man kein Saw Wisel soll essen, sich beschneiden. Nit wullins vnd leinins vnder einander weben. Gsatz von voegel nestern. Nit zwaierley somen auff ein acker seen 2c. Woelliche aigentlich Gotz wort nit seind, derhalb auffhoeren haben muszen, so doch Gotz wort ewig bleibt, wie allweg gewesen, das ist die warheyt, geist, vnd sinn diser figur vnd Allegori Mosi, besteet ewig vnd ist Christus. Auff dise weisz bleibt das gsatz ewig, wie Got verheiszen. Nemlich nach seinem geist vnd sinn Christi. Da schreibet Moses von Christo, vnd ist Moses vnd dz gsatz nicht anders dann Christus. Im buchstaben nicht wenigers, drum hat es durch Christum von buchstaben in geist vberhebt werden mueszen, dort ausz vnd da angangen. Der Buchstabe so da toedt, dienet dannoch zu Burgerlichem leben vnd Pollicey, Dz der mensch hie darjnnen lebt. Gal. 3. aber nach dem geist vor Got, stirbt. 2. Cor. 3. Also das er desz flaisch leben vnd desz Geistes tod ist. Dargegen der lebendig machend Geist vnd sinn desz gsetzs, ist desz Geists leben, vnd des flaisch tod.

Spricht man da wirt aber ein yéd' nach seinem geist, ein verstand, allegori, vnd auszlegung finden, vnd machen. Antwort da gilt es auffsehens vnd vrteilens, woelchs Prophecey den glauben vnd sinn desz geists Christi enlicher sey vnd woelcher naeher seinem geist vnd hertzens zeügnusz geb, vnd hinzu schiesz. Die Welt hett ymmerzu gern lauter in etlich Articul wie eins Fürsten mandat (dz wir doch in Christo haben, sy aber ausser Christo nit haben mag) Gotz handel vnd geheimnusz verfaszt, damit si sicher nit vil grüblen, suchen, nachfragen doerft Aber es ist bey Got beschloszen, das kein onbeschniter, kein hund od' saw in dise gmein vnd schul soll kommen, drum hat er den geist vnd die warheit also vor jn vnd' den buchstaben verborgen, den schatz in acker tieff begraben, vnd dz feinberlin in verre frembde land gelegt, vnd ein zitterends schwert für disen baum desz lebens seins worts gestelt, auff dz kein saw darüber fall, vnd kein vnbeschniter in dise gemein zu diser geheimnusz komm, sond' allein die alles dran setzen, den ernst ist, dz allein in Christo die warheit gfunden werde, dz liecht in disem liecht, dz leben in disem leben, dz auszer jm kein liecht vnd warheit erschein, ob wir glich die schrift auszen lernen, dannoch gleichwol hoeren mueszen. Ir versten die schrift nit, noch iron geist vnd kraft. Wer sein creütz nit auf sich nimpt vnd mit verleigung alles desz seinen, auch sein selbs, Christo nachfolgt d' bleibt in d' finsternusz, vnd kan kein junger Christi sein. Drumb thu die figur vnd buchstaben Mosi weck, ergreiff den sinn vnd geist seiner allegori, so hastu Christum vnd sein Reich, darein helff vnns Got. Amen.

Franck's tiefes religiöses Bedürfniss, und seine umfassende Belesenheit in der heiligen Schrift bleibt in keinem seiner Werke völlig unbezeugt; auch in dieser Sprichwörtersammlung zeigt er beides nach und trotz Agricola an vielen Stellen. Dahin zähle ich schon den Umstand, dass die Anführungen Agricola's durch genaue Citate ergänzt werden z. B. Spr. 9, 18, 218, 254, 257, 398, 413. An der zweiten Stelle (Spr. 18) hat Franck zugleich einen neuen Bibelspruch angezogen, in einer Gedankenverbindung, die ihm auch sonst nicht fremd ist, vgl. Türkenchr. Abschnitt 19, Bl. 22b. Derhalb gilt es auffsehens, es ist nicht alles gold das do geleysset, Gott, das sich Gott nennet. — Der teuffel sitzt auch vnder den kindern Gotes, wie Hiob sagt. — Ähnliche selbständige Verweisungen und Anführungen aus der heiligen Schrift finden sich Spr. 5, 47, 71, 173, 194, 244, 245, 270. Dazu stimmt die Hin-

weisung auf das siebente Gebot 105, auf die Erlebnisse
Josephs Spr. 68, auf Christi Hausgenossen 112; die sinnige
und tiefe Deutung von Spr. 248 und 249 und insbesondere von 376; das schon oben erwähnte Spr. 82 liesse
sich wohl mit Recht gleichfalls hierher ziehn.

Für den Entwicklungsgang Francks aber ist es von
besonderer Wichtigkeit, dass er Agricola's Übersetzungen
des biblischen Textes nicht ohne Prüfung wiederholt, sondern
hin und wieder dafür die bessere Fassung Luthers gewählt
hat. Das zeigt sich deutlich in Spr. 443 und 320, welche
letztere Stelle sich völlig ebenso in der Diallage findet.
Ich gönne mir und den Lesern die Freude, den betreffenden
Spruch genau zu wiederholen No. 92 Bl. 199a die do
reich werden woellen, die fallen in versuchung vnd strick,
vnd vil thoerichter vnd schedlicher luest, welche versencken
die menschen ins verderben vnd verdammnus. Die theologischen Forscher und Freunde Francks verbinden damit
gern die zuerst von Alfr. Hase S. 105 gegebene schöne
Nachweisung, dass Franck bei seiner Erklärung des 64.
Psalms die lutherische Übersetzung zu Grunde gelegt, aber
„gewissenhaft nach besserem Verständniss in Vergleichung
mit der Urschrift" verändert hat. — Als einen Verehrer
Luthers verräth sich Franck auch darin, dass er direct
Spr. 424—427 und 631—633 aus dessen Bibelerklärung
entlehnt hat. Diese Anhänglichkeit an die Person und an
die Wirksamkeit Luthers zeigt insbesondere auch die schon
oft citierte Diallage. Unabhängig von seiner Quelle,
d. h. von dem lateinischen Original des Andreas
Brentius oder Althamer (vgl. Cap. V) nennt Franck
u. a. am Schluss von No. 15 Luthers Erklärung des 126.
Psalms. In No. 34 erwähnt er in gleicher Weise Luthers
Vorrede „vber des Lichtenbergers practick", in No. 51
folgen umfassende kritische Mittheilungen über die Authen-
ticität des Hebräerbriefes mit einem Hinweis auf Luthers
Vorrede; am Schluss von 54 bemerkt Franck: „sihe Lutherum in der postil auf den vierdten Suntag des Advents
von Helia, wie Joannes sey vnd nicht sey; No. 62, Bl.
149a heisst es: die Behem boeszlich gründen bayde Sacrament auff disen Text, wie Martinus in der Babylonischen

gefencknus klerlich anzeygt. Ebendaselbst am Schluss: sihe Lutherum wider die Schwermer. — Ein weiteres sachliches Eingehn überlasse ich billig den theologischen Forschern von Beruf. Ich wähle aus der Diallage nur noch einen Ausspruch, der Francks Denkart treffend bezeichnet und zugleich sichtlich an eine Stelle der Sprichwörter erinnert. No. 11, Bl. 31a. Das widerspil sihet man in allen exempeln der schrifft, wie es allwegen nach Gottes willen hinaus ist gangen vnd ire anschleg zuruck gefallen oder fuer sich wie der Krebs. Ein ander ist der das redlin treybt, wie offt haben muessen erfaren. Damit vgl. Spr. 13, dessen Commentar ich geflissentlich wiederhole: Aller menschen anschlege seindt eitel vnnd falsch, vnd gehet nit anders, denn wie Gott wil vnd thut, geraedt auch anders denn man denckt, Gott treibt das redlin alleyn.

Ich bin mir bewusst, oder um bescheidener zu reden, ich glaube für Franck's Urheberschaft einen so überzeugenden Beweis geliefert zu haben, wie er im Gebiete historischen Erkennens nur irgend möglich ist. Lessing hat es gelegentlich beklagt, wenn eine Zeile von Leibniz Hand verloren ginge. So hoch stelle ich Seb. Franck nicht; ich glaube indessen, dass mit jenem Worte Lessing's auch nur Äusserungen verstanden werden sollen, die das Wesen eines ausserordentlichen Mannes offenbaren. In diesem Sinne beklagte ich es auch von S. Franck, einem für seine Zeit- und Volksgenossen und über die Grenzen seiner Heimath hinaus wirksamen und einflussreichen Manne, wenn eine mit liebevoller Hingabe und Wärme von ihm geförderte kleine Arbeit fortan noch länger verkannt und ungenannt bleiben sollte. Ich persönlich habe das höchste Lob verdient und gefunden, wenn man in meiner Arbeit gleichfalls die Spuren eines hingebenden und liebevollen Fleisses erkennen sollte. Das geringere oder grössere Mass unserer Gaben ist nicht unser Verdienst.

Cap. IV.
Seb. Franck und das deutsche Sprichwort.

Wie innig Franck der Rede des Vaterlandes und zumal der Sprache des gemeinen Mannes angehangen, zeigt der Verlauf seines ganzen Lebens und schriftstellerischen Wirkens. Sprichwörter begegnen uns selbst an Stellen, wo wir sie kaum erwarten. So in der Schrift von den guten und bösen Engeln (um 1540) Bl. 23b. Es wirfft keyn wolff kayn lamb. So auch in Gott ainig gut Bl. 21a am Rande: Auszgangen ward nie so gut, innen pliben waer besser. Ähnlich in der Einleitung der Geschichtbibel am Rande: Die welt thut erst den stal zu, wenn die kwe herausz ist. Die Vorrede selbst beginnt: Meins hertzens wunsch wer, guthertziger, gotliebender leser, dasz wir ausz anderer vilfeltigen thorheit (so wir taeglich die welt vnd alle buecher voll sein erfaren) weiszheit schoepfften, auff dasz wir doch mit anderer leüt schaden, wie man spricht, weisz wurden. Aber wir werden, wie ich besorg, nitt weisz dann mit vnserm schaden. Die welt glaubt doch nit dann mit den Trojanern erst, wann jr das vnglück auff dem hals ligt vnd das spil mitt zu lang warten, übersehen (vgl. Spr. 233) vnd verloren ist. — In gleicher Weise steht ihm die Fülle deutscher Sprachgewalt in seinen Übersetzungen zu Gebote; man vgl. z. B. nur aus der Vorrede der Diallage Althamer: Miseret quoque rursus quarundam civitatum misere a suis pastoribus, dixissem ferme impostoribus seductarum. — Sathanas tentat nos, pietatem simulat, nihil non aggreditur, omnem movet lapidem, ut omnia perturbet et simplicitatis praetextu capiat. Dies übersetzt Franck: Mich erbarmet auch widerumb etlicher stet erbermklich, von ihren Bischoffen (het schier gesagt frischaffen) verfuert. — Sathanas laszt nichts vnuersucht wie einer der da krebst, wendt er alle stein, wirfft allenthalben angel ein, das ers alles zerrit.

So lassen sich aus Franck's Schriften reiche Erträge, Nach- und Beiträge für das deutsche Sprichwort bergen. Ein besserer Forscher als ich hat diese Aufgabe schon seit Jahren für die gesammte Reformationszeit ins Auge gefaszt; ich will auf fremdem Acker, selbst auf dem eines Freundes, nicht schneiden; weiss ich doch, dass Jacob Franck seinen Liebling und Namensvetter in gebührender Weise zu Ehren bringen wird. Mir gestatte er nur noch, gelegentlich dieser meiner Ausgabe, ihre Vorläufer in einer kleinen Sprichwörterlese der Erstlingswerke Franck's nachzuweisen, sodann die grosse Sammlung von 1541 kurz zu charakterisiren und mit einem gleichfalls kurzen Nachtrag zu Wander zu schliessen. Das Interesse für das deutsche Sprichwort ist der rothe Faden, der durch alle Werke Francks hindurchgeht; es leitet sein erstes Auf-, es begleitet auch sein Abtreten.

Diallage 1528 Bl. 41b wirff dein milte hand in den rappus vnter lauter buben, wie Christus thut. — vber die schnur kein har breyt geen. Bl. 113b sorge, lieber narr, das der hymel fall. 141a ich bin auch in dem spitel krank gelegen. No. 63 Bl. 153a. Brentius: ipse laborabam hoc morbo. Eygen lob stinckt, Lasz dich dein nachpawrn loben. 157b, 170a, 177a. Artzt hilff dir selbs. 170b. Die betten nicht, die es nach der leng messen vnd mit karren vnd metzen vol ausschütten, treyben wol die wort der better, aber on allen geyst, wie ein Nonne den Psalter liszt. 171b. Die heuchler, welchen vnser geystlichen nit das wasser moechten bieten. Bl. 182b der esel reckt ymmer die ohren herfuer. Bl. 185b (die gottlosen) heyssen vns lumpenprediger, vnser predig standt auff arschwischen. Bl. 192b. Wo nun weder haut noch har gut ist, wie kan ein guter beltz daraus werden, wie das ay ist, also ist der vogel. Bl. 193b willige rosz duerffen keines sporn. Bl. 206a seyd weysz im guten schlecht vnd gerecht, Einfeltig wie eine taub im boesen. ibid. lasset euch nicht weben vnd wiegen mit allerley wind der leren. — Den Schluss bilde ein bei Franck nicht seltenes Wort: Bl. 154b. Daher kumpt das Sprichwort gemein vnd war, in Gottes namen fecht sich alles vnglück an. Zu den Nachweisungen bei Wander Gott 1405 ff. sind zwei eingehende Erörterungen Francks hinzuzufügen Spr. II (1541) Bl. 5a und Parad. No. 199. Aus der letzten Stelle hebe ich Einiges heraus. In Gottes namen schlug jhener bawer seinen knecht zu todt, spricht man. Das flaisch ist so geschwind, das es in al seinem fürnemen, wie Adam mit Feigenblaetter sich dockt. — Es ist kain hader oder krieg so boesz, der nit in Gotes namen anfahe. — In gotes namen lasset sich der Moench zu der Nunnen ausz dem closter. Das walt Got, vnd glück zu, spricht ieder, so sie auff den bschayd wil gehen. Der kauffmann, so er die leüt zu betriegen auszraisset vnd über Moer wil faren.

Laster der Trunk. 1528. Lasz die guesz, so lassen dich die fluesz. Bl. 10b. Gut tag vnd gesunder leyb vertragen sich selten mit einander. Bl. 12b. Wer nit schmieret, der feret nit. Bl. 17b. Wein macht wild. Bl. 18b. Wo weyn eingehet do gehet wytz ausz. 22a. Wir lassen das voegele sorgen. Bl. 21b. — Dialog 1531 (ein strenger wirt) wird nicht vil gaest haben vnd das H. creutz woll von seinen gaesten bekommen. Bl. 2a. ib. in der Dedication „dem liebsten Vettern Michel Francken, Burgern zu Noerdling": eyn wirt von seiner seltzamen gest wegen, die er durchs iar hat, darumb ein wirt heyst, das er keinem gast in beutel kan sehen, vnd nicht weisz ob jm von dem gast etwas wirt, oder nicht wirt, derhalb offt, so er vermeynt gelt einzunemen, borgen musz oder des gelts, so jm nit selten entragen wirdt, gar geratten, darumb dann ein wirt billich ein wirt heist, wird jm, so wirdt jm.

Es ist nur die Consequenz dieser Neigung, wenn Franck einer gelegentlichen Aufforderung, Agricola's Sprichwörter ihrem wesentlichen Inhalte nach zusammenzudrängen, bereitwillig gefolgt ist. Dass er es mit Geschick und Geschmack als ein seiner Vorlage überlegener Meister gethan, braucht nicht von neuem dargelegt zu werden. Die Bahn aber ist nun einmal betreten, die den „Gänger" nie wieder frei lässt. Schritt für Schritt erweitert sich der Blick Francks. So kündigt er in seinem Chronicon Germaniae sein grosses Werk über deutsche Sprichwörter bereits drei Jahre vor dem Erscheinen, also 1538 mit diesen Worten an: Dann so iemant an der Teutschen geschicht vnnd ticht, rath vnnd that eben ansihet, der findt das kein weisse red oder sprichwort, das die Griechen vnd latini gefuert vnd celebriert haben, ist, das nit die Teutschen eins oder mehr der gleichen inn jrer spraach zu Teutsch fueren vnnd haben, welches wir ob Gott wil, den Teutschen geben vnd sehen lassen woellen. Nemlich das sie alles das die Griechen, Juden vnd Latini in jren sprachen haben vnd fueren, Die Teutschen nit weniger hoeflich vnd artlich, in jrer spraach gantz subtile vnd wolgefunden Celebrieren. Das soltu sprich ich sehen vnd erfaren, so ich aller Griechen, Hebreer vnd Latiner sententz vnd sprichwoerter in Teutsche sprüch würd wenden, deren ich schon etlich tausent mir auffzeychnet, behalte, bisz der Herr zeittig macht. Ich wolt nur gern ein spruch, sprichwort odder sententz ausz allen zungen hoeren, da nit der gleichen die Teutschen einen zu teutsch fuerten, darausz ich schleusz, das die Teutschen ann nichten, dann an schreibern jrer wort vnnd that versaumpt, eben so gelert, vnnd alles so wol haben, künden vnnd wissen in jrer spraach von Gott, als die lugenhafftigen Griechen, vnnd andere zungen in jrer, vnd sag frey das Teutschland so wol, wo nit mit vorteyl, als iendert einn nation, lasz gleich Latium oder Greciam seinn, also das es jm selbst gnug ist, wo es an jrer sort content, nie ausz fürwitz erst ausz anderen landen, wie jr profand, geschlecke, gewand, vnnd gwürtz, also leer, verstand, weiszheyt vonn frembden voelckern, sprachen vnd buechern wolt erbetlen. Ja wo die Teutschen jre eygen reichthumb wisten, vnnd sich selbs verstünden was sie im wappen fuereten, sie würdenn keinem volck zwar weichenn, vnnd wie vmb kein stuck prot, also auch vmb keinn gnad, rath, that, weiszheyt, leer, verstandt, zu gnad kommen, vnd fuessen fallen.

Dieselbe patriotische Gesinnung spricht sich aus und bewährt sich nun in der That in seiner grossen Sammlung von 1541 auf das wohlthuendste. Er redet (II 12a) von guldenen Sprichwörtern, er rühmt II 112b „wie reich die holdselig teutsch spraach", und wie (II 24a) „allenthalb, wo die Latini, Greci oder Hebrei ein sprichwort haben, haben wir zehen". Am herrlichsten aber ist folgende Ausführung, die wir auch aus einem andern

Grunde vollständig wiederholen II 11b—12a: Os sublinere.
Ein affen traeen. Die ohren melcken. Vber eyter salben.
Die blumen oder den kautzen streichen. Das helmlin
durch das maul streichen. Du streichest mir honig vmb
das maul, vnd streichst mir dreck drein. Den falben
hengst streichen. Das suesz vmbs maul streichen. Die
angen verkleyben. Ein maul machen. Glatte wort schleiffen.
Einn stroein bart flechten. Ein wechsin nasen traeen.
Den wind verkauffen. Bei der nasen fueren. Affen. In
das gemalt stueblin fueren. Eins auff den aermel machen.
Sihe wol reich seind wir teutschen für all zungen, wann
wir nun vnser eygen sprach koenden redten, schreiben
vnd recht appliciern, so moecht kein zung souil varietet
vnd Formulas zu reden haben, vnd dauon ein grosz Capittel
geschriben werden, aber wir lernen eh Arabisch, dann
vnser mutter zungen recht reden vnd schreiben, oder ver-
künstlents aber zu vil gscheid, das also gestummelt, vnnd
vnser cantzley teutsch ietz also auffgienet vnd halbirt geschriben wirt, das man offt kaum weysz was also mit
halbem mundt geredt würt, noch auf alle sinn vnnd weg
mag gedeutet werden. Es solt aber bei vns Teutschen
vor andern disz vnser eygen sprichwort ganghafft im
brauch sein, Nemlich Es ist gut teutsch, das ist, rundt
lauter vnd gut teutsch geredt, so mutwillen wir ob vnser
sprach mit vil setzamen terminis vnd so boeser construction, das offt kaum halb geredt, wir selbs nit wissen was
geredt. Nun also reden wir gut sprichwoertisch, wann
man eim guts vnder augen, vnnd den wolff auff den rucken
setzt. Die Latini sprechen: Einn nebel, rauch oder scholmen
für die augen ziehen, In einer handt brot, vnnd in der
andern stein halten, Wir teutschen sagen: Vornen lecken,
vnnd hinden kratzen, Lach mich an vnd gib mich hin, ist
ietz der welt sinn, Vnd dergleichen vil schooner allegori.

Die Stelle kann als Vorbild dienen, um den Fleiss und die
Selbständigkeit zu zeigen, mit welchem Franck gearbeitet
und die er seiner Vorlage gegenüber bewiesen hat. Eberh.
Tappius hat das lateinische Sprichwort, dessen Erklärung
(Bl. 14a) er aus Erasmus entlehnt, nur mit den beiden

deutschen Sprüchen begleitet: Das helmlin durch das maul streichen. Du streichest mir das honig vmb das maul vnd gibst mir eyn dreck darein.

Wie sich aber Franck zu den ausschliesslich classischen Vorlagen stellte, zeige der Anfang des ganzen Werkes. Unter der Rubrik: Aberrandi. Sprichwoerter von felen vnd irren verzeichnet Franck etwa ein Dutzend Sprüche: Aberrat a ianua. Er verfelt der thür. Du hast ein faelschusz thon. Du stichest darneben. Du gehest nit recht, faehlst des wegs. Es ist weit faehl. Er ist im gestirn verirrt. Er geht im gantzen firmament jrre. Er klopfft nit an der rechten thuer an. Er triffts beim hindern an schlaff. Er redt dauon wie der plind von der farb. Er zaeumpt das pferd beim hindern auff. — Erasmus selbst hat an der entsprechenden Stelle nur die vier Verbindungen: Extra calcem; quis aberret a janua; toto coelo erras; tota erras via.

Über die ganze Anordnung des Werkes habe ich bereits, gelegentlich der Egenolffischen Sammlung S. 294 ff. gesprochen; sorgsamere Nachweise findet der Leser in dem trefflichen Werke Suringar's Einleit. No. 42; ich gestatte mir nur noch eine und die andere Bemerkung.

Die sogen. Sprichwörter des Seneca oder richtiger des Syrus entnahm Franck muthmasslich einer der Basler Folio-Ausgaben, an deren Schlusse jene pseudosenecaische Sammlung nach der Recension des Erasmus sich findet. Die erste Ausgabe des Syrus durch Erasmus erschien, wie ich in meiner Ausgabe der Sprüche des Pythagoras erwähnt habe, mit den Distichen des Cato zu London 1514; ein Exemplar habe ich weder gesehn, noch Woelfflin, der in seiner Syrus-Ausgabe mir beipflichtet. Vielleicht, dass die Wiederholung der Mittheilung die Wiederauffindung der edit. princeps bewirkt oder beschleunigt. Die einschlagende kritische Thätigkeit des Erasmus birgt noch einige dunkle Punkte. In der Ausgabe dieser Sprüche, die Adrian von Bergen s. a. zu Antwerpen nach oder für Erasmus besorgte (bibl. Thottiana zu Copenhagen) finden sich ganz andere Lesarten und Fassungen, als Franck sie hin und wieder bietet.

Dass Hoffmann von Fallersleben in seiner Ausgabe des Tunicius die von Franck gegebenen hochdeutschen Übersetzungen unbeachtet gelassen, hat Suringar mit Recht No. 31 gerügt; Hoffmann hätte zugleich Gelegenheit gehabt, einige herkömmliche Missverständnisse zu berichtigen. Ich begnüge mich, je ein Paar von falschen Auffassungen zu erwähnen, zu denen der norddeutsche Dialect den südlichen Übersetzer S. Franck verleitete.

Wander hat am Schluss des ersten Bandes bemerkt, dass die Wendung bei Franck II 13b **steck den fisch nit zu dick an** auf einem Irrthum beruhe; er irrt aber nun seinerseits, wenn er auch bei Tappius, einem Westphalen von Geburt, gleichfalls ein Missverständniss voraussetzt. Wenn Tappius unter mare exurere schreibt: **den fische dick anstecken**, so meint er unter dick nichts anderes, als was heute dik geschrieben wird, d. h. den Teich.

Verecundia viro egenti inutilis. Du must die schemelschuch vertretten, wiltu etwas haben. Franck 45b. Die nd. Fassung bei Tappius lautet: Du moest de schemmelschoe vythtrecken, woltu wat hebben. Fr. hat sein vertreten nach dem Auge gewählt; trecken aber ist ziehn. Man muss in der Noth sich der Schamhaftigkeit entschlagen, die Schuhe der Verschämtheit ausziehn.

Ancipiti posti nemo committit caballum. An gmeyn ort bindt niemand sein pferd. Franck 159b. Vorlage für denselben war Tunicius 9b. An meynen en bynt nummant sijn perdt. Der Sinn ist einfach: Meinen, Denken trügt, es gewährt keinen Halt.

Sermo pudens cedit Baccho Venerique malignae. Schemel wort volgen der fülle vnd bulschafft. Franck II 152a. Bei Tunicius No. 9 schemmel worde wyken der vulheit vnd boelschap ist der Sinn: züchtige, verschämte Reden schwinden, wo Bacchus und Venus regieren. Fr. substituiert dafür den Begriff: „schandbare Worte, die grade zum Vorschein kommen". Den Schluss dieses Kapitels bilde ein kleiner

Nachtrag aus Franck zu Wander.

Erwirdige das Alter, wie man spricht, habs Alter (W. 102 ohne Reim und ohne Belag) in ern, wiltu Alt (sic) wern. Geb. der Juden No. 13. Augen dienen (Auge 20 unbelegt; das Citat findet sich richtig unter Augendienen) thet nie kein gut. Spr. II 151b nach Tunicius No. 8 (bei W. falsch citiert) Oughendeyners en sal men nicht loeuen. — Ich wil gedencken ich sey nit allein der endlich Kontz, sunder jhens bachs (W. 12) seyen auch leŭt, die mer barschafft zu disem handel dan ich haben. Verp. Buch Bl. 411b. Rot bart (W. 21 und 40) vnd Erlin bogen, gerathen selten, ist nit erlogen. — Roter bart (W. 37), vntrewe art. Spr. I 77a. — Beulen (W. 3) vnd blaemal, helffen offt für vnfal. ib. II 11b. — Boszheyt (W. 11) maest den boesen. Spr. I 71a freie Übersetzung des lateinischen, nicht angeführten Spruches malevolus semper sua natura vescitur. Es hilfft nicht für dieb (W. 128), mann kann vor keinem dieb (W. 185) auffheben. Spr. II 19a.

¶ Vier ding blenden das gemuet.
Lieb, hasz, geitz vnd trunckenheyt.

¶ Vier ding verkeren alle gericht,
Gab, hasz, gunst wnd forcht sollen nicht.

¶ Drei ding sindt nimmer eins im hausz,
Zwen hanen, die katz mit der mausz.
Die schwiger iagt die schnur ausz.

¶ Vier ding vertreiben einn Tyrann.
Der Burger eynigkeit, vil man,
So recht zusamen setzen thun.
Der weisen rath gehoert auch daran.
Vnd sos der mechtig wagt gar kuen.

¶ Vier ding lassen dir armut zletz,
Verthon, faul, fressig, hadermetz.

¶ Vier ding woellen all weiber hon,
Vil kind, grosz gut, vnd schoene man.
Herschen im hausz vmb muessig gon. I. 79 b.

Von diesen 6 Reimsprüchen ist der erste und fünfte bei Wander Ding 1075 und 1109 ohne Quelle aufgeführt; die Sprüche vom Gericht und vom Tyrannen fehlen gänzlich; der Spruch von der Schwieger und der Schnur und von den Wünschen der Weiber ist von älteren Sammlern ib. 450 und 1184 nur aus Lehmann nachgewiesen. Lehmann aber wie Henisch hat erweislich vielfach aus Franck geschöpft. Franck selbst benutzte Heinrich Bebel als Quelle; ein lateinischer Spruch wird ausreichen. Haec tria sunt contraria ut quidam versificatus est:

Cattus cum mure, duo galli simul in aede,
et glotes binae, vivunt raro sine lite.

Und da hier Bebel den Sammler der niederl. Proverbia communia im Sinne hat, lassen wir ihn noch zugleich im eigenen Namen reden. Quatuor maxime cupiunt mulieres. Amari a pulchris juvenibus, Pollere plurimis filiis, ornari praeciosis vestibus et dominari in domibus.

Fahevil an baecht lützel. Spr. II 179 b unt.

Das geschel ist nit gar fel. Das geblerr laufft nit gar lehr. Spr. II 172 b.

Vor dem geschwell grueszen ib. I 1 b.

Der niemands gsel (Wander: Gesell 48 nur zeitgenössische Sammler) komm auch nit vber dein gschwel.

Cap. V.

Kritische Beiträge zu Seb. Franck's Leben und Wirken.

Seit einem Menschenalter etwa ist Franck's Persönlichkeit und schriftstellerische Wirksamkeit nach verschiedenen Sojten mit Eifer und eingehend geschildert und dargestellt worden. Als Theologen haben ihn Hagen, Erbkam, Alfr. Hase, Feldner und, den ich als letzten, nicht aber seinem Werthe nach nenne, Christian Sepp in seinen geschiedkundigen nasporingen Leiden 1872 gewürdigt; Sepp hebt namentlich hervor, dass Franck's Schriften vielfach in das Niederländische übertragen, manche sogar einzig, wie er gleich durch umfassende und anziehende Mittheilungen darthut, in dieser Sprache erhalten seien. Franck's Bedeutung für das Studium der Geschichte und ihre Darstellung hat Bischof mit wohlthuender Wärme entwickelt; als Geographen haben ihn Gosche und Loewenberg charakterisirt; seine Thätigkeit für das deutsche Sprichwort habe ich eben einigermassen geschildert; anderes Einschlagendes bereiten meine Freunde Jacob Franck und Franz Weinkauff vor; glückverheissende Zeichen, dass die Bedeutung des vielumfassenden Mannes, sein Einfluss auf die geistige Entwicklung unseres Vaterlandes, sein Werth für Mit- und Nachwelt mehr und mehr erkannt und anerkannt wird. Der Mann verdient, wenn einer, einen solchen Eifer wetteifernder Forscher; und ungehobener und des Hebens werther Stoff liegt für ihn überall in Hülle und Fülle vor. Der Erkenntniss dieses Bedürfnisses sollen auch an ihrem Theile die kurzen Erörterungen dieses Schlusscapitels dienen.

A.

Franck's Geburt und Jugendbildung.

Loewenberg sagt in einem anziehenden Aufsatze über Franck's Weltbuch Neues Reich 1873 No. 37 „Er war Literat und Buchdrucker, Pfarrer und Seifensieder. Von allen gekannt, weiss keiner, wann und wo er geboren und gestorben." In diesen Worten ist jene Behauptung entschieden irrig und hätte heute unterdrückt werden sollen, dass Niemand den Geburtsort kenne. Schelhorn hat bereits vor einem Jahrhundert auf Francks eigene Angabe im Weltbuch Bl. 32b verwiesen: Die flüssz aber so in die Thonaw einfliessen, seind: Die Iler, die Wernitz Bernicus genant bey Thonaw, Woerd meinem vatterland, der Lech etc. Andere sichere Stellen sind nicht bekannt; die von Bischof S. 5 angeführten reden nur von einem Woerd, beweisen also nicht unmittelbar. Die alten Irrthümer und fehlsamen Vermuthungen zu wiederholen ist nunmehr überflüssig; reiches, einschlagendes Material dafür bietet Sepp a. a. O. S. 170 und 171. Einen neueren Irrthum halte ich indessen der Erwähnung werth. Alb. Lindner hat in einem Artikel der Nationalzeitung über die geistige Bedeutung des Elsass für Deutschland unsern Franck zu einem Sohn des schlachtenberühmten Wörth gemacht; eine baldige Berichtigung erfolgte ebendaselbst am 10. oder 11. Oct. 1870.

Den regen wissenschaftlichen Sinn Francks, sein umfassendes Wissen, seine grossartig combinirende Belesenheit erkennt und bewundert jeder seiner Leser. Man hat seine Jugendbildung aber verdächtigt, hält ihn z. B. des Lateinischen in geringem Grade mächtig, und das an einem Manne, der zahlreiche Schriften aus dem Lateinischen mit genialer Sicherheit oder Leichtigkeit übersetzt und selbst ein längeres Schreiben an Campanus in dieser Sprache abgefasst hat. Man beruft sich dafür auf zwei Verwechselungen, die von vespillo und vespertilio und andererseits von hirudo und hirundo, Irrthümer, die beide auf Franck's Rechnung nicht kommen s. zunächst Hase S. 28 und weiter unten unsern Nachweis, dass wer Franck so im Lateinischen zu meistern wagte, im Deutschen selbst sich seinen Meister hätte erbitten sollen. At praecedenti spectatur mantica tergo. Damit aber in Zukunft durch ein und das andere frische Beispiel Bewegung in die Überlieferung komme, nenne ich aus dem einen Dialog vom Spieler, Hurer und Trinker gleich drei Missverständnisse des Lateinischen, die ich an einem Knaben rügen würde, an einem Manne, wenn auch grade nicht leicht begreiflich, doch bei gewichtigeren Vorzügen leicht verzeihlich finde. „Daher verstnortzt sich Marius als Hollade erschlagen war" Bl. 5b. Offensichtlich eine Anspielung auf Horat. sat. II 3 277 Hellade percussa etc.; im Deutschen muss es natürlich Hellas heissen, und auch im Lateinischen wäre dies der Nominativ.

„Herodotus, ein kriech, Livius den M. Tullius ein vatter der histori nent, seindt lerer etc." Bl. 6b. Dass Cicero nur über Herodot, nicht über Livius, den jüngeren Zeitgenossen und späteren Schriftsteller urtheilt, liegt auf der Hand. Franck hat das in den Augen eines Italieners schmeichelhafte, an sich aber doch bedenkliche Lob des Herodot „Graecorum Livius" falsch bezogen. Quinctilian freilich urtheilte ebenso.

„Dann zumal (verstehe wenn man vol ist) werden die begirigen augen der matronen geacht" Bl. 15b. Im Original „avidi matronam oculi licentur" ist nur von der Begierde nach den Frauen, von den lüsternen auf sie gerichteten Blicken, nicht aber von ihrer eigenen Unlauterkeit und Begehrlichkeit die Rede.

Lieber aber als diese so zu sagen Schulschnitzer rühme ich es, dass S. Franck an verschiedenen Stellen seiner Paradoxen von der Aussprache im Hebräischen handelt; eben so in der Geschichtbibel Bl. 2a von den verschiedenen Namen Gottes im Hebräischen; auch für Christus wird ebendaselbst der Ausdruck Funiculus Michol vnnd Rahab angezogen. Bl. 3b. Mehr Stoff bot vielleicht noch das leider völlig verschollene Werk „von Christo vnd Antichristo", worauf Franck a. a. O. mit den Worten verweist: „Andere namen mer besihe mein buechlin" ff. Über die sichere Kenntniss des Hebräischen vgl. auch oben Cap. III C. Ob er dieselbe Reuchlin vielleicht als sein directer Zögling in Tübingen verdanke, kann ich nicht entscheiden; dass er im Griechischen der Reuchlinischen, nicht der Erasmischen Aussprache folgte, zeigt offensichtlich Mor. Encom. Bl. 6b. Die Thorheit selbst charakterisiert hier ihre Hofjungfrauen: Welcher namen bei Gott, so jr woelt verstohen, werdet jrs von mir ia alleyn Griechisch hoeren. Dise eben, die jr mit erhabnen augbrawnen sehendt, ist Philaftia, Diser nam die jr gleich mit anlacheden augen, vnd mit klopffenden haenden sehen, ist Kolakia. Dise halb lebende vnd gleich eim schlaffende, heyst Lythi, Dise auff beyde elebogen gesteuret, mit zusamen gelegten haenden würt Misoponia genent. Die geziert mit dem rosenkrantz, vnd allenthalb begossen mit wolriechedem wasser Hidony. Die mit den schlipfferigen hirnn vnd widerschiessenden augen heyst Anya. Die mit der glatten haut vnd wolgemestem leib, hat den namen Triphi. Ir sehet auch zwen Goetter vnder das frawen Zimer gemengt, vnder welchen sie nennen den ersten Komon, Den andern, Nirgethon hypnon.

Es bedarf kaum der Bemerkung, dass es, um mit dem Schlusse anzufangen, sich um den ὕπνος νήγρετος, um τρυφή, ἄνοια, ἡδονή etc. handelt. Ich setze nur noch die am Rande stehenden deutschen, zum Theil überaus treffenden Übersetzungen hinzu: Das frawenzimmer der Thorheyt. Aygen lieb. Schmaechlerey. Vergessenheyt. Faulkeyt oder muessigang. Wollust. Vnsinnigkeit oder onbetrachtung. Fraw wolleb oder schleckle. Zech Gott. Schlaff. Got.

Aus derselben Schrifft ist nun auch die Stelle entnommen, wo Franck hirudo und hirundo verwechselt haben soll. Die Sache ist einer kritischen Erörterung werth. Bl. 4 b heisst es: Es hat mich auch für gut angesehen in disem ort, vnsere vnserer zeit Redner anzumassen, welche sich ja selbst für Goetter halten, so sie, wie die schwalben, zweyer zungen kündig erscheinen, vnnd achtens zu sein ein dapffer thatt, Den Lateinischen reden, jtzt da, jtzt dort etliche Griechische woertlin einzumengen.

Damit verbinde aus dem Verzeichniss der Errata am Schluss: Fol. 4. Die 29. zeil lisz aeglen für schwalben. Das erst Exemplar hat mich verfuert, darumb hab ich Hirundo funden, im andern Hirudo, die bei Plinio zwizüngig ist, vnd boesz hieher sich gattet.

Diese Bemerkung begleitet nun Chr. K. am Ende fortges. kleine Nachlese 1798 S. 11 mit der spitzigen oder bissigen Bemerkung: Allein sie gattet sich gut hierher, und Franck schnitzerte im Verbessern schon wieder. — O si tacuisses! Der gute Mann, der nicht ohne Verdienst so viele Titel Franckischer Schriften copiert hat, ist ihrem Inhalt und Gehalt doch so fremd geblieben, dass er nicht einmal einsieht, Franck setze urtheilsfähige Leser voraus oder solche zum mindesten, die urtheilen wollen. Wer verbessert, wählt nicht das Schlechte oder Boese, sondern das Bessere. Die Form boesz aber ist bei Franck nichts selten mit basz = besser gleichbedeutend. Obgleich ich am Ende selbst nicht mehr belehren kann: so laufen doch vielleicht noch andere Christen auf Erden herum, denen ein ähnlicher Nachweis sei es nöthig, sei es nützlich ist. Wenige Belege werden ausreichen.

Das Sprichwort Hunger ist der best koch. Last. der Trunk. 1531, Bl. 22b lautet in der Ausg. von 1528 boest k.

Geschichtb. Bl. 9b. Es hat disz (die lange Dauer des Lebens) auch die natur vermoegt, welche zu diser zeit groesserer krafft vnd die menschen boesserer complex waren. ib. Bl. 3b. Also sol man Christum nach dem boesten teil das ist nach der gotheit kennen, nennen vnd anbetten, vnd nicht nach dem fleisch. — Daneben Bl. 1a das best wirt gedacht, das boest geredt.

Verp. Buch Bl. 428b dann es vil waeger ist schweygen, dann allzeyt wider sein hertz ausz eins anderen mund reden, vnnd schwartz hayssen das man weysz etwo erkennt. Hie ist — das Tace ein gut gesang, vnd der welt jr weisz gelassen, der boest reym vnd goettlichest weisz.

B.

Franck's erstes Mannesalter.

In diese Periode seines Lebens setzt man billig Franck's Verheirathung mit Ottilie Behaim, ein Ereigniss, das Hase und Bischof übereinstimmend auf den

17. März 1528 verlegen. Eine alte urkundliche Gewähr hat keiner von ihnen; der Recensent der theologischen Doctordissertation von Wald in der Allg. Liter.-Ztg. 1794 No. 266 versichert das Factum mit positiver Bestimmtheit — und man hat ihm nachgeschrieben. Ich bezweifle die fides des wohl unterrichteten Mannes keineswegs; aber ich sehe keine Gewähr der Sicherheit.

Von Schriften, die dieser Periode angehören, erfordern eine kritische Besprechung drei; zwei, die in das Jahr 1528 fallen, und eine vielleicht von Franck anonym herausgegebene aus früherer Zeit. Die Schrift „von Christo und Antichristo" gleichfalls in diese Zeit d. h. vor 1531 fallend s. A, ist bisher unaufgefunden.

1) Hat S. Franck die Reformation Kaiser Sigismunds zu Strassburg 1520 herausgegeben?

Bischof bestreitet in seinem Werke S. Franck und deutsche Geschichtschreibung S. 7 die Vermuthung von G. Draudius in seinen Büchernachrichten 1611 S. 27 und 489, S. Franck sei der Verfasser eines schon im Jahre 1520 erschienenen Werkchens „eine Reformation geistlichen und weltlichen Standes"; einzelne Stellen seien allerdings wörtlich in der Geschichtbibel wieder zu finden; allein „wir vermuthen, Franck schrieb aus jener Schrift ab."

In dieser Bemerkung Bischofs findet sich eine doppelte Ungenauigkeit, die ich jedoch nicht völlig zu beseitigen in Stande bin. Es ist nicht bloss unwahrscheinlich, dass Franck jene Chronik verfasst; es ist sogar sicher, dass er sie nicht verfasst, da das Werk, um das es sich handelt, die sogen. Reformation des Kaiser Sigismund bereits vor Franck's Geburt, 1476 zu Augsburg gedruckt wurde, und als ihr muthmasslicher Verfasser der kaiserliche Rath Friedrich von Landskron (Gieseler Kirchengesch. II 3 (1829) S. 263 not.), der unter Friedrich IV., also nach Kaiser Sigismund lebte, angesehn wird. Die Nachricht ferner findet sich gar nicht bei Draudius a. a. O. Worauf Bischof's Irrthum hinauslaufe, habe ich nicht ermitteln können; nach Panzer's Annalen (1788) S. 226 hat Bibliothekar Schmid im Kloster Weissenau Franck für den Verfasser dieser Reformation ausgegeben. Panzer vermuthet nun seinerseits S. 437 in dem Herausgeber der Strassb. Ausg. von 1520 die Persönlichkeit S. Franck's, der in seiner Chronik sehr darüber klage, dass die Reformation nicht vollstreckt worden sei.

Da die erneuerte Herausgabe dieser Reformation, etwa von dem Strassburger Gymnasium oder Seitens der dortigen Hochschule, einem wahren Zeitbedürfnisse entgegen käme, und da jene Annahme Panzer's auch noch stärkere Stützpunkte finden kann: will ich zum Besten der Mitforscher und Nachfolger das von mir gewonnene kritische Material in bündiger Kürze vorlegen.

Die edit. princ. von 1476 findet sich vollständig abgedruckt in Goldast constitut. Imper. IV, S. 170—200. Daselbst wird weiter erwähnt eine Ausg. Basel. Henr. Petri 1477; Flacius Illyricus nennt ferner eine zweite Augsburger Ausg. von 1484; bei Panzer finden sich ebendaher Ausg. von 1490 und 1497 verzeichnet. Aus dem folgenden Jahrhundert verdanke ich Weller's bibliograph. Arbeiten die autoptische Kenntniss der Strassburger Ausg. von 1520 (Ex. zu Berlin), o. O. u. J. (Nürnberg) und einer vom Jahre 1521 o. O. (München).

Für S. Franck, dessen eingehendes Zeugniss bei Goldast unberücksichtigt geblieben, ist nun die Strassburger Ausg. von entscheidender Wichtigkeit.

Franck handelt von Sigismund's Reformation am Schluss der Kaiserchronik Bl. 252 und noch ausführlicher gegen den Schluss seines Werkes Bl. 520 ff. Aus der ersten Stelle sind in kritischer Hinsicht die Worte wichtig: Allein ward von K. Constantino erlaubt, vnd vergünt von den lastwegen vnd kauffmanschatz, das sie von einer fart ein guldin geben solten ff. Ähnlich in der Strassburger Ausg. ward angeschlagen, das ye ein guldin ein fart solt steür thuon. In der Originalausgabe, an die sich das Münchener und Nürnberger Exemplar genauer anschliessen, heisst es: Ward angeschlagen, dasz jo ein Gŭldin einest sol Stewer thun einen kleinen Pfenning. Von anderen irre-

levanten Abweichungen — in dem Münchener Exemplar
fehlt z. B. der Abschnitt Name des Königs — sehe ich
billig ab; von Wichtigkeit aber ist die Vorrede der Strassburger Ausg. Sie stimmt so genau zu Francks Ansichten,
wie sie in seinen sämmtlichen Werken von 1528 bis 1543
entwickelt sind, erinnert selbst in sprachlicher Hinsicht an
Lieblingswendungen desselben, und hat endlich an und für
sich als eine beachtenswerthe Äusserung der Reformationszeit ein solches Gewicht, dass nicht bloss theologische Zeitgenossen ihre vollständige Wiederholung gutheissen werden.
Die sachlichen Parallelen zu dieser Ausführung s. unter
No. 2 und Absch. C. dieses Capitels; mir genügt es, wenn
Franck's Thätigkeit als Herausgeber nicht ganz unwahrscheinlich erscheint. Die alsdann fingirte Mehrzahl der
Herausgeber fände in der unruhigen Zeitlage ihre Erklärung. Wenn Franck in der Geschichtbibel auf Sigismunds vorgebliche Reformation so eingehend Bezug nimmt,
dabei aber mit keiner Silbe erwähnt, dass er selbst bei der
Erneuerung derselben thätig gewesen: so bietet seine sonstige Schriftstellerei gleichfalls Analogien dazu. Allerdings
erwähnt Franck eigene erschienene oder vorbereitete
Schriften nicht selten; aber er unterlässt die Erwähnung
auch, wo sie — vielleicht selbst der momentanen Wirkung
und rascheren Verbreitung wegen — unräthlich ist. Um
von den Sprichwörtern von 1532 abzusehn, so nennt sein
Weltbuch die Übersetzung der Türkenchronik in keiner
Weise, benutzt sie aber in ausgedehntestem Masse; seine
Gebote und Verbote der Juden erwähnen mit keiner Silbe
den betreffenden Abschnitt des Weltbuchs; wenn am Schlusse
dieses selben anziehenden Werkes mehrfache Beispiele sich
finden, wie sehr die Heiden Marter und Tod verachtet, so
weiss ein sorgsamer Leser oder Verehrer Francks, dass
ähnliche Ausführungen in seiner Schrift von den sieben
Weisen oder in deren Vorlage, in der Geschichtbibel vorausgegangen waren.

Es folge nunmehr das historisch bedeutsame Document der

Vorrede oder Widmung der Reformation
Kaiser Sigismund.

[Titel: Ein Reformation des geist | lichen, vnnd weltlichen stands, durch Key- | ser Sigmundū hoch loeblicher gedecht- | nüsz fürgenummen, vnnd doch ausz | vrsachenn, wie auff dysenn tag | verhindert. 3 Laubblätter.

Schlussschrift. ¶ Getruckt vnnd volendt zuo Straszburg | im zwentzigsten tag, des Monats | Decembers, do man zalt von | der geburt Christi vnsers | lieben herren, dausent | fünffhundert, vnnd | zwantzig jar.

Sign. A.—L. Nach LIIII noch zwei Bll. Das letzte Blatt leer. 46 Bll. 4° ohne Custod. und Zählung.]

[Rückseite des Titelblattes.]

Frid vnd gnad Christi Jhesu vnsers herren allen denen, die do seint eins waren Christlichen glaubens. Ir aller liebsten brueder, der almechtig ewig got, ausz vnauszsprechlicher lieb vnd vaetterlichem erbermd, gegen seinen verdorbnen irrenden vnnd verlasznen schaeflin, hat vns nach vil gesatzen vnd mancherley gebotten, woellen ein kurtz früntlich vnd einfeltige ler geben, damit wir on so merckliche beschwerd jm mit fleysz dienen, vnnd zuletst das so lang verheyssen vnd vil gelobt vatterland, das ist, das ewig leben, erlangen moechten. Darzu er kein bessern oder mee geliebten meyster, den er vns solliche ding zu leren schickt, gehabt, dann Christum Jhesum sein eingebornen sun, woelchen er vns, mitt einer wunderberlichenn geburt, zu zeytenn der volkummenheit vnnd gnad gebenn, mitt sunderlichem beuelch den selbigenn alleyn zu hoerenn. Dann also hatt Christus Jhesus vnnser herr, allweg gehorsam vnnd willig, sollichenn vaetterlichenn willenn vnd beuelch zuuolstrecken, vns nitt spitzfündige kunst, oder weyszheit dyser welt, Sunder ein kurtz früntliche vnnd gottgeliebte leer geben. Alleyn das wir gott den herren, vnnd vns vndereinander als brueder ernstlichenn, nitt mitt angenummener oder erdichtenn lieb liebtenn, woelche die hoechsten sein wolten, den andern dientenn. Das haben nach seinem todt, die heiligen Apostel, vnnd der selbigenn discipel mitt hohem ernst aller welt fürgehalten, geprediget, vnnd nyemandt verhaltenn. So lang die selbigen gewert vnnd gelebt, Ist die heilig Christenlich kirch, wie dann der hochberuembt leerer Eusebius schreybt, frumm, reyn vnnd vnuermaszt bleyben. Aber ye meer vnd meer, Christi der Aposteln, der selbigenn Discipel leer abgenummen, vnd andere menschlichen [Bl. A 11] gesatz, leere, oder won an deren statt hinein getrungen, ye neher ist genanter Christlichen kirchen, jr geschmück, vnnd zierd entgangenn. Also das es nun darzu kummen, das angemelte leer Christi, der Aposteln vnnd jrer discipel, garnach gantz von wetlicher (l. weltlicher) kunst, vnnd üppigem bracht verdunckelt vnnd bedeckt worden; dann in vil jaren wenig gefunden, die das heilig Ewangelium (sic) Christi, oder der Apostel geschrifften, von anfang zu end mitt fleysz vnnd ernstlichem nachsinnenn, gelesenn haben. Sunder, sich vil mee auff die concordantias Biblie, auff jre koepff, vnd der Heyden, spitzfündige kunst verlassen. So nun der allmechtig gott, vns widerumb ausz sunderer barmhertzigkeit will helffenn, das die leer Christi, vnnd seiner Apostel, wie oben anzeygt, durch bekantnüsz mancherley gezüng vnnd schrifftenn von dem menschlichenn nebell, an das clar lauter liecht keme. Ist vnseglich, wie die gesatz geberer schreyenn, clagen, vnnd scheltenn. Es sey ein neüw ding, man woell ein neüwenn glauben machenn, man soll bey vnserer eltern glauben bleyben, vnnd der gleychenn. So doch kein ander clag ist, dann das wir von vnserer elteren, woelche vnlang nach der Auffart Christi, gelebt habenn, so gantz vnnd gar gefallen vnnd kummen sein. woelches sich claerlich erfindt, So einer vnsern glauben vnnd leben, wie mir (l. wir*) yetzundt mitt der heiligenn gut vmb gon, gegen dem leben Christi vnnd seiner leer haltet. Damit aber die selbigen scheyher (l. schreyher) sehen moegenn, das es nitt ein neüw ding sey, sunder nit vil minder dann vor hundert jaren, oder darob, auch solliche Reformierung vorhanden gewesenn, vnnd doch mitt der weysz, die wir auff dysenn tag brauchenn, verhindert worden, haben wir ausz keiner boesenn meynung, sunder alleyn gott zu lob vnd eere, disz Re- (A 11 b) formation, durch den durchleüchtigsten, groszmechtigsten herren Keyser Sigmunden hochloeblicher gedechtnüsz fürgenummen, an tag kummen lassenn. Ob gott der herr, vnsers allergnaedigstenn herrenn, Caroli des erwoeltenn Roemischen Keysers, auch anderer Christlichenn Fürstenn hertz erleüchtenn woelte, ein bessere oder der gleychen, nitt alleyn fürzunemen, sunder auch ernstlichen erstreckenn, vnd volziehen. Da mit frid vnd gnad christi vnsers herrnn sey mit eüch allen. AMEN.

Eüwere mitbrueder G. B. L. N.

2) Die Diallage von 1528.

Schon in Cap. III ist auf den Werth dieser bis jetzt echten ersten Schrift Francks nachdrücklich hingewiesen; sie zeigt eine so entschieden ausgeprägte schriftstellerische Persönlichkeit, dass alle späteren Ansichten Francks sich hier bereits im Keime erkennen lassen; sie verräth eine so umfassende literarische, resp. theologische Bildung; eine so ausgebildete kritische Befähigung, dass es schwer begreiflich bleibt, wie grade der Anfang von Francks literarischer Wirksamkeit bisher so unbeachtet geblieben. Wir als Nichttheologen helfen diesem Mangel an unserm Theile durch einen dreifachen kritischen Nachweis ab, der sich zunächst auf Franck's Original, auf Althamer, sodann auf die umfassenden Zusätze des Übersetzers, zuletzt und hauptsächlich auf bedeutsame Erörterungen ebendesselben beziehen soll.

a. Über die Ausgaben der Diallage Althamer's bieten selbst das Nürnberger Gelehrtenlexikon und die Biographie Ballenstedt's (Exemplare des germ. Museums), geschweige die Artikel der Ersch- und Gruberschen und Herzogschen Encycl., keine erschöpfende Auskunft. Ich erwähne eine unbekannte Ausg. Budissin 1560 (Rost. Univ.-Bibliothek). Für den gegenwärtigen Zweck, der glücklicherweise ein bibliographisches Detail nicht erfordert, wird Folgendes ausreichen. Der erste Theil der Diallage, Francks Vorlage, umfasst 100 Paar scheinbar wider-

---

* In der Türkenchronik findet sich gleichfalls mir und wir nebeneinander.

sprechender Bibelsprüche, und wurde zu Nürnberg von Fr. Peypus gedruckt 1527; diese Zahl auf dem Titel und in der Schlussschrift; ebenso in der Dedication: E rure, quinta Septembris, Anno a restituta salute M. D. XXVII. (Königl. Bibliothek zu Berlin). — In Verbindung mit dem zweiten Theil erschien das Werk zuerst, 170 Doppelsprüche behandelnd in Nürnberg 1530 (Exempl. zu Rostock). Beachtenswerth ist folgende Stelle der neuen Widmung an Georg Vogler — Onoltzbachii feriis divi Joannis Baptistae anno salutis nostrae 1530: Prima acditio mendis respersa erat, hanc emaculatiorem dedisse typographum putaverim; distulissem forsan recognitionem, nisi me fraus et additio inscriptioni addita coegisset. Nam quoties post primam editionem excusi sunt, adjecerunt typographi in titulo mendacem additionem, quasi libellus fuisset a me denuo castigatior recognitus, quum ego nullam limam adhibuerim a prima editione praeter eam quae nunc primum prodit qua ego mutavi quaedam et ubi res exigebat, adjeci paucula.

Für die folgenden Ausgaben ist der Umstand beachtenswerth, dass die Reihenfolge der Sprüche eine Abänderung erleidet; die auf das Abendmahl bezüglichen Sprüche, ursprünglich No. 61—63, werden jetzt an das Ende gestellt. In der Ausg. Norimbergae, J. Petrejus 1544, die die Widmung D. Baltassari, Abbati in Heydenheym — Onoltzbachii, mense Junio Anno salutiferi partus 1534 wiederholt (Wolfenb. Exempl.), ist demnach No. 64 zu No. 61 geworden; ferner ist No. 157 doppelt gezählt; No. 166 also entspricht No. 170, dem Schluss der ersten Gesammtausgabe facite vobis amicos de mammona iniquitatis. — Ob Franck's reiche Zusätze in der Übersetzung; ob namentlich sein verpuetschiertes Buch 1539, das Althamer's Plan in umfassender Weise aufnimmt, auf die Erweiterungen des ursprünglichen Werkes Einfluss gehabt, näher zu prüfen lag meinem Plane fern; erwähnen will ich indessen, dass in No. 185 Lob und Tadel des Weins nach Psalm 104 und Hosea 4 Althamer nach den biblischen Beispielen Belege aus dem classischen Alterthum, und Stellen aus Plinius, Seneca u. a. beibringt, eine Ausführung, wie sie ähnlich vor ihm Phil. Beroaldus in seinem Dialog eines Hurers, Spielers und Säufers gegeben hatte. Diese Schrift aber hat bekanntlich S. Franck im Jahre 1531 übersetzt.

b. Auf Franck's Übersetzung vom Jahre 1528, die gleichfalls wie das Original von Friedr. Peypus in Nürnberg, aber nicht auf eigene Kosten, sondern „aus verleg des Ersamen Leonhart zu der Aich, burger vnd Buchfuerer" gedruckt wurde, und auf die grosse selbstständige Bedeutung derselben ist bereits wiederholt hingewiesen. Schon die blosse Thatsache, dass das ursprüngliche Werk 4 ungez., 99 gezählte und sieben Registerblätter, die Übersetzung 215 Blätter umfasst, von denen auf Widmung und Register die 12 ersten fallen (Widmung am Schluss. „Vom feld am 5 tag Septembris im jar von dem widererholten heyl 1527 Bl. 5 b), zeigt, dass der Übersetzer wohl ebenso viel Selbständiges, als Entlehntes bietet. Ausserdem sagt Franck am Schlusse ausdrücklich: Cristenlichen Leser. Ich hab im Teutschen vil zutragen, das im latein nicht ist. Bit dich, woellest dise mein weysz vnd arbeyt zu danck annemen, dann es yhe dir zu gut ist geschehen. Habe ichs gebessert, so lobe Gott, habe ichs geboesert, so gibe mir die schuld, vnd nicht dem lerer, vnd mach du es besser, du hast es macht, darzu ein frey vrteyl, wil niemandt an meynen kopff gepunden haben. Lisz, hernach vrteyl. Ich hoff, hab ichs nicht gebessert, so hab ichs doch auch nicht geboesert. Lasz dir wol sein in Christo.

c. Für die Bedeutung dieser Zusätze spricht nun nicht bloss der Umstand, dass auf theologische Zeitgenossen, Oecolampadius u. a., vor allen Luther — siehe die keineswegs erschöpfende Zusammenstellung Cap. III C — eingehend Bezug genommen wird; von grösserer Wichtigkeit ist das selbstständige Urtheil, in dem Franck wohl meistens mit Luther zusammentrifft, in nicht wenigen Fällen aber auch Consequenzen zieht, die dieser kaum gebilligt hätte, Lehren, die in ihrer schroffen Fassung und scharfen Zuspitzung später direct von Luther (Vorrede zu Freder's Lob und Unschuld der Frauen) und noch früher von Melanchthon (auf dem Convent zu Schmalkalden) bekämpft und verworfen sind. Wir heben fünf Stellen heraus; bei den drei ersten steht Franck mit Luther auf demselben Boden; die letzten beiden zeigen bereits die bevorstehende Abweichung. — Der Mittheilung selbst aber wünschte ich die weitere Folge, dass Theologen von Beruf eine Erneuerung des ganzen Werkes unserer Zeit und der Bedeutung Francks entsprechend hielten; mit Franck müsste dann wohl zugleich das Original Althamers verbunden werden.

No. 61 Althamer: verba simplicia, nuda, clara et aperta adeo obscuramus, ut sphingos aenigmatis sint abstrusiora. Franck: Machen das lauter wort so schwer vnd seltzam, das die raetherschafft von sphings nicht so seltzam ist. Deuten die schrifft wie wir woellen, lassen Got sagen was er wil, wenn er spricht: Das ist mein leyb, so sprechen wir, Es sey souil gesagt, als das bedeut mein leyb, gleych als het es der heylig geyst nicht moegen also reden, das bedeut mein leyb. Das hayst den heyligen geyst gen schul fueren vnd reden leren wie man im Bapstum allenthalb than hat. Da steet, Wer glaubt vnd taufft wirt, wirt selig, haben sie gesetzt, Wer glaubt, vnd gute werck thut 2c.

No. 59, Bl. 141a. (Christus) ist nicht so keck gewesen vnd vermessen, als der Bapst, der all sein geyffer vnd troem vns fuer Gottes wort hat fuertragen. Aber er sol sich vber Got setzen, auff das die prophecey an jm erfült werde. Danie. 8. 2. Thessa. 2.

Bl. 189a. Allwege ist die heylig schrifft in grossem ansehen gewesen, bisz sie der Bapst vnter die banck in staub hat lassen ligen, die geystgnossen gar verlaugnet. Das hat Paulus 2 Timo 4 zuuor gesagt.

No. 64, Bl. 154a. Doctores handlen die schrift vbel. Augustinus, Hiero. Orige. wenn sie in etwas fuer haben genumen, so hat es alles auff jren kopff muessen lauten, vnd nyndert der schrifft mehr vnrecht thun, dann wenn sie haben woellen sigen wider die ketzer, da fueren sie die schrifft so vneygentlich vnd vnordenlich, das wunder ist. Als wenn jm einer het fuergenumen, den freyen willen zu verthedigen, zwacket disen spruch zu sich Joan. am. 6.

Was zu mir kumpt, das wil ich nicht hinaus stossen, vnd schlusz, daraus folget, das bey vns stehe in vnser macht zu Gott zu keren. So wer es feel, lurschtz vnd quit. Dann Christus spricht gleych daruor | Was mir der vatter geben hat, vnd zeucht (154b) das kumpt zu mir, vnd welcher aus denen zu mir kumpt, den verstosz ich nicht. Sihe, da ligt er schon im dreck, vnd reymet sich eben auff sein maynung wie ein haspel in ein sack, vnd wie ein faust einem aug gleych sicht, darumb ist es maysterstuck, die schrifft recht, artlich, eygentlich fueren, vnd gefehrlich ist aus anderer commenten sie versteen. Trinck ein yeder aus dem brunnen selbs, die baech sind mit menschenkot vergifft, vnd nicht vil sind, die der schrifft kein gewalt thun vnd recht furen. Was macht vnser schwermer irr, dann das sie jn ein sach fuernemen, mainen darnach die gantze schrifft kling darauff, dann wenn einem ein lied im kopff ist, so maint er die glocken leutens, vnd bellens die hunde, da gilts rips raps, rathprechens vnd marterens, da mus Christus daran, der schand deckel sein, vnd einem yeden seyn sach helffen verthaedigen, vnd bezeugen auch wider sich selbs, er mus einem yeden sein liedt singen, niemandt wil jm nach singen. Daher kumpt das sprichwort gemein vnd war, in Gottes namen fecht sich alles vnglück an, niemandt ist, der nicht Christum fürwende zu seinen sachen zu eynem zeugen, yederman deckt sich mit jm zu, allen partheyen mus er helffen vnd recht geben, was aber daraus wirt, sehen wir wol, rotten, secten, allerley vnraths, verplendung, das wir in verkerten syn werden geben, auff das Got den vndanck, ja sünd mit sünd straffe. Roma 1. Darumb schickt vns Got krefftig irthumb, das die der warheit nicht haben woellen glauben doch den lugenmeyster zum meyster haben muessen. 2. Thessa. 2.

Noch bezeichnender für Franck ist die folgende Ausführung, wie Gottes Heiligkeit und Gerechtigkeit mit der Existenz der Sünde vereinbar sei. Bisher waren ähnliche Erörterungen nur aus den Paradoxen und späteren Schriften Francks bekannt; die nähere Hinweisung auf Erbkam und Hase werden mir Kenner und Nichtkenner d. h. in diesem Falle Kenner in spe erlassen.

No. 29, Bl. 63b, am Rand. Gott ist ein vrsach aller ding, auch der sünd. Aber das ich doch mein dunckel sage, wie Gott eyn vrsach sey aller ding, auch der sünde vnd doch die hasse, Sage ich, Wir sehen das in der natur, das die Sunn das as stinckent macht on schuld, vnd ist dem gestanck feyndt, Also, wenn das gottes wort auff den gotlosen scheyndt, so erregts jm all sein natur, Da find sich dann der schelm, das er stincket, Vnd wirt also durch die Sunnen Goetliches worts mehr stinckend. Also ist ein eynig gottes wort, dauon wirt der gotlose erger, der frumme frümmer. Item, die Sunne macht den blinden blind, dann wenn kein Sunn noch liecht wer, (Bl. 64a) so wer es ymer nacht vnd finster, so wer der blind kein blinder, sonder yederman gleich. Item, wer macht die narren zu narren? Die weyszheit, dann wenn kein witz wer, so wer kein narr nicht, ist doch die weiszheit der torheit feyndt. Also wirckt Gott alle ding in allen on schuld | Joan. 1. 15. Dann er wirckt in einem yeden was es ist, dz wesen in einem yeden ding, ist sein werck. Das wie du bist, also ist dir got, dem verkerten verkert, dem guten gut, einem dieb ein dieb. Psal. 17. Also kreucht er in einem schnecken, stilt in einem dieb, moerdt in einem moerder (Randbem. Got ist boesz in den boesen). Dann was woelt die natur vnd Got anderst in dir wircken, dann was vnd wie du bist, die schuld ist dein, dz dich die Sunn schwartz macht, macht sie doch die leynwat weysz. Ist nit die blum der spynnen gifft, der bynen hoenig, vnd wirckt es doch beiden ein eynig bluem on schuld? Also ist got in dir wie du bist, find er dich gotlosz, verstossen, so wirt dir Got gifft sein vnd gotlosz in dir, dann er singt in keyner kue sonder brilt. Find er dich aber dem ebenbild seines suns gleich, versehen ee der welt (64b) grundt wardt gelegt |, So wirckt er in dir hoenig, leben vnd selickeyt. Summa, Got ist ein block in eynem block, ein baum in einem baum, ein saw in einer saw, ein koernlein in einem korn. Vnd was ein yedes ist das wesen in jm, ist Gott, dann on jn ist nichts gemacht, was gemacht ist. Joan. 1. Vnd wie er spricht | Joan. 15. On mich koendt jr nichts thun.

Also wirckt Got die sünd, aber doch in den sündern, das er die sünd mit sünde strafft, dann sünde ist der sünd straffe. Es ist auch der werck seyner gerechtickeit eyns, das er dem gotlosen gotlosz sey, in den gerechten gerecht. Dann solt er das gotlosz wesen in dem gerechten wircken, vnd die gerechtickeit in dem gotlosen, was wer sein gerechtickeit. Darumb wirckt er gerechtickeyt in dem gerechten. Also hasset Got den teuffel, vnd mus doch in jm wircken all seyn wesen. Dann was wolt er anders in jm wircken. Er moecht jn woll selig machen, es wer aber wider sein art, natur, wesen vnd gerechtickeyt. Er mus in dem teuffel eyn teuffel sein. Also, das Gott in mir sünde wirckt, ist er on (Bl. 65 a) schuld. Was kan der frum Got darzu, das ich ein sünder bin. Solt er im Teuffel gerechtickeit wirken, das sey ferr von jm, sein macht wer es wol, sein wil ist es aber nit, die gerechtickeit gibt es nit zu. Also haszt Got den Pharaonem vnd all sein werck, die er doch in jm wirckt.

3) **Demselben Jahre 1528 gehört nun an die Schrift von dem Laster der Trunkenheit.** Von innern Gründen spricht dafür die Übereinstimmung mit Luthers reformatorischen Principien und der Hinweis auf seine Schriften; von äusseren Gründen, dass Franck [in seinen Sprichwörtern 1541 versichert, vor 12 Jahren von der Trunkenheit und ihren bösen Folgen eingehend gesprochen zu haben. Ausserdem nimmt Franck auf den Dialog des Beroaldus gelegentlich Bezug, ohne mit einem Worte die beabsichtigte oder schon abgeschlossene Übersetzung von 1531 zu erwähnen.

Diese Andeutungen über eine in zahlreichen Ausgaben und Übersetzungen (vgl. insbesondere Wiechmann-Kadow altniedersächsische Literatur Mecklenburgs) verbreitete Schrift wären sachlich ausreichend; ich will mich aber der persönlichen Pflicht nicht entziehn, einen directen Angriff Alfr. Hase's gegen mich kritisch zu beleuchten. Dass er mich dabei eines kleinlichen Urtheils fähig gehalten, will ich ihm an sich nicht verargen; ich meinestheils hätte mich geschämt, bei einem literarischen Anfänger einen so kindlichen — unbedarvt sagen wir Mecklenburger —, oder richtiger kindisch beschränkten Standpunkt des Urtheils vorauszusetzen. Hase sagt S. 6 Note.

„Im Anzeiger des Germ. Museums 1867 No. 3 führt Fr. Latendorf eine Ausgabe des Buchs vom Laster der Trunkenheit an von 1528, Bibliothek des Germ. Museums No. 1573. Er glaubt danach die frühere Annahme von 1531 als ersten Druck corrigiren zu müssen. Aber vom Germ. Mus. selbst geht mir über dieses Exemplar die gefällige Nachricht des Herrn Dr. Frommann zu, dasz XXVIII allerdings gedruckt steht, aber wol XXXIII gemeint ist. Demnach wäre hier ein Druckfehler anzunehmen. Von XXXIII ist die verbreitetste Ausgabe, die erste von XXXI ist selten. Auch findet sich sonst auf keiner Bibliothek oder in keinem Verzeichniss seltener Bücher eine Ausg. von 1528."

Darauf erwiedere ich Folgendes. Eine Ausgabe von 1528 benutzten u. a. Merz in dem Art. Franck der Herzogschen Encycl., Hagen in seinem grossen geschichtlichen Werke über die Reformationszeit und Sanders in seinem deutschen Wörterbuch. — Letzterem hatte ich, vor 20 Jahren etwa, mein eigenes aus dem Köhlerschen Antiquariat erworbenes Exemplar zur Benutzung dargeliehen und habe es später an Wiechmann-Kadow für bibliographische Zwecke abgetreten; dieser weiss es neuerdings leider nicht aufzufinden. Jetzt (1876) würde ich mich von einem Werke oder einer Ausgabe Francks nur trennen, wenn ich sie in duplo besässe. Die in dem vorstehenden Werke gegebenen Citate sind bald dem Nürnberger, bald dem Wolfenbütteler Exemplare entnommen.

Von dem germanischen Museum aus bin ich autorisirt worden, die nachstehende briefliche Mittheilung Frommann's anzuführen. Mein langjähriger Freund wird es entschuldigen, wenn ich aus historischen Gründen auch nicht ein Wort des bezüglichen Theiles unserer Correspondenz fortlasse; der jüngere und doch nicht allzuviel jüngere Theologe lernt vielleicht an diesem einen Beispiel, dass es in literarischen Fragen sich ziemt mit der umsichtigen und zurückhaltenden Vorsicht, wie sie den Philologen eigen ist oder sein soll, zu urtheilen. So wäre mit der sachlichen Berichtigung zugleich ein persönlicher Gewinn verbunden. Frommann schreibt mir also unter dem 30. Novbr. 1870:

was die zweite angelegenheit Ihres briefes betrifft, muss ich mich einer übereilung gegenüber dem herrn Hase schuldig bekennen, sofern ich wirklich — was mir jedoch durchaus nicht erinnerlich ist — selbst über unser exemplar der Franck'schen schrift vom laster der trunkenheit an ihn geschrieben haben sollte und jene mittheilung, deren er auf s. 6 seines buches gedenkt, nicht vielmehr von einem bibliotheksbeamten herrührt und von mir blos unterzeichnet ist.

Ich habe sogleich das fragliche exemplar herbeigeholt und gefunden, dass am schlusse der vorrede steht:

„Geben zu Justenfelden. Anno Domini M. D. XXVIII."

Auf dem titelblatte steht mit dinte die jahreszahl 1528, ist aber mit bleistift durchstrichen und daneben bebemerkt: „Druckfehler für 1533." Auf diese Bemerkung mag sich die dem hrn. Hase gegebene mittheilung stützen. Man hat sie ohne weitere prüfung auf treu und glauben hingenommen, so dass also der druckfehler in obiger zahl: XXVIII so berichtigt würde, dass das falsche V für ein drittes X gälte, während andere es für V nehmen.

Nach einer genauen vergleichung dieses exemplares mit zwei anderen, unter sich verschiedenen vom j. 1531, deren eines unsere bibliothek Ihnen verdankt, das andere in der bei uns deponirten Chr. v. Scheurl'schen sammlung sich befindet, habe ich die überzeugung gewonnen, dass jenes fragliche exemplar älter sein muss als diese beiden. Das geht namentlich aus der sprache, insbesondere der orthographie, aus manchen abweichenden lesarten und ganz besonders daraus hervor, dass die marginalien in jenem drucke noch seltener sind als in den beiden v. j. 1531.

Die zahl der blätter des fragl. druckes beträgt 38, nämlich Sign. 𝔄 bis 𝔖 je 4 blttr., dann ℑ nur 2 blttr. und 𝔎 wiederum 4 blttr. Die ersten zeilen des titels stimmen allerdings mit Ihrer angabe über den druck v.

1538 in der zeilenabtheilung, doch nicht in der schreibweise. Sie lauten:

Von dem greüwlichen laster | der trunckenhayt, so inn disen letsten zeytten erst | schier mit den Frantzosen aufkommen | Was füllerey, sauffen vnd zutrin | cken, für jammer vnd vnrath, schade der seel vnd desz leibs, auch armut | vnd schedlich not anricht, vnd mit sich bringt. etc. etc.

Mit herzlichen grüssen, besten wünschen für Sie und die w. Ihrigen in allen treuen

Ihr
dr. Frommann.

Gott segne Deutschland und schenke
  ihm einen guten frieden!
Lassen Sie doch bald wieder von sich hören!

4) In der Schrift vom Laster der Trunkenheit glaube ich zugleich eine Andeutung zu finden, die Weinkauff demnächst urkundlich begründen wird, dass Franck eine Zeit lang ein evangelisches Pfarramt bekleidet hat. Der Erfolg seiner Wirksamkeit entsprach nicht seinen Erwartungen; er legte sein Amt nieder, um, wozu er allerdings geboren war, als Volksschriftsteller zu wirken. Ich ziehe hierher die Worte (s. oben S. 315 fin. und 323). Aber man kann uns nicht von den Polstern bringen u. s. w. Damit stehen die bekannten Worte Luthers „denn er wol gefuelet, das zu leren die Warheit vnd Irrthum vnd Ketzerey widerzustehen, noch zu einigem Kirchendienst gantz vnd gar vntuechtig vnd kein nuetz sein künd, darumb er sich auch vmb solchs gar nichts hat angenomn" nicht im Widerspruch. Franck hat alle Ketzerrichterei wiederholt auf das entschiedenste gemissbilligt (vgl. Abschnitt C dieses Capitels); jeder Zwang, ja jede Bestimmtheit des Dogmas war ihm ein Gräuel; so können die Schlussworte Luthers sei es auf eine scheinbar untüchtige Amtsführung, sei es auf die baldige Niederlegung eines Kirchendienstes füglich nicht mit Unrecht gedeutet werden. — Wie ideell und kühn aber Franck den Beruf eines echten Schriftstellers fasste, zeigen seine Worte an den

Ulmer Magistrat (1533): Was ich vom hern hab, dz wil ich schrifftlich dem volck Gottes mitzuteylen nit vergraben, disz will aber ein freyen man haben, der mit keinem ampt vorstrickt sey, damit nit yemant acht, er habe disem oder jenem zu lieb geschrieben vnd disz lied gesungen desz prot er esse. (Weinkauff in der Alemannia 1876, S. 26). Diesem Entschluss ist er treu geblieben, und hat neben einer überaus produktiven schriftstellerischen Thätigkeit, theils als Seifensieder, theils als Drucker seine an Kindern gesegnete Familie (vgl. Alem. S. 29) nicht ohne Bedrängnisse mannigfacher Art ehrlich durchgebracht. Die Beschäftigung als Drucker legte ihm seine eigene Schriftstellerei nahe; mit dem Seifensieden hat er sich wohl, wie Merz a. a. O. treffend bemerkt, bereits in Nürnberg vertraut gemacht, demselben gewerbsamen Orte, „von woher auch Luther sich durch W. Pirckheimer das Drechslerwerckzeug kommen liess, als er nach dem Vorbilde des Apostel Paulus zugleich sich auf ein Handwerk zu legen beschloss." Seine hervorragende Tüchtigkeit als Seifensieder, deren er sich selber (1533) dem Ulmer Magistrat gegenüber rühmen darf, hat ihm eingestandenermassen Tage behaglichen Wohllebens oder Auskommens verschafft; aber es hat ihm daneben früher und später nicht an Gelegenheit gemangelt, den Druck und die Enge der Armuth ausreichend kennen zu lernen; auch an seinem Beruf zur Schriftstellerei ist er seiner selbst und der Weltlage wegen nicht selten irre geworden, wie weit verbreitet in und ausserhalb Deutschlands auch seine Schriften waren, vgl. Weltbuch Bl. 158 Darumb gedunckt mich, es solt nun yederman stillschweigen, vnd dem wasser seinen flussz lassen. Es ist yetz schweigens zeit und namentlich weiter unten: hab derhalb den eifer hingelegt, das ich vil torecht auszgeschütt hab vnzeittig. Ich will yhr (der welt) das valete mit disem buch geben haben, vnd sy yhr selbst für die augen stellen, das sy doch sehe was sy glaub, wie sy hauszhalte, wem sy diene. Ich bin an diesem schuler verzagt, lere ein ander yhn als lang er woell. Versihe mich, er werde mit ym oben so vil auszrichten als ich. Wers nit glauben will der erfars, wer lust hat den tawben zu

singen der sing vnd werff das heylig gleich für die hundt
vnd schwein, er sehe aber das sisz nit mit fuessen tretten,
vnnd yhn zu lohn verreissen. — Wie bitter die Noth bis-
weilen an seine Thür gepocht, zeigt nach Nippold (Jenaer
Literaturzeitung 1076, S. 341) ein von Basel nach Bern
gerichteter Brief, worin er um eine Schulstelle sollicitirt
und seine traurige Lage in lebendigen Farben schildert.
Der baldige Abdruck dieses sicher werthvollen und bedeut-
samen Documentes sei meinem Freunde Weinkauff noch
ausdrücklich ans Herz gelegt! Der schmerzlichen Noth-
wendigkeit, sich in die Fesseln eines Amtes zu schmiegen,
hat vielleicht die Theilnahme seines Freundes, des Anna-
berger Bürgers Utmann, ihn überhoben, dessen thatkräftige
Hülfe Franck in der Widmung der Sprichwörter von 1541
mit beredten Worten rühmt.

C.

Franck's literarisches Wirken in der Vollkraft des Mannesalters und sein Ende.

Weinkauff setzt in der Alemannia als Todesjahr
Francks 1542 an. Dazu stimmt die sonstige Überlieferung,
dass der Angriff, den Freder in seinem Buche zum Lobe
der Frauen 1543 gegen Franck gerichtet hat, bereits einen
Todten traf. Die Schrift „von der Hoffnung und Liebe
Gottes" Frankfurt a. M. Cyr. Jacob 1543 wäre demnach
wohl als ein opus postumum oder — was nach dem Frevel
Luthers an dem Gedächtniss des Abgeschiedenen versöhnend
wirken könnte — als der Schwanengesang des nicht für
die Kirche, aber „für die Ausbreitung des Gottesreiches
mit Eifer und Liebe" (Sepp) wirkenden Mannes anzusehn.
— Ich halte es nur noch für Pflicht darauf hinzuweisen,
dass Wiechmann-Kadow in seinem trefflichen Werke über
die altniedersächsische Literatur Mecklenburgs bei der Erwähnung Freders auch auf Franck sorgsam und eingehend
Bezug genommen hat; nach ihm habe auch ich Einschlagendes vor einem Decennium etwa in einem Aufsatz über die

heimathlichen Dichter unseres Landesgesangbuches in dem zu Schwerin erscheinenden Kirchenblatte mitgetheilt.

Die grösseren Werke dieses Zeitraums sind insgesammt von Bischof, Erbkam, Hase u. a. eingehend und sorgsam gewürdigt worden; ich hebe nur noch aus zwei kleineren Schriften, der Türkenchronik und dem Sendbrief an Campanus einige Stellen heraus, die für Franck's Denkart und religiöse Stellung von entscheidendem Gewichte sind, und verbinde mit denselben schliesslich einen herrlichen Ausspruch des Weltbuches.

Den weit verbreiteten und oft wiederholten Irrthum, als habe Luther Franck's Türkenchronik bevorwortet, hat Jacob Franck durch erschöpfende Darlegung im Anz. f. K. d. d. Vorzeit 1869 völlig beseitigt; Luther hat eine Ausgabe des lateinischen Originals mit seiner Vorrede begleitet; Franck hingegen hat in seiner editio princeps beides, das Original des Siebenbürgers und Luthers Vorrede deutsch wiedergegeben. — Franck aber genügt es in keiner seiner Schriften nur seine Vorlage zu wiederholen; sein eigenes reiches Innere zwingt ihn zur Selbstoffenbarung. So spricht er sich am Schluss der Türkenchronik in edelster Weise über kirchliche Toleranz aus. Ich acht, das allain der vnglawb von Gott schayd, Wo der glawb recht ist, da ist auch ein halm auffheben ein gut werck. Got kan vns dysz dockenwerck vnd kinderspyl in eusserlichen dingen wol für gut halten durch Christum, so wir sonst ym gayst vnd glawben auffrichtig vor ym wandlen; kainer hat es noch gar errathen dann Christus. Wir haben derhalb all für vnser faol vnd irrthumb mit David, Psalm 19, 25 zu bitten, dann es mangelt vnd gehet vns allen noch vil ab, wie Sanct Jacob spricht cap. 5. Paulus Rom. 3 vnd haben in erkantnus Gottes taeglich zuzunemen. Gott geb das wir darin wachsen bysz zu dem volkomen alter Christi Ephesor 4. 2 Petri 1.

Die weitere Fortsetzung stimmt mit dem Schluss seines Gedichtes „ich will und mag nicht Baepstisch sein" (Wackernagel 965) eng zusammen und erinnert ausserdem an den von Schelhorn mitgetheilten und von Sepp S. 166 wiederholten Anfang seines Briefes an Campanus.

Bl. 40a. Weyter seynd zu vnsern zeyten drey fürnemlich glawben auffgestanden, die grossen anhang haben. Alls Lutherich, Zwinglisch vnd Taeufferisch, der vierdt ist schon auf der ban, das man alle eusserlich predig, Ceremoni, Sacrament, ban, beruff als vnnoettig, will ausz dem weg raumen, vnd glat ein (40b) vnsichtbar geistlich kirchen in eynigkait des geysts vnd glawbens versamlet, vnder alten voelckern, vnd allain durchs ewig vnsichtbar wort, von Got on eynich eusserlich mitel regyert will anrichten, als sey die Apostolisch kirch bald nach der Apostel abgang durch den grewel verwuest gefallen, vnd seindt zumal gefaerlich zeyt, Got helff vns allen, vnd geb vnns, das wyr yn seiner forcht ergreyffen das recht ist, vnd den rechten weg in diser finsternus wandlen. Amen.

Von dem Brief an Campanus ist das lateinische Original verloren oder verschollen; von einer deutschen Ausgabe Amsterdam 1661 hat Schelhorn Amoenit. Literar. XI. (1729) S. 59 den Anfang mitgetheilt; ebenderselbe erwähnt Ergötzlichkeiten I (1762) S. 115 eine alte Ausgabe dieses und eines andern Briefes mit der Widerlegung eines Ungenannten. Da Schelhorn nichts Näheres angiebt, ist die Annahme gestattet, dass diese Ausgabe die deutsche Vorlage des zu Wolfenbüttel befindlichen niederländischen undatirten Druckes ist. Das Wolfenbüttler Exemplar verbindet nämlich mit dem Brief an Campanus einen kürzeren an etliche „in der Eyfelt." Die Vorrede aber bildet die Benachrichtigung des Druckers an die Leser und eine Warnung, dem Urtheile Francks nicht beizupflichten, dass die Sacramente „Poppen vnde Kinderspel" seien; andere überschätzten freilich auch den Werth derselben, maken Goden daerwt vnde halden sy vor dat wesen selfst; an beyden syden isz groot verloop.

Die genaue bibliographische Beschreibung und die nähere Würdigung des Inhalts behalte ich meinem Freunde Weinkauff vor. Ich theile nur mit, dass nachdem Franck den Freimuth des Campanus warm gewürdigt, er sich selber zu den theologischen Ansichten eines Servet bekennt; er empfiehlt namentlich die Schriften Bunderlins. „hy isz seer vrymoedig vnde (vp dat ick van herten sproke) vile ge-

leerder vnde godfruchtiger, dan ick ellendig minsche bin.
— Daer beneuen isz hy oick vile vryer vnde vngebonden, als die geyn echte vrauwe noch kinderen heifft, gelijck ick hebbe.

Zwei Stellen scheinen mir vor andern der Mittheilung werth.

Laet dyne broedern wesen die Turcken vnde Heydenen, in wat plaetsen der aerden sy oick leuen alle die daer God vreesen vnde gerechticheit wercken, van God geleert vnde inwendig getrocken. Act. 10. Joa. 6. Wie wael dat die oock den name desz doopsels niet en weten, ja al weten sy oick geyn history, oft eynige Schrift van den Here, maer syne kracht, doer dat jnwendig woordt geleert, jn sich hebbende, vnde so fruchten vortbrengende, Want Christus ontschuldigt oock die seluige, als hy spreickt, der daer sundigt tegen des minschen Soon, den sal vergeuen werden. Marc. 3. Daerom meyne ick oick, gelijck dat daer vile Adams sijn, die niet weten, of daer oock eyn Adam geweist sy, also sijn daer vile Christo toehoerende, die oock Christus name niet weten. — Kurz vorher: Hy heift wel toegelaten, ja gegeuen die wtwendige teyckenen, als ein poppenspel der kindisscher Gemeynten niet dat sy nootwendig waren to den rijcke Gotz — — — het isz hem (den vader) angenaem als der tijt komt, dat dat kindt nu sterck vnde ein man wesende die puppe vnde staff wechwerpet vnde van sich keret. Wenig später empfiehlt er den Grundsatz ghy sult die Schrifture meer wtleggen na die getuygenisse der Conscientien. — Int korte so seg ick, wy moeten al wat wy van jonckt, van vnsen Papisten geleert hebben, ontleeren, vnde moeten al veranderen, wat wy van den Paus, Lutherus, Zwynglius ontfangen hebben, ingedroncken vnde vor vast gehalden, Want ghy sult lichter van eynen Turck, dan van eynen quaden Christenen vnd Schriftgeleerden eynen goeden Christenen maken. Want voer hen staet vnde ligt in den weg der vorhanck Moysi, dat isz die doidende letter der Schrifturen.

Zur Veröffentlichung (vgl. S. 328) eines solchen Briefes hielt Franck wohl mit Recht die Zeit noch nicht reif; die Verfolgungen, die er schon erlitten, wären stärker und stärker geworden. Auch heute erscheint wohl dem oder jenem ein so weich- und weitherziges Urtheil nur wenig vom positiven Christenglauben an sich zu tragen; Franck schon ausserhalb des wahren Christenthums oder an der äussersten Grenze desselben zu stehn. Freunde und Feinde aber müssen ihm beitreten und um ihn sich schaaren, wenn er das Wesen des Glaubens mit eigenthümlichen und tiefen Worten in seinem Weltbuch Bl. 125 so erklärt.

Es kumpt mit einem gelasznen menschen dahin, das yhm disz eynig weit vmb sich greiffend gebott (inn Gott glauben) zuuil vnd zulang wirt, vnd wirt zuletzt so eng eingezogen vnd zuhauff gwickelt, das es auff ein vnauszsprechenlichen seüfftzen, puncten vnd plick kumpt, das der mensch schlecht seine augen in Gottes barmhertzigkeyt hefft, vnd seins glaubens, wissens, tugent, vnd aller seiner guten werck auch die er in Gott gethon hat, vergisset, ja er foercht sich vor all seinen wercken, gibt vrlaub all seinen künsten als einer torheyt, vnnd wirt sein glaub so tieff in vnglauben beschlossen, das er nichts mer von seine glauben weyszt, vergafft vnd verwundert sich alleyn Gottes angsicht vnd guete, die er als ein fürgehenckten spiegel vor yhm sicht, seüfftzet ausz tieffem hertzen darnach, vnd kan niemant icht mer daruon sagen, so voll ist yhm das hertz, das er darab erstumpt vnd nit auszsprechen mag, das hertz ist Gott zu eng, der mund zu wenig dise freüd zu erzoelen.

Damit verbinde ich noch die Stelle in dem letzten Werke Francks von der Hoffnung und Liebe Gottes Bl. 37b hie regiert der vnauszprechlich seüfftz, daruon Paulus, Roman. VIII. vnd darf Lutherus fraech vnd frey sagen, dem ich hierinn zustimm, das nit leüt seyen, inn disem leben Gott naeher wann sollich hoffer vnd lesterer Gottes.

Von demselben Verfasser sind folgende Schriften früher im Buchhandel erschienen:

Agricola's Sprichwörter, ihr hochdeutscher Ursprung und ihr Einfluss auf die deutschen und niederländischen Sammler nebst kritischen Bemerkungen über die Sprichwörter und Sprichwörtersammlungen der Gegenwart. Schwerin, 1862. Fr. Bärensprung. 4 Mark.

Michael Neander's deutsche Sprichwörter. Herausgegeben und mit einem kritischen Nachwort begleitet. Schwerin, 1864. Fr. Bärensprung. 75 Pf.

Seb. Franci de Pythagora ejusque symbolis disputatio commentatio illustrata. Berolini, 1868. Calvary. 1 Mark.

L. v. Passavant gegen Agricola's Sprichwörter. In wortgetreuem Abdruck herausgegeben und erläutert. Berlin, 1873. Calvary. 1,50 Mark.

Lehrer und Abiturienten des Fridericianums in Schwerin von 1834 bis 1874. Ein Beitrag zur Statistik und Culturgeschichte aus Mecklenburg. Schwerin, 1875. Stiller. 1,50 Mark.

Zu Lauremberg's Scherzgedichten. Ein kritischer Beitrag zu Lappenberg's Ausgabe. Festschrift zur Begrüssung der Rostocker Philologen-Versammlung. Rostock, 1875. 80 Pf.

Register.

Widmung S. V—VII.

Thl. I. Text der Sprichwörter und Commentar	S. 1—234
Thl. II. Sachliche, sprachliche und literärgeschichtliche Erläuterungen	235—367
Einleitung	236—238
Cap. I. Bibliographisches	238—245
Geschichtliche Kenntniss der Sammlung	245—252
Cap. II. Die Bedeutung der Sammlung für unsere heutige Sprichwörterkunde	252—311
A. Das Verhältniss der Sammlung zu Agricola	253—284
B. Agricola's eigene Sammlung; ihre äussere Geschichte; der Einfluss auf das 16te und ihre Bedeutung für unser Jahrhundert	284—307
C. Neuer proverbieller Gewinn aus der Sammlung von 1532	307—311
Cap. III. Beweis, dass S. Franck der Veranstalter und Urheber dieser Sammlung	311—332
A. Materielle Gründe	311—317
B. Formelle Gründe	317—326
C. Ideelle Gründe	326—332
Cap. IV. Seb. Franck und das deutsche Sprichwort	333—341
Cap. V. Kritische Beiträge zu Seb. Franck's Leben und Wirken	341—367
A. Franck's Geburt und Jugendbildung	342—346
B. Franck's erstes Mannesalter	346—363
1) Hat S. Franck die Reformation Kaiser Sigismunds zu Strassburg 1520 herausgegeben	347—352
2) Die Diallage von 1528	352—358
3) Laster der Trunkenheit von demselben Jahre	358—361
4) Franck's Amts- und Berufsleben	361—363
C. Franck's literarisches Wirken in der Vollkraft des Mannesalters und sein Ende	363—367.

Druck der Hofbuchdruckerei von Dr. F. Bärensprung
in Schwerin i. M.

www.ingramcontent.com/pod-product-compliance
Lightning Source LLC
Chambersburg PA
CBHW050535170426
43201CB00011B/1432